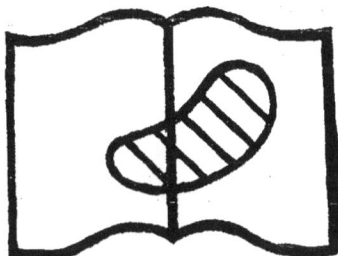

ESSAIS

DE

PALINGÉNÉSIE

SOCIALE.

TOME II.

ESSAIS

DE

PALINGÉNÉSIE

SOCIALE.

TOME DEUXIÈME.

ORPHÉE.

Treicius longâ cam veste sacerdos
Obloquitur numeris septem discrimina vocum.
VIR., Æn., VI.

PARIS,

IMPRIMERIE DE JULES DIDOT AÎNÉ,
IMPRIMEUR DU ROI.

M DCCC XXIX.

PRÉFACE.

Nous sommes à une époque où toutes les idées doivent être produites, où tous les problèmes qui importent à l'homme doivent être exposés en même temps. Le sentiment d'une telle simultanéité est la cause de l'apparente incohérence que l'on a cru remarquer dans les prolégomènes ; mais il ne faut point s'en trop inquiéter, une pensée dominante finira par se faire jour, et par se dégager des nuages dont elle est encore entourée. C'est pour hâter le moment où ce but pourra être atteint que je me suis décidé à demander un nouvel entretien avec mes lecteurs, avant de leur présenter l'Orphée.

A mesure que j'avance, je procède à ma propre initiation ; ce qui était replié en moi se déplie successivement, et comme à mon insu. L'impulsion de la pensée première, l'enchaînement de celles qui en découlent, me conduisent à un terme que souvent je n'ai point su prévoir. D'ailleurs les notes que j'ai rassemblées sont en si grand nombre, ont tellement besoin d'être éclairées les unes par les autres, que ce serait un travail au-dessus de mes forces, si je voulais les consulter et les discuter toutes à-la-fois, pour les employer d'une manière définitive, pour être certain de la place que chaque chose doit occuper dans les compositions successives ; et c'est là aussi la raison de l'édition provisoire que je donne aujourd'hui.

Voici donc cet Orphée, que j'ai déclaré ne pas être
établi sur des bases scientifiques, et qui cependant,
j'ose presque l'affirmer, n'est, sous certains rapports,
qu'une véritable évocation de l'antiquité. Toutefois ce
poëme, s'il m'est permis de le désigner par un nom si
relevé, ne sera pas de tous les écrits qui entrent dans la
Palingénésie Sociale, celui que j'aurai le moins à re-
toucher, dans le cas d'une édition pour le public.

La mythologie est une histoire condensée, et, pour
ainsi dire, algébrique.

La tradition groupe les événements primitifs, pour
faire d'un ensemble de faits un seul fait symbolique;
par-là elle est dispensée du soin de marquer de longues
éphémérides. Quelquefois ces faits groupés sont rendus
plus saillants, par une faculté merveilleuse de personnification, qui est un des attributs de l'esprit humain. Les
traces de l'évolution cyclique s'effacent, et la mémoire
du seul fait symbolisé brille dans la nuit des âges.
Ainsi était le clou du siécle, enfoncé par le marteau
d'un pontife sur le frontispice des temples.

Chaque peuple ancien a sa cosmogonie sociale, laquelle est une image, un écho, une transformation
d'une cosmogonie générale, universelle.

Ce n'est point par des emprunts faits avec discernement, coordonnés avec élégance, que l'on peut parvenir à établir un système d'idées exact et complet; c'est
par une vue qui plane sur le tout, par une impression collective reçue à un centre commun, par l'assimilation de la pensée divine ou humaine avec sa propre
pensée. Si l'on voulait comparer et faire sympathiser

entre eux les témoignages, on arriverait à faire un poëme arrangé, comme ceux des Alexandrins, au lieu de faire un poëme spontané comme ceux d'Homère, comme le Ramayana ou les Eddas.

Il existe, dans le cours des âges, un moment où les traditions deviennent de l'histoire, le même, sans doute, que celui où la poésie devient de la prose; une bande obscure couvre toujours ce moment, et le couvre sur toute l'étendue de l'horizon.

On ferait fausse route si l'on voulait chercher, en étudiant les mystères, une antiquité historique, au lieu d'une antiquité religieuse.

Je ne pouvais considérer le mythe grec que d'une manière tout-à-fait générale, mais il m'était prescrit de chercher à pénétrer dans les profondeurs du mythe latin. Toutefois celui-là même, je n'ai pas voulu le peindre, mais le faire sentir. Il devait être, pour moi, la cosmogonie romaine; de plus, il deviendra le type de toutes les cosmogonies sociales, dans l'application que je compte en faire; comme les développements de la chose romaine, son cours et ses vicissitudes, seront, pour nous, le type et le symbole de toute histoire considérée dans ses éléments génésiaques.

Le mythe latin me paraît avoir mieux que le mythe grec conservé son caractère cosmogonique. Il est une transition plus sévère et plus majestueuse de l'Orient à l'Occident. Virgile fut trop bercé par la brillante fantaisie de la Grèce; et moi-même, me trouvant si souvent en présence d'un mythe affaibli, mais vivement coloré, j'ai dû quelquefois m'en laisser éblouir.

Ératosthènes pensait que la poésie n'est pas la philosophie par excellence, ou la philosophie primitive, mais un moteur des esprits; Varron prétendait que la poésie fut devancée par une philosophie; il s'occupait des mythes dont d'anciennes villes voilaient leurs origines et même leurs lois. Cette philosophie qui, d'après Ératosthènes et Varron, précéda la poésie, ne reporte-t-elle pas notre pensée vers cette doctrine et cette langue des Barbares qui excitaient l'admiration et le respect de Platon? Et, à notre tour, ne pouvons-nous pas supposer que ce mot *Barbares* est une expression vague, indéterminée, pour désigner la source ignorée des doctrines, le point de départ inconnu des traditions? Plus tard, nous trouverons encore à méditer sur ce sujet.

Il ne faudra donc pas s'étonner lorsqu'il m'arrivera de traverser l'hellénisme sans m'y arrêter.

Quoi qu'il en soit, Strabon exigeait, pour la poésie, trois éléments, l'histoire, le mythe, et l'arrangement. Tel fut, en effet, le génie poétique de Virgile, et telle fut sans doute aussi la raison qui le fit nommer par l'antiquité le compilateur. Ce génie néanmoins s'étant allumé dans la sphère patricienne, Virgile fut inhabile à pénétrer le mystère profond de l'évolution plébéienne; de plus encore, étant homme nouveau, il ne put connaître qu'imparfaitement le mystère patricien, déja si obscurci de son temps. Qui sait même si l'empire, heureux légataire du tribunat, n'aimait pas à confondre toujours les choses patriciennes et les choses plébéiennes? Il est curieux, au reste, de remarquer combien les hommes nouveaux sont singulièrement portés à se dé-

pouiller de leurs sympathies naturelles. Un exemple remarquable est celui de Cicéron flétrissant l'institution du
tribunat, enfantée par l'indomptable loi du progrès,
et sans laquelle le peuple romain n'aurait pu accomplir
son immense destinée. Cette institution, si faible à sa
naissance, toujours si contestée, mais qui devait dévorer toutes les autres, tant était inéluctable le destin dont
elle recelait le germe, si elle n'eût pas été produite par
la nécessité, n'aurait pu résister aux efforts constants
qui furent faits pour l'abolir. Au contraire, il est permis de croire qu'une autre aurait inévitablement surgi,
en l'absence de celle-là, dans le cas où elle eût été
étouffée, ainsi que l'eût voulu Cicéron, comme ces
monstres civils désignés dans la loi des xii Tables; une
autre aurait surgi, car il fallait bien que la conquête du
droit commun finît par s'accomplir. Or la dictature,
devenue permanente, ne fut que la faculté plébéienne
se faisant puissance sous le nom d'empereur; et, dans
l'hypothèse inadmissible de la victoire du patriciat,
c'est lui qui aurait produit sa personnification. Mais le
patriciat, depuis long-temps, était frappé d'immobilité;
et Sylla avait abdiqué pour tout le corps aristocratique.

L'Orphée, et je l'ai déja donné à entendre, doit servir d'introduction à ce que, dans le volume suivant,
j'aurai à dire sur l'histoire romaine; il en résulte que
plusieurs expositions de doctrines paraîtront, sans
doute, étranges, comme, par exemple, celle de la nature différente des ames. C'est bien là une trace de l'O-
rient, ou plutôt c'est l'Orient lui-même marquant de sa
forte et indélébile empreinte les antiques croyances du

Latium. Ces croyances, il faut maintenant les chercher dans les plus vieux débris de la langue qui se parlait sur les collines d'Évandre, et que Virgile ignora.

Le genre humain partagé en initiables et en initiateurs est une idée dérivée d'un dogme caché dans toutes les cosmogonies; le dogme identique de la déchéance et de la réhabilitation. Cette même idée de la nature différente des ames, dégénération du dogme primitif, nous ne tarderons pas d'en avoir la preuve, passa ensuite dans la gnosse, philosophie mystique qui devait embrasser à-la-fois le monde ancien et le monde nouveau de l'humanité.

Comme on le verra, l'idée d'initiables et d'initiateurs, l'idée de la nature différente des ames, se produisit donc, dès les premiers temps, sous la forme d'une croyance à des ames innocentes et à des ames coupables.

Dans tout ceci est le fait cosmogonique oriental, devenu le fait cosmogonique latin. Ainsi l'être patricien et l'être plébéien témoigneraient du dogme identique, du dogme un de la déchéance et de la réhabilitation.

Ce fait, je ne pouvais le présenter sous un vêtement historique; j'ai dû faire un mythe.

Et l'Orient est venu m'apprendre les secrets de la langue des Barbares.

Remarquez que lorsque Plaute nomme le latin une langue barbare, ce n'est point par comparaison, mais d'une manière absolue.

Au reste, il faut bien l'avouer, ce qui fit l'avantage du mythe est pour nous une difficulté de plus, parceque nous ne pouvons l'employer dans toute sa concision et toute son énergie. Aussi, dès que j'ai voulu m'en servir, je me suis senti obligé de l'expliquer, et de faire entrer cette explication dans la contexture même du poëme; il est impossible qu'il n'en résulte pas quelque embarras dans la narration. Un jour peut-être, lorsque nous serons accoutumés à cette sorte d'histoire contenue dans le mythe, on l'écrira aussi facilement que M. de Barante écrit nos chroniques nationales.

Virgile succomba à la peine, et j'en ai dit la raison.

Dans l'Orphée, on pourra trouver des choses qui supposent établi précisément ce qui est peint comme s'établissant. Le poëme de Nonnus et tous les poëmes cosmogoniques doivent être pleins de ces apparentes interversions, de ces synchronismes qui semblent être de véritables anachronismes, parceque là est la zone obscure, tout autour de l'horizon; parceque là est le fini se dégageant de l'infini; parceque là est à-la-fois le monde se formant et le monde tout formé. Plus le poëme sera une image juste et vraie des traditions, plus il sera empreint de ce défaut grossier, qui est, j'ose le dire, l'expression d'une vérité profonde. S'il m'était permis d'user ici de tous mes droits, je citerais la Bible elle-même, qui, dès le meurtre d'Abel par Caïn, marque implicitement la terre déja peuplée de vengeurs du sang innocent.

Aux objections qui pourraient m'être adressées sur ce sujet, j'aurais à répondre que l'Orphée est l'histoire condensée de quinze siècles du genre humain : une telle synthèse laisse intact l'ordre de travaux consacrés à l'analyse scientifique. Tous les efforts doivent tendre maintenant à reculer, le plus possible, l'horizon de l'histoire dans la nuit des origines, à agrandir son empire, en faisant des conquêtes successives sur la région des fables.

Mais puisque l'Orphée devait être un poëme antique, il est assez juste que tout ne puisse pas être saisi dans le premier moment. Il me suffit donc d'affirmer que rien n'est hasardé, que tout repose sur une étude approfondie, sur des autorités certaines. Ainsi le lecteur est prié de ne point s'effaroucher de quelques expressions que je me suis cru obligé d'employer telles que je les suppose fournies par le vieux Latium, et que je ne pouvais traduire sans en dénaturer le sens. Tous les mots dont je me sers, et c'est sur-tout pour le livre neuvième que j'ai besoin de cette explication, tous les mots dont je me sers sont pesés avec une scrupuleuse exactitude; s'il en est plusieurs d'inusités dans la langue latine qui nous est familière, je ne les ai point tirés des éléments mêmes de la langue, pour le plaisir de produire des sons archaïques et barbares. Les notes du cinquième volume achèveront ma justification, et seront, le plus souvent, comme de véritables scolies. La situation où je me suis trouvé explique, à mon avis, celle où furent placés quelques uns des poëtes alexandrins.

Je n'ai point cherché à compléter l'exposition du mythe latin; une telle entreprise eût été trop difficile pour moi, et trop fastidieuse pour le lecteur. Ce mythe se déroulera par la suite, à mesure qu'il viendra s'offrir à moi, car je n'ai point le projet d'aller au-devant de lui.

Je crois cependant utile de prouver l'altération que

lui a fait subir Virgile, et d'établir dans quel système d'idées, ou plutôt sous l'influence de quels préjugés, cette altération a eu lieu. Un seul exemple suffira. Mézence paraît avoir été, pour l'âge mythologique, ce que fut Servius-Tullius pour l'âge héroïque; selon toute apparence, l'ancien larthe étrusque voulait unir des races que la croyance séparait fatalement, ou, pour mieux me faire comprendre, il voulut non pas confondre les classes, mais les rendre moins hétérogènes l'une à l'égard de l'autre. Voyez ce qu'en a fait Virgile; je ne l'accuse point, parceque, sans doute, la tradition avait été pervertie avant lui. Les poëtes grecs n'ont pas eu plus de respect pour Sisyphe et pour Tantale. Et, sans doute aussi, ce n'est pas Virgile qui a inventé le châtiment de Thésée éternellement assis.

Au reste, la mémoire des émancipateurs ou des civilisateurs a souvent été exposée à de tels outrages, dans les temps fabuleux aussi bien que dans les temps historiques. Ceux qui ont favorisé l'avancement des plébéiens n'ont point été épargnés par cette renommée aristocratique qui fit du sixième roi de Rome, de l'instituteur du cens, le fils d'une femme esclave.

Homère a consacré tous les degrés de civilisation antique, en formant une sorte d'échelle progressive. Ainsi il représente les Cyclopes, par familles isolées, sans culte public; les Lestrigons ayant des assemblées semblables à celles des sauvages de l'Amérique; les Ciconiens, qui avaient dompté les chevaux et découvert l'emploi des métaux, et qui avaient une guerre régulière. Je ne pousserai pas plus loin cette énumération, qu'il suffit, quant à présent, d'indiquer. Aristote et Homère, l'un investigateur, l'autre, peintre de sociétés contemporaines, sont analogues en un sens. L'Odyssée et les Politiques s'appliquent à divers âges sociaux avec la différence dans les formes que motive celle des âges. Virgile imite Homère, à la spontanéité près. Un tel travail synchronique, j'aurais pu sans doute l'essayer, à mon tour, quoique avec quelque peine, dans l'Orphée; mais n'aurait-ce point été un travail plus curieux qu'instructif? D'ailleurs je ne crois pas qu'il me fût permis d'excéder, au-delà de ce que je l'ai fait, l'emploi du langage mythique. J'ai déjà expliqué les raisons qui m'ont porté à négliger la peinture des civilisations de la Grèce antique. Il en est de même de celles du Latium, dont l'Odyssée a péri, et qu'il aurait fallu reconstruire. Il m'importait seulement, pour atteindre à mon but, de signaler l'initiation successive du plébéien général, et, dès le commencement des épreuves auxquelles ce plébéien général était soumis par la Providence, faire entrevoir l'époptisme de l'humanité, c'est-à-dire le christianisme. Toutefois j'ai voulu que l'Égypte fût une image de toutes les civilisations synchroniques de cette époque du monde, et même qu'elle conservât une image des civilisations antérieures. Il s'agissait, pour moi, de montrer l'enfantement merveilleux de l'Occident par l'Orient, et l'Occident conservant les titres de sa filiation.

On sentira bien ici ce que je disais dans les prolégomènes, qu'arrivé à une antiquité où l'on espère pouvoir signaler le fait primitif plus ou moins évident, on trouve toujours les traces d'une antiquité antérieure, incontestable. Les mots indigènes et autochtones, comme les expressions poétiques *nés du chêne ou du rocher*, ne nous empêchent point de creuser plus avant, de chercher sur le sol les pas effacés de proto-anciens par-delà les anciens. Nous savons que tout est sous une forme indéfinie avant d'être sous une forme circonscrite. Nous savons que le mythe est une histoire condensée, et que nous sommes appelés à lire cette histoire.

Il est fort à remarquer que plus l'on remonte haut, plus l'on trouve illimitée la supputation des temps. Une année solaire se fond, et se perd, pour ainsi dire, dans des cycles immenses formés par le concours des astres: c'est ce qui a donné lieu aux grandes années. Les semaines d'années et les années jubilaires des Hébreux sont déjà une restriction à ce qu'il y avait d'illimité dans le langage de l'Orient; et cette restriction émanait de leur cosmogonie elle-même, si admirable dans son imposante simplicité. Les olympiades, qui sont une restriction plus grande encore, qui ne sortent pas non plus de la contemplation de la marche du soleil relativement à notre terre, mais qui appartiennent à une cosmogonie locale, au lieu de porter la forte empreinte d'une cosmogonie générale, les olympiades marquent le commencement des temps historiques, et leur institution est presque synchronique avec l'ère adaptée à la fondation de Rome. Par-tout le temps se dégage de l'éternité; le fini, de l'infini; l'Occident, de l'Orient; le connu, de l'inconnu; l'histoire, du mythe.

Les périodes astronomiques, les cycles de différents genres, où s'est épuisée tantôt l'imagination, tantôt la

science, pour trouver des phases certaines, des alter-
natives de décours et de recours, dans cette immense
et merveilleuse horloge de l'univers, qui sonne incessamment les heures palingénésiques de tant de globes
roulants au sein de l'espace infini, ces périodes et ces
cycles ont été des temps de purification, d'épreuves,
de félicité perdue ou promise, de malheur passé ou
futur, de menace ou d'espérance, d'épouvante ou de
retour à la confiance; ils ont été des âges pour les intelligences pures avant d'être des âges pour le genre humain, pour les diverses sociétés humaines. De là les
différentes acceptions du mot siècle, et même du mot
éternité: la langue latine primitive, où l'on trouve encore quelques anneaux usés de cette chaîne antique par
laquelle nous fûmes attachés au roc immobile du vieil
Orient; la langue latine aura à nous raconter toutes
ces significations oubliées, si riches en enseignements,
d'une doctrine si profonde.

Telle est la cause qui a produit la confusion de l'as-
tronomie avec la religion: le temps a dû être l'image
de l'éternité.

Nous touchons également à l'écueil contre lequel se
sont brisés Boulanger, Court de Gébelin, et sur-tout
Dupuis.

Ainsi donc les phénomènes sociaux se succèdent dans
une chronologie idéale, et non dans une chronologie
qui se compte par la succession des années et des siècles : on a voulu faire de cette chronologie idéale une
chronologie positive, et alors tout a été embrouillé.
Newton ne put coordonner cette chronologie, qui est

une chronologie cyclique de civilisation, et non une chronologie astronomique.

Vico ne s'y était pas trompé. Il avait bien compris que la philologie était le meilleur instrument pour sonder les profondeurs de l'antiquité. Bacon l'avait également compris.

Depuis, une science nouvelle est survenue, la géologie.

Nous savons à présent deux choses, l'une, que l'homme est nouveau sur la terre, l'autre, que l'idée a précédé le fait.

Les poissons, dans les abymes des mers, sont la proie les uns des autres; les espèces n'y sont limitées que par d'insatiables destructeurs. Les entassements d'animaux fossiles dans des cavernes que l'on découvre en divers lieux annoncent qu'à une époque où l'homme n'existait pas encore les animaux étaient comme sont les poissons de la mer.

Dès le moment où l'homme a paru, les animaux ont eu un dominateur intelligent; il fallait bien qu'il fût complet dans sa nature d'être intelligent, car sans cela il n'aurait pu subsister. En outre, si les merveilles de l'institution du langage et celles de l'institution sociale eussent été successives, nulle chronologie historique ne serait suffisante pour rendre compte de la série graduelle des faits.

Ceci nous indique une autre fonction du mythe, celle d'expliquer symboliquement tantôt la spontanéité, tantôt la succession.

Ainsi a été confirmée l'antique révélation.

Si nous nous reportions, par la pensée, à une époque génésiaque, où le monde physique, tout entier, était comme en ébullition; où les éléments, pour ainsi dire, n'avaient pas leurs limites assignées; enfin, où tout était dans la confusion, nous trouverions les inondations dans la péninsule grecque, les embrasements dans la péninsule italique, le brisement des rochers dans l'isthme immense qui sépare la Baltique du Pont-Euxin. La vallée du Nil et l'Étrurie sont des marais. L'homme épouvanté fait de tout des signes et des puissances, soit dans les animaux, soit dans les arbres des forêts, soit dans les météores d'une atmosphère bouleversée. La science fulgurale, l'aruspicine, les pronostics des fontaines, les rites des augures, toutes ces choses furent un souvenir, une tradition d'un état cosmogonique où la nature entière avait un langage pour les facultés instinctives de l'homme.

M. de Sainte-Croix a vu, dans les Titans, les défenseurs d'un ancien culte, vaincus par les sectateurs d'un culte nouveau. Il fallait y voir la peinture d'un âge cosmogonique, où l'homme avait à lutter contre les forces de la nature, à s'approprier la terre, pour ainsi dire, en la faisant. De plus, c'est une très courte vue de croire que l'on fonde un établissement religieux et politique comme l'on bâtit une maison; que l'on fait une religion comme une hypothèse philosophique. Soyez certain que vous ne rencontrerez jamais une origine avec cette courte vue. Dieu et la forme essentielle de l'esprit humain donnée par Dieu, voilà le type et le germe de toutes les manifestations successives de l'homme.

Le règne de l'humanité c'est l'homme se détachant

du tout panthéistique. Les statues à gaînes sont remplacées par les statues avec l'attitude de la faculté locomotrice. Le progrès de l'art de Dédale est l'emblème du progrès du libre arbitre. Certaines affections pathologiques, certaines impressionabilités, certains modes accidentels de nos perceptions, ne nous donnent-ils pas une idée de cette confusion de l'être dans le tout, de ce magisme de la nature, qui sont une des explications du paganisme? Dans une sphère, les influences de l'air et du sol; dans une autre sphère, les sentiments généraux se personnifiant, ne conduisent-ils pas à la même idée?

Le christianisme pouvait donc seul nous sauver des superstitions naturelles comme des superstition théurgiques.

Venons à quelques observations de détail, sans trop chercher à y mettre de l'ordre.

Céphalœon avait fait une histoire universelle, depuis Ninus et Sémiramis jusqu'au règne d'Alexandre, en neuf livres, avec les noms des neuf muses.

L'histoire d'Hérodote a encore l'unité de l'épopée.

Un poëte, du nom de Linus, est dit avoir écrit les aventures d'Orphée en caractères pélasgiques.

Une peinture de Polygnote établit le synchronisme de Thamyris et d'Orphée. Dans cette peinture, Thamyris est représenté avec la lyre cassée.

Orphée, d'après les traditions, Thrace, c'est-à-dire Scythe, homme du Septentrion. La Thrace, lieu sacré, primitif; l'Inde est transportée dans la Thrace; tous les mythographes, tous les poëtes, sont unanimes.

Une contrée très limitée s'agrandit, et devient le

monde même : comme il y a une chronologie idéale, . il y a aussi une géographie idéale.

Leibnitz avait bien compris que l'histoire de l'homme est liée à l'histoire de la terre. Charles Bonnet a une fort belle page sur cette théorie; Herder l'a beaucoup développée.

Les climats, les génies des peuples, donnés, le problème historique pourrait se résoudre *à priori :* ceci nous présenterait une image de la prescience de Dieu.

Les Grecs ont rapproché toutes les distances, dans le temps comme dans l'espace; les Latins ont été plus rigoureusement vrais.

Dans Orphée, deux hommes, le fondateur, ou, pour parler plus exactement, celui qui représente l'idée de la religion, puis le fondateur ou le représentant d'une superstition. Pausanias en fait un sorcier. Voyez avec quel mépris Aristophane traite les Orphiques. Et toutefois Euripide et son scoliaste, de même que Pausanias et Aristophane, attribuent à Orphée l'institution des mystères. Toute tradition se bifurque; j'ai montré la bifurcation, dès l'origine, par le rhombe retentissant, analogue au tambour lapon, et qui a été sitôt un objet employé aux tristes rites des conjurations et de la magie.

Une théogonie a été attribuée à Orphée; on en trouve quelques fragments épars.

Eumolpus, qui appartient au temps d'Érechtée, était de Thrace; on connaît les Eumolpides d'Éleusis.

Toujours la même hypothèse que, dans la géographie idéale, la Thrace est, pour la Grèce, le berceau sacré de toute croyance : c'est l'Inde, c'est la Scythie; c'est ce que nous nommerions l'Orient.

Tout peuple a une tradition, dont le commencement mystérieux se rapporte à un lieu symbolique.

De plus, le lieu qui devient le berceau d'une institution est le hiéroglyphe de cette institution.

Chaque colline ajoutée à la Rome primitive est le relief d'une institution introduite dans le droit civil romain. De là une tradition consignée dans Servius, à savoir que sept tertres existaient, à l'origine, sur le Palatin, et portaient déjà le nom des sept collines, dont, plus tard, devait être successivement formée la ville de Rome.

Il n'y a point de lieu sans le génie de ce lieu, d'après le même Servius ; c'est ainsi qu'en Égypte chaque nome était sous la protection d'un génie : il fallait bien que l'on retrouvât ici ce qu'une telle chorographie a de vivant et de merveilleux.

Cette remarque sur les lieux portant, en quelque sorte, l'institution comme le sol produit la plante, est confirmée par Plutarque. Il dit que Thémistocle, en joignant le Pirée à la ville d'Athènes, fit une révolution, et qu'il affaiblit ainsi l'ascendant des nobles.

J'ai voulu que Talaon fût l'anneau de la tradition d'une révélation primitive, qui, plus tard, devait être déposée dans les Mystères.

L'établissement des Mystères ne remonterait-il point à l'époque du premier affaiblissement des patriciats ?

Peut-être eût-il été dans les convenances de ma fable qu'Æagrius eût été fait roi et prêtre par Orphée.

Homère partage les hommes en deux classes, selon les langues qu'ils parlent ; les hommes qui parlent une langue barbare et inarticulée, et les hommes qui parlent une langue articulée.

Les cris d'Évohé prononcés par les ménades appartenaient à cette langue barbare, qui fut appelée langue sacrée.

Les Grecs disaient que les dieux aiment à être priés avec des articulations barbares. Les antres de Samothrace et les sommets du Cythéron étaient célèbres et vénérables sous ce rapport.

J'aurais pu peindre une danse orgique sur le Cythéron.

J'ai dit les mystères des Barbares, profonds et primitifs. Je dois ajouter que ces mystères sont intuitifs; car, pour la gentilité, ils sont l'expression de toute antiquité religieuse, insondable, de toute origine dont il était impossible de rendre compte.

Talaon est donc le barbare, dans le sens où d'anciens philosophes ont pris ce nom.

Nous savons à présent pourquoi Platon parlait avec respect des Barbares, d'où, ainsi que Pythagore, il avait tiré la plupart de ses dogmes et de ses doctrines; car, pour eux, remonter aux Barbares n'était autre chose que chercher au-delà du mythe.

M. Pictet, dans son ouvrage sur le culte des cabires, chez les anciens Irlandais, prétend que le mot Pythagoras signifie littéralement, en gallois, explication de l'univers, cosmogonie. Porphyre et Iamblique assurent que Pythagore fut initié aux mystères des druides.

Æagrius, ce roi des Odrysiens, petite peuplade de la Thrace, est le barbare, dans le sens où on entend plus généralement ce mot.

Ne trouverait-on pas les deux caractères confondus dans le moyen âge?

C'est Pomponius Sabinus qui m'a appris que Talaon fut le père d'Eurydice.

Servius dit qu'Eurydice était une dryade.

Nul poëte, nul écrivain ne m'a enseigné le nom de la mère d'Eurydice. Le nom de Vola, que j'ai cru pouvoir lui donner, a quelque chose de sacré et de primitif. Vola désigne la paume de la main, symbole très expressif dans le langage figuré de ces temps. Le mot est resté avec cette signification en latin. Il fut, chez les Étrusques, le nom général de toute ville, considérée comme cité mystique. Une Edda porte le nom de Voluspa, oracle de la prophétesse Vola. Voluspa est un mot composé qui, après avoir été le nom d'une poésie, devint le nom des prophétesses des nations celtiques. C'est ainsi que le nom d'une faculté, d'une institution, d'un ordre de choses, fut souvent le nom même de celui qui représente cette faculté, cette institution, cet ordre de choses. J'ai osé placer une Voluspa apparaissant au milieu du combat des Thraces. J'ai fait plus, car j'ai introduit un Scalde dans les souterrains de l'Égypte : s'il y a anachronisme, c'est tout au plus dans le mot, car Orphée lui-même pourrait bien être un Scalde. Les Scandinaves, avant d'habiter les bords de la Baltique, furent établis sur les rivages du Pont-Euxin. L'émigration d'Odin est contemporaine de Mithridate, mais il y en avait eu d'antérieures, dont l'histoire n'a pas recueilli les témoignages, et certainement Odin n'est pas le créateur de la mythologie qui lui est attribuée.

Je ne m'arrête pas davantage à ces sortes d'inductions, parceque les occasions ne me manqueront pas pour compléter ma justification.

Les Orphiques croyaient que Bacchus succéderait à Jupiter, comme celui-ci avait succédé à Saturne.

Dans la donnée où Bacchus indique la croyance à une dernière émancipation plus complète, il est facile de comprendre comment plusieurs ont pu y voir une transformation de Moïse.

Souvent son char est traîné par un centaure et une ménade, ce qui en fait un mythe civil. Il est suivi de ménades, et nous avons vu que les ménades, sexe passif, ont été l'emblème du plébéianisme. C'est même ce qui nous a conduits à interpréter ainsi le mot *mulieres*, femmes, dans la loi des XII Tables.

Les premiers chrétiens croyaient que les nations païennes avaient, aussi bien que la nation juive, une tradition des promesses faites au genre humain.

Ainsi le phanès de Bacchus est l'annonce d'un dernier époptisme promis par toutes les sibylles de l'ancien monde.

Je ne saurais trop insister sur la perpétuité et l'identité d'un sentiment général, répandu par-tout.

Érechtée fut appelé Diphye, c'est-à-dire de deux natures: le nombre de ces sortes de types est très grand.

J'ai fait Orphée diphye: il est très exact de dire qu'en effet les patriciens et les plébéiens étaient considérés comme appartenant à deux natures différentes. Toutefois j'ai cru que je devais faire Orphée plébéien

par choix; il fallait bien moraliser ma fable par la sanc-
tion de la volonté. Le plébéien peut seul avoir les sympathies générales de l'humanité; ainsi que je l'ai dit, le
plébéien, c'est l'homme même.

Une ancienne tradition, recueillie par Pausanias, dit
qu'Orphée fut foudroyé parcequ'il livra l'initiation,
sans les épreuves préparatoires.

C'est Servius qui m'a autorisé à l'emploi que j'ai fait
du saut de Leucade. Le mot *desiderium* exprime une
soif de connaître; on l'a appliqué à l'amour. Vénus pré-
sida aux *desideria*. C'est toujours la soif de la race, l'initiation de la race. Le Jupiter dont il est question, à
propos du saut de Leucade, fut *incertus deus*. Ulysse
fut *incertus heros*. Remarquons, en passant, que ce langage mythique est transporté souvent d'une sphère
dans une autre. Il serait peut-être assez facile de dé-
montrer que l'Olympe fut l'image d'une société civile.
On y trouverait des dieux opès et des dieux inopès ou
hostès; comme ailleurs nous trouverions des rois opès
et des rois hostès, et même des rois serfs. Il y eut des
autels desservis par un pontife serf.

Toutes les classes étaient représentées dans le navire
Argo.

Toutes les classes sont également représentées parmi
les prétendants de Pénélope.

Homère s'est trompé pour le second fait; les poëtes
alexandrins, pour le premier.

Aristée est un mythe antérieur à Orphée, si l'on fait
d'Orphée un des héros de la Toison d'Or, et appartient
à une cosmogonie sociale, devenue une fable.

Ici analogie de Bacchus, d'Orphée, d'Actéon; l'un déchiré par les géants; l'autre, par les ménades; le troisième, par ses chiens: trois âges d'émancipation. Romulus se trouve dans la même catégorie.

La lyre, le nutus divin, la foudre: un fait primitif quelconque; ce fait primitif, un mythe, un emblème, qui devient une légende.

Lorsque Cicéron demandait à Atticus, pour le poëte Chilius, des renseignements sur les initiations, c'était sans doute afin que ce poëte fît ce que Virgile a fait depuis, quoique, sans doute, dans une tout autre direction d'idées.

Virgile, traditions populaires, arrangées dans un système philosophique sur les progrès de la civilisation, système expliqué au livre V de Lucréce, mais arrangées par une pensée d'adulation.

Virgile n'est point un poëte spontané comme Homère; et Homère n'est spontané que parcequ'il est une personnification.

Pourquoi Virgile place-t-il dans une sorte de purgatoire les enfants, ainsi que les hommes injustement condamnés à mort? On ne peut douter que ce ne soit un dogme de l'initiation, celui-là même qui répugnait tant à Platon. Serait-ce une trace de cette culpabilité générale dont l'espéce humaine aurait besoin d'être rachetée?

Quoi qu'il en soit, Virgile et les poëtes alexandrins ont exécuté, dans une sphère d'idées, ce que, plus tard, les philosophes alexandrins exécutèrent dans une autre sphère.

Si l'on me demandait pourquoi j'ai introduit le poëme

de Job dans une des séances des initiations, j'aurais à
répondre que ce poëme était un des vases sacrés enlevés
par les Hébreux aux Égyptiens; en d'autres termes,
l'histoire de Job, Arabe, fait partie des traditions générales, communes à tous les peuples de cet Orient.

Il me faudrait un volume au lieu d'une préface pour
exposer convenablement le mythe de Prométhée, sur-
tout pour réfuter lord Byron, qui, dans son terrible
drame de Caïn, a évidemment été égaré par l'imitation
d'Eschyle, parceque la pente de son génie douloureux
le portait à sympathiser avec l'ancienne fatalité tra-
gique. Cependant il lui eût été commandé d'éclairer
son sujet par la lumière du christianisme, et d'entrer
avec une religieuse réserve dans les secrets de la pré-
science divine. Alors il aurait compris réellement la
destinée humaine; alors, tremblant, comme tout l'ancien monde, devant le redoutable problème de l'origine
du bien et du mal, il aurait pu rencontrer, comme l'ancien monde, cette grande pensée, que la responsabilité
est une promotion. Telle est, nous l'avons entrevu,
et nous le verrons pleinement, telle est la condition du
plébéïanisme appelé à être l'humanité elle-même.

J'aurais, au sujet du phénix, une trop longue disser-
tation à faire, et ce n'est pas ici le lieu. D'après des
témoignages qu'il ne m'appartient pas de discuter, la
dernière apparition de l'oiseau cyclique serait de
l'an 138 de notre ère; la précédente remonterait au
temps de Sésostris. Quant à l'énigme, on reconnaîtra
cette fameuse énigme du sphinx, mais avec les développements donnés par le scholiaste de Sophocle, avec le

sens profond des oracles anciens, celui de la conscience, de la responsabilité, acquises à l'homme individuel et à l'homme collectif.

Elle n'était point tout-à-fait ainsi, dans l'Antigone, dont je n'avais voulu faire qu'une épopée domestique. On verra, plus tard, que le premier Brutus et OEdipe sont deux personnages analogues.

Ce n'est pas sans raison que j'ai placé dans les spectacles de l'initiation tout un idéal de représentations scéniques, et que j'ai attribué les plus éclatantes illusions de la peinture à ces tapisseries égyptiennes dont la célébrité fut si grande, précisément sous ce rapport.

Qu'il me soit permis de citer à ce sujet une anecdote ancienne. Théon de Samos avait fait un tableau où l'on voyait un guerrier armé; et avant de découvrir le tableau, le peintre faisait jouer une fanfare militaire par un trompette. L'art d'ajouter les prestiges de la musique à ceux de la peinture, de faire concourir plusieurs ordres de sensations à une impression unique, fut fort connu des prêtres de l'Égypte.

Plutarque parle de l'astrologue Tarutius qui dressa le thème fatal de Rome, d'après la science astrologique, et indépendamment de la science chronologique. Le jour fixé ainsi pour le jour de la fondation de Rome se rencontra avec celui que Varron avait déterminé. N'étais-je pas autorisé à faire dresser ce thème au sein des sept tertres qui furent, d'après Servius, l'emblème, j'oserais dire embryonaire, de la ville aux sept collines?

Homère a gardé le silence sur l'Assyrie. Cette remarque, jointe à beaucoup d'autres, nous confirmera dans la pensée qu'Homère n'est point un poëte, mais une poésie. Platon (Lois III) dit que Troie était vassale de l'Assyrie. Ce grand empire était-il déja sur son déclin, qu'il ne put fournir des secours suffisants à la ville de Priam pour la garantir de la ruine? ou plutôt n'était-ce point le commencement des destinées ascendantes de l'Europe? Ne soyons donc point étonnés si la guerre de Troie est devenue une ère du genre humain.

Continuons nos observations de détail, toujours sans chercher à les lier entre elles. Quoique isolées, elles se rattachent toutes à un même ensemble de choses, et elles servent toutes ou à expliquer ou à justifier ma composition.

Les Phéaciens et non les Cyclopes ont fait, les premiers, des enceintes défensives. On aurait donc dû nommer constructions phéaciennes ces monuments que l'on a coutume de désigner sous le nom de murs cyclopéens.

L'importance de l'île de Samothrace tient, sans doute, à ce que cette île portait l'empreinte des derniers bouleversements du globe.

La cause, la substance, l'idée: telle est, au fond, la thritéie de Samothrace, d'après Schelling. De plus, le lien magique par lequel sont unies les divinités de Samothrace, devenues des idoles populaires, ou changées en amulettes, fait comprendre cette dégénération superstitieuse qu'on a appelée fétichisme.

Il y aurait un chapitre à faire sur les îles sacrées, et un autre sur les montagnes sacrées; les montagnes sont aussi des îles. Platon remarque cette expression monter à la ville, comme un monument de la tradition du déluge. Elle est aussi dans la Bible.

Les hommes qui faisaient partie de la cité étaient les hommes des hauts lieux ; les colons qui cultivaient la campagne étaient les hommes des bas lieux. Souvenons-nous que la différence des lieux est un emblème de la différence des destinées.

Anna Pérenna est un personnage palingénésique, méconnu par Virgile.

Sous Saturne, Picus, Faunus, et Latinus, raison de la cosmogonie romaine. Énée, raison de la mythologie romaine. Romulus, raison de la cité romaine.

La fable de Faunus et celle de Protée sont analogues.

D'après Festus, le nom mystique de Rome fut Romula, et le nom sacré de l'Italie fut Barbaria.

Un fragment d'un poëte, désigné comme antérieur à Homère, donne le jugement de Pâris comme un emblème cosmogonique.

Platon dit que les lois de l'Égypte étaient des poëmes de la déesse Isis.

Maxime de Tyr dit que Jupiter avait donné à Minos ses lois en vers.

Suidas dit que les lois données par Dracon aux Athéniens étaient en vers.

Tacite dit que les histoires primitives des Germains étaient en vers.

La nymphe Carmente, c'est-à-dire la muse latine primitive racontait en vers les origines héroïques du Latium. La porte carmentale était près du capitole.

Les lois royales de Rome étaient en vers.

Les Scandinaves attachaient aux vers une puissance
magique. Un héros croit succomber sous cette sorte de
maléfice. Ce sont des vers qui commandent une bataille.
La loi des xıı Tables punit du feu les coupables de maléfices par les vers, les incantations.

Diodore de Sicile et Ovide s'accordent en ceci, que
le règne de Jupiter commença le gouvernement domestique et patriarcal; ce fut là le premier rudiment du
gouvernement civil, fondé, en effet, sur la famille
certaine. J'ai parlé plus haut du règne de Bacchus, qui
devait succéder à celui de Jupiter.

J'aurais trop de choses à dire sur l'analogie des cérémonies nuptiales avec les croyances relatives à la cosmogonie; sur le mariage, considéré, chez les anciens,
à l'égal d'une initiation.

Jupiter Téléios et Junon Téléia présidèrent aux noces. Or, Télos signifie initiation, mystère.

Le mariage reposant sur une tradition cosmogonique est un souvenir égaré de la Bible, comme on en
trouve par-tout.

L'idée du mariage étant identique avec celle d'une
véritable initiation, il en résulta que les profanes durent être exclus du mariage. Les profanes étaient ceux
qui habitaient la ville, sans faire partie de la cité; ceux
qui participaient à la religion, et restaient en dehors de
la *res sacra*; ceux qui pouvaient *avoir*, et ne pouvaient
pas *posséder*: les profanes étaient donc les plébéiens.

De là, noces justes et noces injustes. Pour bien comprendre l'acception des mots justes et injustes, il faut
remonter à celle de justice, *juris statio*, limitation du

droit; et le mot *jus* signifie en même temps droit et force, si même, à son origine, il ne signifie pas force seulement. Les noces injustes finirent par obtenir des effets civils.

De là l'*ortus*, c'est-à-dire la naissance, qui était le partage des seuls patriciens; et ce mot *ortus* est la racine de plusieurs mots très importants. On comprend que l'histoire des mots serait toute une histoire des choses.

Les plébéiens étaient sans *ortus*, c'est-à-dire sans naissance. Par la même raison, ils n'avaient point de nom, si ce n'est le nom chacun de son patron; point de tombeau, si ce n'est le tombeau commun de la famille du patron.

J'aurais beaucoup de choses aussi à dire sur la propriété aux confins célestes, et sur la propriété aux confins terrestres; mais, dans le prochain volume, nous aurons à nous enquérir de ce que fut le *Pomerium*, de ce que furent les champs ou les territoires nommés *effata*.

Cette différence dans les deux propriétés, ce qui fait l'essence de l'une et de l'autre, tient à ce qu'il y a de plus profond dans un ordre de choses très profond, et dont il est impossible de s'occuper dans une préface.

Tout ce que je puis dire en ce moment c'est que la propriété est une sorte d'assimilation de la terre à l'homme, une extension du moi; et que le droit de propriété, en remontant à l'origine première, repose sur le défrichement primitif.

Ainsi le prix actuel de la propriété transmissible, le prix même du fermage, ne sont autre chose que la transformation de la valeur conquise sur la terre par le défrichement. Le mot *auctor*, le mot *auctoritas*, qui en est émané, achèveront, plus tard, de nous instruire sur ce sujet, comme sur beaucoup d'autres, car tout est lié dans le monde civil ancien.

C'est par cette raison que je ne sais quel roi d'Égypte fut dit avoir achevé le monde.

C'est par cette raison encore qu'OEmund, roi scandinave, dans le sixième siècle, est connu sous le nom de roi défricheur.

Joignez à cette idée de la propriété, telle que nous venons de l'apercevoir, celle de faire que le ciel et la terre soient une image l'un de l'autre, et vous aurez le pressentiment de cette harmonie sévère et inconnue des sociétés antiques.

Quant au droit de la conquête, on sait qu'il se substitue à tous les droits.

J'aurais également à m'expliquer sur les tombeaux, qui étaient disposés de manière à représenter aussi le ciel et la terre ; sur les villes primitives, qui étaient de véritables hiéroglyphes de l'ordre le plus élevé ; sur les sexes, qui exprimaient divers états d'initiation sociale : toutes ces doctrines se développeront successivement par la suite.

Quelques mots cependant nous y prépareront, sans beaucoup nous retarder.

Les tombeaux étrusques et les tombeaux arcadiens étaient formés d'une petite colline et d'une chambre souterraine. Un tombeau était comme une borne placée sur les limites de deux mondes.

Ne dirait-on pas qu'une seule pensée préside à la formation de la ruche? Les cités primitives ressemblent, sous ce rapport, à une ruche : tout y est prescrit *fatalement*. Je ne crains pas d'employer cette expression, parcequ'elle fait mieux sentir l'analogie de la pensée qui fait la ruche avec la pensée qui fait la ville : celle qui faisait la ville était une pensée cosmogonique.

Ne pourrait-on pas conjecturer que les anciens palladium furent les châsses où étaient conservés les os du fondateur? Je ne serais pas en peine de trouver des faits à l'appui de cette conjecture.

Dans le mélange des peuples, soit par migration, soit par les conquêtes, il est une chose tout-à-fait primitive à considérer. Cette philosophie, qui a été supposée antérieure à la poésie, avait admis des principes mâles et des principes femelles, c'est-à-dire, des principes actifs et des principes passifs, pour causes premières des diverses organisations sociales : plus nous avancerons dans nos investigations, moins une hypothèse si extraordinaire nous paraîtra hasardée.

Les peuples-femmes sans doute furent des peuples-hostès, des peuples avec le principe passif, et privés du principe actif. Les amazones se nourrissaient de tortue, du *victu fœdo*, dont Orphée, d'après Horace, détourna les hommes. Nous verrons, en effet, dans le volume suivant, qu'Amazone signifie, à la lettre, privé du pain. Les peuples que Sésostris soumettait à son empire étant déchus du principe actif, il les marquait du signe du principe passif.

Nous avons déja remarqué que la distinction ou la

séparation des sexes était une loi générale dont la raison est toute cosmogonique. Ajoutons ici que, dans un langage théosophique, l'homme, c'est l'existence; la femme, c'est la conscience du moi. Ajoutons encore qu'Orphée est dit avoir donné une théogonie où, pour la première fois, les dieux furent distingués par les sexes.

La pensée m'était venue de construire, dans Orphée, à l'occasion de la Thrace, une législation cyclopéenne; je m'en suis abstenu, parceque je me propose de la construire historiquement, lorsque je m'occuperai de la loi des XII Tables, dernier monument de cette sorte de législation, enveloppée du mythe. D'ailleurs je ne pouvais ni limiter, ni particulariser le caractère indéfini et général que j'avais adopté pour la Thrace. Il eût fallu expliquer les degrés divers d'initiation sociale des Thyades, des Mimallones, des Bassarides; et ce n'était point à moi d'entrer dans de tels détails, de résoudre de tels problèmes, qui appartiennent à la muse de l'histoire.

D'un autre côté, même dans l'hypothèse de ma composition, la Thrace n'était pas une contrée assez primitive, assez enfoncée dans les ténèbres du monde naissant, pour que j'eusse pu y placer l'action d'un combat cosmogonique, comme est, dans le Mahabarat, celui des Soors et des Asoors, pour la conquête de l'Amréeta, breuvage de l'immortalité; comme est, dans Hésiode, celui des Titans. C'était bien assez empiéter sur la chronologie idéale, que de peindre, en ce moment, une première guerre de l'humanité.

J'ai placé dans le neuvième livre d'Orphée, sous la forme d'un poëme runique, les lois-morès destinées à être un jour le premier fondement de cette même loi des xii Tables.

Sur ceci j'ai encore à me justifier; et cette nouvelle justification, comme celle que j'ai donnée au sujet de Vola, sera fondée sur l'identité de tout ce qui tient aux origines.

M. Pictet a prouvé l'antiquité du culte des Cabires, chez les Irlandais. L'analogie de ce culte, dans l'ancienne Érin, avec celui de Samothrace, frappait les écrivains du siécle qui a précédé le christianisme. La cosmogonie illustrée par la savante discussion de M. Pictet est analogue aux cosmogonies indiennes, et a pour dernière limite, pour horizon incommensurable, l'absolu, c'est-à-dire l'infini, c'est-à-dire encore les imposantes, les silencieuses, les créatrices ténèbres de l'Orient.

Quant aux runes, on dit qu'on en trouve dans la Tartarie comme en Danemarck, en Norwége, et en Suéde. On sait que les runes ont participé de la puissance magique ou divine attribuée à la poésie primitive de tous les peuples. Elles étaient de plusieurs sortes, et avaient diverses propriétés : il y avait les runes amères, les runes secourables, les runes victorieuses, les runes médicinales.

Les *mala carmina* punis de mort par la loi des xii Tables étaient des *runes amères*, des maléfices.

Les mots charmés et enchantements sont, dans notre ancienne langue française, les derniers témoins de cette antique superstition.

Nous avons vu, plus haut, de quelle contrée sont sortis les Scandinaves. Je ne veux pas laisser échapper une remarque. Quelques unes de leurs plus anciennes poésies sont des élégies sur une patrie primitive, qui avait un beau ciel et de beaux fruits. Un de leurs proverbes exprime des regrets sur la figue. Il ne faut pas trop mépriser cette petite induction, et l'on sait combien les Athéniens furent jaloux des figues que produisait l'Attique.

Voici une autre analogie.

Les fées du Nord ne sont-elles pas une transformation des péris de l'Orient? J'aurais donc pu peindre Eurydice consultant l'arbre des fées, comme Jeanne d'Arc fut accusée de l'avoir fait durant sa rêveuse et innocente enfance.

M. Lévêque, dans les notes de sa traduction de Thucydide, troisième excursion, sur l'origine septentrionale des Grecs, fait un parallèle détaillé du chamanisme avec la religion primitive des Grecs et des Latins. M. Georgi, de l'Académie des Sciences de Saint-Pétersbourg, dans une description détaillée de tous les peuples qui habitent l'empire de Russie, a fait sur les mœurs et la religion de ces peuples, un résumé dont M. Lévêque s'est servi pour son introduction à l'Histoire de la Russie.

Le point de départ serait le Japhet de la Bible, d'après M. de Formont.

Nous sommes toujours assurés de rencontrer la Bible, — lorsque nous arrivons à une certaine hauteur dans les traditions générales du genre humain. A ce sujet, puisque l'occasion s'en présente, je crois devoir rappeler quelques paroles du texte sacré, qui viennent ici à mon secours, et qui confirment, en même temps, ce que j'ai dit ailleurs de l'identité du génie des peuples avec le génie de leurs langues, peut-être même avec la forme et les circonstances des lieux où ils s'établirent. Les descendants de Noé se partagèrent la terre; et la Genèse (ch. X) entre dans les détails de ce partage. Elle dit, en terminant l'énumération des enfants de Japhet: « Ils se partagèrent entre eux les îles des nations, s'établissant en divers pays, où chacun eut sa langue, ses familles et son peuple particulier. » Elle dit, en terminant l'énumération des enfants de Cham : « Ce sont là les fils de Cham divisés en leurs familles et leurs langues, leurs pays et leurs nations. » Enfin elle dit en terminant l'énumération des enfants de Sem : « Ce sont là les fils de Sem distribués en leurs familles et leurs langues, leurs régions et leurs peuples. »

La traduction française est insuffisante, sans doute, et déjà le latin de la Vulgate caractérise mieux le fait que je veux signaler. Ces mots, en parlant des fils de Japhet, *unusquisque secundum linguam suam;* en parlant des fils de Cham, *in linguis.... suis;* en parlant des fils de Sem, *secundum linguas suas;* ces mots, dis-je, indiquent, à mon avis, non seulement la division des langues et des races, mais aussi l'identité de chaque race avec chaque langue, renseignement cosmogonique de la plus haute importance.

Ce n'est pas tout : si nous pouvions discuter les passages dont je viens de donner des extraits, nous aurions à y remarquer encore ces sortes d'anachronismes qui sont de véritables synchronismes, dans un ordre d'idées plus vaste, et que nous avons considérés comme les expressions d'une vérité profonde.

Il convient mieux, je crois, de revenir à ce qui nous occupait tout-à-l'heure.

Suivons une famille humaine marchant le long de la mer Caspienne et des Palus-Méotides. Un rameau entre dans la Thrace; puis se divise encore. Les uns pénètrent dans la Grèce; les autres continuent leur route par l'Illyrie. C'est de là qu'un dernier rameau serait venu en Italie. La Grèce ne touche au continent que du côté du Nord. Du côté de la mer, les colonies phéniciennes et égyptiennes auraient croisé les races venues par l'intérieur du pays. La race antérieure qui garnissait la Thrace, la Macédoine, l'Épire, paraît avoir reçu le nom de Pélasges, nom évidemment générique, et que nous retrouvons sur toutes les côtes de l'ancienne Italie.

La Thessalie s'est nommée Pélasgie. Au siège de Troie, les Pélasges avaient pour chef Hyppotoüs.

La langue de cette famille humaine aurait-elle été la langue sacrée du vieux Latium? Sa religion, peut-être le chamanisme primitif, serait-elle la religion proto-ancienne que Romulus voulut abolir? car Romulus se présente comme législateur et non comme théocrate. Cette religion fut-elle la même qui fut rétablie par Numa, toutefois avec les formes de cette philosophie italique personnifiée sous le nom de Pythagore? Fut-elle enfin cette religion de Numa, dont on brûla, plus tard, les livres, lorsqu'ils furent retrouvés après avoir été si long-temps perdus? Un autre Esdras ne se rencontra pas pour les conserver, pour leur rendre leur antique puissance.

Dodone était en Épire. Que l'on songe au peu de mots que j'ai dit sur une géographie et sur une chronologie idéales. Homère fait une chronologie de Troie, parallèle à la chronologie des Grecs. Pour lui, les mœurs et le culte sont semblables et analogues; il est évident que cela ne peut pas être ainsi. Moïse de Khorène donne, sur la guerre de Troie, des détails qui peuvent servir à rectifier les récits d'Homère.

Orphée et Homère sont sur deux lignes différentes.

Dodone, fondée par les Pélasges, antérieure à Delphes fondée par les Hellénes.

Il y aurait maintenant à parler des Ioniens et des Doriens, dont la guerre du Péloponèse signale l'antique antipathie, antipathie qui se reproduit dans toute l'histoire romaine, sous la forme de la lutte des patriciens et des plébéiens, c'est-à-dire du principe stationnaire et du principe progressif, du principe fatal et du principe volitif, du principe initiateur et du principe initiable.

Je crois que les travaux actuels de la science jettent plus de jour sur tant de problèmes historiques dont il ne m'appartient pas de m'occuper. C'est peut-être trop d'en avoir dit le peu que j'en ai dit; mais il fallait bien que je justifiasse mes données.

Il s'agit cependant de fixer quelques idées préliminaires sur l'état des plébéiens aux premiers siècles de Rome. On verra que cela est nécessaire pour expliquer plusieurs choses d'Orphée.

Les clients étaient tenus d'assister aux funérailles de leurs patrons. Les Ilotes, à Sparte, étaient tenus, de même, d'assister aux funérailles.

Ceci n'expliquerait-il pas un passage de la loi des XII Tables, par lequel il était défendu aux femmes de se déchirer les joues en suivant les convois funèbres? J'ai déja dit que le sexe exprimait un degré dans la hiérarchie sociale.

Cela servirait alors à faire comprendre pourquoi la peine de mort était infligée aux femmes qui buvaient du vin. Ici le mot *temetum* est le vin civil, interdit aux plébéiens. C'est l'amréeta dans un autre ordre de choses et d'idées.

L'outre, emblème de l'éternité, emblème dont je me suis servi, d'après Pausanias, c'est l'outre contenant le vin civil.

Le vase, la coupe, à la Chine, au Japon, dans l'ancienne Égypte, signe honorifique, symbole de noblesse, de puissance; c'est non seulement l'offrande du vin pour les sacrifices, c'est sur-tout la rétribution du vin civil.

Hercule est peint écartant des centaures qui veulent se désaltérer au vin de Faulus.

Voici encore une analogie, et je suis loin de chercher à en affaiblir l'étrange énergie: les parias suivent les funérailles, et enlèvent les immondices des chemins.

Je ne veux pas laisser croire que je me livre à de simples conjectures.

Cicéron (Lois, liv. II) dit que Sextus Ælius et Lucius Acilius, interprètes de la loi des XII Tables, n'entendaient plus celle dont nous venons de parler. Je le crois bien, le sens mythique était perdu. Ils ne pouvaient pas s'imaginer que le mot *mulieres* voulût dire les plébéiens, comme ils ne pouvaient pas comprendre que le mot *temetum* signifiât le vin civil. Un autre interprète de la loi des XII Tables, Lælius, ne comprenait pas le mot *lessus.* C'est qu'il n'avait pas pu suivre la ligne d'idées déposées dans la généalogie des mots : *plebs, ples, plessum*, ou *plessus*, ou *lessus;* c'est-à-dire que le plébéien privé des funérailles allait aux funérailles du patron dont il était le client : *plebs* c'est funérailles. Comme le client n'avait point de nom, mais le nom de son patron, nous suivons la même ligne d'idées dans les mots *ops* et *inops.* Le client de Marcus était donc Marcipor, Marcipos.

Il n'est pas temps encore de réfuter l'étymologie ridicule qu'on a adoptée pour le mot *pontifex.*

Vico dit, d'après Aristote, que, dans les républiques héroïques, les nobles juraient d'être éternels ennemis des plébéiens. Vico se trompe pour l'époque : c'est des oligarchies de son temps qu'Aristote parle, et le passage, en effet, est formel. Il me semble qu'il explique assez bien cette loi des XII Tables : *Adversus hostem æterna auctoritas esto.*

A Sparte, toutes les années, les éphores déclaraient la guerre aux Ilotes, afin que chacun pût tuer impunément ces hommes toujours considérés comme ennemis. Je cite ce fait d'une manière générale, et non pour venir à l'appui du sens que je crois pouvoir donner à la loi des XII Tables, car les Ilotes de Sparte ne sont pas les plébéiens de Rome.

Voici un passage qui se rapporte à celui d'Aristote :
« Vous ne trouverez pas une seule ville où les grands
soient bien intentionnés pour le peuple.... » (Xénop.,
Rép. d'Ath.)

Les Romains avaient les mots *plebs* et *populus*, que
l'on confondait assez facilement, à une époque où les
institutions avaient changé, et où les mots étaient demeurés, ce qui arrive toujours.

En parlant de Servius-Tullius, que j'appellerai le roi
des plébéiens, Tite-Live dit : *Primus injussu* POPULI,
voluntate PLEBIS *regnavit.* (I. 41.) Toutes les éditions
que je connais portent PATRUM au lieu de PLEBIS, mais
c'est une faute évidente, car un peu plus loin (I. 46),
on trouve : *Injussu* POPULI.... *conciliata prius voluntate*
PLEBIS.

Ce régne de Servius-Tullius est plein de merveilles à
expliquer, de problèmes à résoudre : il appartient, si
j'ose parler ainsi, à une mythologie plébéienne, ou plutôt il est la partie cosmogonique des destinées plébéiennes.

Quoi qu'il en soit, le peuple était l'ensemble de ceux
qui avaient des droits dans la cité; tant que les plébéiens furent sans droits, les patriciens seuls étaient
le peuple. La célèbre maxime *Salus populi suprema lex*
fut une maxime aristocratique.

La vérité est que les sympathies d'humanité générale
ne peuvent naître dans la classe patricienne, mais seulement dans la classe plébéienne; et la maxime *Salus
populi* reçut quelquefois des applications qui font
frémir.

Varron avait cru que les enfants qu'à Sparte on précipitait du Taygète étaient non les enfants mal conformés, mais les enfants issus d'unions prohibées. Une loi des XII Tables, restituée d'après Cicéron, donnerait lieu de croire que la même chose se faisait à Rome. Qu'on se rappelle que les patriciens seuls avaient la beauté civile ; qu'on se rappelle encore cette expression, *natura secum discors*, pour exprimer l'union réprouvée entre le sang patricien et le sang plébéien, et l'on comprendra celle-ci, *insignem ad deformitatem*, employée pour désigner un enfant que la loi condamnait à périr. L'enfant né de ces sortes d'unions était un monstre civil.

Je crois devoir donner un exemple remarquable de la difficulté qu'offraient les institutions anciennes pour effacer une tache originelle, et cet exemple sera connu de tout le monde : il s'agit de l'esclave chez les Romains, lorsque l'humanité eut fait assez de progrès pour admettre l'affranchissement.

Première génération, l'affranchi ; seconde, le fils de l'affranchi, le libertinus ; troisième, le fils du libertinus, qui n'était pas encore ingénu ; quatrième, le petit-fils du libertinus, par conséquent l'arrière-petit-fils de l'affranchi. A la quatrième génération de l'affranchissement, commençait l'ingénuité ; et encore quelle ingénuité !

Nous avons vu ce qu'étaient l'être patricien et l'être plébéien, dans leur enveloppement cosmogonique ; nous les retrouverons, plus tard, dans leur développement historique. Alors il sera établi que le plébéianisme est l'humanité elle-même prenant possession de la con-

science et de la responsabilité de ses actes, c'est-à-dire
s'élevant à la capacité du bien et du mal; car, en dernier résultat, l'émancipation plébéienne n'est autre
chose que le don de la capacité du bien et du mal.

Les mythes anciens disaient que pour accomplir l'initiation, l'initié devait tuer l'initiateur : voilà pourquoi
les patriciens furent si constants à refuser ou à retarder
l'initiation plébéienne. Ils avaient bien compris que
cette expression mythique, transformée en expression
historique, est le symbole d'un fait devant lequel ils
devaient toujours reculer. Mais la Providence ne recule
jamais. Le christianisme a accompli l'initiation générale
par la mort volontaire de l'initiateur; et, cette mort, qui
fut l'exécution d'un décret éternel, est la rançon infinie
de la capacité du bien et du mal, accordée à tous.

Me voici arrivé sur les limites d'un nouvel ordre de
choses; je dois, pour le moment, m'abstenir d'aller
plus loin. Il me suffit que la pensée chrétienne soit manifestée.

J'ai donc trouvé ce qui distingue réellement le christianisme de la gentilité. Le vrai christianisme c'est l'humanité; la gentilité c'est l'exclusion de l'humanité. Ainsi
le christianisme est la religion du genre humain; et
cette expression genre humain était nouvelle au temps
de Tacite, chose remarquable, puisqu'elle annonçait
l'unité que le christianisme apportait dans l'accomplissement des destinées humaines.

Le temps était venu où il ne pouvait plus y avoir
plusieurs essences humaines, où il ne pouvait plus y
avoir une religion patricienne et une religion plébéienne.

D'après Plutarque, Alexandre se plaignait à Aristote de ce que ce philosophe avait publié des ouvrages appartenant à sa doctrine orale ou ésotérique. Il mettait plus de prix à surpasser les hommes par la doctrine que par la puissance. Aristote s'excuse en répondant que ses livres pouvaient être compris seulement par ses disciples.

Maintenant il n'y a pas besoin de deux doctrines; la même est donnée à tous; l'ésotérisme et l'exotérisme ne peuvent plus résider que dans la différence des esprits.

Je n'ai point dissimulé que j'avais, en quelque sorte, inventé un mythe, toutefois comme on invente une telle chose, c'est-à-dire en pénétrant le plus possible dans les entrailles même des croyances.

J'ai dit que j'avais fait un poëme antique. Il faut s'identifier avec le génie général des temps où les compositions symboliques étaient de l'histoire. Elles étaient saisies pour le fond, sans que l'on se rendît compte de la forme, sans que l'on eût besoin de les expliquer dans les détails. Ulysse faisait l'effet d'un héros différent du type héroïque; c'était le plébéien, à l'insu des poëtes et des peuples, qui l'adoptaient tel que le donnait la tradition. Nul ne demandait pourquoi il employait toujours la ruse; on savait bien que la force essentielle du héros lui manquait. Nul ne s'étonnait de voir sa tête couverte du pétase, parcequ'on le prenait pour l'homme voyageur. S'il voulut obtenir les armes d'Achille, avait-il un autre moyen que la parole? Les armes d'Achille étaient une genèse, comme le démontre la célèbre description du bouclier, imitée depuis par Virgile, qui a fait aussi du bouclier d'Énée une genèse.

L'emblème donné par la tradition était adopté dans toute sa rigueur, et homogènement complété. Il importe peu de savoir où Photius a trouvé qu'Ulysse fut changé en centaure par Halé, magicienne étrusque; il suffit de sentir que la légende est conforme à l'esprit du mythe.

Strabon niait les Amazones, parcequ'il ne pouvait les expliquer. Mais les Amazones étaient consacrées par la poésie et par les arts; et nous voyons, à côté de tous les ordres de civilisations primitives, apparaître un peuple d'Amazones.

Ainsi les Centaures. Ainsi les Cyclopes. Ainsi ces îles habitées seulement par des nymphes.

Quant aux personnifications, il serait permis de dire non pas qu'elles sont naturelles, mais qu'elles sont dans la nature même de l'esprit humain. Cette faculté primitive de personnification tiendrait-elle à un sentiment confus d'une vérité cosmogonique, à savoir, que l'homme universel fut divisé pour être expié?

Les personnifications, il n'est pas inutile de le remarquer, sont de deux sortes, de même que parmi les hommes marqués pour marcher à la tête des siècles il en est de deux sortes.

En effet il y a les hommes spontanés et les hommes assimilatifs; ceux qui devancent leur temps, et ceux qui le représentent.

Voilà pourquoi il est arrivé que nous avons plusieurs personnages portant les noms de Thot, de Zoroastre, d'Orphée. Les uns sont les hommes spontanés, qui ont gouverné l'avenir; les autres sont les hommes assimilatifs qui ont été l'expression d'un temps.

Voilà pourquoi n'ayant fait qu'un Orphée, j'ai dû réunir dans le même type l'homme spontané et l'homme assimilatif. Cet Orphée a donc dû représenter quinze siècles, ainsi que je le disais tout-à-l'heure.

De plus, toute doctrine, toute institution, ainsi que je le disais encore, se bifurquent : de là une nouvelle personnification, revêtue toujours du même nom.

Mais on ne peut exiger que je dise tout dans une préface. J'ai seulement voulu montrer que je pouvais justifier tous les éléments de ma composition.

J'ai donné au neuvième livre le nom de cosmogonie romaine.

L'épilogue qui termine l'Orphée s'unit intimement au prologue qui commence la Formule générale. Ce sont comme deux anneaux qui entrent l'un dans l'autre. La chaîne des destinées humaines étant continue, il fallait bien que la pensée essayât de suivre sans interruption cette chaîne.

Toutefois j'ai dû desirer une transition métaphysique ; Vico est venu me l'offrir. Son traité *De antiqua Italorum sapientia* sera, en quelque sorte, le complément de cette cosmogonie romaine tentée dans le neuvième livre d'Orphée.

J'aurai ensuite quelques observations à faire, mais en petit nombre.

DE ANTIQUISSIMA ITALORUM

SAPIENTIA

EX LINGUÆ LATINÆ ORIGINIBUS ERUENDA

LIBRI TRES

JOH. BAPTISTÆ A VICO,

NEAPOLITANI,

REGII ELOQUENTIÆ PROFESSORIS.

LIBER PRIMUS,

SIVE

METAPHYSICUS,

AD NOBILISSIMUM VIRUM

PAULLUM MATTHIAM DORIAM,

PRÆSTANTISSIMUM PHILOSOPHUM SCRIPTUS.

NEAPOLI.

M DCCX.

PROOEMIUM.

Dum linguæ latinæ origines meditarer, multorum bene sane verborum tam doctas animadverti, ut non a vulgari populi usu, sed interiori aliqua doctrina profecta esse videantur. Et sane nihil vetat, quin aliqua lingua philosophicis locutionibus referta sit, si in ea gente multum philosophia celebretur. Ex mea quidem memoria promere id possim, quod dum Aristotelæi philosophi, et Galenici medici florebant, per ora hominum illiteratorum pervulgata erant fuga vacui, naturæ aversiones et studia, quatuor humores, et qualitates, et innumera ejusmodi: postea vero quam neoterica physice et medicina ars invaluit, vulgus hominum passim audias sanguinis circumlationem, et coagulum, utilia noxiaque fermenta, aeris pressionem, et alia id genus loqui. Ante Hadrianum Cæs. hæ voces, *ens*, *essentia*, *substantia*, *accidens* Latinis inaudita, quia Aristotelis metaphysice incognita. Viri docti post ea tempora eam celebrarunt; et ea vocabula divulgata. Quapropter quum latinam linguam locutionibus satis doctis scatere notassem; et priscos Romanos usque ad Pyrrhi tempora nulli rei, præterquam rusticæ et bellicæ, dedisse operam historia testetur; eas ab alia docta natione ipsos accepisse, et imprudentes usos esse conjectabam. Nationes autem doctas, a quibus eas accipere possent, duas invenio, Iones, et Hetruscos. De Ionum doctrina non est ut multis doceam: quum in iis italica philosophorum secta, et quidem doctissima, præstantissimaque floruerit. Hetruscos autem eruditissimam gentem fuisse, ma-

Occasio scribendorum.

Linguæ doctæ a nationum philosophis.

Doctæ latinæ linguæ origines ab Ionibus et Hetruscis.

Secta italica sapientissima.

Hetrusci metaphysica doctissimi.

Hetrusci geometria Græcis antiquiores.

Hoc opus ad Cratyli Platonici exemplum.

Aliud ac Varronis, Scaligeri, Sanctii, Scioppiique.

gnificorum doctrina sacrorum, qua præstabat, confirmat. Ibi enim theologia civilis exculta est, ubi theologia naturalis excolitur: ibique religiones augustiores, ubi digniores de Summo Numine opiniones habentur: et ideo apud nos christianos castissimæ omnium ceremoniæ, quia omnium sanctissima de Deo dogmata. Sed et architectura ceterarum simplicissima Hetruscorum, grave argumentum præbet, eos in geometria Græcis priores fuisse. Ab Ionibus autem bonam et magnam linguæ partem ad Latinos importatam etymologica testatum faciunt. Ab Hetruscis autem religiones Deorum, et cum iis locutiones etiam sacras, et pontificia verba Romanos accersisse, constat. Quamobrem certo conjicio ab ea utraque gente doctas verborum origines Latinorum provenisse; et ea de caussa animum adjeci ad antiquissimam Italorum sapientiam ex ipsius latinæ linguæ originibus eruendam. Opus sane hactenus, quod sciam, intentatum: sed forsan dignum quod inter Francisci Baconis desideria numeraretur: Plato enim, in *Cratylo*, eadem via priscam Græcorum sapientiam assequi studuit. Quare quod Varro, in *Originibus*; Julius Scaliger, *de Caussis latinæ linguæ*; Franciscus Sanctius, in *Minerva*; ibidemque, in *notis*, Gaspar Scioppius, præstiterunt, longo a nostro distat incœpto. Ii enim ex philosophia, quam ipsi docti fuerant, et excolebant, linguæ caussas eruere, et systema comprehendere satagerunt: nos vero nullius sectæ addicti, ex ipsis vocabulorum originibus quænam antiquorum sapientia Italorum fuerit, sumus indagaturi.

DE ANTIQUISSIMA ITALORUM

SAPIENTIA

EX LINGUÆ LATINÆ ORIGINIBUS ERUENDA.

———

Et principio eas locutiones, quæ conjecturæ locum faciunt, quas prisci Italiæ sapientes de primo
vero, ac Summo Numine, animoque humano opiniones haberent, hoc primo libro exequi; eumque
tibi, vir amplissime, PAULLE MATTHIA DORIA, inscribere, seu potius in hoc libro de metaphysicis rebus,
te auspice, disserere certum fuit: qui ut summum
genere, et doctrina philosophum decet, præter cetera philosophica, his celsissimis studiis delectaris;
et ea ipsa per summam magnanimitatem, et sapientiam excolis. Magni enim animi illud est, quod
præclara aliorum sublimium philosophorum meditata admiraris quidem, et laudas; sed et majora de
te confidis, et præstas. Nec minoris sapientiæ illud,
quòd unus recentiorum omnium primum verum in
humanos usus deduxisti; et altera via in mechanicam, altera in civilem doctrinam derivasti; et principem omni mala regni arte, qua suum C. Tacitus,
et Nicolaus Macchiavellus imbuerunt, integrum
formas: quo nihil ad Christianam legem conformius, nihil ad rerum publicarum felicitatem exoptatius. Sed isthæc communia tua sunt erga quemvis
merita, ad quem vel sola tui amplissimi, ac præclarissimi nominis fama pervenerit. His autem tua erga
me illa propria accedunt, quod me, et mea pro tua

singulari humanitate benignissime excipias, tuque potissimus me ad hujusmodi studia excitaveris. Quum enim anno superiore super cœna apud te domi dissertationem habuissem, in qua ex his ipsis latinæ linguæ originibus naturam collocabam in motu, quo per vim cunei quæque in sui motus centra compellerentur, et vi conversa a centro circumcirca expellerentur ad ambitum; et res omnes per systolem, et diastolem quandam gigni, vivere, et interire; tu, et eximii hujus civitatis doctrina viri, Augustinus Arianus, Hyacinthus de Christophoro, et Nicolaus Galitia, me monuistis, ut eam rem a capite aggrederer, ut rite et ordine constabilita videretur. Itaque idem insistens originum latinarum iter hæc metaphysica sum meditatus, quæ his nominibus tibi inscribo: nam ex posterioribus curis aliquam præclarissimis iis tribus viris dabo, in grati animi, et singularis observantiæ testimonium.

CAP. I.

De vero et facto.

Latinis *verum et factum idem.*

Quid *intelligere.*

Quid *cogitare.*

Quid *ratio.*

Latinis *verum et factum* reciprocantur, seu, ut scholarum vulgus loquitur, convertuntur; atque iisdem idem est *intelligere*, ac perfecte legere, et aperte cognoscere. *Cogitare* autem dicebant, quod nos vernacula lingua dicimus *pensare, et andar raccogliendo.* *Ratio* autem iisdem significabat, et arithmeticæ elementorum collectionem, et dotem hominis propriam, qua brutis animantibus differt et præstat: hominem autem vulgo describebant animantem *ra-*

tionis participem, non compotem usquequaque. Al
trinsecus uti verba idearum, ita ideæ symbola et
notæ sunt rerum. Quare quemadmodum legere
ejus est, qui colligit elementa scribendi, ex quibus
verba componuntur; ita intelligere sit colligere omnia elementa rei, ex quibus perfectissima exprima-
tur idea. Hinc conjicere datur, antiquos Italiæ sapientes in hæc de vero placita concessisse: verum
esse ipsum factum; ac proinde in Deo esse primum
verum, quia Deus primus Factor; infinitum, quia
omnium Factor; exactissimum, quia quum extima,
tum intima rerum ei repræsentat elementa, nam
continet. Scire autem sit rerum elementa componere: unde mentis humanæ cogitatio, divinæ autem
intelligentia sit propria; quod Deus omnia elementa
rerum legit, quum extima, tum intima, quia continet, et disponit: mens autem humana, quia ter-
minata est, et extra res ceteras omnes, quæ ipsa
non sunt, rerum duntaxat extrema coactum eat,
nunquam omnia colligat, ita ut de rebus cogitare
quidem possit, intelligere autem non possit; quare
particeps sit rationis, non compos. Quæ ipsa ut similitudine illustrem, verum divinum est imago rerum solida, tanquam plasma; humanum mono-
gramma, seu imago plana, tanquam pictura: et
quemadmodum verum divinum est, quod Deus
dum cognoscit, disponit ac gignit; ita verum humanum sit, quod homo dum novit, componit item ac
facit: et eo pacto scientia sit cognitio generis, seu
modi, quo res fiat, et qua dum mens cognoscit
modum, quia elementa componit, rem faciat; soli-
dam Deus quia comprehendit omnia, planam homo
quia comprehendit extima. Quæ sic dissertata quo
facilius cum nostra religione componantur, scien-

dum est, antiquos Italiæ philosophos putasse verum, et factum converti, quia mundum æternum
putarunt; ac proinde Deum ethnici philosophi co-
luerunt, qui semper *ad extra*, quod nostra theologia
negat, sit operatus. Quare in nostra religione, qua
profitemur mundum ex nihilo creatum in tempore,
res hæc opus habet distinctione, quod verum creatum convertatur cum facto, verum increatum cum
genito. Quemadmodum sacræ paginæ, elegantia vere
divina, Dei sapientiam quæ in se omnium rerum
ideas continet, et idearum omnium proinde elementa, *Verbum* appellarunt: quod in eo idem sit
verum, ac comprehensio elementorum omnium,
quæ hanc rerum universitatem componit, et innu-
meros mundos posset, si vellet, condere: et ex iis
in sua divina omnipotentia cognitis exactissimum
reale verbum existit, quod quum ab æterno cognos-
catur a Patre, ab æterno item ab eodem genitum
est.

*In nostra reli-
gione distin-
guenda res est.*

*Cur sapientia
divina Verbum
appellatum.*

§ I.

De origine et veritate scientiarum.

Ex quibus antiquorum Italiæ sapientum de vero
placitis, et hac, quæ in nostra religione adhibetur,
geniti et *facti* distinctione, principio habemus, quod
quum in uno Deo exacte verum sit, omnino verum
profiteri debemus, quod nobis est a Deo revelatum;
nec quærere genus, quo modo verum sit, quod id
omnino comprehendere nequeamus. Indidem originem scientiarum humanarum repetere, ac denique normam ad dignoscendum, quæ veræ sint,
habere possimus. Deus scit omnia, quia in se continet elementa, ex quibus omnia componit; homo

*Cur theologia
revelata om-
nium certissima
scientia.*

autem studet, dividendo, ea scire. Itaque scientia humana naturæ operum anatome quædam videtur. Etenim, illustris exempli caussa, hominem in corpus et animum, et animum in intellectum ac voluntatem dissecuit; et a corpore excerpsit, seu, ut dicunt, abstraxit figuram, motum, et ab his, uti ab omnibus aliis rebus extulit ens, et unum. Et metaphysica ens, arithmetica unum, ejusque multiplicationem, geometria figuram, ejusque commensus, mechanica motum ab ambitu, physica motum a centro, medicina corpus, logica rationem, moralis voluntatem contemplatur. Sed de hac rerum anatome idem ac de quotidiana humani corporis factum est: in qua acriores physici non parum de situ, structura, et usu partium ambigunt, ne non per mortem liquoribus concretis, cessante motu et sectione ipsa, et situs et structura viventis corporis perierint, quamobrem earundem usus explorari non possit. Nam hoc ens, hæc unitas, hæc figura, motus, corpus, intellectus, voluntas, alia in Deo, in quo sunt unum, alia in homine, in quo divisa: in Deo vivunt, in homine pereunt. Cum enim Deus *eminenter*, ut theologi christiani loquuntur, sit omnia, et cum perennis entium generatio, corruptioque eum nihil demutent; quia eum nihil augent, nec minuunt; entia finita et creata sunt disposita entis infiniti ac æterni; ita ut Deus unus sit vere ens, cetera entis sint potius. Quare Plato, quum absolute *ens* dicit, Summum Numen intelligit. Sed quid Platone opus teste, cum Deus ipse nobis se ipsum definiat: *Qui sum, qui est;* tanquam singula quæque præ eo non sint. Et nostri ascetæ, sive metaphysici christiani, ita prædicant; nos præ Deo quantumlibet maximos, et quavis de caussa maximos nihil esse. Et

Scientia humana est quædam naturæ anatome.

Objecta scientiarum in Deo alia ac in homine.

Deus ens, creata entis.

Vere unum id
quod multipli-
cari non potest.

Infinitum su-
pra corpus est,
et loco non con-
tinetur.

Quæ in ho-
mine ratiocinia,
in Deo sunt o-
pera.

In homine ar-
bitrium, in Deo
voluntas ineluc-
tabilis.

Latinis idem
dividere, et mi-
nuere.

Via resolutiva.
Per syllogis-
mos vana.

Per numeros
divinatoria.

Per ignem, et
menstrua ten-
tabunda.

Abstractio
mentis humanæ
vitio nata.

Abstractio
scientiæ huma-
næ mater.

cum Deus unice unus sit, quia est infinitus (infinitum enim multiplicari non potest) creata unitas
præ eo perit; et ob id ipsum præ eo perit corpus,
quia immensum dimensionem non patitur : perit
motus, qui loco definitur, quia perit corpus; nam
corpore locus completur : ratio hæc humana perit,
quia cum Deus habeat intra se quæ intelligit, et
omnia præsentia habeat; quæ in nobis sunt ratiocinia, in Deo sunt opera: postremo hæc nostra voluntas flexilis; at Deus cum nullum alium sibi propositum finem habeat, quam seipsum; cumque is
sit optimus, ejus voluntas ineluctabilis est. Et harum rerum vestigium, quas disseruimus, in latinis
locutionibus observamus : nam idem verbum *mi-
nuere* et diminutionem et divisionem significat;
quasi quæ dividimus non sint amplius quæ erant
composita, sed deminuta, mutata, corrupta. An id
ratio sit, cur via resolutiva, quam dicunt, sive per
genera, et syllogismos, quæ ab Aristotelæis cele-
bratur, vana comperiatur; sive per numeros, quam
tradit algebra, sit divinatoria; sive per ignem, et
menstrua, qua pergit chemica, eat tentabunda? Per
hæc igitur cum homo, naturam rerum vestigabun-
dus, tandem animadverteret se eam nullo assequi
pacto; quia intra se elementa, ex quibus res compositæ existant, non habet; atque id fieri ex sua
mentis brevitate, nam extra se habet omnia; hoc
suæ mentis vitium in utiles vertit usus, et abstractione, quam dicunt, duo sibi confingit; punctum,
quod designari, et unum, quod multiplicari posset.
Atqui utrumque fictum; punctum enim, si designes, punctum non est; unum, si multiplices, non
est amplius unum. Insuper pro suo jure sumpsit ab
his in infinitum usque procedere, ita ut lineas in

immensum ducere, unum per innumera multiplicare sibi liceret. Atque hoc pacto mundum quemdam formarum, et numerum sibi condidit, quem intra se universum complecteretur : et producendo, vel decurtando, vel componendo lineas; addendo, minuendo, vel computando numeros infinita opera efficit, quia intra se infinita vera cognoscit. Neque enim in solis problematibus, sed in theorematis ipsis, quæ vulgo sola contemplatione contenta esse putantur, operatione opus est. Etenim dum mens colligit ejus veri elementa, quod contemplatur, fieri non potest quin faciat vera, quæ cognoscit. Porro quia physicus non potest res ex vero definire, hoc est rebus suam cuique naturam addicere, et ex vero facere; id enim fas Dei est, nefas homini; nomina ipsa definit, et ad Dei instar ex nulla re substrata, tanquam ex nihilo res veluti creat, punctum, lineam, superficiem : ut puncti nomine intelligat quid, quod partes non habeat; appellatione lineæ puncti excursum, sive longitudinem, latitudinis ac profunditatis expertem; acceptione superficiei duarum diversarum linearum in unum punctum coitionem, sive latitudinem cum longitudine, præcisa profunditate. Atque hoc pacto quando ei negatum est elementa rerum tenere, ex quibus res ipsæ certo existant, elementa verborum sibi confingit, ex quibus ideæ sine ulla controversia excitentur. Et id quoque sapientes latinæ linguæ authores satis perspexerunt; cum Romanos ita locutos esse sciamus, ut *quæstionem nominis*, *et definitionis* promiscue dicerent; et tunc quærere definitionem putarent, cum quærebant quid, verbo prolato, in communi hominum mente excitaretur. Ex his vides idem humanæ scientiæ ac chemicæ evenisse: uti enim hæc, dum rei omnino irritæ studet, præ-

Homo sibi confingit mundum quemdam formarum et numerorum.

Mathesis scientia operatrix.

Deus res ex vero definit. Homo definit nomina.

Quæstio definitionis et nominis Latinis idem.

Idem scientiæ humanæ ac chemicæ evenit.

ter propositum humano generi utilissimam opera-
riam artem, spargiricam peperit; ita dum humana
curiositas verum natura ei negatum vestigat, duas
scientias humanae societati utilissimas genuit, arith-
meticam et geometriam, atque ex his progenuit
mechanicam, omnium artium hominum generi
necessariarum parentem. Cum igitur scientia humana nata sit ex mentis nostrae vitio, nempe summa ejus brevitate, qua extra res omnes est, et qua
quae noscere affectat non continet; et quia non continet, vera, quae studet non operatur; eae certissimae
sunt, quae originis vitium luunt, et operatione scientiae divinae similes evadunt, utpote in quibus verum
et factum convertantur. Atque ex his, quae sunt
hactenus dissertata, omnino colligere licet, veri
criterium ac regulam ipsum esse fecisse: ac proinde
nostra clara, ac distincta mentis idea, nedum cete-
rum verorum, sed mentis ipsius criterium esse non
possit: quia dum se mens cognoscit, non facit; et
quia non facit, nescit genus, seu modum, quo se
cognoscit. Cumque humana scientia ab abstractione
sit, iccirco scientiae minus certae, prout aliae aliis
magis in materia corpulenta immerguntur: uti minus certa mechanice quam geometria, et arithmetica, quia considerat motum, sed machinarum ope:
minus certa physice, quam mechanice; quia mechanica contemplatur motum externum circumfe-
rentiarum; physice internum centrorum: minus
certa moralis quam physica, quia physica considerat motus internos corporum, qui sunt a natura,
quae certa est; moralis scrutatur motus animorum,
qui penitissimi sunt, et ut plurimum a libidine,
quae est infinita, proveniunt. Atque indidem in
physica ea meditata probantur, quarum simile quid

Scientiae humano generi u-
tilissimae, quae certissimae.

Ea scientia divina similis e-
vadit, in qua verum et factum convertuntur.
Veri criterium est idipsum fecisse.
Cur scientiae minus certae, quae magis in materia immerguntur.

Meditata phy-
sica ea proban-
tur, quorum simile quod operemur.

operemur: et ideo praeclarissima habentur de rebus
naturalibus cogitata, et summa omnium consen-
sione excipiuntur, si iis experimenta apponamus,
quibus quid naturae simile faciamus. Et, ut uno
verbo absolvam, ita verum cum bono convertitur,
si quod verum cognoscitur, suum esse a mente habeat quoque a qua cognoscitur; et ita scientia humana divinae sit imitatrix; qua Deus dum verum
cognoscit, id ab aeterno *ad intra* generat, in tempore *ad extra* facit. Et veri criterium, quemadmodum apud Deum inter creandum est suis cogitatis
bonitatem communicasse: *Vidit Deus, quod essent
bona*; ita apud homines sit comparatum, vera quae
cognoscimus, effecisse. Sed hae res quo munitiori
sita sint loco, sunt a dogmaticis, scepticisque vin-
dicanda.

Verum huma-
num quando
cum bono con-
vertitur.

§ II.

De primo vero, quod Renatus Carthesius meditatur.

Nostrae tempestatis dogmatici ante metaphysicam
pro dubiis omnia vera habent non solum quae in
agenda vita posita sunt, ut moralia et mechanica,
sed et physica quoque, atque adeo mathematica;
nam unam metaphysicam esse docent, quae nobis
indubium det verum, et ab eo, tanquam a fonte,
secunda vera in alias scientias derivari: quod cum
nulla ceterarum demonstrent esse quae sunt, et eorum aliud esse mentem, aliud corpus; non sunt
quicquam certae de subjectis, de quibus agunt.
Quare metaphysicam ceteris scientiis proprios fun-
dos, cuique suum asserere existimant. Itaque ma-
gnus ejus meditator jubet, qui ejus sacris initiari

Metaphysica
aliis scientiis
subjectum as-
serit, cuique
suum.

velit, eum non solum persuasionibus, seu, ut loquuntur, præjudiciis, quæ per sensus, fallaces nuncios usque ab infantia conceperunt, sed etiam omnibus veris, quæ per reliquas scientias didicerant, castum adire; et, quoniam oblivisci nostrum non est, mente si minus tanquam tabula pura, saltem uti libro involuto, quem postea in meliori lumine evolvat, se ad audiendos metaphysicos applicet. Igitur finis, qui dogmaticos a scepticis distinet, erit primum verum, quod nos ejus metaphysica reserat. Quodnam is sit ita maximus philosophus docet. Homo in dubium revocare potest, an sentiat, an vivat, an sit extensus, an denique omnino sit: et in ejus argumentum opem advocat cujusdam genii fallacis, qui nos decipere possit, non aliter ac apud Ciceronem, *in Academicis* stoicus, ut id ipsum probet, ad machinam confugit, et utitur somnio divinitus misso. Sed nullo sane pacto quis potest non esse conscius quod cogitet, et ex cogitandi conscientia colligere certo, quod sit. Quare primum verum aperit id esse Renatus: *Cogito, ergo sum.* Et vero Plautinus *Sosia* non aliter, ac a genio fallaci Carthesii, aut a somnio divinitus immisso stoici, a Mercurio, qui ipsius imaginem sumpserat, in dubium de se ipso adductus, an sit, ad idem instar meditabundus huic primo vero acquiescit.

Qui finis dogmaticos inter, et scepticos.

Genius fallax Carthesii idem ac somnium divinitus immissum stoicorum.

Et Mercurius adsimulatus Sosia apud Plautum in Amphitruone.

> *Certe ædepol, quom illum contemplo, et formam*
>   *agnosco meam,*
> *Quemadmodum ego sum, sæpe in speculum inspexi,*
>   *nimis simil' est mei.*
> *Itidem habet petasum, ac vestitum, tam consimile*
>   *est, atque ego.*
> *Sura, pes, statura, tonsus, oculi, nasum, vel*
>   *labra,*

Malæ, mentum, barba, collum; totus quid verbis opus 'st.

Si tergum cicatricosum, nihil hoc simili est similius.

Sed quom cogito, equidem certo idem sum, qui semper fui.

Sed scepticus non dubitat se cogitare; quin profitetur ita certum esse, quod sibi videre videatur, et tam obfirmæ, ut id vel cavillis, calumniisque propugnet: nec dubitat se esse; quin curat sibi bene esse per assensus suspensionem, ne præterquam quas ipsæ res habent molestias, addat illas opinionis. Sed certitudinem, quod cogitet, conscientiam contendit esse, non scientiam, et vulgarem cognitionem, quæ in indoctum quemvis cadat, ut Sosiam; non rarum verum, et exquisitum, quod tanta maximi philosophi meditatione egeat ut inveniatur. Scire enim est tenere genus, seu formam, quo res fiat: conscientia autem est eorum, quorum genus, seu formam demonstrare non possumus: ita ut passim in vita agenda de rebus, quarum nullum nobis edere signum, vel argumentum datur, conscientiam testem demus. At quanquam conscius sit scepticus se cogitare, ignorat tamen cogitationis caussas, sive quo pacto cogitatio fiat; idque adeo nunc se ignorare profiteretur, cum in nostra religione animum humanum omni corpulentia purum quid esse profiteamur. Unde sentes illi, illæque spinæ, in quas offendunt, et quibus se mutuo compinguntur subtilissimi nostræ tempestatis metaphysici, dum quærunt quomodo mens humana in corpus, corpus in mentem agat; cum tangere, et tangi non possint nisi corporibus corpora. A quibus difficultatibus adacti ad occultam Dei legem tanquam

Conscientia
aliud a scientia.

Quid scientia.
Quid conscientia.

Cogitationis
caussæ occultæ.
Idque adeo in
nostra religione.

ad machinam confugiunt, quod nervi mentem excitent, quum ab objectis externis moventur; et mens intendat nervos, quando ei agere collibitum sit. Itaque fingunt mentem humanam tanquam araneum, ita in conario, ut ille in suæ telæ centro quiescere; et ubi quodvis telæ filum alicunde motum, sit araneus id sentiat: quum autem araneus, immota tela, tempestatem præsentiscit, omnia suæ telæ fila commoveat. Atque hæc occulta lex ab iis memoratur,

Mens humana aranei similis a nostris metaphysicis fingitur.

quia ignoratur genus, quo cogitatio fiat: ac proinde se obfirmabit scepticus, cogitandi scientiam non habere. Sed dogmaticus replicaverit, scepticum ex conscientia cogitandi scientiam entis acquirere; cum ex conscientia cogitandi inconcussa certitudo entis nascatur. Nec quis certus omnino esse potest, quod sit, nisi esse suum ex re conficiat, de qua dubitare non possit. Itaque scepticus non est certus se esse, quia id a re omnino indubia non colligit. Verum ad hæc scepticus negabit ex conscientia cogitandi scientiam entis acquiri. Nam scire is contendit esse, nosse caussas, ex quibus res nascatur:

An ex conscientia cogitandi scientia entis nascatur.

at ego qui cogito, mens sum et corpus: et si cogitatio esset caussa, quod sim; cogitatio esset caussa corporis: atqui sunt corpora, quæ non cogitant*. Quin quia corpore, et mente consto, ea propter cogito: ita ut corpus, et mens unita sint cogitationis caussa: nam si ego solum corpus essem, non cogitarem**; sin sola mens, intelligerem. Enim vero cogitare non est caussa quod sim mens, sed signum: atqui techmerium*** caussa non est: techmeriorum enim certitudinem cordatus scepticus non negaverit; caussarum vero negaverit.

Scire per scepticos quidnam esset.

* Vid. infra.

** Vid. supra.

*** Τεκμήριον.

§ III.

Adversus scepticos.

Nec ulla sane alia patet via, qua scepsis re ipsa convelli possit, nisi ut veri criterium sit id ipsum fecisse. Ii enim celebrant illud, res sibi videri; quid autem re ipsa sint, ignorare: effecta fatentur, ac proinde ea suas habere caussas concedunt; sed caussas se scire negant, quia ignorant genera, seu formas, quibus quæque res fiant. Hæc ab iis accepta contra ipsos sic regeras. Hæc caussarum comprehensio qua continentur omnia genera, seu omnes formæ, quibus omnia effecta data sunt, quorum simulacra sceptici suis mentibus objici, et quid reipsa sint ignorare profitentur; est primum verum, quia comprehendit omnes, in quibus etiam ultimæ continentur: et quia omnes comprehendit, est infinitum, nullam enim excludit: et quia omnes comprehendit, prius corpore est, cujus sua caussa est, ac proinde spiritale quid est: quod est Deus, et quidem Deus, quem christiani profitemur: ad cujus veri normam vera humana metiri debemus: nempe ea vera esse humana, quorum nosmet nobis elementa fingamus, intra nos contineamus, in infinitum per postulata producamus; et cum ea componimus, vera, quæ componendo cognoscimus, faciamus; et ob hæc omnia genus, seu formam, qua facimus, teneamus.

Omnium comprehensio caussarum est Deus.

Scientia divina humanæ regula.

CAP. II.

De generibus, sive de ideis.

Genus et forma Latinis idem.

Species et individuum et simulacrum significat.

Genera qua ratione infinita.

Latini quum dicunt *genus*, intelligunt formam; quum *speciem*, duo sentiunt, et quod scholæ dicunt *individuum*, et simulacrum, sive *apparenza*. De generibus sectæ philosophorum omnes ea sentiunt esse infinita. Igitur necesse est antiquos Italiæ philosophos opinatos, genera esse formas, non amplitudine, sed perfectione infinitas, et quia infinitas, in uno Deo esse: species autem, seu res peculiares esse simulacra ad eas formas expressa. Et quidem si verum antiquis Italiæ philosophis idem quod factum; genera rerum, non universalia scholarum, sed formas fuisse necesse est. Formas autem intelligo metaphysicas, quæ a physicis ita diversæ sunt, ut forma plastæ a forma seminis. Plastæ enim forma, dum ad eam quid formatur, manet idem, et semper formato perfectior; forma seminis, dum quotidie se explicat, demutatur, ac perficitur magis; ita ut formæ physicæ sint ex formis metaphysicis formatæ. Et quod non amplitudine, sed perfectione genera infinita existimanda, id utrorum utilitate collata dijudicare facile sit. Nam geometria, quæ synthetica methodo traditur, nempe per formas, ideo tum opere, tum opera certissima est, quia, a minimis in infinitum per sua postulata procedens, docet modum componendi elementa, ex quibus vera formantur, quæ demonstrat; et ideo modum componendi elementa docet, quia homo intra se habet elementa, quæ docet. At ob id ipsum

Forma metaphysica, forma plastæ, forma physica, forma seminis.

Formæ physicæ sunt ex metaphysicis formatæ.

Formarum utilitas.

Geometria per formas cur tum opere, tum opera certissima.

analysis, quanquam certum suum det opus, opera tamen incerta est; quia ab infinito rem repetit, et inde descendit ad minima: atqui in infinito reperire omnia datur; at qua via reperire possis non datur. Artes autem certius diriguntur ad finem, quem sibi habent propositum, quæ docent genera, seu modos, quibus res fiunt, ut pictura, sculptura, plastica, architectura; quam quæ non docent, ut omnes conjecturales, in qua classe sunt oratoria, politica, medicina: et illæ ideo docent, quia obversantur circa prototypos, quos mens humana intra se continet; hæ non docent, quia homo nullam formam rerum, quas conjicit, intra se habet. Et quia formæ individuæ sunt, nam linea longa, seu lata, seu profunda una plus minusve deformat faciem, ut nescias eandem esse; hinc fit quod scientiæ, artesve, quanto plus supra genera, non platonica, sed aristotelæa insurgunt, magis confundunt formas, et quanto magis magnificæ evadunt, tanto minus utiles fiunt. Quo nomine Aristotelis physica hodie male audit, quod nimis sit universalis: quando contra genus humanum innumeris novis veris ditarunt ignis, et machina, instrumenta, quibus utitur recens physica, rerum, quæ sint similes peculiarium naturæ operum, operatrix. Indidem jurisprudentia non censetur, qui beata memoria jus theticum, sive summum et generale regularum tenet; sed qui acri judicio videt in caussis ultimas factorum peristases seu circumstantias, quæ æquitatem, sive exceptiones, quibus lege universali eximantur, promereant. Optimi oratores non ii, qui per locos communes vagantur; sed qui, ut Ciceronis judicio, et phrasi utar, *hærent in propriis*. Historici utiles, non qui facta crassius, et genericas caussas narrant;

Cur eadem per species certa opere, incerta opera.

Cur artes ideales certo compotes finis.

Cur conjecturales non item.

Inutilitas generum Aristotelæorum.

Cur scientiæ quo plus genericæ minus utiles.

Physicæ operatricis commoda.

Jurisprudentes non regulis sed exceptionibus censentur.

Oratores optimi, qui hærent in caussæ propriis.

Ex historicis utiles qui?

sed qui ultimas factorum circumstantias persequun-
tur, et caussarum peculiares reserant. Et in artibus,
quæ imitatione constant, uti pictura, sculptura,
plastica, poetica, excellunt qui archetypum, a natura vulgari desumptum, circumstantiis non vul-
garibus, sed novis ac miris exornant; aut ab alio
artifice expressum, propriis ac melioribus distingunt, ac faciunt suum. Quorum sane archetyporum
quum alii aliis meliores confingi possint, quia semper exemplaria exemplis præstant; Platonici illas
idearum scalas construunt, et per ideas alias aliis
perfectiores, tanquam per gradus ad Deum Opt.
Max. ascendunt, qui in se omnium continet opti-
mas. Quin et sapientia ipsa nihil aliud est, nisi solertia decori, qua sapiens ita in omnibus novis rebus loquatur, et agat; ut nihil æque aptum ad id
aliunde desumptum accommodari possit. Itaque
sapiens a longo, et multo rerum honestarum et uti-
lium usu mentem quasi subactam reddit, quo no-
varum rerum, uti sunt in se ipsis expressas exci-
piat imagines; et non aliter paratus sit ex tempore
loqui, et agere in omnibus rebus cum dignitate, ac
fortis comparatum habet animum ad omnes terro-
res inopinatos. Atqui nova, mira, inopinata universalibus illis generibus non providentur. Quam
ad rem satis commode scholæ loquuntur, quum genera materiam metaphysicam esse dicunt; si id
ita accipiatur, ut mens per genera informis fiat
quodammodo, quo facilius specierum induat formas. Quod sane verum comperitur: nam facilius
facta et negotia percipit, uti percipi oportet, qui
genera seu simplices rerum ideas habet, quam qui
peculiaribus formis mentem instruxit, et ex iis
peculiares alias spectat: nam res formata difficile

Imitatores bo-
ni in circum-
stantiis meliora-
tis spectantur.

Unde scalæ i-
dearum Plato-
nicæ.

Sapientia non
est de iis, quæ
genere conti-
nentur.

Ut genera sun
materia meta-
physica.

alii formatæ rei aptatur. Quare exemplis judicare, exemplis deliberare periculosum: quia nunquam, aut perraro, rerum circumstantiæ congruunt usquequaque. Atque hoc differt inter materiam physicam, et metaphysicam. Physica materia ideo quamlibet formam peculiarem educat, educit optimam; quia qua via educit, ea ex omnibus una erat. Materia autem metaphysica, quia peculiares formæ omnes sunt imperfectæ, genere ipso, sive idea, continet optimam. Vidimus utilitates formarum; nunc universalium damna exequamur. Loqui universalibus verbis infantium est, aut barbarorum. In jurisprudentia, ut plurimum, sub ipso jure thetico, seu sub regularum auctoritate, sæpissime erratur. In re medica, qui recta per theses pergunt, magis contendunt ne corrumpantur systemata, quam ut sanentur ægroti. In vita agenda, quam sæpe peccant, qui eam per themata instituerunt! de quibus græca locutio nobis vernacula facta est, qua *thematicos* istos homines appellamus. Omnes in philosophia errores ab homonymis, vulgo æquivocis, nascuntur: æquivoca autem aliud non sunt, nisi voces pluribus rebus communes; nam sine generibus æquivoca non essent; homines enim naturaliter homonymiam aversantur: cujus rei argumento illud est, quod puer jussus ad accersendum sine discrimine Titium, ubi ejus nominis duo sunt; quia natura attendit particularia, statim subdit: utrum me accersire vis Titiorum? Itaque nescio, an magis genera philosophos in errores, quam sensus in falsas persuasiones, seu in præjudicia vulgus conjiciant. Nam genera, ut diximus, formas confundunt, seu, ut loquuntur, ideas confusas, non minus ac præjudicia faciunt obscuras. Et vero omnes sectæ

Egregia inter physicam et metaphysicam materiam differentia.

Universalium damna.

In jurisprudentia.

Ite medica.

In vita agenda.

Errores omnes ex homonymiæ generibus referendi.

Homines naturaliter homonymiam fugiant.

An magis genera philosophos in errores, quam sensus in præjudicia vulgus conjiciant.

in philosophia, medicina, jurisprudentia, omnes
in vita agenda controversiæ, et jurgia sunt a generibus; quia a generibus sunt homonymiæ, seu
æquivocationes, quæ ab *errore* esse dicuntur. In
physica, quia generica materiæ, et formæ nomina;
in jurisprudentia, quia longe lateque patet appel-
latio justi; in medicina, quia sanum, et corruptum
sunt nimis ampla vocabula; in vita agenda, quia
vox utile definita non est. Atque ita sensisse antiquos Italiæ philosophos hæc in lingua latina ex-

tant vestigia: quod *certum* duo significat, et quod
est exploratum indubiumque, et peculiare, quod
communi respondet; quasi quod peculiare est, certum sit, dubium autem quod commune. Iisdemque

verum et *æquum* idem: æquum enim ultimis rerum
circumstantiis spectatur quemadmodum justum genere ipso: quasi quæ genere constant, falsa sint,
veræ autem ultimæ rerum species. Enimvero ista
genera nomine tenus sunt infinita: homo enim ne-

que nihil est, neque omnia. Quare nec de nihilo,
nisi per aliquid negatum, nec de infinito, nisi per
negata finita cogitare potest. At enim omnis trian-
gulus habet angulos æquales duobus rectis. Ita
sane: sed non id mihi infinitum verum; sed quia
habeo trianguli formam in mente impressam, cujus
hanc nosco proprietatem, et ea mihi est archetypus
ceterorum. Si vero id contendant esse infinitum ge-

nus; quia ad eum trianguli archetypum accommodari innumeri trianguli possunt; id sibi habeant per
me licet: nam vocabulum iis lubens condono, dum
ipsi de re mecum sentiant. Sed enim perperam loquuntur, qui decempedam dixerint infinitam, quod
omne extensum ad eam normam metiri possint.

CAP. III.

De caussis.

Latini *caussam* cum *negotio*, seu operatione, confundunt; et quod ex caussa nascitur, *effectum* dicunt. Hæc autem cum iis, quæ de vero, et facto disseruimus, conspirare videntur: nam si id verum est, quod factum; probare per caussas idem est ac efficere, et ita caussa, et negotium idem erit, nempe operatio; et idem factum et verum, nempe effectus. Caussæ autem spectantur præcipuæ, in naturalibus, materia et forma, uti, in moralibus, finis, in metaphysica, author. Itaque verisimile est antiquos Italiæ philosophos opinatos, eum probare a caussis, qui materiam, sive elementa rei incondita digerat, et disjecta componat in unum; ex quo ordine, et compositione elementorum certa rei forma extet, quæ peculiarem naturam in materiam inducat. Quæ si vera sunt, arithmetica et geometria, quæ vulgo non putantur a caussis probare, eæ a caussis vere demonstrant. Et ideo a caussis demonstrant, quia mens humana continet elementa verorum, quæ digerere et componere possit; et, ex quibus dispositis et compositis, existit verum quod demcnstrat; ut demonstratio eadem ac operatio sit, et verum idem ac factum. Atque ob idipsum physica a caussis probare non possumus, quia elementa rerum naturalium extra nos sunt. Nam quanquam essent finita, tamen infinitæ virtutis est ea digerere, componere, et ex iis effectum dare. Neque enim, si ad primam caussam spectemus, minoris virtutis est formicam

Latinis caussa, et negotium idem.

Cur effectus dictum, quod a caussa oritur.

Probare per caussas efficere est.

Effectus est verum, quod cum facto convertitur.

Caussarum genera.

Probare a caussis est elementa rei colligere.

Arithmetica et geometria vere probant a caussis.

Physica a caussis probari non possunt.

Quodvis finitum infinita virtute gignitur.

producere, quam hanc rerum universitatem creasse;
quia non minus confert ad formicæ formationem,
quam ad hujus mundi genesim motus, quo et hic
mundus creatus ex nihilo est, ex quo formica ex
substrata materia producitur. Et sane in asceticis
sermonibus suis nostræ religionis sapientes, nempe
qui et cognitione Summi Numinis, et morum sancti-
tate præclari fuerunt, sæpe ex flosculi meditatione
in Dei cogitationem perveniunt; quod infinitam in
ejus generatione virtutem agnoscunt. Atque id est,
quod in nostra dissertatione : *De nostri temporis studio-*
rum Ratione, dicebamus, quod *geometrica ideo de-*
monstramus, *quia facimus; physica si demonstrare*
possemus, *faceremus.* Hinc adeo impiæ curiositatis
notandi, qui Deum Opt. Max. a priori probare stu-
dent. Nam tantundem esset, quantum Dei Deum se
facere; et Deum negare, quem quærunt. Metaphysici enim veri claritas eadem est numero ac illa
lucis, quam non nisi per opaca cognoscimus. Si enim
in elatratam fenestram, quæ lucem in ædes ad-
mittit, intente ac diu intuearis; deinde in corpus
omnino opacum aciem oculorum convertas; non
lucem, sed lucida clathra tibi videre videaris. Ad hoc
instar metaphysicum verum illustre est, nullo fine
concluditur, nulla forma discernitur, quia est infinitum omnium formarum principium : physica sunt
opaca, nempe formata, et finita, in quibus metaphysici veri lumen videmus.

Sapientes chris-
tiani in quavis
re minima infi-
nitam Dei vir-
tutem agnos-
cunt.

Impia pietas est
velle Deum pro-
bare per caus-
sas.

Metaphysici
veri claritas ea-
dem ac lucis.
Ejus rei appo-
sitissima simili-
tudo.

CAP. IV.

De essentiis, seu de virtutibus.

Quod scholæ *essentiam* vocant, Latini *vim*, et *po-* *testatem* appellant. Essentias autem omnes philo- sophi æternas et immutabiles statuunt. *Aristoteles* diserte eas individuas, seu, ut scholæ loquuntur, in indivisibili consistere asseverat. *Plato* autem post Pythagoram scientiam esse de æternis et immuta- bilibus sentit. Hinc conjicere licet, antiquos Italiæ philosophos essentias putasse individuas omnium rerum virtutes æternas et infinitas; quas proinde Latinorum vulgus vocabat *Deos immortales*, sapientes vero pro uno Summo Numine accipiebant: et hac de caussa unam metaphysicam veram scientiam esse, quod de æternis virtutibus ageret. Hinc dubi- tare licet, an quemadmodum datur motus, et co- natus, qui virtus movendi est; ita detur extensum, et virtus, qua quid extendatur: et uti corpus, et motus sunt proprium physicæ subjectum; ita co- natus, et virtus extensionis sint materia propria metaphysices: cujus rei te habeo authorem, PAULLE præstantissime, qui illud sentis, in physica actus, in metaphysica esse virtutes.

Essentia, vis et potestas La- tinis dicta.

Scientia est de æternis, et im- mutabilibus.

Dii immorta- les Latinorum sunt infinitæ omnium rerum virtutes.

Cur metaphy- sica verissima omnium scien- tia.

§ I.

De punctis metaphysicis et conatibus.

Enimvero Latinis *punctum* et *momentum* idem significabant: momentum autem est res, quæ mo-

Momentum et punctum Lati- nis idem.

Et quid individuum utranque.

Doctrina de punctis metaphysicis Italiæ asseritur.

Geometria et arithmetica post metaphysicam maxime veræ.

Metaphysica omnis veri fons.

Qua via verum a metaphysica in geometriam derivatur.

Virtus extensi prior extenso est, ac proinde inextensum.

Virtus numeri non est numerus.

Qua ratione puncti definitio sit nominis.

vet : et cum punctum, tum momentum iisdem Latinis quid indivisibile dicebatur. An igitur antiqui Italiæ sapientes in placitis habuerunt, virtutem esse quandam individuam extensionis et motus? Et hæc doctrina ab Italia trans mare, uti et aliæ multæ in Græciam trajecta, a Zenone postea interpolata? Etenim de hac individua extensionis, ac motus virtute nulli rectius quam stoici sensisse mihi videntur, qui de ea per hypothesim puncti metaphysici disseruere. Principio enim nullum est dubium quin geometria, uti et arithmetica, supra reliquas omnes scientias, quas *subalternas* appellant, aut maxime veræ sint, aut certe eximiam veri speciem præseferant : et vicissim illud adprime verum, quod metaphysica sit omnis veri fons, et unde in alias scientias omnes derivatur. Quisque autem novit geometras suas syntheticas methodos a puncto ordiri; et protinus ad infinitæ rei contemplationem progredi crebris illis postulatis suis, ut lineas in immensum producere sibi liceat. Si quis autem quærat, qua via id verum, aut ea veri species ex metaphysica in geometriam derivata; nulla sane, quam per malignum aditum puncti. Nam geometria ex metaphysica virtutem extendendi desumpsit; quæ quia virtus est extensi, prior extenso est, scilicet inextensa. Quemadmodum arithmeticus ex metaphysica desumpsit virtutem numeri, nempe unum, quæ quia virtus est numeri, non est numerus : et quemadmodum unum, quod non est numerus, numerum gignit; ita punctum, quod non est extensum, parit extensionem. Quum enim geometra punctum definit id esse, cujus nulla pars est, ea definitio nominis est; quia nulla substernitur res, quæ partes non habeat, et tamen mente, vel stylo

designes. Quemadmodum unius definitio apud arith-
meticum nominis quoque est; quia ii præstituunt
unum multiplicabile, quod re ipsa unum non est.
At Zenonii eam puncti definitionem rei existimant,
quantum sit punctum instar ad quod de indivisibili
extensionis motusque virtute mens humana cogitare possit. Quare falso illud vulgo putant, geometriam suum subjectum a materia depurare, seu, ut
vulgo scholæ loquuntur, *abstrahere*. Nam Zenonii
nullam scientiam geometria exactius materiam trac-
tare existimabant; nempe materiam, quam ei meram suppeteret metaphysica, hoc est extensionis
virtutem. Neque Aristotelis contra Zenonios demonstrationes super punctis metaphysicis tantam
apud ejus asseclas haberent authoritatem, nisi
stoicis punctum geometricum signum ad instar
metaphysici, et punctum metaphysicum corporis
physici virtus esset. Uti nec Pythagoras, ejusque
asseclæ, e quibus ad nos pervenit, apud Platonem,
Timæus, quum de naturæ rebus per numeros disseruerunt, naturam vere ex numeris constare arbi-
trati sunt: sed mundum, extra quem essent, explicare per mundum, quem intra se continerent,
studuerunt. Idem de Zenone ejusque secta judicium
faciendum, qui puncta rerum principia esse existi
marunt. Et vero ex omni memoria quatuor philosophorum classes condi possunt: alii enim geometræ
eximii, qui de principiis physicis per mathesis hypotheses disseruerunt; atque in his est Pythagoras:
alii geometria bene instructi, metaphysicæque cul-
tores seduli nulla hypothesi de principiis rerum cogitarunt; et iccirco de naturæ rebus metaphysico
genere disserunt; atque in his est Aristoteles: alii et
geometriæ ignari, et metaphysicæ hostes simplex

Geometria trac-
tat materiam
meram, qualem
ei suppetit me-
taphysica.

Punctum geo-
metricum in-
star metaphysi-
ci: et punctum
metaphysicum
corporis physi-
ci virtus.
De physica Py-
tagorea judi-
cium.

Idem de phy-
sica Zenonia.

Quatuor philo-
sophorum clas-
ses.

Prima.

Secunda.

Tertia.

corpus extensum in materiæ usum adornarunt; et hi in principiorum explanatione gravissime tanquam in limine offendunt, at felicius tamen de peculiaribus naturæ phænomenis cogitarunt; atque in his est

Epicurus: alii denique corpus quantum et quale principia rerum esse voluerunt; ut ex antiquis, qui terram, aquam, aerem, ignem, vel singula, vel bina, vel cuncta; et ex neotericis chemici. Sed hi nihil quicquam pro dignitate de principiis disserunt: et ex eorum principiis explicationes peculiarium naturæ rerum, præterquam in paucis, quas periculum magis quam consilium obtulit, feliciter succedunt. Zeno

summus metaphysicus ad geometrarum hypotheses accessit : et uti Pythagoras per numeros, is per puncta, de principiis rerum commentatur. Carthesius

vero maximus, ex æquo metaphysicus et geometra, accessit ad Epicurum: et quæ in principiis offendit de motu, et formatione elementorum, omnibus plenis, uti Epicurus, offensiones, de vacuo, et atomi declinatione, successu rerum peculiarium feliciter explanatarum compensat. An eorum ratio sit, quod

uterque figura et machina de naturæ rebus disserunt; et peculiaria naturæ effecta formata et mobilia sunt; de principiis autem, et virtutibus, quia informibus nulla figura, quia indefinitis machina nulla est? Atque hæc hactenus ad sententiæ Zenoniæ declarationem, authoritatemque dicta sint. Nunc propria rei propositæ argumenta exponamus. Quælibet minima extensæ rei particula in infinitum diduci, Aristoteles

geometricis demonstrationibus evincit. Sed Zeno ad eas imperturbatus constat, iisque ipsis sua metaphysica puncta confirmat. Hujus enim rei phy-

sicæ virtutem in metaphysica dari oportet : alioqui quo pacto Deus omnium perfectionum sit cumulus?

extensa quidem in natura sunt; in Deo quid extensum memorare nefas: extensum metimur; infinitum dimensionem indignatur. Extensi vero virtutem *eminenter*, ut nostri theologi loquuntur, in Deo contineri fas omnino est. Igitur, quo pacto, conatus virtus movendi est, et in Deo, conatus authore, quies; ita prima materia est extensionis virtus, quæ in Deo, materiæ conditore, purissima mens est. Est igitur in metaphysica substantia, quæ indefinitæ extensi divisionis est virtus. Divisio physica res est, virtus ut res dividatur metaphysicum argumentum; divisio enim actus corporis est; at essentia corporis, uti et ceterarum rerum, in indivisibili consistit: atque id adeo Aristoteles fateri debet, qui docet. Itaque mihi videtur de alio Aristoteles cum Zenone contendere, in idem autem convenire. Nam ille de actu, hic loquitur de virtute. Et quum Aristoteles divisionem partium in infinitum demonstratione diagonalis, quæ in iisdem punctis cum laterali secaretur, quæ duæ lineæ ejusdem sunt impatientes mensuræ, urget; jam tum non dividit punctum, sed quid extensum, nam designat. At ea ipsa demonstratio, uti et aliæ de circulis concentricis, qui in omnibus suis punctis cum centro secarentur, et de parallelis, quæ obliqua ad horizontem ductæ, quam perpendicularem intersecarent nunquam totam dividerent, et ejus generis aliæ, ex puncti definitione, cujus nulla pars est, stabilitæ proveniunt. Neque hæc mira nobis sunt demonstrata per geometriam, in cujus definitionibus punctum minima diceretur esse particula in immensum dividua; sed per quam punctum constituitur individuum, et a puncto ita definito ad hæc mira demonstrata pervenitur. Quapropter Zeno per eas demonstrationes

Conatus in Deo quies, extensionis virtus in Deo mens.

Divisio motus et res physica est: divisibilitas virtus, et metaphysica essentia.

De alio Aristoteles cum Zenone contendit, in idem convenit.

Aristotelis demonstrationes contra puncta metaphysica ex puncti geometrici definitione proveniunt.

Zeno ex geometria metaphysicam in physicam deductam contemplatur.

in sua sententia se obfirmat potius; tantum abest ut confutetur. Quemadmodum enim in hoc mundo formarum, quem homo sibi confingit, et cujus homo quodammodo Deus est, hoc definitum nomen, hæc res commentitia, cujus nulla pars est, ex æquo iniquis extensis subest; ita et ad hoc instar in mun-

Virtus extensionis individua; et, ob id, iniquis extensis æqua sternitur.

do vero, quem Deus condidit, est quædam individua virtus extensionis, quæ, quia individua est, iniquis extensis ex æquo sternitur. Atque adeo virtutes sunt indefinitæ; et, quia indefinitæ, de iis illa *tot*, et *quot* proloqui non datur; illa *plura*, *minora* cogitare non licet; illa *magis* et *minus* indignantur.

Conatus iniquis motibus æquus subest.

Atque eæ ipsæ demonstrationes, quæ id evincunt, conficiunt quoque conatum, seu movendi virtutem, utpote rem metaphysicam iniquis moti-

Conatus dos puncti.

bus æquum subesse. Et principio multo magis decet expeditissimam divinæ omnipotentiæ facilitatem, quod is crearit materiam, quæ esset virtus extensionis et motus simul, quam duplici opera altera materiam, altera motum creasse. Et bona metaphysica id suadet; quum enim conatus quid non sit, sed cujus, nempe materiæ modus, eadem creatione materiæ eum creatum necesse est. Id ip-

Natura conando cœpit existere.

sum physicæ convenit: extante enim natura, seu ut scholæ dicunt, *in facto esse*, omnia moventur: antequam extaret, omnia in Deo quiescebant; igitur natura conando cœpit existere : sive conatus *natura*, ut scholæ quoque loquuntur, *in fieri* est. Conatus enim quietem inter et motum est medius.

Conatus inter quietem et motum medius.

In natura res extensæ sunt: ante omnem naturam, res omnem extensionem indignans, Deus : igitur

Punctum medium inter Deum et extensa.

Deum inter et extensa est media res, inextensa quidem, sed capax extensionis, nempe metaphysica puncta. Neque vero aliunde summo inter se commensu, seu, ut dicunt, *proportione* hæc sibi respondent : hinc quies, conatus, motus ; atque hinc Deus, materia, et corpus extensum. Deus omnium motor in se quietus, materia conatur, corpora extensa moventur ; et, ut motus est modus corporis, quies Dei attributum, ita conatus dos puncti metaphysici est : et uti punctum metaphysicum est indefinita virtus extensionis, qua iniquis extensis æqua subest ; ita conatus indefinita virtus movendi est, quæ iniquos motus ex æquo explicat. Renatus tanquam fundamentum eorum omnium, quæ de motuum reflexione, ac refractione præclarissime cogitat, illud substruit, quod motus ab ejusdem determinatione sit alius ; itaut sub eodem determinationis modo, seu *quantitate*, ut dicunt, plus motus fieri possit. Unde illud conficit, plus motus esse in determinationibus obliquis, quam rectis. Atque hinc reserat rationem, quare corpus obliqua motum duabus caussis uno eodemque tempore satisfaciat ; alteri sui ponderis, qua recta deorsum fertur ; alteri directionis, qua obliqua tendit ad horizontem : et ita ubi in planitiem omnino imperviam incidit, uno eodemque tempore ambarum det effecta caussarum, et reflectat ita motum, ut angulus reflectionis angulo incidentiæ æquus sit : sin in planitiem incidat perviam, motum refrangat, et pro majori minorive medii fluxitate, per quod decurrit, proprius longiusve abeat a perpendiculari, quam, si per medium uniusmodi pervium deferretur, describeret. Videt quidem verum illud Renatus, sub eodem determinationis modo plus motus fieri posse ; rationem autem dissimulat, quia juxta sentit cum Aristotele contra Zenonem : dissimulat, inquam, quod uti diagonali, et laterali æqua subest

Deus quietus.

Materia conatur.

Extensa moventur.

Ratio eorum, quæ cogitat Renatus de reflexione, ac refractione motus.

virtus extensionis; ita motui recto, et obliquo ad
horizontem æqua virtus quoque subest movendi.
Harum rerum omnium, quæ hactenus disseruimus,
ratio ea est, aut ego fallor, quia puncta, et conatus

sunt, per quæ primulum res ex sui nihilo existere
occipiunt: et a nihilo minima, et ingentia ex æquo
distant. Et ea ratione geometria a metaphysica suum
verum accipit, et acceptum in ipsam metaphysicam
refundit: hoc est ad scientiæ divinæ instar humanam exprimit, et ab humana divinam rursus confirmat. Qua cum re ut apte hæc omnia congruunt!

tempus dividitur; in individua re stat æternitas:
nisi alia moveantur, non habes qui metiri possis
quietem: quare animi perturbationes minuuntur,
augentur; tranquillitas nescit gradus: extensa cor-
rumpuntur; immortalia indivisibili constant: corpus
divisiones patitur; mens partium impatiens: in
puncto opportunitas; undique circumstant casus:
verum præcisum est; undique falsa obvia: scientia
enim non dividitur, opinio sectas gignit: virtus nec
ultra nec citra; vitium longe lateque patet: rectum
unum; prava innumera: optimum in quoque rerum
genere in individua re collocatur. Atque adeo mundus physicus est de imperfectis, et rebus in indefi-
nitum dividuis; mundus metaphysicus de ideis,
seu rebus optimis, nempe de individuis virtutibus,
quæ efficaciæ sint indefinitæ. Est igitur in metaphy-

sica genus rerum quod extensum non est, est tamen
capax extensionis. Non id videt Carthesius, quia,
analyticorum more, materiam creatam ponit, ac
dividit. Vidit autem Zeno, quia a mundo formarum,
quem homo sibi per synthesim e punctis condit, de
mundo solidorum, quem Deus creaverat, disserere
studuit. Non vidit hæc Aristoteles, quia metaphy-

sicam recta in physicam intulit: quare de rebus physicis metaphysico genere disserit per virtutes et facultates. Non vidit Renatus, quia recta physicam in metaphysicam extulit, et de rebus metaphysicis physico genere cogitat, per actus, ac formas. Utrumque vitio vertendum: nam si definire est rerum fines dirigere, et fines sunt formatorum extrema, et formata omnia a materia per motum educuntur, ac proinde naturæ jam extanti accepto sunt referenda; et incivile est, extante jam natura, ex qua jam actus habemus, definire res per virtutes; et antequam natura existat, et res formatæ sint, eas describere per actus, importunum. Metaphysica physicam transcendit, quia de virtutibus agit, et infinito: physica metaphysicæ pars, quia de formis agit, ac terminatis. Quo autem pacto infinitum in hæc finita descenderit, si vel Deus id nos doceret, assequi non possemus: quia id verum mentis divinæ est, quod et nosse, et fecisse idem. Mens autem humana finita est, et formata; ac proinde indefinita et informia intelligere non potest, cogitare quidem potest: quod vernacula lingua diceremus: *può andarle raccogliendo, ma non già raccorle tutte.* Sed id ipsum cogitare fateri est, quæ cogitas informia esse, et fines habere nullos. Et ob id ipsum distincte cognoscere humanæ mentis vitium potius quam virtus est: nam est cognoscere fines rerum. Mens divina in suæ veritatis sole res videt: hoc est dum rem videt, infinitas res cum re, quam videt, cognoscit: mens humana, quum distincte rem cognoscit, eam noctu cum lucerna videt, quam dum videt, adsita aspectu amittit suo. Doleo enim, neque doloris formam agnosco ullam; nullos ægritudinis animi cognosco fines: cognitio indefinita; et,

la hypothesi in physicam importat.

Renatus physicam in metaphysicam extulit.

De rebus physicis metaphysico, de metaphysicis physico genere cogitare, vitiosum.

Quo pacto infinitum in hæc finita descenderit comprehendi non potest.

Distincte cognoscere humanæ mentis vitium.

quia indefinita, homine digna est : vivida doloris idea est, et illustris, ut nihil magis. Sed hæc metaphysici veri claritas eadem est numero ac illa lucis, quam non nisi per opaca distinguimus : metaphysica enim vera illustria sunt, quia nullo fine concludi, nulla re formata distingui possunt : physica autem sunt opaca, quibus metaphysicarum rerum lucem distinguimus. Hæc lux metaphysica, sive, ut scholæ loquuntur, deductio virtutum in actus, citra inversa verba, vero conatu gignitur, hoc est indefinita virtute movendi, quæ iniquis motibus æqua subest : quæ dos est puncti seu indefinitæ virtutis, qua quid porrigitur, et iniquis extensis ex æquo sternitur.

Metaphysici veri claritas eadem ac lucis.

Lux metaphysica, seu deductio virtutum in actus conatu gignitur.

§ II.

Extensa non conari.

Extensorum vel conatus nullus omnino est.

Nam sane extensa non videntur quicquam conari posse : sive omnia plena sint ex uno genere corporum, quæ æqua vi mutuo sibi obsistant; nam in æqua obsistentia rerum, et plenis omnibus, virtus movendi excitari non potest : sive sint plena omnia ex diversis corporum generibus, quorum alia obsistant, alia loco cedant; nam in iis verissimi motus fiunt. Nec vero, si brachio velim parietem perrumpere, conatus est; cum ea sit vera nervorum motio, qua ex remissis intenti fiunt : non aliter vere movetur piscis, qui ripæ se applicat, et adversæ profluenti resistit. Nam ad eam tentionem alii atque alii spiritus animales succedunt, ac proinde verus sit motus, donec non succedentibus porro aliis, nervi languescant ac remittantur. Et ex genere, si

Vel verissimus motus est.

conatus est virtus movendi, qua pollent extensa, impedita, an, ut maxime impedita sit, aliquo pacto explicatur tamen? an omnino explicari nunquam potest? si quo tamen pacto explicatur, is verissimus motus est; sin autem nullo pacto explicari potest, quod hoc vis genus est, quæ semper sit irrita? cum vis fieri nulla possit, quin quo momento fit, explicetur; ut quod vim facit tantum intendatur, seu moveatur. Quare si naturæ effecta omnia percurramus, ea motu, non conatu, nasci comperiemus. Vel ipsam lucem, quæ temporis momento diffundi videtur, physici optimæ notæ docent, temporis successu fieri et vero motu. Atque utinam lux instanti fieret, ut ex puncto luculentissimum naturæ opus natum haberemus. Etenim si lux instanti temporis gignitur, dari id puncti effectus in natura necesse est; nam instans temporis loci punctum affectatur. Igitur si lux est directio orbiculorum, quæ in instanti fiat, orbiculi haud possunt in una sui parte dirigi, quæ extensa sit. Nam extensa sunt extremis disterminata; extrema mediis dissita: extrema autem, et media tempore et vero motu percurruntur. Itaque quo lux conatu et temporis instanti gignatur, orbiculi in punctis, quorum nulla pars sit, dirigi debent; en res in natura esset, quæ nullam haberet extensionem. Sed enim ista puncta, in quibus diffundi lucem, oboriri tenebras dicunt, sunt nimis corpulenta; nec pro gracili geometriæ ingenio exinanita, sive potius ex metaphysicæ subtilitate extensione omni spoliata. Quare extante jam natura, ubi sunt diversi generis extensa, quorum alia dura, alia pervia, nulli sunt conatus, sed veri motus. Itaque naturæ jam extantis phænomena non virtute et potestate explicare par est. Jam enim me-

EXTENSA NON
CONARI.

liorum virtute physicorum illud disserendi genus
per *studia*, et *aversiones naturæ*, per *arcana ejusdem
consilia*, quas *qualitates occultas* vocant, jam, inquam, sunt e physicis scholis eliminata. Superest

Conatus vo-
cabulum e phy-
sicis scholis ad
metaphysicas a-
mandandum.

adhuc ex metaphysica id *conatus* vocabulum. Quare
quo disserendi genus de rebus physicis omnino
perficiatur, e physicorum scholis est ad metaphysicos amandandum. Nos autem hæc ad extremum

Natura motus
est: principium
motus conatus:
Excitator cona-
tus Deus.

conficiamus. Natura est motus; hujus motus indefinita movendi virtus conatus; quam excitat infinita
mens in se quieta, Deus. Naturæ opera motu perfi-
ciuntur, conatu incipiunt fieri: ut rerum geneses
motum, motus conatum, conatus Deum sequatur.

§ III.

Motus omnes compositos.

Compositæ rei
compositus mo-
dus.

Compositæ rei modum compositum esse necesse
est. Nam si modus res ipsa est ita se habens, et res
extensa partes habet; modus rei extensæ sunt plu-
res res, quæ ita disponuntur. Et vero figura modus

Ut figura.

compositus est, nam tribus minimum lineis constat:

Locus.

modus compositus locus, nam tribus constat di-
mensionibus: modus compositus situs, is enim est
plurium locorum ratio: modus compositus tempus,

Tempus.

nam duo loci sunt, quorum alter stat, alter movetur. Quod et ipsum norunt auctores latinæ linguæ,
quibus promiscuus particularum usus, et quibus

Promiscuus
Latinis *loci* ac
temporis parti-
cularum usus.

locus et quibus tempus significatur, ut illa *ibi* pro
tunc, *inde* pro *postea*, *usquam*, *nusquam* pro *unquam*
nunquam, et si quæ sunt ejus generis aliæ. Ad hæc

Motus.

exempla compositus motus, nam *unde*, *qua*, et *quo*

Motus nullus
rectus.

constat. Tum quia omnes motus aeris circumpulsu

fiunt, simplices, rectique esse nullo pacto possunt.
Et quod corpora, sive per aerem decidentia, sive
per æquor, sive terræ, sive maris progredientia, lineam rectam describere videantur, ea tamen re
ipsa recta non est. Nam *rectum*, et *idem* res metaphysicæ sunt. Idem ipse mihi videor; sed perenni
accessu et decessu rerum, quæ me intrant, a me
exeunt, quoquo temporis momento sum alius.
Sic quoque rectùs qui videtur motus, omni temporis momento pravus est. At si quis hæc ex geometria spectet, facile metaphysica cum physicis
componet. Nam ea una est verior hypothesis, qua
ex metaphysica in physicam descendamus. Ut enim
pravæ lineæ componuntur ex rectis; quare circu-
lares ex indefinitis rectis constant, quia constant
punctis indefinitis; ita compositi extensorum motus
ex simplicibus punctorum conatibus componuntur.
Prava sunt in natura et imperfecta, supra naturam
rectum, pravorum regula. Sed extensorum conatus
ad rectos motus hodie eo firmatur, quod si corpus
libere, hoc est per non obstantia moveretur, recta
quidem et in immensum moveretur. Sed id fingere
primo prohibet, quod qui id fingunt motum defi-
niunt viciniæ corporum mutatione. Quænam autem
vicinia in vano? Dixerit quis viciniam loci, unde
primo motum est corpus, spectandam esse. Sed si
id spectetur, quo pacto illud *immensum?* An in im-
menso quid vicinius, quid longius? Si iste id fatea-
tur, quid a scholastico distat, qui *spatia imaginaria*
proponit. Nam ejusdem mentis est ab ultima summi
cœli superficie inane spatium imaginari; et confin-
gere a loco unde primo corpus motum est, id longius longiusque per immensum inane promoveri.
Deinde id fingere natura omnino non patitur. Et-

Rectum, et i-
dem res meta-
physicæ, res
physicæ pra-
vum, et aliud.

Ut curva linea
ex innumeris
rectis, ita mo-
tus ex indefini-
tis conatibus
constat.

Nullus motus
in vano, quia
nulla in vano
vicinia.

Idem est fingere
corpus per ina-
ne moveri, et
spatia imagina-
ria comminisci.

Ideo constant

enim ideo constant corpora, quia moventur in pleno; et ideo plus minusve constant, quia plus minusve obsistunt aliis, ipsisque ab aliis obsistitur. Quæ obsistentia nisi sit, nedum non moveretur, neque recta, neque adeo in infinitum; sed ut, si ex loco subduceretur omnis contentus aer, loci parietes compingerentur, ita corpus in inane eductum dissiparetur. Norunt id verum sapientes linguæ latinæ auctores, recta metaphysica, physica prava esse; cum Latini, religionis caussa, *nihil* ab opposito *recte* dicant: quasi nihilo opponatur rectum, exactum, perfectum, infinitum; et finita, prava, imperfecta sint pene nihil.

Nihil et *recte*
cur Latinis op-
positæ.

§ IV.

Extensa inquieta.

Quies res metaphysica est, physica motus. Et fingere corpus ex se integrum, seu, ut aiunt, indifferens ad movendum quiescendumque, id physica non sinit; neque enim licet fingere quid in natura, et extra naturam simul. Natura enim motus est, quo res componuntur, vivunt, dissolvunturque: et in omni temporis momento aliud nobiscum componitur, aliud a nobis dissolvitur. Quare compositum esse moveri est. Motus enim est viciniæ, seu situs mutatio: nunquam non corpora corporibus vicina situm mutant: semper corpora effluunt, semper influunt: et hæc est vita rerum, fluminis nempe instar, quod idem videtur, et semper alia atque alia aqua profluit. Quare nihil in natura hanc corporum viciniam, seu eundem situm, vel momento quidem temporis obtinet. Et illud placitum, quod res per-

gant obtinere formam, qua semel præditæ sunt,
scholas decet, quæ ista tutoria naturæ consilia in
rerum naturalium caussis habent. Nam sane quæ
cujusque rei naturalis propria forma est, cum omni
temporis momento ei accedat aliquid, vel decedat?
Quare forma physica nihil aliud nisi continens rei
mutatio est. Igitur ista perfecta quies omnino e physica est procul eliminanda.

Forma physi-
ca est continens
rei mutatio.

Perfecta quies
in natura non
est.

§ V.

Motus incommunicari.

Motus nihil aliud est nisi corpus quod movetur;
ac, si pro severiori metaphysica loqui velimus, non
tam quid est quam cujus. Nam modus corporis est,
qui a re, cujus est modus, nec mente quidem secer-
nitur. Quare tantundem est motum communicari,
quantum corpora penetrari. Nec sane minori repre-
hensione dignum videtur hoc placitum, motum a
corpore in corpus communicari, quam illud de at-
tractionibus, motibusque, qui ob fugam vacui vulgo
scholarum obtinet: nam tantundem mihi videtur,
corpus projectum secum ferre omnem manus pro-
jicientis impulsum, quantum aerem in antlia haus
tum post se aquam sursum attrahere. Jam virtute
physicæ melioris per præclarissima experimenta
istæ attractiones veri aeris circumpulsus comperti
sunt: et in id placitum constantissime itur, motum
omnem impulsu nasci. In hos scopulos impingit,
qui extensa quædam quiescere putet. Sed qui omnia perenni motu moveri, et nullam esse in natura
quietem intelligit, is corpus, quod quiescere videtur, manus impulsu non excitari ad motum, sed ad

Motum com-
municari, pe-
netrari corpora
est.

Motus com-
municatio et at-
tractio eadem
videtur.

Omnis motus
impulsu nasci-
tur.

Deus omnis motus author.

In nobis est motus determinatio.
Communis omnium motuum machina aeris circumpulsio.
Motus communis aeris, ut evadit cujusque proprius.
Omnes motus ex impulsu locales, et unius modi.

alium motum determinari; nec nostrum esse movere quicquam, sed Deum omnis motus authorem, eumque excitare conatum; conatum autem incipere motum; motus vero in nobis esse determinationem; ac determinationes alias ex alio machinarum genere fieri; et communem omnium motuum machinam aerem, et circumpulsionem esse sensibilem Dei manum, qua omnia moventur; singula vero quæque aliter atque aliter moveri, peculiari machina quodque sua conficiet. Et si omnis motus localis est, et impulsu nascitur, nullum sane discrimen admiserit motum inter quo aqua syphonem subit, quæ omni procul dubio aeris manu in syphonem effertur, et quo projecta per patentem aerem promoventur. Quin nec inter projectorum motum, et motum quo flamma ardet, planta adolescit, bestia per prata lascivit, quicquam differre judicabit. Omnes enim sunt aeris circumpulsus: et uti peculiarium ope machinarum communis aeris motus, motus flammæ, plantæ, bestiæque fit proprius, ita evadit proprius projectorum. Certe calor, quem pila promotu concipit, ei non est a manu communicatus: et tamen is calor certo certius est pilæ proprius. Quid autem calor nisi motus? Igitur manus est machina peculiaris projectus, qua et determinantur nervi, qui sunt in motu ad manus intentionem; et determinatur corpus, quod est in motu ad aliter se movendum; et determinatur aer circumfusus, qui in motu quoque est, ad promovendum projectum: et hæc machina communis, nempe aeris circumpulsio, evadit propria corporis projecti: quare proprius ejus est calor, et sæpe ignis.

CAP. V.

De animo et anima.

Elegantia duûm horum verborum *animus* et *anima*, quod *anima vivamus, animo sentiamus*, tam scita est, ut T. Lucretius eam veluti in Epicuri hortulo natam vindicet suam. Sed et observandum Latinos *animam* quoque *aerem* appellasse, quem omnium mobilissimum esse constat: et nos supra disseruimus, unum esse, qui motu omnibus communi movetur, et deinde peculiarium ope machinarum evadit cujusque proprius. Hinc igitur conjicere datur, antiquos Italiæ philosophos, aeris motu animum, et animam definivisse. Et vero vitæ vehiculum aer est, qui inspiratus, et transpiratus, cor et arterias, et in corde arteriisque sanguinem movet, qui sanguinis motus est ipsa vita. Sensus autem vehiculum est aer, qui per nervos insinuatus eorum succum agitat, et fibras distendit, inflat, contorquet. Nunc in scholis aer, qui in corde et arteriis sanguinem movet, *spiritus vitales;* qui autem nervos eorumque succum, et filamenta, *spiritus animales* appellantur. Atqui longe celerior est animalis, quam vitalis spiritus motus; ubi enim velis, statim digitum moveas : sed multo tempore, saltem horæ trientis, ut quidam physici rationem ineunt, a corde ad digitum sanguis circulatione perveniat. A nervis præterea cordis musculi contrahuntur, et dilatantur, qua systole et diastole sanguis perpetuo movetur: unde sanguis suum nervis motum accepto referre

Animo vivimus.
Anima sentimus.

Aeranimadictus.

Aer sanguinis vitæ vehiculum.

Aer nervorum vehiculum sensus.

Spiritus vitalis inertior, animalis actuosior.

Motus sanguinis nervis debetur.

debet. Igitur hunc masculum strenuumque per nervos aeris motum, *animum;* effoeminatum et succubum, ut ita dicam, in sanguine, *animam* dixerunt.

Cum autem de *immortalitate* Latini loquebantur, eam *animorum,* non animarum dicebant. An ejus locutionis origo sit, quia ejus auctores animi *motus* liberos et ex nostro arbitrio; motus autem animæ non sine corporis, quod corrumpitur, machina gigni animadverterent; et quia libere animus movetur, infinitum desiderat, ac proinde immortalitatem. Quæ ratio tanti momenti est, ut metaphysici etiam christiani hominem per arbitrii libertatem a brutis distingui putaverint. Certe ecclesiæ Patres hominem immortali animo factum, et propter Deum immortalem factum, hinc præcipue confirmant, quod appetit infinitum.

§ I.

De anima brutorum.

Congruit cum his, quæ modo disseruimus, ea locutio, qua Latini animantia rationis expertia dixere *bruta :* Brutum autem iisdem idem ac immobile significabat : et tamen bruta moveri videbant. Necesse igitur est, antiquos Italiæ philosophos id opinatos, bruta, quod non nisi a præsentibus moveantur, ea immobilia esse, et ab objectis præsentibus, veluti per machinam moveri : homines autem principium internum motus habere, nempe animum, qui libere moveatur.

§ II.

De animi sede.

Animi sedem et domicilium antiqua Italiæ philosophia cor esse opinata est: nam Latini vulgo in corde prudentiam collocatam, et in corde versari consilia, et curas, et in pectore inveniendi acumen, seu ut *Plautine* loquar, *e pectore acetum*, hoc est ingenium promi, loquebantur: et illæ prætereæ locutiones, *cor hominis!* et *excors* pro stupido, *vecors* pro demente, *socors* pro tardo ad cogitandum; contra *cordatus* pro sapiente: unde P. Scipio Nasica *corculum* dictus, quia Romanorum omnium sapientissimus oraculi sententia judicatus. An hæc quia cum reliqua antiquitate italica secta consenserit, a corde nervorum originem duci? et quod nobis videamur in capite cogitare, quia in capite sunt organa duûm sensuum, quorum alter est omnium maxime disciplinabilis, nempe auditus; visus alter, qui omnium est maxime acerrimus? Sed de origine nervorum a corde opinio per nostri temporis anatomen jam falsa comperta est: ii enim a cerebro tanquam a stirpe per totum corpus diffundi observantur. Quare in glandula pineali animum humanum veluti in specula carthesiani collocant, et inde omnes corporis motus per nervos excipere, et per motus objecta speculari opinantur. Atqui sæpe homines cerebro deminuti, et vivere, et moveri, et sentire, et ratione feliciter uti observatum. Sed et in corporis parte, ubi plurimum mucoris, sanguinis minimum, ac proinde crassa tardaque sedere animum verisimile non videtur. Mechanica enim

Latini in corde prudentiam collocarunt.

Acetum pectoris.
Cor hominis!
Excors.
Vecors.

Cordatus.
Corculum.

De nervorum origine antiquorum opinio.

Cur videamur in capite cogitare.

An sedes animæ in glandula pineali.

Homines cerebro deminuti recte usi ratione.

Mechanica refragatur, mentem in capite corpori praesidere.
In plantis vitae sedes in semine.
Cor primum generatur, novissimum interit.
An in corde principium vitae, et in principio vitae principium rationis? *Animo deficere, male habere.*

Sapiens quis.

Mens animi. Fomites affectuum appetitus duo.

Appetituum sedes et vehicula.
Ab animo pendere mentem.

Utra tutior cautio ad vera meditanda, affectus exuere, an praejudicia.

in horologi.. docet rotas, quas spiritus proxime movet, omnium tenuissimas ac mobilissimas esse : et in plantis vitae sedes in semine est, et inde per truncum in ramos, et per stirpem in radices diffunditur. An igitur, quia cor primum omnium in generatione animantis extare, salire, ultimum in morte motu et calore destitui observabant? An quia in corde vitae flam.. ..am ardere opinarentur? An quia cum quis deliquio intercipitur, qui cordis morbus est, quem nos Itali vertimus *svenimento di cuore*, non solum nervorum, sed etiam sanguinis motum cessare viderent, eum *animo deficere*, et *animo male habere* putarent, ac dicerent? et in corde principium animae, seu vitae, et in eo principium animi, seu rationis esse arbitrarentur? An quia sapiens est qui vera cogitat, et justa vult, hinc in affectibus animum, in animo mentem posuerunt, quam proinde *mentem animi* appellaverunt? Certe fomites omnium animi perturbationum, seu affectuum, sunt concupiscibilis et irascibilis appetitus : et sanguis concupiscentiae, bilis irae vehiculum esse videtur; utriusque liquoris sedes in praecordiis praecipua. Itaque ab animo pendere mentem putarint, quia ut quisque est animatus ita cogitat, de iisdem enim rebus pro diversis studiis alii aliter sentiunt. Ut tutior cautio sit ad vera meditanda exuere affectus rerum pene dixerim, quam praejudicia : praejudicia enim nunquam deleas, manente affectu : at affectu restincto, detrahitur rebus persona, quam iis nos imposuimus, et ultro res ipsae manent.

§ III.

De scepsi civili Romanorum.

An ideo Romani suas sententias per verba *videri*, *parere*, et juramenta *ex animi* quisque *sui sententia* concipiebant: quia neminem de se animum affectu vacuum praestare posse arbitrabantur; et judicandi, ac jurisjurandi religio erat, ne, rebus aliter se habentibus, pejerarent.

Formulæ censendi, judicandi, jurandique Romanorum.

CAP. VI.

De mente.

Mens Latinis idem quod nobis *pensiero*: et ab iisdem *mens* hominibus *dari a Diis, immitti* dicebatur. Par igitur est ut qui has locutiones excogitarint, ideas in animum hominis a Deo creari excitarique sint opinati; ac proinde *animi mentem* dixerint; et ad Deum liberum jus et arbitrium animi motuum retulerint, ut *libido*, seu facultas quæque desiderandi *sit suus cuique Deus*. Qui peculiaris cujusque Deus *intellectus agens* aristotelæorum, *sensus æthereus* stoicorum, et socraticorum *Dæmon* esse videatur. Qua de re subtilissimi hujus tempestatis metaphysici multa ingeniosissime dissertarunt. Verum si hæc acerrimus Malebrancius vera esse contendit, miror quomodo in primum Renati Carthesii verum concedat: *Cogito, ergo sum;* cum ex eo quod Deus in me ideas creat, conficere potius debeat: *Quid in me*

Mens Latinis idem ac nobis pensiero.
Mentem a Diis dari.
Ideas a Deo in hominum animis creari.
Mens anima.

Intellectus agens aristotelæorum.
Sensus æthereus stoicorum.
Dæmon socraticorum.

Malebrancii doctrina arguitur.

cogitat; ergo est: in cogitatione autem nullam corporis ideam agnosco: id igitur quod in me cogitat, est purissima mens, nempe Deus. Nisi forte mens humana ita sit comparata, ut cum ex rebus, de quibus omnino dubitare non possit, ad Dei Opt. Max. cognitionem pervenerit; postquam eum norit, falsa agnoscat vel ea, quæ omnino habebat indubia. Ac proinde ex genere omnes ideæ de rebus creatis præ idea Summi Numinis quodammodo falsæ sint, quia de rebus sunt, quæ ad Deum relatæ non esse ex vero videntur: de uno autem Deo idea vera sit, quia is unus ex vero est. Adeo ut Malebrancius si constare doctrina vellet, docere debuisset, mentem humanam, nedum corporis, cujus mens sit, sed vel sui ipsius a Deo cognitionem induere; ita ut nec se quoque agnoscat, nisi in Deo se cognoscat. Mens enim cogitando se exhibet: Deus in me cogitat: in Deo igitur meam ipsius mentem cognosco. Sed hæc esset Malebrancicæ doctrinæ constantia. Quod au-

Deus omnis motus primus auctor.

tem in nobis recipimus illud est, quod Deus omnium motuum, sive corporum, sive animorum, primus auctor. Sed heic illæ syrtes, illi scopuli:

Unde mala?

quonam pacto Deus mentis humanæ motor; et tot prava, tot fœda, tot falsa, tot vitia? Quonam pacto

Qui arbitrium hominis liberum?

in Deo veracissima et absolutissima scientia; et in homine liberum rerum agendarum arbitrium? Certo scimus Deum omnipotentem, omniscium, optimum; cujus intelligere, verum; cujus velle, bonum; cujus intelligere simplicissimum, et præsentissimum; cujus velle defixum, et ineluctabile. Quinimo, ut sacra docet pagina, nemo nostrum potest *ad Patrem* ire, nisi *Pater* idem *traxerit.* Quomodo trahit, si volentem trahit? En Augustinus: *Non solum volentem, sed et lubentem trahit, et voluptate trahit.* Quid aptius et divinæ voluntatis constantiæ, et nostri arbitrii libertati? Hinc sit quod in ipsis erroribus Deum aspectu non amittimus nostro : nam falsum sub veri specie, mala sub bonorum simulacris amplectimur : finita videmus, nos finitos sentimus; sed id ipsum est, quod infinitum cogitamus : motus a corporibus excitari, a corporibus communicari nobis videre videmur; sed eæ ipsæ motus excitationes, eæ ipsæ communicationes Deum, et Deum mentem motus authorem asserunt et confirmant : prava ut recta, multa ut unum, alia ut idem, inquieta ut quieta cernimus : sed cum neque rectum, neque unum, neque idem, neque quietum sit in natura ; falli in his rebus nihil aliud est, nisi homines vel imprudentes, vel falsos de creatis rebus, in his ipsis imitamentis Deum Opt. Max. intueri. Ideo metaphysica de indubio vero tractat; quia de argumento est, de quo si vel dubites, si vel erres, si vel fallaris, certus fias.

In ipsis errorum tenebris lucet Deus.

Cur metaphysica agit de indubio vero.

CAP. VII.

De facultate.

Facultas dicta quasi *faculitas;* unde postea *facilitas:* quasi sit expedita, seu exprompta faciendi solertia. Igitur ea est facilitas, qua virtus in actum deducitur. Anima virtus est; visio, actus ; sensus, videndi facultas: Quare satis eleganter *scholæ* loquuntur, quum sensum, phantasiam, memoriam, intellectum *animæ facultates* dicunt; sed elegantiam inquinant, quum colores, sapores, sonos, tactus

Facilitas unde dicta.

Animæ facultates eleganter in scholis dictæ.

DE FACULTATE.

Facultates sunt eorum, quæ facimus.

Sensus externi.

Olent res, olfaciunt homines.

Phantasia.

Sensus internus.

Intellectus verus.

Arithmetica, geometria et mechanica sunt in hominis facultate.

Physica in facultate Dei.

Vera facultas in Deo.

Ut vere omnia sunt *pensieri di Dio*.

in rebus esse opinantur. Nam si sensus facultates sunt, videndo colores, sapores gustando, sonos audiendo, tangendo frigida et calida, rerum facimus. Ejus antiquorum Italiæ philosophorum sententiæ integrum in verbis *olere*, et *olfacere* vestigium extat; res enim *olere*, animans *olfacere* dicitur, quod animans odorem olfactu faciat. Phantasia certissima facultas est, quia dum ea utimur rerum imagines fingimus. Sensus internus item: nam advertendo vulnus, qui pugna excedunt, dolorem sentiunt. Ad hæc exempla intellectus verus facultas est, quo, quum quid intelligimus, id verum facimus. Igitur arithmetica, geometria, earumque soboles mechanica sunt in hominis facultate, quia in iis ideo demonstramus verum, quia facimus. Physica autem in facultate Dei Opt. Max. sunt, in quo uno vera facultas est, quia expeditissima et expromptissima est: ut quæ in homine facultas est, ea in Deo purissimus actus sit. Atque hæc dissertata illud consequitur, quod quemadmodum homo intendendo mentem modos rerum, earumque imagines, et verum humanum gignat; ita Deus intelligendo verum divinum generet, verum creatum faciat. Ita ut quod nos vernacula lingua improprie dicimus, statuas, et picturas *pensieri degli autori*; id proprie de Deo dicatur, esse omnia quæ sunt *pensieri di Dio*.

§ I.

De sensu.

Latinis omnia mentis opera sensus.

Latini *sensus* appellatione non solum externos, ut sensus videndi, ex. gr. et internum, qui *animi sensus* dicebatur, ut dolorem, voluptatem, molestiam; sed judicia, deliberationes, et vota quoque accipiebant: *Ita sentio*, ita judico ; *stat sententia*, certum est ; *ex sententia evenit*, uti desiderabam ; et in formulis illud : *Ex animi tui sententia.* An igitur, quia antiqui Italiæ philosophi opinati sint, mentem humanam nihil percipere nisi per sensus, ut Aristotelæi ; vel eam non nisi sensum esse, ut Epicuri asseclæ ; vel rationem sensum quendam æthereum ac purissimum, ut platonici, stoicique existimarunt? Et vero ethnicarum sectarum nulla, quæ mentem humanam omni corpulentia puram agnorunt. Et ideo omne mentis opus sensum esse putarint; hoc est quicquid mens agat, vel patiatur, corporum tactus sit. Sed nostra religio eam prorsus incorpoream esse docet : et nostri metaphysici confirmant, dum a corporibus corporea sensus organa moventur, per eam occasionem moveri a Deo.

Et hæc erat ethnica metaphysica.

Contrarium docet metaphysica christiana.

§ II.

De memoria et phantasia.

Memoria Latinis, quæ in sua penu per sensus percepta condit, quæ *reminiscentia*, dum promit, appellatur. Sed et facultatem, qua imagines conformamus, et *phantasia* Græcis, et nobis *imaginativa* dicta est, significabat: nam quod nos vulgo *imaginari*, Latini *memorare* dicunt. An quia fingere nobis non possumus nisi quæ meminimus ; nec meminimus, nisi quæ per sensus percipiamus? Certe nulli pictores, qui aliud plantæ, aut animantis genus, quod natura non tulerit, pinxerunt unquam : nam isti hypogryphes, et centauri sunt vera naturæ falso mixta. Nec poetæ aliam virtutis formam,

Memoria quid. Quid reminiscentia.

Phantasia eadem ac memoria Latinis. Homini fingere nihil præter naturam datur.

DE MEMORIA ET
PHANTASIA.

quæ in rebus humanis non sit, excogitarunt; sed
de medio lectam supra fidem extollunt, et ad eam

Cur musæ me-
moriæ filiæ.

suos heroas conformant. Quare musas Græci, quæ
phantasiæ virtutes sunt, memoriæ filias esse suis
fabulis tradiderunt.

§ III.

De ingenio.

Ingenium quid.
Acutum et ob-
tusum unde dic-
tum.

Ingenium facultas est in unum dissita, diversa
conjungendi: id *acutum* Latini, *obtusamve* dixerunt,
utrumque ex geometriæ penetralibus; quod acutum celerius penetrat, et diversa, tanquam duas
lineas in puncto infra angulum rectum, propius
uniat; obtusum vero quia tardius res intrat, et
res diversas, uti duas lineas in puncto unitas extra rectum angulum longe dissitas a basi relin-
quat. Et ita obtusum ingenium sit quod serius,
acutum quod ocius diversa conjugat. Porrò *inge-*

Ingenium et na-
tura idem.
Ingenium pro-
pria hominis na-
tura.
Unus homo vi-
det rerum com-
mensus, seu
proportiones.
Deus naturæ ar-
tifex, homo ar-
tificiorum Deus.
Cur scitum pro
pulchro dictum.

nium et *natura* Latinis idem: an quia humanum ingenium natura hominis sit; quia ingenii est videre
rerum commensus, quid aptum sit, quid deceat,
pulchrum, et turpe, quod brutis negatum? An
quia ut natura gignit physica, ita ingenium humanum parit mechanica; ut Deus sit naturæ artifex,
homo artificiorum Deus? Certe unde scientia, et
inde *scitum*: quod non minus eleganter *ben' inteso,*
et aggiustato Itali vertunt. An quod scientia ipsa humana nihil aliud sit nisi efficere, ut res sibi pul-
chra proportione respondeant, quod uni ingeniosi

Cur geometria
et arithmetica
scientiarum ex-
ploratissimæ.
Ingenieri cur
sic dicti.

præstare possunt? Et ideo geometria, et arithmetica, quæ hæc docent, sunt scientiarum exploratis-
simæ, et qui in earum usu excellunt *ingegnieri* Italis
appellantur.

§ IV.

De certa facultate sciendi.

Quæ meditata disquirendi occasionem faciunt, quæ sit propria homini facultas ad sciendum data. Homo enim percipit, judicat, ratiocinatur : sed sæpe percipit falsa, sæpe temere judicat, perperam sæpe ratiocinatur. Græcæ philosophorum sectæ has homini ad sciendum facultates datas opinatæ sunt, et sua quamque dirigi arte : facultatem nempe percipiendi topica, judicandi critica, ratiocinandi denique methodo. De methodo autem nulla in suis dialecticis præcepta tradiderunt : quia eam satis superque pueri usu ipso, dum darent geometriæ operam, ediscebant. Extra geometriam antiqui ordinem putarunt prudentiæ committendum, quæ nulla dirigitur arte; et quia nulla dirigitur arte, prudentia est. Nam soli artifices percipiunt ut alia primo, alia secundo, alia alio loco disponas : quæ ratio non tam prudentem, quam fabrum aliquem format. Et vero si methodum geometricam in vitam agendam importes,

> *Nihilo plus agas,*

Quam si des operam ut cum ratione insanias; et tanquam in rebus humanis non regnarent libido, temeritas, occasio, fortuna, per anfractus vitæ recta pergas. Methodo autem geometrica orationem civilem disponere, idem est ac nihil in oratione acutum admittere, nec nisi ante pedes posita commonstrare; auditoribus tanquam pueris nihil nisi præmansum in os ingerere, et, ut uno verbo complectar, in concione, pro oratore doctorem agere. Et

Marginal notes:

Tres mentis operationes, perceptio, judicium, ratiocinatio.

Tribus artibus diriguntur topica, critica, methodo. Cur antiquis nulla peculiaris methodi ars.

Methodo geometrica nec consilia instituenda;

Nec oratio civilis dispensanda.

sane demiror, qua ratione isti, qui tantopere in
oratione civili methodum geometricam commen-
dant, unum Demosthenem in eloquentiæ exemplum
proponant. Jam si ita diis placet, Cicero confusus,
incondictus, perturbatus : in quo tantum ordinem
hactenus doctissimi viri, tantamque dispositionis
contentionem admirantur, ut prima quæ dicit, se
pandere quodammodo, et secunda excipere animad-
vertant; ita ut quæ posteriore loco dicit, non tam
ab eo dici, quam ex rebus ipsis prodire et fluere
videantur. At hercule Demosthenes, quid aliud
totus est nisi hyperbata; ut recte Dionysius Longinus, omnium rhetorum judiciosissimus, notat? Cui
ego illud addiderim, quod in ejus perturbato dicendi ordine omnis enthymematica dicendi vis tanquam catapulta intendatur. Is enim de more proponit argumentum, ut moneat auditores qua de re
agat: mox in rem, quæ nihil cum re proposita
commune videtur habere, excurrit, ut auditores
quodammodo alienet ac distrahat: ad extremum similem rationem inter id quod assumit, et quod
proposuit intendit, ut ejus eloquentiæ fulmina eo
cadant, quo magis improvisa, graviora. Neque sane
putandum omnem antiquitatem manca ratione usam
esse, quod hanc quartam, ut nunc numerant, mentis operam non agnoverint. Non enim ea quarta
mentis operatio est, sed ars tertiæ, qua ratiocinia
ordinantur. Itaque omnis antiqua dialectica in artem inveniendi, et judicandi divisa est. Sed acade-
mici toti in illa inveniendi, in illa judicandi toti
stoici fuerunt. Utrique prave: neque enim inventio
sine judicio, neque judicium sine inventione certum esse potest. Etenim quonam pacto clara ac
distincta mentis nostræ idea veri regula sit, nisi

Ciceronis ordo
dicendi.

Demosthenes
perturbatus.

Et in perturbato
dicendi ordine
omnis eloquen-
tiæ demosthe-
nicæ vis conti-
netur.

Methodus non
est quarta men-
tis opera, sed
ars tertiæ.
Omnis antiqua
dialectica in to-
picam et criti-
cam divisa.

ea, quæ in re insunt, ad rem sunt affecta, cuncta perspexerit? et quanam ratione quis certus sit, omnia perspexisse, nisi per quæstiones omnes, quæ de re proposita institui possunt, sit persecutus? Principio per quæstionem an sit, ne de nihilo verba faciat: deinde per eam quid sit, ne de nomine contendatur: tum quanta sit, sive extensione, sive pondere, sive numero: porro qualis, et heic contemplari colorem, saporem, mollitudinem, duritiem, et alia tactus: præterea quando nascatur, quandiu duret, et in quæ corrumpatur: et ad hoc instar per reliqua prædicamenta conferre, et cum omnibus rebus, quæ ei sunt quodammodo affectæ, componere; sive sint caussæ, ex quibus nascatur, sive quæ producat effecta, sive quid operetur, cum re simili, dissimili, contraria, majore, minore, pari collata. Itaque prædicamenta Aristotelis, et topica, si quis in iis quid novi invenire velit, inutilissima sunt; et Lullianus, aut Kirkerianus evadat, et similis ejus fiat, qui scit quidem literas, sed eas non colligit, ut magnum librum naturæ legat. At si tanquam indices, et alphabeta habeantur quærendorum de re proposita, ut eam plane perspectam habeamus, nihil ad inveniendum feracius: ut ex iisdem fontibus, ex quibus copiosi oratores, et observatores etiam maximi provenire possint. Vicissim si quis in clara ac distincta mentis idea rem perspexisse confidat, facile fallatur, et sæpe rem distincte nosse putaverit, cum adhuc confuse cognoscat; quia non omnia, quæ in re insunt, et eam ab aliis distingunt, cognovit. At si critica face locos topicæ omnes perlustret; tunc certus erit se rem clare et distincte nosse; quia per omnes quæstiones, quæ de re proposita institui possunt, rem

**Artes sunt lite-
rariæ reip. le-
ges.**

versavit: et per omnes versasse, topica ipsa critica
erit. Artes enim sunt quædam literariæ reipublicæ
leges: nam sunt omnium doctorum virûm animad-
versiones naturæ, quæ in regulas disciplinarum
abierunt. Ita qui ex arte rem facit, is cum omnibus
doctis se sentire certus est: sine arte facile fallitur,
quia suæ unius naturæ fidit. Et quidem tu, sapientissime PAULLE, hæc ipsa censes, qui, dum tuum
principem instituis, non eum præcipis recta ad
criticam artem contendere; sed diu multumque
exemplis imbui, priusquam artem de iis judicandi
erudiatur. Id quorsum, nisi ut prius efflorescat ingenium, deinde arte judicandi excolatur? Hoc dis-

**Cur divisæ in-
ter Græcos to-
pica et critica.
Propria sciendi
facultas inge-
nium.**

sidium inventionis et judicii non aliunde inter Græcos ortum, nisi quod facultatem sciendi propriam non attenderunt. Ea enim ingenium est,
quo homo est capax contemplandi, ac faciendi similia. Nos quidem in pueris, in quibus natura integrior
est, et minus persuasionibus, seu præjudiciis corrupta, primam facultatem se exerere videmus, ut

**In homine a
puero sese exe-
rit.**

similia videant; unde omnes viros patres, fœminas
omnes matres appellant; et similia faciant,

Ædificare casas, plaustello adjungere mures,
Ludere par impar, equitare in arundine longa.

**Quid sit sensus
communis.**

Similitudo autem morum in nationibus sensum communem gignit. Et qui de rerum inventoribus scrip-

**Similitudo ma-
ter omnis in-
ventionis.**

serunt, tradunt artes omnes, omniaque commoda,
quibus ab artificiis genus humanum ditatum est, aut
forte fortuna, aut similitudine aliqua, quam vel
bruta animantia commonstrarint, aut homines sua
excogitaverint industria inventa esse. Hæc quæ hactenus diximus italicam sectam novisse, id linguæ
vestigium docet, quod ratio, quæ in scholis *medius
terminus* dicitur, *argumen* sive *argumentum* appella-

rint. Argumen autem inde unde et argutum, seu acuminatum. Arguti autem sunt, qui in rebus longe dissitis ac diversis, similem aliquam rationem, in qua sint cognatæ, animadvertunt; et ante pedes posita transiliunt, et a longinquis locis repetunt commodas rebus, de quibus agunt, rationes: quod specimen ingenii est, et acumen appellatur. Unde ingenio ad inveniendum necesse est: cum ex genere nova invenire, unius ingenii et opera, et opus sit. Quæ cum ita se habeant, verisimilis conjectura est, antiquis Italiæ philosophis nec syllogismum, nec soritem probari, sed inductione similium in disserendo usos esse. Et ratio temporum id suadet: nam antiquissima omnium dialectica erat inductio, et collatio similium, qua ultimus Socrates usus est: postea syllogismo Aristoteles, sorite Zeno disseruerunt. Et vero qui syllogismo utitur, non tam diversa conjugit, quam speciem sub genere positam ex ipsius sinu generis explicat: qui utitur sorite caussas caussis, cuique proximam attexit: quorum qui alterutrum præstat, non tam duas lineas in angulum infra rectum conjungere, quam unam lineam producere; et non tam acutus, quam subtilis esse videatur: quanquam qui sorite quam qui syllogismo utitur, tanto subtilior est, quanto crassiora sunt genera quam cujusque rei caussæ peculiares. Soriti stoicorum geometrica Renati methodus respondet. Sed ea in geometria utilis, quia eam geometria patitur: ubi et definire nomina, et postulare possibilia licet. Sed ea, ab argumento trium mensurarum et numerorum abducta, et in physicam importata, non tam utilis est ut nova inveniamus, quam ut ordine disponamus inventa. Tu ipse, PAULLE doctissime, id mihi firmaveris. Nam quid est, quod alii

Argumentum cur ita dictum.
Arguti qui.

Quid autem ingenium.

Inventio ingenii, et opera, et opus.

Antiquissima dialectica, inductio, et collatio similium.
Quid syllogismus.

Quid sorites.

Quæ disserendi ratio subtilis, quæ acuta.

Methodus geometrica cur in geometria utilis ad inveniendum.

Extra geometrica utilis ut disponamus inventa.

bene sane multi istam methodum callent, nec quæ,
tu præclarissime, cogitas, apti sunt invenire. Tu
vero, natu grandior, ad interiores literas animum
appulisti: vitam in judiciis de ingenti re pecunaria
cum principibus et magnæ potentiæ viris, neces-
sariis tuis, exercitam habuisti: omnia viri liberalis
officia hoc sæculo usque ad moram officioso, et
interdiu et ad multam noctem obis; et tantum
brevi profeceris, quantum vix alius in hisce studiis
omnem ætatem abditus proficere potuisset. Vide
ne tua modestia id methodo accepto referas, quod
est divini ingenii tui beneficium. Concludamus ad

Non methodus
geometrica, sed
demonstratio in
physicam im-
portanda.

extremum non methodum geometricam in physicam, sed demonstrationem ipsam importandam.
Maximi geometræ principia physicæ ex principiis
matheseos spectarunt, ut ex antiquis Pythagoras,
Plato, ex recensioribus Galilæus. Ita peculiaria naturæ effecta peculiaribus experimentis, quæ sint
peculiaria geometriæ opera, explicare par est. Id
curarunt in nostra Italia maximus Galilæus, et alii
præclarissimi physici; qui antequam methodus geometrica in physicam importaretur, innumera et
maxima naturæ phænomena hac ratione explica-
runt. Id curant unum sedulo Angli, et ob id ipsum
physicam methodo geometrica publice docere pro-
hibentur. Ita physica provehi potest. Idque adeo in
dissertatione: *De nostri temporis studiorum Ratione*,
physicæ incommoda ingenii cultu vitari posse in-
nui; quod aliquis methodo occupatus forte miratus
sit. Nam methodus ingeniis obstat, dum consulit
facilitati: et curiositatem dissolvit, dum providet

Geometria
quando acuit
ingenium.

veritati. Nec geometria acuit ingenium, quum methodo traditur, sed quum vi ingenii per diversa,

Synthesis inve-

per alia, multijuga, disparata in usum deducitur.

Et ideo non analytica, sed synthetica via eam edisci
desiderabam; ut componendo demontraremus, hoc est ne inveniremus vera, sed faceremus. Invenire enim fortunæ est, facere autem industriæ: et ob id ipsum neque per numeros, neque per species, sed per formas eam tradi desiderabam; ut si minus in- genium inter ediscendum excoleretur, phantasia fir- Phantasia ingenii oculus, at ju-
dicium est ocu-
lus intellectus. maretur tamen; quæ ita est ingenii oculus ut judi- cium est oculus intellectus. Et vero Carthesiani, quos tu, PAULLE, litera non spiritu, carthesianos eleganter appellas, animadvertere hæc possent, quæ dicimus, se, quanquam verbis negent, re ipsa profiteri; qui vera ad quorum normam cetera diri- gunt, præter illud, quod a conscientia petunt: *Co- gito, ergo sum;* non aliunde nisi ab arithmetica et geometria, nempe a vero quod facimus mutuantur: et illa celebrant *sit verum ad hoc instar: ut tria et quatuor faciunt septem; ut trianguli duo anguli ambo sunt tertio majores:* quod tantundem est, quantum ex geometria physicam spectare; et qui id postulat, re ipsa hoc postulat, *tunc mihi physica vera erunt, cum feceris: ut geometrica ideo hominibus sunt vera, quia faciunt.*

CAP. VIII.

De Summo Opifice.

Cum his, quæ de *vero* et *facto* disseruimus, et quod verum sit collectio elementorum ipsius rei, omnium in Deo, extimorum in homine; et verbum mentis proprium in Deo, improprium in homine fiat; et quod facultas sit eorum, quæ facimus, et

DE SUMMO
OPIFICE.

Numen.
Fatum.
Casus.
Fortuna.

quæ solerter, et faciliter facimus, hæc quatuor Latinorum verba, *numen*, et *fatum*, *casus*, et *fortuna* consentiunt.

§ I.

De numine.

Deorum voluntatem dixere *numen*, quasi Deus Opt. Max. suam voluntatem facto ipso significet, et tanta celeritate et facilitate significet, quam celer et facilis nutus est oculorum. Ita ut quod Dionysius Longinus admiratur de Mose, eum digne divinam omnipotentiam, et granditer illa locutione expressisse, *dixit, et facta sunt ;* Latini uno verbo utrumque significasse videantur. Divina enim bonitas, volendo res, quas vult, facit, et tanta facilitate facit, ut eæ ex seipsis existere videantur. Quare cum Plutarchus Homeri poesim, et picturas Nicomachi, iccirco laudasse Græcos narret, quod sponte sua orta, non arte ulla facta viderentur; ego puto ab hac fingendi facultate poetas, pictoresque dictos esse *divinos:* ita ut hæc divina faciendi facilitas natura sit; in homine autem sit rara et præclara illa virtus, tam difficilis, quam commendata, nobis dicta *naturalezza :* Cicero verteret *genus sua sponte fusum, et quodam modo naturale.*

Divina bonitas
volendo res facit.

Cur poetæ, et
pictores divini
dicti.

Natura quid.

§ II.

De fato et casu.

Dictum.
Certum.
Fatum.

Dictum Latinis idem ac *certum;* certum idem ac nobis *determinatum ; fatum* autem et *dictum* idem ;

et *factum* et *verum*, cum *verbo* convertuntur. Et ipsi
Latini cum quid celeriter effectum datum significare
volebant, *dictum factum* dicebant. Ad hæc et rerum
et verborum exitum *casum* dixerunt. Igitur qui Itali
sapientes has voces primi excogitarunt, æternum
caussarum ordinem *fatum*, ejus æterni caussarum
ordinis eventum *casum* esse sunt opinati : ita ut facta
Dei dicta sint, et rerum eventa verborum, quæ Deus
loquitur, casus ; et fatum idem ac factum : et ideo
fatum putarunt inexorabile ; quia facta infecta esse
non possunt.

Dictum.
Factum.
Casus.

Cur fatum in-
exorabile.

§ III.

De fortuna.

Fortuna sive prospera, sive adversa dicebatur ;
et tamen fortuna ab antiquo *fortus*, seu bonis dicta.
Quare postea, ut alteram ab altera separarent, *fortem
fortunam* dicebant. Fortuna autem Deus est, qui ex
certis caussis præter nostram spem operatur. An
igitur antiqua Italiæ philosophia opinata est, Deum
bonum facere quicquid facit, et omne verum, seu
omne factum idem sit bonum? Nos autem præ nostra
iniquitate, qua nosmetipsos, non hanc rerum universitatem spectamus, quæ nobis adversantur,
mala putemus ; quæ tamen, quia in mundi commune conferunt, bona sunt? Itaque mundus sit
quædam naturæ Resp., in qua Deus Opt. Max.
commune bonum spectat ut princeps, certum quisque suum uti privatus : et malum privatum sit
bonum publicum : et quemadmodum salus populi
in Rep. ab hominibus fundata suprema lex est ;
ita in hac rerum universitate a Deo constabilita,

Fortuna unde.
Fortus.
Fortuna quid.

Mundus natu-
ræ resp.

Quo sensu For-
tuna omnium
regina.

fortuna omnium regina sit; seu Dei voluntas, quæ universi salutem spectans in privatis omnium bonis, seu peculiaribus naturis dominatur : et uti saluti publicæ salus privata loco cedit, ita conservationi universi bonum cujusque peculiare posthabeatur; atque eo pacto adversa naturæ sint bona.

CONCLUSIO.

Operæ pretium.

Habes, sapientissime PAULLE DORIA, metaphysicam humana imbecillitate dignam, quæ homini neque omnia vera permittat, neque omnia neget, sed aliqua; christianæ pietati commodam, quæ verum divinum ab humano discernat, neque humanam scientiam divinæ, sed divinam humanæ regulam proponat; experimentali physicæ, quæ nunc cum ingenti humani generis fructu excolitur, an-

Summa operis capita.

cillantem; utpote ex qua id pro vero in natura habeamus, cujus quid simile per experimenta faciamus. Etenim habes verare, et facere idem esse (CAP. I.): atque inde Deum scire physica, hominem scire mathemata (§ I.), et ita neque dogmaticos omnia (§ II.), neque scepticos nihil scire (§ III.). Indidem genera ideas esse, perfectissimas, ex quibus Deus absolute facit; imperfectas, ex quibus homo ex hypothesi facit vera (CAP. II.). Ex his ipsis probare a caussis esse ipsum efficere (CAP. III.). Sed quia Deus rem quamvis minimam infinita virtute facit, ut existentia actus et res physica est, ita rerum essentiam virtutem ac rem metaphysicam esse, proprium hujus doctrinæ argumentum (CAP. IV.). Atque ita esse in metaphysica genus rei, quæ est virtus extensionis et motus, et iniquis sive extensis, sive motibus æqua subest; idque punctum metaphysicum esse, hoc est rem quandam, quam ex hypothesi puncti geometrici contemplemur (§ I.): atque ipsis geometriæ sacris Deum purissimam et infinitam mentem demonstrari; inextensum facere extensa, excitare conatus (§ II.), componere motus (§ III.) et quietum (§ IV.) movere omnia (§ V.). Habes in hominis anima animum (CAP. V.), et in animo mentem, et in mente Deum præsidere (CAP. VI.). Et mentem advertendo facere (CAP. VII.) ficta, vel ex hypothesi vera humanam, absolute vera divinam (§ I.) (§ II.) (§ III.). Hinc ingenium homini ad sciendum, seu faciendum datum (§ IV.). Habes denique Deum (CAP. VIII.) nutu, seu faciendo, velle (§ I.): fando sive æterno caussarum ordine facere : quod nos ex ignorantia nostra dicimus casum (§ II.) ex nostra utilitate fortunam (§ III.). Recipe in tuam fidem, rogo, hæc Italorum de divinis rebus placita. Tuum enim est, qui ex nobilissima et maximarum rerum gestarum monumentis inclyta Italiæ familia prognatus es; et metaphysicæ cultura doctissimus per Italiam celebraris.

SUITE DE LA PRÉFACE.

La première et unique édition du petit traité que l'on vient de lire a été imprimée à Naples en 1710. Mais ce n'est pas seulement à cause de son extrême rareté que j'ai cru devoir en enrichir cette préface; c'est à cause de son importance réelle, et sur-tout à cause de son harmonie avec mes idées.

Vico voulut suivre l'exemple de Platon dans le Cratyle, et de Varron, dans les Origines de la langue latine.

Jules César avait fait un livre sur l'analogie des mots.

La discussion du Cratyle, comme on sait, porte sur la raison des noms et des mots, dans la langue grecque. Il s'agissait de savoir si, par une loi générale de l'humanité, les noms et les mots ont en eux-mêmes leur raison, ou s'ils sont le résultat d'une convention entre les hommes. Enfin il s'agissait de savoir s'ils ont été institués, à l'origine, par des hommes qui, doués de la faculté éminente de nommer, auraient mérité d'être appelés onomathètes, c'est-à-dire fondateurs de noms. Dans ce dialogue, les doctrines de Pythagore et de Parménide sur ce sujet sont représentées par Hermogène; Cratyle représente celles d'Héraclite; Socrate, comme en se jouant, oblige chaque doctrine à produire ce qu'elle a de vrai ou de faux, ce qu'elle a de subtil ou de profond. Quant à l'opinion de Platon, elle se sent plutôt qu'elle n'est exprimée: c'est, à mon avis, l'impossibilité, pour lui, d'arriver à une solution certaine et légitime. Toutèfois elle reposait dans son génie même; et s'il ne l'en a pas fait sortir, c'est qu'elle ne se montrait pas avec assez d'évidence pour qu'il pût la manifester : tout-à-l'heure nous saurons où était l'obstacle. Quoi qu'il en soit, le Cratyle a cela de très curieux et de très profitable, que la destinée d'un certain nombre de mots y est suivie avec une rare finesse de déduction; qu'on y trouve expliqué comment quelques langues barbares avaient des avantages sur la langue grecque, sous le rapport de ce type de l'idée, dont elles avaient conservé une plus vive empreinte; il y est examiné encore ce qu'Homère voulait faire entendre, lorsqu'il disait d'une chose ou d'une personne, qu'elle avait tel nom dans la langue des dieux, et tel autre nom dans la langue des hommes : toutes questions qui devaient rester insolubles avec un interlocuteur aussi délié, aussi pressant que l'était Socrate; questions qui ne pouvaient se traiter que dans une sphère plus élevée, celle où Platon aimait tant à voyager. C'est là seulement qu'il avait appris ce qu'était la langue des dieux, la langue des hommes, la langue des Barbares, car il le savait, mais ce n'était pas dans le Cratyle qu'il pouvait le dire.

Revenons à Vico.

Le *De antiqua Italorum sapientia* devait être composé de trois livres; l'un, le seul qui ait paru, et qui est celui-ci; l'autre, qui devait être relatif à la physique; et le troisième, qui aurait eu la morale pour objet. On doit beaucoup regretter que ces deux derniers, ou n'aient pas été faits, ou n'aient pas été publiés. Celui qui avait la physique pour but de ses recherches, quoiqu'il eût été, sans doute, fort en arrière de ce temps-ci, aurait cependant été très curieux, car il ne pouvait pas ne pas être empreint de cette perspicacité divinatrice qui, si elle est quelquefois aventureuse, est toujours sûre de soulever un coin du voile. Ainsi il est permis de croire que Vico n'aurait pas manqué de trouver, dans la langue, une partie de la science génésiaque, dont nous avons déja entrevu les premiers éléments. Le livre relatif à la morale est plus facile à suppléer, sans qu'il doive moins exciter nos regrets.

Mais il y a dans la langue latine toute une psychologie. Au reste, il est temps de le dire, ceci est une preuve de l'antiquité de la gnosse, puisque tout le système gnostique s'y trouve. Antiquité est ici synonyme de spontanéité.

Le volume suivant de la Palingénésie nous fournira souvent l'occasion d'appliquer cette direction d'idées à la société civile; et plus d'une fois nous rencontrerons de belles données psychologiques pour l'espèce humaine comme pour l'individu.

Toute la physiologie de Vico est fort courte, elle ne pouvait être que cela; et je ne m'en occupe point. Seulement j'ai voulu remarquer qu'une psychologie, celle que l'on pourrait induire de la langue latine, serait une gnosse. Vico ignora cette gnosse contenue dans la langue, cette gnosse qui porte l'empreinte, et comme une dernière et ineffaçable trace de l'Orient.

Il vante beaucoup la synthèse par laquelle on ne découvre pas la vérité, mais on la fait : telle fut, par la suite, la méthode hardie de la *Scienza nuova*, dans la première édition; car, dans les éditions suivantes, il a employé la méthode timide de l'analyse.

Le chevalier Cavriani a publié, en 1822, à Mantoue, quelques considérations sur les lettres, les sciences, et les arts, chez les anciens Romains. Le chapitre VI, consacré à la philosophie, est tout entier dans les données de Vico, dont il emprunte la philologie; mais il ne va pas au-delà de ces données.

Le *De antiqua Italorum sapientia* a précédé de quinze ans la *Scienza nuova*; et de dix, onze et douze ans, le *De universi juris uno principio et fine una*; le *De constantia jurisprudentiæ*; les *Notæ in duos libros, alterum de uno juris principio, alterum de constantia jurisprudentiæ*.

Ce n'est pas le moment de caractériser ces différents ouvrages; l'occasion s'en présentera plus tard. Il suffit de dire, dès à présent, que, sans examiner la philologie de Vico, très certainement je tiens pour vraie la féconde inspiration à laquelle il obéit.

Dès 1710 il construisait son observatoire; il inventait le long télescope dont il voulait, à ses risques et périls, essayer la portée, pour voir s'il parviendrait à découvrir de nouvelles terres dans le fond le plus obscur de l'horizon social.

Il aurait pu prendre ici pour épigraphe ces mots, qui ont passé du grec dans le latin : *Qui rerum nomina nôrit, etiam ipsas res pernoscet;* ou ceux-ci : *Nominum contemplationem eruditionis principium.*

Vico veut prouver par la langue latine, prise à sa source, l'antique sagesse des Italiens. A cela il faut se hâter d'ajouter que les philosophes n'ont pas inventé la langue; qu'ils s'en sont servis. Platon, dans le Cratyle, eut la même pensée pour la langue grecque, et j'ajouterai, à son égard, la même remarque.

La force logique des mots, la puissance de la syntaxe est telle, que Vico a cru la langue latine inventée par le génie philosophique; c'est qu'elle ressemble à toute langue, sous le rapport général de la forme, et que la forme de l'esprit humain est une forme philosophique.

Ainsi donc une langue à son origine prouve non la sagesse de ceux qui la parlèrent à cette époque, mais cette faculté cosmogonique et synthétique qui est dans toutes les langues; faculté merveilleuse et indéfinissable.

Voilà pourquoi je me suis cru autorisé à dire que la parole est un destin; et ceci se trouve dans une homonymie latine, rencontrée déja par Vico. Delà cette expression : *Verborum religio.* Delà cette maxime, consignée dans la loi des xii Tables : *Ita lingua nuncupásset, ita jus esto.*

Voilà pourquoi j'oserais dire, de plus, qu'une langue, à son origine, est douée d'une sorte de prescience.

Ainsi donc, encore, une langue, à son origine, représente l'enveloppement de l'Orient, comme, dans la succession des destinées du peuple qui la parle, elle contient le développement graduel de l'Occident.

C'est là ce que Platon entrevoyait sans qu'il pût le définir, quoique ce fût dans la nature propre de ses idées; et, de ce qu'il ne faisait qu'entrevoir, il ne pouvait s'expliquer les langues qu'il nommait barbares, il ne pouvait s'expliquer ces locutions d'Homère, la langue des dieux, la langue des hommes.

La puissance de composition de la langue latine, l'inflexible destin contenu dans les mots dont elle fut formée, sont indiqués dans le neuvième livre d'Orphée; ils seront, je l'espère, démontrés dans la Formule générale.

La théorie providentielle de Vico un jour sera perfectionnée, jamais elle ne pourra être complète.

Le principe que j'ai adopté, je crois qu'il surpasse de beaucoup en énergie celui de Vico; il est plus susceptible de se compléter.

Toutefois l'intuition du philosophe napolitain était plus forte que son principe. Nul ne fut plus que lui doué de cette sorte de somnambulisme du génie, qui voit au travers des enveloppes extérieures. Il est venu un siècle trop tôt pour présider à la révolution qui s'accomplit, en ce moment, dans la science historique. Les muses qu'avaient invoquées Empédocle, Pythagore, Architas, et qu'Horace nommait *Calabridæ*, furent les muses de Vico.

Maintenant tirons du petit livre qui nous occupe quelques points de doctrine; je m'efforcerai de les fixer d'une manière plus positive.

Il me semble que nulle part n'est mieux établie la nécessité de la création *ex nihilo;* nulle part il n'a mieux été montré comment cette nécessité entre dans la pensée que nous avons des attributs divins.

En samscrit, *sat,* être; *asat,* non-être. Les Grecs distinguèrent le non-être du néant. Les Latins n'avaient qu'un mot; à cause de cela, les traductions de Lucréce doivent avoir bien des contre-sens.

Ici donc il y a eu naufrage d'un mot dans la transmission du langage cosmogonique.

Les mots qui se rapportent aux idées du temps et de l'espace sont les mêmes : cette remarque, appliquée, par Vico, seulement à la langue latine, peut s'appliquer également à d'autres langues anciennes ; et c'est un caractère à étudier, parceque c'est un caractère primitif.

L'abstraction est une imperfection de notre nature, une preuve des limites qui sont assignées à la puissance de l'homme ; c'est l'abstraction qui est la mère de la science humaine.

A ce sujet, il faudrait étudier la réalité des idées. La création d'une idée est une création réelle, mais impuissante. Le mot : Donnez-moi de la matière et du mouvement, je ferai un monde ; ce mot est l'expression de l'impuissance. Si l'homme crée le monde de ses pensées, il ne peut arriver à lui donner la forme plastique. Dieu seul a la puissance de réaliser ses pensées.

Ainsi Dieu crée le concret, l'homme ne peut créer que l'abstrait ; delà cette maxime de Vico : La physique est de Dieu, les mathématiques sont de l'homme.

M. de Maistre a dit : Le nombre est la barrière évidente entre la brute et nous. Selon Vico, dans la langue latine, brute et immobile sont identiques. La perfectibilité est donc un attribut humain. La perfectibilité, c'est le développement, c'est-à-dire l'homme considéré comme se détachant de la cause générale, de l'infini, pour arriver à son existence propre, à la conscience. Sans la nécessité du développement, sans la liberté, sans la conscience, l'être intelligent ne serait qu'un animal plus parfait, une manifestation passive de Dieu, une brute admirable.

La faculté d'abstraire est refusée aux animaux; par conséquent, ils sont privés de moralité, c'est-à-dire qu'ils n'ont pas la responsabilité, qu'ils échappent à l'imputabilité. Le principe immatériel n'est pas le principe immortel. Remarquez que la responsabilité fut refusée à certaines classes d'hommes, chez tous les peuples de l'antiquité, et qu'elle a été départie à tous par le christianisme. Cette prérogative, plus elle est haute, plus le prix qu'y a mis la Providence est élevé.

Vico a dit : *Similitudo morum in nationibus sensum communem gignit.* Ceux qui étaient privés de la responsabilité, par-là même se trouvaient exclus des mœurs générales. Le nombre de ceux qui entrent dans les mœurs générales a toujours été s'augmentant.

Ce sont les mœurs qui donnent au langage sa couleur et sa physionomie : delà l'immobilité, et j'oserais dire l'impassibilité d'une langue morte.

Les hommes en dehors des mœurs ont des patois immobiles, par la même raison; et, à mesure que ces hommes entrent dans les mœurs, leurs patois disparaissent.

J'ai employé le mot *numen* dans un sens que signale Vico. Ce mot, en effet, signifie assentiment et volonté. Tous les dieux furent *numina*, et chaque dieu eut son *numen.*

Quelqu'un a dit : Ce qu'on appelle nature, dans les êtres simples, c'est la source d'où découlent leurs modifications; leur nature renferme la raison suffisante de ce qui leur arrive.

Numen et *natura* sont synonymes dans la langue latine primitive.

D'après quelques philosophes, l'essence est le point où s'arrête la divisibilité.

L'essence, d'après Vico, dans la langue latine, c'est la force virtuelle.

La matière, lorsqu'elle entre dans le mouvement de l'organisation, ne cesse pas d'être matière, et de conserver en elle les lois primitives et inconnues qui la régissent. L'organisation et la vie suspendent ou modifient ces lois, mais ne les anéantissent pas. Aussi lorsque la vie et l'organisation cessent, la matière rentre sous l'empire de ses lois primitives.

L'organisation et la vie ne peuvent pas même suspendre ou modifier tellement ces lois qu'elles ne se manifestent de quelque manière. Delà certains désordres dans l'économie animale, certaines perturbations, certaines maladies.

Toute plante pivote sur un morceau de terre; sans cela elle ne pourrait naître, se développer, monter vers le ciel, présenter son éclat, ses parfums, ses fruits. Le germe pourit dans la terre, et la plante est produite. Un fait intellectuel pivote sur un fait physique. L'ame incorruptible croît sur le corps corruptible, apparaît dans le monde phénoménal, pour briller dans le monde intellectuel.

Le corps périt lorsque l'ame n'a plus besoin de lieu.

La matière subit des transformations; vous n'arriverez jamais à l'atome inorganique, à la molécule brute. Il y a une puissance d'organisation qui fait ces transformations successives, image de toute palingénésie. Chose singulière! concevoir la matière est un effort immense de la pensée; c'est une sorte de création, ou plutôt d'abstraction, car la matière n'existe pas.

Le Shaster, vulgairement appelé Bédang, explique ainsi le mouvement: De l'action opposée de la qualité créatrice et de la qualité destructive dans la matière naquit d'abord le mouvement. Pour rendre compte de l'hypothèse de Vico, il faudrait remonter à la philosophie grecque, et, de là, arriver à Descartes. Je préfère signaler une loi du monde social. Dans les sociétés humaines, le mouvement s'explique par la lutte du principe stationnaire ou fatal contre le principe progressif ou volitif; du principe initiateur contre le principe initiable; du principe dorien mâle contre le principe ionien femelle; du principe patricien contre le principe plébéien.

Le chapitre III du petit traité de Vico implique une question que l'auteur ne prévoyait sans doute pas, parcequ'il ignorait l'Orient, et la voici.

Jusqu'à quel point est-il donné à l'homme d'entraîner la nature extérieure dans la sphère de la liberté humaine, d'assujettir cette nature extérieure, de l'ennoblir en la domptant, en la subjuguant, en la transformant? Nous pénétrons de nos facultés assimilatrices le règne animal, le règne végétal, le règne minéral. Évidemment notre sphère d'activité étend son domaine. Jusqu'à quel point l'affranchissement des formes pour l'univers et pour l'homme peut-il être l'ouvrage de l'homme même? Jusqu'à quel point pouvons-nous espérer d'arriver à l'ancien magisme, en le sanctifiant?

C'est là le dernier mystère que l'Orient cache encore dans son sein; il faut que l'Occident travaille à le faire se manifester.

Que le christianisme soit son guide pour imprimer le sceau moral à cette conquête.

Dans l'Edda, Balder est menacé d'un grand péril. Odin et Frigga obtiennent du feu, de l'eau, des pierres, des hommes, des animaux, de la foudre, des poisons, des maladies, le serment de respecter les jours de Balder. Ce serment solennel des éléments, de tous les êtres animés ou inanimés, n'indique-t-il pas la source orientale du mythe scandinave?

Le petit livre de Vico donnerait lieu à bien d'autres remarques, à bien d'autres inductions. Dans le temps où il parut, il fut attaqué par deux savants auxquels Vico répondit avec quelque étendue. On a publié, en dernier lieu, une traduction italienne du livre latin, et l'on y a joint les deux réponses; l'on aurait dû y joindre aussi les objections elles-mêmes; car ce n'était pas sans raison que l'un des antagonistes du philosophe napolitain disait que le livre avec les objections et les réponses formeraient une métaphysique complète.

J'ai noté seulement les choses qui se rapportent le plus à l'ensemble de mes idées: tel devait être, en effet, mon but.

Ce qui était important pour moi, c'était de montrer, une fois, comment on peut parvenir à établir une cosmogonie intellectuelle par les langues, et comment la langue d'un peuple est la cosmogonie de ce peuple.

Au reste, pour Vico lui-même, ce livre ne fut qu'un

point de départ; il peut être le point de départ de beaucoup d'autres.

Ce point de départ est devenu un des axiomes de la *Scienza nuova*, que voici:

Lingua di natione antica che si è conservata regnante finchè pervenne il suo compimento, debb' essere un gran testimone de' costumi de' primi tempi del mondo.

POST-SCRIPTUM.

Une note de M. Damiron, placée par lui dans son ouvrage sur la philosophie du dix-neuvième siècle, et un article inséré dans le Globe m'obligent à ajouter ici quelques mots. Mais, avant tout, je dois remercier M. Damiron et l'auteur de l'article du Globe du souvenir si plein de bienveillance qu'ils ont accordé à l'Essai sur les Institutions sociales, publié en 1818. Je saisis également cette occasion pour prier M. le baron d'Eckstain d'agréer l'expression de ma reconnaissance pour la manière dont il veut bien quelquefois entretenir ses lecteurs, de mes divers écrits.

Je n'entends pas reprendre en sous-œuvre toutes les parties de l'Essai sur les Institutions sociales, mais seulement la partie qui se rapporte à la discussion dont nous venons de nous occuper.

Les philosophes qui, dans la question de l'institution du langage, ont pris pour cause initiative, pour impulsion originelle, la révélation de la parole, ont toujours été mal compris, ou se sont mal expliqués, ce qui a donné lieu à de trop faciles accusations de paralogisme.

On leur prête la conception, j'oserai dire ridicule, d'admettre que la parole ait été enseignée à l'homme par des notions grammaticales sur les diverses parties du discours. Dieu aurait été un pédagogue, et l'homme un marmot. Je croyais avoir assez nettement posé les conditions d'un problème aussi sérieux pour croire avoir évité une telle confusion d'idées, une telle parodie de la Bible. Toutefois je ne me plains point; il faut qu'il y ait eu de ma faute; et tout-à-l'heure nous verrons bien où le terrain a manqué sous nos pas. Mais j'espère sur-tout que ma pensée jaillira des nouveaux développements contenus çà et là, soit dans les prolégomènes de la Palingénésie sociale, soit dans cette Préface, soit dans la Formule générale du volume suivant.

Les lois, qui furent traditionnelles avant d'être écrites; les préceptes religieux ou moraux, les connaissances primitives, sources des traditions; les formes de l'intelligence humaine, l'intuition des vérités nécessaires, la faculté de pénétrer l'essence des êtres et des choses, pour imposer les noms; l'insufflation divine pour imprimer le mouvement à la sensation et à la pensée : c'est dans tout cela que j'avais cherché les éléments de la parole; c'est cet ensemble que j'avais signalé comme étant la révélation du langage. Ce que j'avais voulu induire, et non prouver, c'était l'identité de l'homme et de la parole; c'était le moi humain s'éveillant en présence du monde extérieur. Tous mes lecteurs cependant ne se sont pas trompés sur ma théorie de la parole. Plusieurs ont compris qu'il s'agissait de savoir s'il y avait simultanéité dans la manifestation des facultés humaines, ou s'il y avait succession. Un de mes amis, fort occupé lui-même de philosophie, me fit parvenir, dans le temps, des objections qui s'adressaient bien directement à la théorie que j'avais conçue, et non à celle de je ne sais quel drame où Dieu interviendrait pour faire épeler l'homme. Je pourrais, sans doute, aujourd'hui reproduire ces objections, afin de les discuter: ce serait une occasion que j'aimerais à saisir de rendre hommage à la mémoire d'un homme qui eût pu laisser un nom s'il eût voulu se mettre en rapport avec le public, et dont d'inexprimables chagrins ont causé la mort prématurée; mais il faudrait discuter, de nouveau, les grandes et immenses questions relatives à l'institution du langage, à la formation des sociétés, aux traditions, aux castes : au point où j'en suis, je dois abandonner à ma pensée le soin de se compléter elle-même, et ensuite de se défendre.

Je me contenterai de fixer, en peu de mots, le véritable sujet de dissentiment qui existait entre l'ami dont je parle et moi.

Aristote avait reconnu que les règles premières de nos jugements étaient données par la logique et par les formes absolues du langage; Kant a déduit de ces formes absolues les notions *a priori* de l'entendement.

Desbrosses a analysé avec une admirable sagacité l'instrument vocal; il a pris rang, pour cette prodigieuse analyse, parmi les esprits du premier ordre: mais enfin il n'a défini et expliqué que l'instrument, et non la faculté.

Court de Gébelin a voulu se rendre compte de la loi

qui préside à la formation des différentes parties du discours, à leur construction grammaticale, à leur réunion en propositions; et, à son tour, il a bien mérité de la science.

Mais il est impossible de ne pas sentir une lacune dans cet enchaînement de faits qui ne sont point liés les uns aux autres, d'où ne peut résulter encore la connaissance ni l'appréciation de cette haute faculté que nous nommons la parole.

Mon ancien contradicteur, esprit très distingué, croyait que la lacune dans l'investigation de tant de faits importants consistait en ce que les langues avaient été considérées comme peintures, comme expressions de nos idées et de nos rapports perçus; et qu'elles n'avaient point été considérées comme résultats, pour remonter de là aux puissances de l'intelligence. Restait donc à savoir, selon lui, comment le son émis par un organe, reçu par un autre organe, passe à l'état de signe abstrait et général, en vertu de la faculté fondamentale du moi, l'absolu, qui tient à notre nature d'être infini; comment nous obtenons ainsi la série de l'ordre des signes vocaux ou oraux, laquelle se substitue successivement à l'ordre des signes visuels et tactiles.

Or le problème ainsi posé n'avait pas été résolu par moi, pas plus que par d'autres philosophes; je ne puis le nier; mais ce n'était pas là le problème que j'avais l'intention de résoudre, car c'est identiquement celui de l'union de l'ame et du corps: il y a un terme qu'aucune psychologie ne saurait franchir.

Tout ce que l'on peut faire c'est de poser le problème,

d'en présenter toutes les conditions; et je crois l'avoir fait.

Il est un autre reproche sur lequel j'ai besoin de m'expliquer; c'est celui de n'avoir pas osé m'élever dans la sphère vaste et religieuse par excellence de l'infini, au lieu de rester fixé dans la sphère étroite et funeste du fini.

Tels sont les termes de l'accusation : comme elle est très grave, sur-tout aujourd'hui que la théorie brillante de l'infini s'est fait au milieu de nous un si éloquent interprète, je dois mettre quelque prix à me disculper.

Une première remarque va jeter un jour décisif sur toutes les questions de ce genre.

Il me paraît évident que la révélation et l'infini sont deux mots différents pour exprimer une même chose: religieusement et historiquement, c'est la révélation; philosophiquement et idéalement, c'est l'infini.

L'accusation portait donc à faux: je ne m'étais point perdu dans le fini; s'il est une préoccupation qui m'ait dominé, c'est bien plutôt la préoccupation religieuse.

J'avais fait assez d'efforts pour ne pas sortir de la thèse spéculative et purement philosophique; mes efforts avaient été complétement inutiles. Le philosophe ignoré qui me gourmandait n'a pu lui-même m'offrir le moyen de dégager l'inconnue; c'est qu'en effet cela n'était pas possible: Ancillon y avait échoué.

Si depuis j'ai été porté dans la sphère libre et indépendante de l'infini, c'est par mes études sur les origines de la langue latine; en d'autres termes, par le sentiment des déductions historiques. Encore là fallait-il aboutir à la révélation, qui est toujours la grande inconnue, le dernier résultat de toutes les éliminations.

Par tout ce qui a été dit plus haut, il est facile de comprendre que l'infini, ou le spontané, ou l'intuition, ou la forme primitive de l'intelligence humaine, ou la parole, sont ce que j'appelais la révélation.

Les vieux monuments de la langue latine, sous ce rapport, racontent comme la Bible.

J'en ai l'intime conviction, toute étude approfondie et consciencieuse d'une langue ancienne, n'importe laquelle, sera toujours adéquate à la tradition générale.

Ainsi donc, en changeant de route, en prenant un autre guide, je suis arrivé au même lieu. Mon expérience devrait enseigner à commencer par perfectionner sa faculté d'intuition pour l'appliquer ensuite à une langue particulière, puis, de là, conclure pour toute langue, pour l'institution de la parole, identique à l'homme social et à l'homme individuel.

Maintenant je dois aborder une autre objection, qui me fut faite par le même philosophe. J'avais signalé, toujours dans cet ordre d'idées, un phénomène que je croyais être le caractère métaphysique, le signe le plus énergique de l'époque actuelle, de l'âge où nous sommes de l'esprit humain.

A mesure que nous avançons dans la civilisation, à mesure que notre éducation sociale se perfectionne, en un mot à mesure que le genre humain se développe, la pensée va s'affranchissant, de plus en plus, des liens de la parole : tel est, en effet, le résumé de ma théorie de la révélation du langage.

Il est de mon devoir de présenter, dans toute sa sévérité, l'objection de mon antagoniste. Je me servirai de ses propres expressions ; seulement je les condenserai un peu, pour qu'elles tiennent moins de place.

« Plus la civilisation se perfectionne, plus la pensée « devient esclave des signes oraux et vocaux, c'est-à-dire « de la parole, moins nous avons de pensées sans employer cet ordre de signes : les signes oraux sont tout « pour nous ; nous finissons par ne plus évoquer les idées « (les rapports rendus concrets et fixés) et par ne plus « opérer le rappel des images et des sentiments qu'avec « le secours de ces signes.

« Dans l'origine, les mots ont tous été imitatifs ou « analogiques, et destinés à peindre ou à rappeler une « relation physique. Par une transformation opérée « en vertu des lois merveilleuses de l'analogie, l'on s'est « servi de ces mêmes sons vocaux pour représenter soit « nos perceptions intellectuelles, soit les rapports intellectuels, les volontés, les actes de l'esprit, que « faisaient naître nos sensations et nos besoins. L'abbé « Morellet, dans son Traité de l'imitation musicale, a « parfaitement développé la marche de l'esprit humain « dans l'emploi de ces modes analogiques.

« Tant que l'on conserve, comme cela a lieu dans les « langues primitives, la double intelligence du sens physique et de son analogie avec le sens intellectuel, les « mots restent des peintures à double fonction ; les langues sont figurées et poétiques. Avant la création de « ces mots, ou pendant les différentes époques successives du perfectionnement de la parole, on pense

« souvent avec des images; un grand nombre de per-
« ceptions de rapports a lieu, et ces perceptions sont
« des idées, des pensées réelles, qui demeurent indé-
« pendantes de la parole, faute de mots pour les rendre
« concrètes, les fixer, les exprimer.

« Ce phénomène a dû se manifester chez les peuples
« neufs, tout comme chez les autres peuples; c'est un
« phénomène analogue à celui que l'on peut supposer
« dans les enfants et dans les sourds-muets. Mais à me-
« sure que les mots se créent, que les conjugaisons et les
« déclinaisons s'établissent, enfin que les formes gram-
« maticales s'organisent, les idées, les pensées (liaisons
« d'idées), passent dans le domaine de la parole, se
« fixent dans l'ordre des signes vocaux;

· « Et la pensée devient, de plus en plus, dépendante
« de la parole.

« La pensée alors n'est plus évoquée que par cette
« nature de signes; la perception d'un rapport rappelle
« immédiatement son signe oral représentatif; et la per-
« ception et le signe se confondent ensemble, sont si-
« multanément perçus.

« En Europe, où nos langues ne sont que des langues
« dérivées, la valeur des mots qui peignent à-la-fois le
« rapport physique, ou l'être physique, avec le rapport
« analogique intellectuel s'est presque totalement perdue.
« Cet événement avait eu lieu dans les langues primiti-
« ves; mais il est bien plus promptement survenu dans
« les langues dérivées. Non seulement nous n'avons plus
« de pensées sans qu'il s'y lie des signes oraux simultané-
« ment perçus avec elles, mais pour nous s'est évanoui

« dans l'ordre intellectuel le sentiment de l'analogie phy-
« sique du mot. »

Or cet événement que, dans une telle hypothèse,
j'aurais confondu avec celui que j'ai voulu signaler, c'est
cet événement que j'aurais pris pour l'émancipation de
la pensée des liens de la parole.

Si j'eusse dit, toujours dans cette hypothèse, que les
mots ne sont plus l'expression nette, significative de nos
idées, de nos perceptions de rapports intellectuels; que
l'analogie de ces rapports intellectuels avec les êtres physiques et les rapports physiques n'est plus sentie; que le
langage a cessé d'être figuré, pour former comme une
classe de signes purement abstraits lorsqu'ils frappent
notre entendement, j'aurais dit une grande vérité.

Ici, il faut être juste, la patience échapperait s'il ne
s'agissait pas de répondre à un homme qui fut si éclairé,
et que la religion de l'amitié prend sous sa sauvegarde;
la patience échapperait, car c'est encore l'événement
que j'ai retracé, mais mal saisi, mal raconté, mal ca-
ractérisé. N'est-il pas évident que l'abstrait se dégage
du concret, et que chacun est tenu de faire sa langue
pour la conformer à sa pensée?

« D'ailleurs, ajoute mon contradicteur, quand on re-
« porte son attention sur les mots et les expressions con-
« sidérés en eux-mêmes, dans nos langues dérivées,
« l'on parvient souvent et facilement à en découvrir
« la nature physique et matérielle. Un ouvrage curieux
« serait le tableau de ces concordances. Des Brosses,
« Court de Gébelin, les étymologistes, s'en sont quelque-
« fois occupés; mais nous ne possédons rien de complet

« ni de systématique sur cette partie de la métaphysique
« du langage : on éclaircirait, par un pareil tableau, d'une
« manière lumineuse, les recherches psychologiques. »

Ce tableau, à mon avis, remplirait la lacune qui existe
entre le président des Brosses et Court de Gébelin,
mais laisserait subsister la lacune bien autrement importante qui resterait toujours entre ces deux grands
grammairiens et Aristote, Kant, et Ancillon.

Quoi qu'il en soit, celui qui, au sujet de l'institution
du langage, m'accusait de m'être placé en-dehors de la
sphère de l'infini en était bien plus éloigné qu'il ne le
croyait. Et cependant il avait reconnu l'absolu dans le
moi de l'homme exprimant par le son un rapport entre
l'être physique et l'être métaphysique, et faisant passer
ce son émis à l'état de signe abstrait.

Comment se fait-il, alors, qu'il ait professé la formation successive de la parole, la coordination graduelle
des éléments dont toutes les langues se composent? comme si l'intelligence humaine n'était pas tout d'une pièce!
comme si le moi humain n'était pas toujours et n'avait
pas été toujours identique à lui-même!

Ceci, néanmoins, s'explique très bien. Celui qui se
croyait l'antagoniste du fini plaçait l'infini dans l'homme
même. Ainsi l'homme aurait commencé par s'inventer;
puis il aurait inventé le monde; puis il aurait inventé
Dieu. Mais alors il resterait toujours à trouver la lumière qui fit que l'homme put s'apercevoir une première fois; le moteur qui dut le porter inévitablement
à sortir, une première fois aussi, de lui-même.

L'homme est progressif, et non successif.

Il y a gradation dans l'échelle animale, et même on ignore où elle commence; il y a saut lorsqu'on arrive à l'homme : la Genèse consacre pour l'homme une création à part.

Chaque essence animale, souvent, y est désignée par un nom collectif, mais les individus en sont séparés; l'homme seul est un.

Il faut donc chercher la gradation intellectuelle de l'homme, dans l'espèce humaine; cette gradation s'est manifestée dès l'origine : j'apporte en preuve le système contenu dans la langue latine, où j'ai trouvé, ainsi qu'on l'a vu, le dogme enveloppé et simultané de la déchéance et de la réhabilitation; ce dogme est le véritable lieu de l'infini, pour l'espèce humaine.

Selon moi, prétendre faire commencer le langage par l'interjection et l'onomatopée c'est comme prétendre faire commencer la religion par le fétichisme; encore serait-ce le fétichisme entendu dans le sens que lui donnent les auteurs d'un pareil système; car le fétichisme, dans son véritable sens, n'est autre chose que la croyance en l'esprit enchaîné, par un lien magique, dans le signe grossier; et ce n'est qu'ainsi que ce signe est pourvu de puissance.

Qui a mis dans les mots cette force logique dont nous parlions tout-à-l'heure, et qui est invincible?

Qui a conservé, dans le verbe, l'infinitif, qui est un aoriste général, et qui témoigne de l'infini, lieu primitif de toutes les langues?

Qui a fait que la langue latine, par exemple, contient toute une psychologie, tout un ordre social? Comment se fait-il que cette psychologie soit une des expressions de l'Orient? Comment se fait-il encore que cet ordre social nous soit révélé par des mots, et qu'il nous ait été si long-temps voilé par l'histoire?

J'ai cité un exemple général, je vais citer un exemple particulier.

Le mot quelquefois ne signifie pas la chose, mais la chose oblige le mot à être vrai ; car il est dans sa nature d'être une expression vraie, ou destinée à devenir vraie. Ainsi le mot *hostis*, dont nous nous sommes déja occupés, dans la loi des XII Tables, désigne une sorte d'existence sans nom dans nos langues modernes : c'est l'individu frappé d'une incapacité absolue d'entrer jamais dans la communion civile. Plus tard, ce mot a signifié, selon l'ordre social, étranger, hôte, ennemi. N'est-il pas vrai que toutes ces diverses acceptions sont contenues et comme enveloppées dans l'acception primitive? n'est-il pas vrai que l'on trouverait toute une série de faits découlant du principe inconnu qui a produit ce mot?

L'histoire d'un grand nombre de mots serait aussi féconde en enseignements.

Je ne veux pas disséquer ce mot jusqu'au bout, mais je ne puis m'abstenir de remarquer que, soit M. Lévesque, en le comparant avec des mots de l'ancien slavon et de l'ancien grec, soit MM. Lennep et Scheid, dans leur savant *Etymologicum*, ont trouvé qu'il implique l'idée d'exclusion, d'expulsion. Je ne puis m'abstenir de remarquer sur-tout que ni les uns ni les autres n'avaient en vue d'expliquer le fameux texte des XII Tables. Une telle confirmation de mes théories me paraît un fait assez considérable.

Il a été un temps où le mot faisait le sens, et un autre temps où le sens faisait le mot : voilà tout le problème de l'institution et de la génération du langage.

La lettre tue et l'esprit vivifie : c'est là toute la doctrine de l'affranchissement de la pensée.

L'Institut royal de France avait proposé pour sujet du prix qu'il devait adjuger en 1825, « d'examiner si « l'absence de toute écriture, ou l'usage soit de l'écri- « ture hiéroglyphique ou idéographique, soit de l'écri- « ture alphabétique ou phonographique, ont eu quel- « que influence sur la formation du langage chez les « nations qui ont fait usage de l'un ou de l'autre genre « d'écriture, ou qui ont existé long-temps sans avoir au- « cune connaissance de l'art d'écrire ; et, dans le cas où « cette question paraîtrait devoir être décidée affirma- « tivement, de déterminer en quoi a consisté cette in- « fluence. »

La même question a été remise au concours en 1825 et 1826. Le concours de 1826 n'ayant pas répondu aux espérances de la commission chargée d'examiner les mémoires, le prix fut prorogé à 1828 ; et de nou- veaux développements furent ajoutés au programme, pour mieux expliquer les conditions du problème à ré- soudre.

J'ignore les termes du programme et des développe- ments qui ont été jugés nécessaires. Je sais seulement que le prix a été partagé entre M. le baron Massias et M. Schleyermacher, bibliothécaire à Darmstadt, et que ces deux concurrents ont donné chacun une solu- tion différente. M. Massias fait imprimer son mémoire ; M. Schleyermacher fera sans doute imprimer le sien.

J'avoue que j'ai besoin de connaître ces deux mémoires pour saisir la question proposée, qui, sans doute, a reçu son sens de celui que lui ont donné les deux concurrents couronnés.

M. Fabre d'Olivet a voulu montrer une *langue dérivée tout entière du signe* : c'est là l'objet de sa Grammaire hébraïque, publiée en 1815.

M. Fabre d'Olivet est-il parvenu à asseoir une opinion aussi extraordinaire sur des bases incontestables? Pour expliquer comment il a pu prétendre à établir une telle opinion, comment il est arrivé à un tel résultat, il faudrait discuter ses idées sur les langues en général, sur la langue sacrée des Égyptiens en particulier, sur le génie hiérographique contenu, selon lui, dans l'hébreu; et je n'ai point assez de science, ni assez d'espace. Ce qui me rappelle ce grand travail de M. Fabre d'Olivet, c'est la question proposée par l'Institut, et sur-tout les termes dans lesquels elle est proposée.

M. Fabre d'Olivet avait dit ailleurs : « Il n'y a rien de conventionnel dans la parole. »

Oui; mais une loi existe, et il s'agit de savoir s'il est possible de la découvrir.

FIN DE LA PRÉFACE.

PALINGÉNÉSIE

SOCIALE.

ORPHÉE.

ORPHÉE.

LIVRE PREMIER.

CLIO.

LE LATIUM.

A l'hespérie de la Grèce est une terre ancienne, où l'on raconte que Saturne, descendu directement du ciel, donna jadis de paisibles lois. C'est là que, jeune encore, l'Arcadien Évandre avait transporté ses pénates. Les nuages dont est restée enveloppée l'histoire de ces temps reculés, sans doute, doivent nous laisser beaucoup d'incertitudes sur les causes et les motifs qui déterminèrent Évandre à prendre une telle résolution. Avait-il été attiré dans le mystérieux Latium par la vague renommée de Faunus, par la renommée, non moins obscure, de Garanus, l'Hercule latin? Est-il vrai qu'il se fût souillé d'un parricide, en cédant aux conseils de sa mère, la nymphe Carmenta, prophétesse illustre? Toutefois ces nuages se retireront devant nous, à mesure que nous avancerons dans les secrets du passé. Nous saurons ce que furent et ce meurtre symbolique, et l'expiation, également symbolique, à laquelle il donna lieu. Nous saurons ce que fut Carmenta, vira magnanime, qui devait, un jour, avoir des autels; nous apprendrons comment, thyade détestée dans sa première patrie, elle inspira les lois-morés dans la seconde patrie où elle accompagna son fils. Nous évoquerons le génie des traditions, et il nous répondra.

Les muses théogoniques, les premières dans la hiérarchie intuitive; les muses cosmogoniques, qui marchent après; les muses des destinées humaines, qui viennent les dernières; toutes vierges immortelles, filles à jamais sacrées de l'inspiration et de la prière, forment trois chœurs qui se succèdent et se répondent, trois chœurs différents, selon la nature des faits confiés à la mémoire des peuples, chœurs éternellement harmonieux, dont il nous sera permis peut-être d'entendre quelques sons affaiblis; et lors même que nous ne parviendrions à n'en saisir que le plus léger retentissement au travers des siécles, encore devrons-nous rendre graces au génie des traditions, si, pour nous, il veut bien briser, un instant, les liens de son long sommeil.

L'antique Hortuna, qui n'est ni la parque terrible, sœur sévère de l'inexorable Fatum, ni la

justice distributive connue sous le nom de Némésis, Hortuna, numén conciliateur entre le destin et la liberté, l'antique Hortuna nous ouvrira-t-
elle ses redoutables sanctuaires? Le géniùs, qui
présidait à la génération des ames, nous dira-t-il
ce que, dans ces temps si obscurs, furent les opés
et les inopés, qui seront les patriciens et les plébéiens d'une autre époque?

Le vaste sens enfermé dans le mot hostés nous
sera-t-il révélé, pour nous raconter tout un ordre
de choses primitif? Verrons-nous les religions
opiques, expressions impassibles des traditions
générales, sortir du silence jaloux où elles rési-
dèrent, pures et inconnues de ceux qu'on nommait les profanes? Saisirons-nous le caractère des
religions hostiques, transformations diverses, selon les temps et les lieux, qui furent d'abord des
condescendances pour la multitude, et qui devinrent ensuite des superstitions imposées par
d'inflexibles patriciats? Reconnaîtrons-nous ainsi
la grande pensée de la dignité humaine fortement
exprimée pour quelques uns, soigneusement soustraite à une partie considérable des mortels, se
dégageant peu à peu, pour un plus grand nombre, par des initiations lentement successives,
jusqu'au jour où le christianisme devra la mettre
à l'usage de tous?

Parviendrai-je à faire jaillir la lumière du sein

de si épaisses ténèbres? Je ne puis pas trop l'espérer. N'importe, mes efforts ne seront pas perdus,
car nul effort n'est inutile; et si la vérité ne se dépouille pas pour moi de son triple voile, elle ne
trouvera pas trop téméraire la main qui voudra,
sinon le soulever, du moins le toucher avec respect; elle daignera sourire à mon entreprise, et
les plis de ce triple voile, vus de plus près, nous
manifesteront quelques traits de la vérité elle-
même.

Bien des années s'étaient écoulées depuis que le
pasteur arcadien avait fui les profondes retraites
du mont Lycée, et les rives fleuries de l'Éry-
manthe, pour venir dans une contrée où il devait
être pasteur moins heureux et moins tranquille,
mais pasteur des hommes. Évandre, on le sait,
croyait appartenir à une race qui avait précédé la
lune; et cette parole proverbiale cache l'énoncia-
tion d'un mythe civil. Quelle dût être sa surprise, lorsqu'il reconnut ici les vestiges puissants
d'une race ancienne de héros dont il n'avait jamais ouï parler! Ces tombeaux sicans qui, dans
un autre âge, avaient été construits avec une vaine
solidité, qui, plus tard, furent brisés et dispersés
par des volcans furieux, et dont les cimes, encore
subsistantes, semblaient comme des débris d'un
vaste naufrage, jetés au hasard sur les flots d'une
lave à peine refroidie, ces tombeaux attestaient

l'existence d'une génération qui avait eu déja de terribles combats à soutenir contre les éléments. Quelle dut donc être sa surprise de voir des ruines de villes, là où il croyait trouver des hommes nouvellement sortis de la terre; d'apprendre des doctrines, là où il croyait avoir à en enseigner! En effet, aurait-il pu soupçonner qu'il existât une contrée où chaque glèbe avait un nom, le nom sacré d'un numèn? La série de ces noms sacrés était toute la langue, et formait une sorte de théogonie hiérographique écrite sur le sol; pouvait-il soupçonner qu'il eût à s'instruire dans une théogonie si extraordinaire? Mais cet étonnement ne fut point partagé par la nymphe Carmenta, en qui l'inspiration était une science; ce fut à elle qu'il dut de pouvoir pénétrer dans cette langue, appelée barbare, et chère aux Dieux: ce fut encore à ses conseils, ou plutôt à ses irrésistibles commandements, qu'il dut aussi de pouvoir gouverner avec force et sagesse les peuples que lui soumettait une destinée mystérieuse.

L'exilé de la région anté-lunaire, à son arrivée dans le Latium, avait commencé par bâtir deux villes; l'une, à l'embouchure du Serranus, qui sera le Tibre, père immortel; l'autre, sur le sommet du Palatin, où avait été déja une cité antérieure, connue sous le nom de la Ville Sicilienne. Selon le rite primitif, Évandre avait attelé au même joug un taureau et une génisse, et avait profondément creusé le sillon mystique, enceinte inviolable des deux villes nouvelles, pour y enfouir religieusement les choses fatales et les deux glèbes de terre arcadienne qu'il avait apportées avec lui. Non loin de là était le mont Murcus, double colline couverte de forêts, asile des terreurs religieuses, et entourée de fertiles marais, de gras pâturages. Ce mont sera l'Aventin destiné à une gloire toute plébéienne. Évandre le choisit pour sa demeure. Il voulait d'abord n'avoir qu'une simple cabane, abritée d'un toit de chaume, à la manière des pasteurs du Ménale; mais il trouva, tel fut l'avis de Carmenta, qu'un palais serait plus convenable pour l'habitation d'un pasteur des peuples. Une enceinte de fortes murailles, construites par les Sicans autochtones avec des pierres brutes posées l'une sur l'autre, sans ciment, et délaissées par eux, était restée debout au milieu de ravages dont les siècles n'effaceront point l'empreinte. Cette forteresse phéacienne qu'un vaste lierre embrassait de ses rameaux immenses était devenue le fruste palais du roi.

Maintenant il touchait au terme de sa longue carrière; et ce n'était pas sans de vives inquiétudes qu'il voyait approcher sa fin. De redoutables oracles, qui commençaient à se répandre en tous lieux, un avenir devenu tout-à-coup incertain, lui causaient de mortelles alarmes sur son fils Pallas, pieux héritier d'un trône qui ne pourra point s'affermir. Ce jeune prince préludait, par les durs exercices de la chasse, aux cruels travaux de la guerre. Trop tôt, hélas! il devra déployer son courage dans les combats meurtriers; trop tôt, noble victime de l'hospitalité généreuse, il périra pour la cause alors inconnue d'un étranger par qui vont se renouveler encore les destinées humaines.

Évandre avait reçu, depuis peu, dans sa cour modeste, un chantre inspiré dont il ignorait la patrie et l'origine; et, pour se conformer à l'usage antique, avant de l'admettre à la sainte communauté du sel, il avait fait, avec lui, échange de présents. Thamyris était le nom du chantre inspiré; ce nom, qui lui fut mérité par sa voix harmonieuse, n'est point demeuré obscur parmi les hommes. Confident des quatre muses filles du ciel, dès sa plus tendre enfance, Thamyris avait parcouru les îles et les mers, avait visité les lieux célèbres, s'était rendu savant dans toutes les sciences divines et humaines. Mais les muses qui l'avaient instruit, étaient des muses jalouses, conservatrices rigides du mystère civil et social; elles ne surent point supporter sans déplaisir qu'il divulguât ce qui lui avait été enseigné. Elles se repentirent, dit-on, d'avoir laissé un plébéien s'avancer, mal-

gré sa nature infime, dans la connaissance du bien
et du mal. Ne pouvant le dépouiller de la science,
elles le privèrent de la vue. Depuis long-temps
donc il était aveugle; mais les tableaux de la nature, qui ne venaient plus frapper ses yeux, se
représentaient toujours, avec une merveilleuse
vivacité, dans sa féconde imagination. Le malheur avait marqué, sur son front, d'augustes empreintes; néanmoins, quelquefois encore, un
doux sourire errait avec charme sur ses lèvres.
Les muses avaient puni leur poëte, et ne l'avaient
point enrichi. Souvent obligé, à cause de sa pau-
vreté, d'essuyer les rebuts des hommes, il paya
le chétif loyer de son voyage par des chants sublimes, dont toute la magnificence des rois de
la terre n'aurait pu, sans doute, égaler le prix.

Ainsi le poëte indigent, vieux, aveugle, égaré
loin de sa patrie, semblait ne chercher qu'une
sépulture ignorée; car, à force d'avoir survécu à
tous les siens, dont peut-être jamais il ne parta-
gera les paisibles habitudes, il était devenu étranger à la génération nouvelle: il ne reverra plus la
terre de sa naissance, et c'est une terre, pour lui
sans souvenirs, qui doit recouvrir ses os. Et toutefois Évandre était, à présent, le seul homme dans
le monde avec qui il pût parler des anciens peuples de la Grèce, et des événements d'un autre
âge.

Au reste, il faut le dire avant tout, c'était pour le genre humain un temps de crise, une époque de fin et de renouvellement, et bientôt nous admirerons comment, sous les yeux de la Providence, s'opèrent les renaissances sociales.

Le roi vénérable s'est empressé d'accueillir le dépositaire de mille traditions diverses, pour en acquérir la connaissance; à son tour, il ne craindra point de communiquer à son hôte illustre les secrets de la sagesse italique. Ainsi l'échange des présents de l'hospitalité, n'a été, pour eux, que l'emblème d'un autre échange bien plus précieux, celui des doctrines puisées dans mille sortes d'initiations. Ils auront l'un avec l'autre de tristes et doux entretiens, dans plusieurs langues, tantôt sévères, tantôt flexibles, toutes issues de cette langue sacrée, qui fut ensuite nommée barbare, cette langue qu'on dit avoir été le produit spontané de l'étonnement et de la reconnaissance des peuples, alors qu'Apollon, fils de Jupiter, perça de ses flèches divines le serpent Python.

On voyait les deux vieillards, nobles et pacifiques témoins de ce combat merveilleux entre les destinées anciennes et les destinées nouvelles, errer seuls au sein des collines dont la gloire alors était obscure, mais où devait être Rome, et sur les bords du Serranus, également inconnu, qui sera le Tibre, père immortel. Ils allaient ensemble

visiter les débris de Saturnia, de Vola, d'Atys-
Janus, villes dont la célébrité a péri dans la mémoire des hommes. Ensemble ils affrontèrent les
mystères terribles du Capitole, les mystères am-
phictyoniques de la Junon farouche assise sur
l'Aventin. Ensemble ils étudièrent les phénomènes de la foudre, signe sublime, un et varié, qui
est aussi toute une langue, la langue du nutùs divin, langue détachée du sourcil redoutable de Jupiter. Ensemble ils apprirent les secrets de l'haruspicine, par laquelle l'ame de la victime est
interrogée; car, pour les Étrusques, la palpitation
était l'ame même des animaux; et cette ame, qui
réside dans la palpitation, ils la croyaient en con-
tact avec l'ame universelle. Ensemble ils lurent
dans les anciens rituels les présages tirés du vol
des oiseaux, et ils surent ainsi que ces présages
étaient fournis et dirigés par l'ame des ancêtres
opés, raison pour laquelle les inopés étaient in-
habiles à prendre les augures. Enfin ils parvinrent
ensemble à connaître la différence des ames,
celles qui sont émanées directement de Jupiter
ombriôs, celles qui, après avoir habité des natures patriciennes, viennent ensuite subir le châtiment d'être comprimées dans des natures plébéiennes; telle était, pour ces temps, l'explication
du géniùs des familles, du lare domestique.

Mais n'anticipons point sur l'exposition de telles

doctrines, que nous verrons se développer successivement. Oui, nous pourrons y atteindre sans craindre ou la cécité de Thamyris, ou le supplice de Prométhée sur le Caucase. La muse qui m'inspire n'est point une muse jalouse; et, graces au christianisme, il n'y a plus deux natures humaines.

Le vieux roi aurait desiré que le vieux poëte eût retracé, sans cesse, à sa pensée, la peinture de ces contrées ingénieuses, dont ni l'un ni l'autre ne respireront plus l'air embaumé; de ces contrées, échappées les premières à la conjuration des éléments, et pleines déja de souvenirs qui charmeront toute la suite des âges. Lorsque Évandre sortit de la Grèce, l'expédition des Argonautes venait d'être terminée. Alors le nom d'Hercule se répandait dans le monde entier, qu'il avait rempli de ses exploits, des sommets du Caucase au détroit de Calpé, ouvrage de ses mains puissantes. Alors une renommée, non moins éclatante, mais pleine de plus touchantes merveilles, commençait à naître; c'était celle du législateur de la Thrace, qui, avec Atalante, avait pu voir les magnifiques mystères de Colchos, qui, dans ses courses civilisatrices, avait rencontré Jason, le héros juste, la mélodieuse sirène du Phase, le centaure Asbolus, devin infaillible.

Depuis, disait Évandre, bien des événements ont travaillé la race misérable des mortels. J'ai

connu tous les détails de la guerre odieuse de
Thèbes. D'ici, j'ai, en quelque sorte, entendu
le bruit des batailles terribles, qui a ensuite re-
tenti en Asie et en Europe. Sait-on à présent
la cause secrète et profonde qui a produit la
guerre de Troie? Est-ce le combat des idées de
l'Orient et de l'Occident qui se sont revêtues de
cette cruelle manifestation? Les sages ne disent-ils
pas, en effet, que tous les événements de la terre
se passent dans les sphères de l'intelligence avant
d'être éclairés par la lumière du soleil? Pâris, le
premier auteur de cette funeste division qui coûta
la vie à tant d'illustres victimes, était-il le chantre
d'une cosmogonie contestée? Pourquoi l'Assyrie,
ce premier grand empire qui, sans doute, marche
à sa décadence, pourquoi l'Assyrie a-t-elle lâche-
ment abandonné son malheureux tributaire? Enfin, est-ce, comme je l'ai ouï raconter, le refus de
l'initiation du mariage qui a allumé tant de haines
furieuses? Quoi qu'il en soit, cette puissante mé-
tropole du roi Priam n'a pu s'écrouler au milieu
du sang et des flammes, sans que le fracas d'une
si grande catastrophe n'ait frappé mes oreilles in-
quiètes. Je n'ai pu rester insensible à de si lamentables infortunes. Chaque jour, sur les côtes
des diverses régions euxoniques, on recueille
les débris de cette vaste ruine. Grecs et Troïens
errent sur toutes les mers, cherchent des abris

dans les profondes anses de tous les rivages, pé-
nétrent par toutes les embouchures des fleuves.
Également poursuivis par le sort, ils viennent
tous demander une hospitalité menaçante. Mais,
parmi de si prodigieux revers, qui ont enveloppé
les vainqueurs et les vaincus dans de semblables
douleurs, j'ai dû, sur-tout, m'intéresser aux calamités sans nombre qui ont pesé sur les enfants de
Dardanus. Nos ancêtres sont les mêmes; nous
reconnaissons pour premier auteur de notre race
un sage Atlante, qui nous a transmis toutes les
plus éminentes prérogatives du sang royal; et des
oracles, qui agitent sourdement les peuples, nous
annoncent que la postérité d'Assaracus doit régner sur la terre de Saturne. J'entrevois donc des
destinées nouvelles, qui se préparent à l'insu des
faibles humains, à l'insu même des anciens rois,
pasteurs des peuples, et qui précipitent les jours
de ma vieillesse dans d'incroyables troubles dont
je ne suis pas le maître. Je me confie toutefois à la
bonté et à la sagesse des Dieux immortels. Pan et
Diane, divinités arcadiennes, que j'ai transportées dans le Latium, finiront, je l'espère, par former une alliance avec les dieux indigètes de la
contrée. Peut-être, ajoutait-il, poëte savant, pourrez-vous m'aider à sonder de tels mystères, peut-
être pourrez-vous rassurer mon ame si justement
et si profondément agitée.

Ainsi parlait, avec une tristesse pleine de douceur, le vieil Évandre, dans son modeste palais, vaste ruine d'une citadelle phéacienne, au sein des collines qui devaient être la ville éternelle.

Thamyris ne pouvait rassurer son hôte bienveillant; il ne saurait, hélas! qu'ajouter à ses terreurs intimes, en l'encourageant à supporter avec constance les événements qui paraissaient se préparer et se mûrir. Seulement, laissant échapper quelques mots sur la rigueur des destinées humaines : Il est à croire, disait-il, que les peuples ne doivent pas toujours demeurer sous le sceptre des rois pasteurs. Les dynasties royales, dont l'existence merveilleuse se compose à-la-fois des directions du passé et des lois qui régissent l'avenir;... mais est-il bon, ajoutait-il en se reprenant, de vous faire ainsi connaître d'avance les choses qui vous seront trop révélées par la suite de nos entretiens?

Thamyris n'avait pas voulu d'abord dévoiler à son ancien ami le but et le motif de son voyage. En effet, ce n'était point un vain goût d'aventures qui l'avait porté à confier aux orages des mers les restes d'une vie inquiète. Le poëte divin, dépouillé, en quelque sorte, de ses propres pensées, et transformé par la haute mission qu'il avait reçue, était chargé de répandre les lumières de l'initiation, et de les distribuer selon le besoin des sociétés naissantes. Dépositaires de notions pri-

mitives, dont le secret, jusqu'à présent, est resté
enseveli dans leurs souterrains, les prêtres de l'É-
gypte, attentifs alors à tout ce qui pouvait produire l'avancement des hommes sur la terre, habiles à suivre, et même à diriger les destinées des
différents peuples, n'ignoraient pas qu'Énée allait,
avec les débris de Troie, fonder un empire dans
le Latium. Cette contrée, où les travaux de l'homme venaient d'être renversés par la formidable
puissance d'une nature ébranlée, où des fleuves
de feu avaient coulé sur les monuments à peine
achevés des Ombriens et des Sicans; cette terre,
encore mal affermie, attirait, en ce moment, tous
les regards. Énée avait été reconnu, dans l'assemblée des sages, père et chef d'une nouvelle race
royale. La Parque s'était, dit-on, expliquée. Il fallait donc préparer les voies, et s'assurer que les
symboles de l'Orient, les pénates d'Énée, ne seraient point repoussés de toutes les côtes de l'I-
talie, que le héros pourrait fonder l'empire promis à ses armes. Les sages avaient pensé que le
vieil Évandre devait être le lien naturel entre
des fortunes si diverses. Le parjure de Laomédon
avait été assez puni, et la justice divine, une
fois satisfaite, il n'y avait plus de place que pour
la clémence. Le châtiment ne doit point se per-
pétuer à l'infini sur la terre. Le sceptre d'Ilus
fleurira sur d'autres rivages; et les choses fa-

tales de Troie deviendront les choses fatales d'une cité qui ne sera vassale de nulle autre. L'outre gonflée, marque et gage de l'éternité, sera respectée de la tempête. La noble Vesta de Pergame trouvera un sanctuaire où elle recevra les hommages nouveaux. Ainsi les vénérables traditions se succéderont sans être interrompues, et se perpétueront religieusement parmi les hommes. Toutefois les sages, dans leurs conseils, n'eurent jamais le fol orgueil de rendre des arrêts dont ils voulussent exiger l'exécution; ils ne faisaient qu'acquiescer d'avance à ceux où ils reconnaissaient la marque de la volonté divine. Ils ne faisaient point le destin, ils y obéissaient les premiers. Ils savaient ce qu'exigent d'adoration l'économie générale de la Providence, et de respect la liberté des êtres intelligents. Toute vue élevée, toute vue intime, dans les affaires humaines, consistent seulement à voir ce qui est, et, dans ce qui est, le germe infaillible, la prophétie de ce qui doit être.

Thamyris se décide à accomplir une tâche qui lui est imposée. Les préceptes de la sagesse ne doivent point être arides; ses oracles animent une poésie quelquefois mâle et sévère, quelquefois douce et persuasive, selon le besoin des hommes, selon le grade de l'initiation. Des récits touchants et variés sont le cadre heureux qu'a choisi l'envoyé des prêtres de l'Égypte, pour instruire le roi de la forteresse phéacienne; Orphée sera l'objet de ces récits, qu'Évandre ne pourra se lasser d'écouter. Je n'ai point été son disciple, disait Thamyris, je n'ai point vécu avec lui. J'ai suivi, de loin, la trace lumineuse qu'il laissait après lui, par-tout où il portait ses pas. Je l'ai à peine aperçu; et, regret sans égal! je ne l'ai aperçu que lorsque déja, sans doute, il recélait la mort dans son sein. Les seules paroles que j'aie entendu sortir de sa bouche, sont les paroles de l'heure suprême, alors que la vie concentrée au fond de l'être, mais toujours fidèle aux grandes sympathies de l'humanité, commence à se détacher des organes terrestres, et à revêtir les ailes immortelles qui doivent la porter dans une sphère plus élevée. Il ne m'a pas même été donné de l'appeler par son nom glorieux et mystique, car j'ignorais entièrement quel était celui qui refusait d'entrer en communication avec moi. Je venais de le chercher par toute la terre, et il m'échappe au moment où je le rencontre; il m'échappe aussi inconnu que s'il n'eût jamais été l'objet de mes pensées. Toutefois les paroles de l'heure suprême sont restées, dans ma mémoire, comme la plus haute révélation de Dieu, de l'homme, de la société. Mais, étrange dédain de sa propre gloire! il est mort loin du mouvement des peuples, dont il fut le bienfaiteur. Il s'est survécu; et son nom lui arrivait à lui-même comme le nom d'un autre; il lui arrivait, tantôt vénéré, tantôt détesté, car les créations de son génie avaient eu déja, eu plusieurs lieux, le temps de se pervertir. Les Muses toutes seules ont reçu son dernier soupir, ont pris soin de sa dépouille mortelle, et lui ont élevé un tombeau dans la solitude. J'ai vu le tombeau élevé par les Muses au poëte divin; il subsistera toujours, parceque l'ouvrage des Muses ne doit point périr. Un oracle cependant, que je ne puis passer sous silence, indique la destruction de ce tombeau sacré. Lorsque les cendres d'Orphée, est-il dit, verront le jour, un porc détruira une ville. Quelle est cette ville ainsi menacée? Le porc n'est-il point le hiéroglyphe du patriciat? L'oracle lui-même n'est-il pas un symbole, le symbole de l'effort que fera l'initié pour se saisir des cendres de l'initiateur, et conquérir, à ce prix, un tombeau? Le reste de l'histoire d'Orphée, je ne dois pas vous le dissimuler, prince pacifique, se compose de faits incertains, façonnés par les voix confuses de la renommée et par l'imagination des peuples. La multitude et la rapidité des merveilles qu'il a opérées autour de lui, et qui se sont aussitôt propagées au loin, ont suffi pour couvrir sa noble vie comme d'un voile analogue à celui des souvenirs antiques; on ne le voit plus, en quelque manière, que dans la nuit des temps, où l'on dirait qu'à force de prodiges, il ait voulu se réfugier d'avance. Son apothéose, dans les adytes de l'Égypte, est venue mettre le comble à sa gloire; car, pour que vous ne l'ignoriez pas, les prêtres des saints mystères jugent non seulement les rois et les princes des nomes sacrés, après que la mort a éclairé leur vie d'une lumière définitive, mais ils jugent aussi les princes et les rois des autres contrées; ils jugent encore, à leur auguste tribunal, tous ceux à qui il a été donné d'exercer une grande influence sur les sociétés humaines. Ainsi, vous-même roi pasteur, vous le dernier des rois de cet âge du monde, vous n'échapperez point à cet impassible jugement. Et moi, moi qui ne devais être qu'un obscur voyageur sur la terre, mais que les Muses ont daigné visiter, moi à qui a été confié un flambeau pour éclairer les peuples, flambeau qui n'a pu m'être retiré, lorsqu'une fois il a été remis entre mes mains, je serai jugé, à mon tour, comme les rois et les princes des nations; en cela, les poëtes sont les égaux des maîtres de la terre, et le bandeau de l'inspiration est aussi un diadème.

Thamyris s'explique ensuite sur le message dont il est chargé par les prêtres de l'Égypte. Vous savez peut-être, dit-il à Évandre, qu'il y a plusieurs sortes d'initiations; celle des hommes appe-

lés au pouvoir souverain, celle des héros législateurs et celle des poëtes : diverses routes, en effet,
sont ouvertes pour gouverner les mortels, pour
les perfectionner et les diriger vers le bien ; la
route de la force, la route de la raison, la route
de l'enthousiasme. Mais les prêtres mesurent la
science à la capacité de chacun ; ils ne s'imposent
point de règle fixe et immuable. C'est comme
poëte que j'ai été introduit dans le sanctuaire, et
cette première initiation ne fut que le prélude
des grandes initiations. Quoique mon ame ne soit
pas venue directement du ciel, puisque mes parents n'ont point contracté leur union sous les
auspices de Jupiter, il m'a été permis de connaître les enseignements réservés d'ordinaire aux
chefs des peuples. Les motifs d'une telle conduite
à mon égard sont faciles à comprendre : les poëtes
aussi sont les instituteurs des nations ; mais ceux-
là seulement qui sont instruits dans les profonds
mystères de la morale et de la politique. Nul de
ces secrets n'eut besoin d'être dévoilé à Orphée ;
il les avait tous trouvés en lui : il en est d'autres
encore sur les traditions primitives du genre humain, qui, sans doute, furent accessibles à sa
haute intelligence, et qui m'ont été déniés. Peut-
être étais-je destiné à trouver, dans le Latium, le
complément de la science théogonique. Quoi qu'il
en soit, on a voulu me tenir compte de la persé-

vérance que je mettais à suivre les traces d'Orphée, à m'identifier avec le sentiment des vérités qu'il répandait parmi les hommes, à étudier les institutions dont il enrichissait les peuples nouveaux. Vous serez, me dit-on, le disciple de ce beau génie, en ce sens, que toutes les sources de la sagesse vous seront ouvertes comme à lui, et qu'il vous sera donné de propager les mêmes doctrines. Vos chants seront également doués de fécondité, mais d'une fécondité restreinte, moins puissante et moins sympathique, puisqu'elle n'est pas puisée en vous, et que déja elle est transmise. Vous avez reçu l'inspiration et la lumière d'un autre; vous ne les avez pas puisées vous-même à la source de toute lumière et de toute inspiration: ce n'est pas un souvenir de l'idée éternelle; en un mot, vous n'avez pas vu Protée, mais sa fille. Vous n'êtes point du sang royal, vous n'êtes point issu du sang royal; votre mère, nymphe charmante, chaste épouse, mais épouse d'un profane, a dû ne point revêtir le voile pudique du connubiùm. Vous ne pouvez donc être ni héros législateur ni fondateur d'un empire, et le genre humain vous est refusé. Il vous sera ordonné d'aller, à l'hespérie de la Grèce, initier le vieux roi Évandre. Ce roi pasteur est destiné à rajeunir cette terre antique, en y jetant les fondements d'une force morale qui lui survivra, en la coordonnant toutefois aux lois-mœrès et aux traditions particulières de la contrée; car nul coin de terre n'est privé de traditions qui remontent aux temps cosmogoniques. Il ne sera pas sans nécessité que de tels fondements soient établis par vous: le prince guerrier qui s'approche, pourrait ne vouloir régner que par la violence des armes; et le peuple de fugitifs, qu'il traîne après lui, serait un peuple de brigands s'il n'était sagement contenu par un joug façonné d'avance. Dans cette merveilleuse terre d'Égypte, nous ne faisons pas autrement pour la distribution des eaux fécondes du Nil. Lorsque nous voulons en étendre, en multiplier les bienfaits, après avoir creusé des canaux pour le fleuve futur, nous les revêtissons d'un fort ciment; et bientôt l'onde tumultueuse coulera docilement parmi les solides rivages que nous lui faisons. Ainsi, ajoutait Thamyris, ainsi vous voyez, ô roi pasteur, que si je veux vous faire participer aux mystères de l'initiation, ce n'est point pour les trahir; et, de plus, vous saurez sur Orphée tout ce qu'il m'est possible de vous en apprendre, tout ce que j'en ai pu recueillir moi-même.

Puis il dit encore ces mots obscurs, dont le sens mythique nous sera connu plus tard:

La sibylle à qui vous devez le jour, ô Évandre, sait qu'un empire cyclique s'établit par le

meurtre de celui qui représente l'empire précédent. C'est ainsi qu'Uranòs tua son père Acmon;
que Saturne, à son tour, immola son père Uranòs;
Jupiter, pour régner, a osé mutiler son père Saturne; et Saturne, relégué dans les sombres royaumes du Tartare, est réduit au triste emploi de tenir
les Titans enchaînés. Les dépositaires des sciences
secrètes prétendent qu'un jour Jupiter sera détrôné par Bacchus, chef et roi futur de cette nouvelle race humaine, dominée aujourd'hui par les
patriciats, rigides successeurs des Titans. Tel est
donc l'ordre rigoureux du destin qui gouverne le
monde. Vous, Évandre, parceque les rois de la terre
sont tenus aux mêmes lois que les rois des sphères
étoilées, vous avez voulu, je le sais, vous avez
voulu, d'après les conseils de votre mère illustre,
fonder en Arcadie une puissance dynastique, prématurée. Mais il fallait plus de force et plus de
courage que vous n'en aviez. Vous avez dû vous
exiler de la région anté-lunaire. Vous avez été
poursuivi par les furies, comme Prométhée le fut
avant d'être enchaîné sur le Caucase. La thyade,
intrépide conseillère du meurtre, a pu devenir
vira magnanime, sur les bords du Serranus; le
meurtrier arcadien ne saurait s'élever au rang de
héros législateur dans la citadelle latine. Toutefois
je vous expierai. Après la cérémonie de l'expiation, lorsque vous aurez symboliquement avalé

un de vos doigts, je pourrai procéder pour vous à la cérémonie plus auguste, et toute pacifique de l'initiation. Vous aurez à choisir un bain, comme les barbares; une libation ou un sacrifice, comme les Grecs: la plus solennelle de toutes, celle du taurobole, je ne puis vous l'accorder, puisque votre règne va finir. Encore, votre initiation restera incomplète, car il ne vous sera pas donné d'ôter la vie au vieillard malheureux qui vous aura initié. Une image de cette loi terrible des destinées humaines, qui fonde la vie sur la mort, une image de cette loi se rencontre chez vous: le prêtre de la Diane farouche ne peut être remplacé que par son propre meurtrier. Quoi qu'il en soit, cette nouvelle race humaine, dont je vous parlais tout-à-l'heure, et que Bacchus doit faire admettre, un jour, aux banquets de la cité, c'est à elle qu'Orphée est venu donner la capacité du bien et du mal.

Pendant que les vieillards discouraient ensemble, Pallas entre dans l'appartement de son père. Le roi fait asseoir, à ses côtés, le jeune chasseur, vaine espérance d'un avenir qui n'existera jamais. Il lui dit: Écoute, mon fils, tu peux prendre part aux graves entretiens qu'un envoyé des dieux veut bien avoir avec ton père. Les discours des vieillards sont toujours profitables à la jeunesse. Thamyris sur-tout, si plein d'expérience,

et qui a vu tant de peuples célèbres, ne sait proférer que des paroles qui doivent rester gravées
dans la mémoire. D'ailleurs, il connaît la contrée
où vécurent nos ancêtres; il te rappellera une
patrie qui aurait dû être la tienne. Mais auparavant, prouve-lui que je n'ai point laissé évanouir,
dans ton cœur, des souvenirs qui n'ont jamais
cessé de m'être chers: retrace quelque fait mé-
morable de la Grèce, dans le langage, pour lui,
si nouveau du Latium. En t'égarant à la chasse,
tu as vu le tertre funèbre où viennent d'être en-
sevelis les trois fils d'Amphiaraüs, ce noble devin
qui fut englouti devant Thèbes, après avoir été
entraîné, contre son gré, dans la querelle impie
des deux frères: c'est dans les belles retraites de
Tibur, au milieu de mille limpides fontaines, que
repose la jeune postérité du prêtre guerrier; et la
perfide Éryphile, sans époux, sans enfants, a vu,
trop justement délaissée, finir ses jours malheureux dans les palais solitaires d'Argos. Non loin de
ce tertre funèbre, et tout près de la demeure de la
sibylle, un berger sicilien t'a appris des chants
que tu aimes à redire. Les aventures d'Orphée,
telles que tu les tiens de ce chanteur habile,
plairont sans doute à l'hôte auguste qui ne dédaigne pas notre irréprochable foyer. Il ne les
écoutera pas sans intérêt, parcequ'il saura ainsi
ce que sont devenus les récits de la Grèce, en tra-

versant les mers, en passant de bouche en bouche, et en se pliant aux lois de notre poésie sauvage. On nous a raconté, mon cher Pallas, que
Thamyris était né dans la Thrace, et qu'il avait
été disciple d'Orphée. Ceci n'est point entièrement
exact : toutefois, nul ne peut mieux que Thamyris lui-même rectifier l'histoire que tu vas dire ;
nul ne peut mieux nous instruire de ce que l'on
sait sur ce génie sublime, à qui les dieux inspi-
rèrent les lois de la société, celles du bien et du
beau. Mais, mon fils, si la jeunesse doit être avide
d'apprendre et de connaître, elle doit aussi être
réservée et modeste. Ce que tu ne comprendras
pas des discours de Thamyris, tu ne chercheras
point à le pénétrer ; car, mon fils, ce n'est pas à
ton âge que tous les trésors de la sagesse peuvent
être ouverts ; et tu ne dois pas même t'étonner, si,
dans de certains moments, je t'ordonne de te retirer pour me laisser seul avec le poëte divin. Allons, mon fils, commence tes chants.

À ces mots, le fils docile du vénérable Évandre,
le visage coloré d'une aimable rougeur, se mit à
chanter, en s'accompagnant de la lyre :

Muses agrestes de l'OEnotrie, saurez-vous peindre des objets élevés ? Saurez-vous plier à une
harmonie douce et savante vos rudes accents ?
Jusqu'à présent, vous n'avez inspiré que des ber-
gers. Les troupeaux errants dans les campagnes

connaissent seuls vos rustiques concerts. Quelquefois vous avez assez bien exprimé les cris sinistres de la guerre, les mâles habitudes de hordes à demi barbares. Muses agrestes de l'OEnotrie, pour la première fois, imitez les suaves mélodies de la Grèce; pour la première fois, rivalisez avec les nymphes de l'Hélicon, avec les chastes filles du Parnasse.

Ainsi commença de chanter le jeune Pallas avec une voix pure et timide. Puis il peignit les rochers émus aux accents d'Orphée, les arbres des forêts s'inclinant aux puissants concerts du poëte inspiré, les animaux féroces accourant de leurs asiles, et venant lécher ses pieds. Tels furent les prodiges de cette harmonie ravissante, disait Pallas; muses de l'OEnotrie, vous appartiendra-t-il jamais de renouveler de semblables merveilles?

Pallas chanta ensuite comment Eurydice, fuyant la poursuite d'Aristée, fut blessée mortellement par un serpent caché sous les fleurs de la prairie, comment elle descendit dans les royaumes sombres, où bientôt Orphée voulut la suivre, pour essayer de l'arracher à la rigueur de son sort. Le poëte divin, qui avait apprivoisé les tigres et les ours, obtint un triomphe plus grand encore; il répandit quelque calme parmi les lamentables habitants de l'Érèbe, il suspendit les tourments des coupables livrés à la justice divine, il adoucit

le tyran des morts lui-même; et il lui fut accordé
de pouvoir ramener son épouse à la lumière du
jour. Mais, hélas! ce fut à une condition bien
cruelle qu'elle lui fut rendue. Il devra marcher
le premier, pour guider Eurydice, et s'abstenir
de se retourner jusqu'à ce qu'il soit parvenu sur
la terre où l'on respire l'air de la vie, que baigne
la lumière du soleil. Imprudent! lorsqu'il sous-
crivit à ce pacte funeste, il crut qu'il serait assez
maître de lui-même. Songes enivrants de l'a-
mour, bercez l'ame du poëte! endormez toutes
ses pensées! qu'il marche en rêvant le bonheur,
mais qu'il se contente de le rêver! Un seul regard peut perdre cette grande espérance qui habite en lui; et comment croire qu'il pourra résister au desir d'en acquérir la certitude par un
regard! Le redoutable roi des morts connaissait
bien les faiblesses du cœur de l'homme; il savait
que sa proie lui serait rendue; vaincu par les accents d'Orphée, il avait cédé, et, en cédant, il
n'avait accordé qu'un présent trompeur. Eurydice suivait son époux; elle le suivait à pas fur-
tifs, osant respirer à peine, et craignant toujours
d'être trahie par le plus léger frôlement de ses
vêtements aériens; timide et tremblante, pleine
d'un doute infini sur la mort, sur la vie, sur l'a-
mour, elle renfermait en elle-même tous les sentiments dont elle était agitée. Elle cherchait à

repousser doucement les inquiétudes charmantes qui faisaient battre son cœur; plus doucement encore, elle eût voulu s'abandonner aux incertains enchantements de son ame. Ce voyage silencieux, parmi de muettes ténèbres, devenait trop long pour le faible époux. Non, il n'accomplira pas sa promesse, et le roi des épouvantes sera inexorable à tenir la sienne. Cependant le couple divin s'avançait toujours dans la route de mystère et d'effroi. Un moment de plus, et Orphée sauvait sa conquête, et il allait être affranchi de la loi cruelle qui lui fut imposée. Mais il ne peut supporter le poids de ce moment trop rempli de délices. Déja un crépuscule douteux commençait à remplacer l'obscurité immense; un rayon de pâle lumière, qui vint flotter autour de ses yeux, lui fit oublier le passé et l'avenir: ce n'était pas une lueur trompeuse, c'était bien un rayon détaché de la clarté du jour; la marque de son salut devint le signe de sa perte. Ainsi donc il touchait au seuil qui sépare l'empire des morts du séjour des vivants, lorsqu'il s'arrêta involontairement pour jeter un regard d'amour sur l'épouse qui lui était rendue, hélas! rendue et ravie à-la-fois. Si, du moins, il eût eu le temps de soulever le voile qui retombait sur le visage d'Eurydice! Mais c'était à une moindre infraction que tenait son destin. Alors le pacte fut rompu, et le tyran des morts

reprit ses droits; alors toutes les voûtes de l'Averne
retentirent, dans leurs vastes profondeurs, d'un
long gémissement; alors les supplices des coupables, qui avaient été suspendus, reprirent une activité nouvelle; alors le terrible gardien des demeures désolées poussa d'affreux rugissements.
Eurydice, exhalant à peine un dernier adieu,
s'évanouit comme un songe vain; sa plainte, semblable au léger frémissement d'une feuille qu'a-
giterait le vent du matin, sa plainte ne fut qu'un
faible et doux murmure, et sa fuite au travers
des ombres ne laissa point de trace après elle.
Orphée, le malheureux Orphée, repoussé par la
puissance de la mort, revint seul sur la terre. Dès
cet instant affreux, plus de concerts même funèbres, et cependant ils eussent calmé son désespoir; son luth harmonieux dédaignait jusqu'aux
sons de la douleur; sa triste voix, se refusant même aux paroles qui peignent le mieux les ennuis
des mortels, pour toute expression de ses chagrins
amers, ne conserva que le nom de sa chère Eurydice. Il errait inconsolable sur les bords de l'Hèbre,
parmi les glaces hyperborées, au sein des solitudes les plus sauvages. Insensible désormais à
l'amour, eh! qu'est-il besoin de le dire? insensible
aux distractions que présentent et le spectacle
toujours nouveau de la nature, et les scènes variées de la société des hommes, il traîne seul sa

déplorable vie, ignorant et les heures du jour et les heures de la nuit. Les Ménades qui, dans leurs fêtes orgiques, crurent pouvoir le ramener au charme de l'existence, et verser dans son ame un peu de ces doux oublis qui endorment les peines, les Ménades, irritées à la fin de ses dédains implacables, l'immolèrent à leur jalouse fureur. Muses de l'Œnotrie, oseriez-vous essayer de rendre les derniers accents d'Orphée ?

Thamyris, souriant avec bonté, applaudit aux chants de Pallas : ils seront embellis, un jour, par celui que l'on nommera si justement le cygne de Mantoue, et par le poëte ingénieux de Sulmone. Ainsi se forment et s'accréditent les aimables fictions, car les fictions de la poésie ne sont pas de vains mensonges ; elles sont vraies, en cela qu'elles sont fondées sur les plus nobles facultés de l'homme ; elles sont vraies encore, en ce qu'elles sont une juste et vive image de la vérité même, un emblème animé de ce qui est : la vérité seule triomphe du temps.

Toutefois Thamyris ne voulut pas laisser ignorer à Évandre combien il trouvait que la fantaisie avait déja voilé du reflet de ses brillantes couleurs les poétiques aventures d'Orphée. Quel est cet Aristée qui s'efforce de ravir Eurydice ? N'est-ce pas le droit inexorable qui cherche à dominer la justice reposant sur l'égalité, ou, en d'autres termes, le patriciat qui veut ranger le plébéianisme sous son empire indissoluble? Aristée n'est-il pas un héros italique, le vir dont le droit repose sur la force? Que fut Actéon, fils d'Aristée? On dit que pour se délivrer de la poursuite de ses chiens, ignoble emblème de ses clients révoltés, il dut se regarder dans la fontaine. N'est-ce point là une première promulgation de cette fameuse sentence, à l'usage des hommes et des peuples : Connais-toi toi-même? Le taureau d'Aristée, qui produit la ruche, image et type d'une société humaine, ce taureau que Pallas a passé sous silence, n'est-il pas ce qu'ici vous avez nommé le mundùs, ou le sillon sacré de la cité? et les abeilles ne représentent-elles pas les patriciens formant la cité primitive? Cette peau féconde du taureau ne serait-elle pas alors cette outre de l'éternité, si célèbre dans les histoires antiques, l'éternité promise aux sociétés humaines? Les chants de Pallas ne disent rien des deux cordes ajoutées par Orphée à sa lyre, et qu'il est obligé de couper dans les Enfers. Cependant, c'est toute une doctrine. Et cette descente aux Enfers, qu'est-elle? N'eut-elle pas pour but de visiter les Cabires, et d'apprendre d'eux le mystère profond du connubiùm? Le mariage et la cité sont une seule et même chose : la glèbe, qui est la propriété, les grains, qui sont le mariage, sont enfouis en même temps dans le sillon, dans le

mundùs. Eurydice avait goûté les grains de Koré
ou Proserpine, la vierge ineffable, et elle ne put
revoir la douce lumière du soleil : ces grains sont,
chez les Grecs, ceux de la grenade; chez les Latins, ceux du pavot. N'est-ce pas Orphée qui a
institué la trève des peines, première victoire de
l'humanité? Quant à cette tradition d'Orphée déchiré par les Ménades, il faut savoir qu'elles
s'étaient emparées des armes laissées par les viri,
pendant qu'ils s'entretenaient avec le héros; il
faut savoir qu'Orphée lui-même avait chanté
Bacchus déchiré aussi par les géants. Les Ménades ne seraient-elles point un emblème plébéien?
Dans la pensée d'Orphée, Bacchus, l'initiateur,
ne devait-il pas périr par les mains des géants
initiés? Nous le saurons par la suite. Mais, ajouta
le divin Thamyris, l'innocent Pallas, qui ne connaît point le secret sur lequel repose l'initiation
sacrée du connubiùm, n'a pu nous dire, ni quelle
fut la loi imposée par le sévère Dìs à Orphée, ni
quelle fut la véritable infraction du héros.

Pendant que Thamyris explique ainsi les chants
de Pallas, trois viræ, mâles sibylles, se présentent. Elles ne comptent leur âge, ni par le cours
et le décours des lunes, ni par les vicissitudes des
saisons, ni par les révolutions du soleil. Elles ont
vécu sur la terre un cycle inconnu, et elles n'ont
point vieilli à l'égal des autres mortelles. Leur

taille est imposante; une généreuse majesté respire
dans tous leurs traits. Ces trois viræ sont Carmenta, mère d'Évandre, Pallatia, dont on ne raconte point la génération, la sœur innommée de
Cacus. Gardiennes des religions terribles, en dehors des dispositions législatives, elles chantent les
divinités que vénèrent les dieux, la Vesta des dieux,
et enfin le destin des dieux. Les lois religieuses
qui font courber le front des hommes ne seraient-
elles qu'une imitation des lois religieuses qui gouvernent les dieux? Le serment par les fontaines
pérennes ne serait-il qu'une imitation du serment
par le Styx? Les cités des mortels seraient-elles
fondées sur le modéle de la cité de l'Olympe?
N'y a-t-il pas plusieurs sortes d'asile, selon la
nature des réfugiés? Les opés, qui peuvent faillir,
mais qui ne peuvent être punis; les inopés, qui
ne peuvent faillir, puisqu'ils sont privés de la
capacité du bien et du mal, ne doivent-ils pas
être reçus dans des asiles différents? Les viræ dé-
daignèrent de s'expliquer davantage, et, semblables à une apparition qui tiendrait du vertige,
elles se retirèrent.

Évandre voulut alors conseiller à Thamyris
d'aller dans les montagnes de la Sabine. La Sabine, lui dit-il, est une contrée où l'on retrouve
les doctrines antiques de la Scythie. Un jeune
enfant, né d'une vira latine, dirigera vos pas. Il

sera non seulement votre guide, mais encore votre casmilòs, votre condominùs. Lorsque vous vous présenterez, vous le placerez sur vos épaules; il chantera, pour vous, en vers saturnins, les théogonies saliennes, et vous serez reçu dans les sanctuaires. C'est sans doute parceque vous n'aviez pas d'hérès, qu'il vous a été refusé de pénétrer toute l'initiation qui vous eût été due. Orion recouvra la vue en marchant contre le soleil lorsqu'il se lève. Thamyris, ne pouvez-vous pas espérer la même faveur?

Telles furent les circonstances qui accompagnèrent les chants de Pallas. Ainsi, quoique colorés par une brillante fantaisie, ces chants contiennent des traditions vraies. Les récits de Thamyris, lorsqu'il nous les fera entendre, seront d'autres traditions également vraies; on y trouvera les mêmes faits réfléchis par d'autres langues, revêtus d'autres formes par des imaginations différentes. L'écho part d'un rocher: on s'approche du rocher, et le son refuse de se faire entendre. Une magie inconnue crée, dans les airs, une contrée fantastique, pleine de frais ombrages et de verdoyantes prairies: on s'approche du paysage aérien, et l'on ne trouve qu'un désert. Les choses se déplacent, subissent des transformations; mais, pour se déplacer, pour subir des transformations, il faut que les choses soient. Les origines, quoique reculées dans les profondeurs du mystère, n'en sont pas moins des origines. Souvent une cause ne nous est révélée que par ses effets, comme la pensée, par l'acte qu'elle produit; néanmoins l'effet peut ne pas ressembler à la cause, ainsi que l'acte peut différer de la pensée. De plus, les diverses races humaines ont chacune leurs formes de réalisation, rendues vivantes par le génie qui réside en elles, et que Dieu leur a donné en signes de son alliance. C'est la chaîne d'or attachée au trône de l'éternelle vérité. C'est la chaîne d'or et d'Électre, qui unit les Gaulois entre eux et à leur chef Ogmiùs. Thamyris racontera donc ce qu'il sait, même les traditions contradictoires : qu'importe? il sortira toujours de ses récits la vérité, c'est-à-dire cette grande renommée d'Orphée, pour qui la postérité exista dès le commencement, et qui doit remplir l'univers; il en sortira la puissance de ce nom, qui sera lui seul un législateur, et qui traversera les générations et les siècles. Et n'est-ce pas cet ensemble qui est toute la vérité? C'est, au reste, la forme d'initiation qui fut choisie pour instruire le vieil Évandre de ce qu'il devait savoir.

Pendant que Thamyris revêtira de poésie les leçons de la sagesse, dans le palais phéacien du dernier roi pasteur, déja l'infortunée sœur de Didon, jetée par la tempête à l'embouchure du

Tibre, dans ces lieux où elle doit avoir, un jour, des autels, errera non loin des collines du Latium, et apportera, pour premier gage des destinées nouvelles, les imprécations d'une reine mourante. Un grand empire vient de s'écrouler en Asie, un autre empire va s'élever sur la terre si long-temps ignorée de Saturne, pour peser, dans l'avenir, sur le monde entier. Thamyris dira des aventures pacifiques, enfouira dans un sillon douloureux le germe fécond de doctrines harmonieuses; et, au même instant, des bruits inaccoutumés de guerre, troublant d'avance le repos de cette heureuse portion de l'Euxonie, annonceront dignement les destinées de Rome future. Janus, antique divinité de ces peuples, frémit dans son bocage sacré, où un simple tronc d'arbre est l'autel modeste qui reçoit les offrandes champêtres, les herbes, et les fleurs offertes par les chefs des peuples. Le Numicùs se réveille avec inquiétude sur son lit de roseaux, et remue, en gémissant, la vase de ses eaux profondes. Les prêtres des religions cruelles demandent si de tels pressentiments n'annoncent pas que, par l'abolition des sacrifices humains, la terre de Saturne a été soustraite à une rançon légitime. L'illustre Carmenta parle d'expiations. Et cependant le ciel se prononce. Les dieux vieillis de la contrée se retirent pour faire place aux dieux de Pergame vaincu. Le dieu Terme

et Juventùs restent seuls immobiles; nulle puissance ne pourra les déplacer sur le Capitole. Voici
donc qu'Énée peut s'avancer sur le dos des mers,
apportant, d'une main, ses pénates fugitifs, de
l'autre, le glaive des combats. Le père de la race
romaine n'aura touché au rivage qui lui est donné
par les dieux, qu'après avoir fait verser les premières larmes de Carthage.

Évandre, dont le règne et la race vont finir,
Évandre n'aura pas en vain recueilli les enseignements de Thamyris. Le germe fécond s'en déve-
loppera successivement. C'est par ces instructions, restées vivantes, que la nymphe Égérie, à
son tour, inspirera Numa. Le génie d'une législation morale existe toujours avant d'être réalisé
par les lois, comme la pensée, avant d'être manifestée par la parole. Et qui sait si les livres sibyllins,
qui ne furent jamais consultés sans fruit, tant
qu'ils subsistèrent, qui sait s'ils n'étaient pas dépositaires des préceptes légués par Évandre?

Et toutefois souvenons-nous qu'Orphée, dans la
suite, fut honoré par une statue élevée sur une
des collines de Rome. Elle a subsisté plusieurs
siècles, en regard de celle de Prométhée.

Il nous reste maintenant à écouter les récits
initiateurs de Thamyris.

FIN DU LIVRE PREMIER.

ORPHÉE.

LIVRE DEUXIÈME.

EUTERPE.

EURYDICE.

Sur les bords du Pont-Euxin, nommé alors la mer des tempêtes, habitait, dans un asile enchanté, un personnage appartenant à l'ancien monde et au monde nouveau, et sur lequel la renommée a fait bien des récits divers. Quelquefois les peuples reculent, dans le ciel, l'origine des héros dont la gloire les éblouit; quelquefois aussi, ils font descendre jusqu'à eux les vies éclatantes vers lesquelles ils ne peuvent s'élever. Ils ont un besoin égal, ou d'expliquer les effets et les causes, ou de les enfoncer tout-à-fait dans la profondeur divine. Nul n'éprouva plus ces incertitudes de la renommée que le personnage mystérieux dont j'ai à vous entretenir, sage Évandre. Laissons les bruits profanes et vulgaires, pour nous occuper seulement de ceux qui sont consacrés par de plus hauts témoignages. On compte, dans les dyptiques sacrés, trois âges successifs de Titans: ceux du troisième âge furent les bienfaiteurs des hommes, et leurs premiers initiateurs. Nous le savons à présent, les initiateurs doivent se retirer lorsque les initiés sont en possession de la science. La race puissante des Titans a donc dû finir. La nouvelle initiation, celle par qui commence l'humanité, cette nouvelle initiation vient d'être confiée aux castes : nous voyons, sous nos yeux, se former les hiérarchies sociales. Les initiateurs actuels sont les patriciats sévères, devenus les Titans du monde civil, qui est le monde de l'humanité; et ces patriciats doivent disparaître à leur tour, car tout est enchaîné et progressif dans l'univers.

Un Titan du troisième âge avait survécu. Il fut long-temps à errer de contrées désertes en contrées désertes. Une femme appartenant à la même sphère de pensées et de puissance ne se rencontrant nulle part sur la terre, le mariage était interdit au Titan, et sa race devait inexorablement finir dans la solitude. Il ne put trouver de demeure fixe que lorsqu'il se fut opéré une transformation en lui, lorsqu'il eut consenti à reconnaître Jupiter roi du siècle qui vient d'être enfanté, lorsqu'enfin il voulut s'identifier aux institutions humaines naissantes, pour qu'elles se portassent héritières indépendantes des traditions et des enseignements primitifs. Comme Titan, il savait la nature intime de tous les êtres, et il ne dédaigna point la nature humaine. Son nom cosmogonique, perdu à jamais dans la nuit des temps, s'est changé en un nom opique, pour désigner la sphère nouvelle à laquelle il devait rester désormais associé; c'est ainsi qu'il est devenu Talaon. Alors seulement, il put habiter un lieu, et choisir une femme, pour couronner de fleurs sa verte vieillesse. Toutefois ses enfants ne sont point appelés à jouir d'une destinée complète, mais une fille seule naîtra de lui; encore ne sera-t-elle qu'une brillante apparition sur la terre.

Non loin de la retraite charmante qu'avait choisie Talaon, vivait également, dans la retraite, un mortel qui eut toutes les grandes pensées, tous les nobles sentiments, et qui est mort inconnu comme le lis de la vallée, ou comme la bruyère élégante qui abandonne aux vents de la montagne les suaves parfums de ses fleurs modestes. Ses aventures sont ignorées, mais on croit qu'il avait autrefois vécu dans une douce familiarité avec les sages de l'Inde. Cet intérêt si tendre qu'il portait aux animaux souffrants, et qui ressemblait à une compassion sympathique; cette sorte de confraternité qui paraissait unir son existence à de beaux arbres; ce goût si vif pour un ciel sans nuage, pour la verdure, l'eau et les fleurs : tout annonçait en lui les habitudes et les mœurs d'un autre climat. Son nom, qu'illustrèrent sans doute ses premières années, et que sans doute aussi avaient illustré ses aïeux, son nom même a péri.

On raconte que dans les jours de sa jeunesse, il avait senti les atteintes de l'amour, mais il les avait toujours repoussées. La raison d'une telle rigueur serait difficile à pénétrer. Quoi qu'il en soit, il était doué d'une ame forte et calme, et c'est dans elle qu'était tout son conseil. L'âge l'avait donc surpris seul. Alors il connut tout l'ennui de la solitude, et il eut le desir de se choisir une épouse, afin d'achever doucement le reste de sa vie. Cette épouse de son choix fut une prêtresse des religions farouches de l'ancien monde ; et son nom, qu'aucun poëte n'a chanté, n'a point survécu, non plus, à l'oubli.

Vola fut la fille admirable de ce couple ignoré. Ce nom, Évandre, a une signification que vous connaissez déja ; c'est le nom d'une forme sociale, de la cité primitive. Vola fut initiée aux religions terribles de sa mère, mais elle refusa d'en revêtir le sacerdoce.

Cette vierge modeste, belle, et qui avait des goûts austères, apprenant que Talaon cherchait une épouse, fit connaître qu'elle mettrait son bonheur à venir partager la retraite obscure du sage mythocrate. Un Dieu sans doute lui avait inspiré ce desir. Le père vénérable de la jeune

inspirée, qu'on croit avoir été un héros lycien,
se rendit auprès de Talaon. L'éclat de vos vertus,
lui dit-il, a séduit le cœur de ma fille Vola, et je
crois qu'elle sera pour vous la récompense d'une
vie exempte de tout reproche, si vous voulez l'accepter pour compagne de votre solitude. Étonné
d'un tel discours, Talaon voulut voir Vola. Il la
trouva belle comme la fille la plus belle d'un Titan. Pour l'éprouver, il lui montra ses cheveux
blanchis par l'âge. Nymphe sans égale, lui dit-il,
pourquoi veux-tu sacrifier à un vieillard les heures fortunées de ta brillante jeunesse. Vola, souriant avec une grace inexprimable, répondit: Je
ne sais qui tu es, mais je sais que tu es grand; ta
renommée, obscure pour tous, éclatante pour
moi; ta renommée est comme un manteau magnifique dont je voudrais me revêtir. J'envie ta
gloire ignorée, noble vieillard, et tes entretiens
feront toute ma joie. Ainsi donc, si tu ne me
trouves pas indigne de toi, je serai ton épouse
bien aimée. C'est moi, je le sens, c'est moi que
les destins nouveaux ont daigné choisir pour une
œuvre toute nouvelle. Quand je serais chargée
seulement d'acquitter envers toi les dieux que tu
as honorés, les hommes à qui tu as consacré les
travaux de ta forte intelligence; quand je devrais
faire seulement que la fin de ta vie sublime ressemble au soir d'un beau jour: une telle faveur

du ciel me suffit. Va, ne sois point effrayé de ma
jeunesse ; mon père m'a appris les pensées sérieuses, il m'a accoutumé à goûter les graves discours. Ma main n'est pas inhabile aux travaux de
mon sexe, et la poésie m'a révélé quelques uns de
ses secrets. Oui, lorsque tu me le permettras, lorsque ton esprit, lassé de hautes méditations, de-
mandera quelque repos, je viendrai m'asseoir à tes
pieds, et je ravirai ton ame par de charmants concerts. Telles furent les paroles de Vola ; et, dès ce
jour, elle devint l'heureuse épouse de Talaon.

Les dieux sourirent à cette union ; un an s'était
à peine écoulé, qu'une nymphe merveilleuse, destinée à d'immortels souvenirs, naquit dans la maison du sage. Elle fut nommée Eurydice, c'est-à-
dire, dans la langue maternelle, la fille de la vision,
parceque Vola reconnut l'enfant qui s'était offert
à elle dans un songe divin.

Ici Thamyris, saisi d'un enthousiasme poétique,
suspend son récit, et, prenant sa lyre, il se met à
chanter un roi détrôné et fugitif, qui, exilé de ses
antiques domaines, a pu créer une autre sorte de
royauté, a pu remplacer par d'autres clients ses
clients exterminés. Le chaos est apaisé. Les éléments, sortis de la confusion, deviennent dociles
à l'harmonie. Les limites de la propriété et des
héritages, marquées seulement dans le ciel, vont
se dessiner sur la terre. Les facultés humaines

entrent en partage de l'empire universel. Le vieux Titan, qui n'a plus à livrer une guerre terrible aux forces maintenant domptées de la nature, pourra égaler encore les héros de l'âge qui commence. Ni les Lapithes, ni les Centaures, ni les Telchines, ni les Cyclopes, ni les hardis navigateurs qui montèrent avec lui le navire Argo, ne le surpassèrent. Gloire au père d'Eurydice, de celle qui fut le vrai sourire de la bonté céleste. Viræ magnanimes du Latium, vous vous en alarmeriez en vain, Eurydice est le gage d'une vertu nouvelle, qui doit se développer successivement; cette vertu nouvelle est l'équité opposée à la force. L'isonomie, autre nom de l'équité, pénétrera graduellement au sein de toute ville, quel que soit son fondateur, qu'elle soit Vola, Oppidùm ou Asti. Dès que la lutte des éléments a été finie, la lutte des facultés humaines a dû commencer.

Après ce coup d'œil de l'inspiration jeté sur l'avenir, Thamyris reprit son récit en ces mots:

Il eût été difficile de trouver une beauté plus accomplie qu'Eurydice, lorsqu'elle fut parvenue à son quinzième printemps. Elle était la joie de son vieux père et de sa mère vertueuse; ils plaçaient l'un et l'autre sur elle leurs plus douces espérances, moins à cause de sa forme extérieure, qu'à cause de ses généreux sentiments. Ils n'ignoraient cependant pas que la beauté est une chose

toute morale, et que c'est là son attrait le plus
puissant, la raison de son véritable empire sur
les cœurs. Il n'en a pas toujours été ainsi. Les
dieux, vénérable Évandre, qui voulaient la perpétuité de notre race, destinée à se perfectionner
elle-même, donnèrent d'abord à l'homme des sens
grossiers, suffisants pour accomplir ce dessein
de la Providence divine. Oui, il ne faut pas craindre de l'avouer, avant la naissance du monde
civil, avant le règne des lois, nos ancêtres dispersés, au hasard, sur la surface de la terre non cul-
tivée, durent être presque réduits à la vile condition des animaux, condition malheureuse où ils
ne pouvaient pas rester long-temps. Le moment
est donc venu d'initier la race humaine au sentiment de la beauté et de la pudeur, initiation admirable à laquelle Eurydice doit bientôt contribuer. Eurydice, en effet, sera, pour la Pelasgie
barbare, la prophétesse intacte de l'amour chaste
et religieux. On ne sait quel avenir de prodiges
était déja sur le front ingénu de la jeune fille: ses
songes lui révélaient une autre terre et d'autres
cieux. Élevée, pour ainsi dire, sur les genoux de
sa mère, elle recelait, dans son sein, tous les enchantements de la poésie. Son berceau avait été
placé parmi des fleurs, et son oreille n'avait encore connu que des sons harmonieux. Mais Talaon voulut faire comprendre à sa fille que l'hom-

me ne repose pas toujours sur une couche molle
et embaumée, que son oreille n'est point faite
seulement pour le charme de la musique; il voulut lui apprendre enfin que la vie n'est pas un
rêve sans terreur. Lorsqu'il voyait un violent
orage menacer la nature, il prenait Eurydice dans
ses bras, et la conduisait sur les arides sommets
du Gargare; ou bien il gravissait avec elle un rocher qui dominait sur la mer retentissante. Là, il
lui montrait les vagues mutinées, qui s'élevaient
comme des montagnes. Eurydice s'inclinait avec
effroi, et cachait son charmant visage dans les plis
du manteau de son père. Talaon souriait en voyant
la terreur naïve de sa fille chérie. Il la contemplait
avec une sorte de ravissement, enveloppée ainsi
dans les plis de son manteau; et, la serrant doucement contre sa poitrine, il baisait avec tendresse
le front pur de la vierge innocente. Eurydice, lui
disait-il, ces orages et ces tempêtes, qui bou!ever-
sent les éléments, sont une image, et une image
affaiblie de ceux qui agitent quelquefois le cœur
de l'homme. De telles paroles étonnaient et épou-
vantaient la nymphe incomparable; un jour elle
les comprendra, mais elle ne les comprendra qu'à
demi.

Eh quoi! le sage Titan n'aura-t-il rien de plus à
apprendre à sa fille? Je le sens, vénérable Évandre, vous ne pouvez savoir encore et ce qu'est Ta-

laon, et ce que sera Eurydice, et ce qu'Orphée lui-
même sera un jour. Vous ne pouvez savoir ce que
l'humanité leur devra. Eussiez-vous donc voulu
que le Titan vînt raconter à une jeune nymphe
l'histoire de l'ancien monde, la lutte des éléments,
les contrées habitables sortant peu à peu du chaos,
comme des îles qui s'élèveraient du sein des tempêtes? Ah! si les destins eussent consenti à ce
qu'un fils dût lui succéder, sans doute il aurait
préparé d'une façon toute différente l'ame d'un
fort. Mais je vous l'ai déja dit, la race des Titans est
finie; nul fils n'héritera des facultés éminentes de
Talaon; et sa fille, doux reflet de si hautes facultés, n'aura rien à accomplir par elle-même.

Cependant Talaon et Vola, plongés à cet égard
dans la même ignorance que vous, en ce moment,
n'étaient point sans inquiétude sur le sort futur
de leur fille chérie. Au sein de cette solitude
profonde, ils ne pouvaient concevoir l'espérance
de lui voir former des liens qui dussent assurer
à jamais son bonheur. Leur demeure était rarement visitée, et ce n'était, le plus souvent, que
par des hommes obscurs, voyageurs égarés, qui
venaient implorer l'hospitalité, ou, pêcheurs indigents, qui manquaient de subsistance. Hélas!
disaient souvent les deux époux, notre fille ne
connaîtra-t-elle jamais une félicité semblable à
celle dont nous avons joui ensemble? Ne trou-

vera-t-elle jamais un époux selon son cœur? Ne
verra-t-elle jamais des enfants se jouer autour
d'elle? Une grande puissance d'aimer repose dans
son ame déja sérieuse. Déja, en effet, elle se plaît
moins à tresser en guirlandes les fleurs des prairies. Déja, elle prend plus rarement sa harpe, ou
bien elle la quitte pour se livrer à de vagues
pensées. Elle écoute plus long-temps le murmure
du ruisseau, et le souffle du vent qui agite les
feuilles des arbres. Nous la surprenons toujours
égarant vers le ciel de longs regards qui semblent
chercher l'infini; elle rêve quelque chose d'inconnu et de mystérieux. Mais, il ne faut pas nous
le dissimuler, Eurydice est d'une nature trop
élevée, pour qu'il soit facile de lui trouver un
époux digne de la protéger, digne de connaître
toute son ame, digne d'être tout pour elle. Plusieurs princes, se disaient-ils encore, se tien-
draient peut-être honorés de notre alliance; mais
parmi les enfants nombreux qui croissent à l'ombre du chêne majestueux d'Assaracus, il n'en est
point à qui nous voulussions confier de si chères
destinées. D'ailleurs cette grande renommée n'est
point assez pure, et de trop justes malheurs viendront, sans doute, bientôt assaillir et jeter sur la
terre cet arbre qui nous paraît si puissamment
enraciné dans le sol. La fille d'un roi dont le règne
est fini, trouverait un bien frêle appui dans le

fils d'un roi dont le règne va finir. Ah! les jours
où toutes les destinées se renouvellent sont des
jours bien cruels! La douleur est la loi progressive
de l'univers.

Ainsi parlaient entre eux les deux époux, et ils
se détournaient pour pleurer, lorsqu'ils considé-
raient Eurydice. Ma fille, lui disaient-ils quelquefois, ouvre-nous ton cœur, avoue tes secrètes
pensées et les desirs que tu formes. Je ne forme
aucun desir, répondait la vierge innocente, et je
n'ai point de secrète pensée. La jeune fille croyait
dire la vérité, et cependant elle pleurait comme
ses parents vertueux. Elle pleurait, toute étonnée
de sentir en elle quelque chose qui ressemblait à
la tristesse de la solitude. Elle ne pouvait s'avouer
que ses parents ne lui suffisaient plus. Mais sur-
tout une faculté prophétique, qui s'éveillait obs-
curément en elle, venait aussi troubler tous les
enchantements du premier âge, toutes les fêtes
les plus riantes d'une jeune imagination. Alors le
triste pressentiment d'une mission dure à accomplir l'agitait profondément.

Un jour Talaon et Eurydice erraient au hasard
non loin de leur demeure. Ils s'étaient arrêtés sur
la pointe d'un rocher battu par les vagues menaçantes. Le ciel tout-à-coup se couvrit de nuages.
Une nuit anticipée s'étendit sur les eaux; et, du
sein de cette nuit, sortaient des éclairs terribles;

à la lueur sinistre de météores affreux, ils virent un frêle esquif balotté sur l'abyme mugissant. Dieux immortels! dans l'esquif si misérablement perdu parmi les flots en courroux, sauverez-vous ce mortel intrépide, qui seul lutte contre la tempête? Talaon, d'une voix forte, appela ses serviteurs, et se fit apporter des torches de pins résineux. Il mit aussitôt le feu à un chêne touffu qui dominait sur le rivage, arbre antique, retraite accoutumée de mille oiseaux divers, arbre sacré, fatidique comme ceux de Dodone, et que le Titan affectionnait entre tous les autres. Ainsi le vieillard obéit, contre son gré, à une soudaine inspiration : l'arbre condamné par le destin ne rendra plus les oracles de l'ancien monde; l'homme nouveau échappera au naufrage. Bientôt le chêne embrasé, pétillant avec un murmure tout semblable à des voix tumultueuses, jette au loin une grande lumière; et l'infortuné, qui était suspendu sur tant de gouffres prêts à l'engloutir, put diriger ses efforts du côté de la clarté secourable. En effet, l'esquif approchait; il roulait, se précipitant de vague en vague, et criait dans ses ais désunis. On put distinguer alors la noble figure d'un jeune héros qui agitait avec force et calme ses rames à demi brisées. Son ame, restée paisible au milieu de ce redoutable chaos, son ame semblait dominer les éléments, et commander aux flots. Une lyre était à ses pieds. Enfin la tempête s'apaise, et, en quelques instants, l'étranger courageux touche au rivage. Du geste, il salue le vieillard vénérable qui avait dirigé sa course sur la mer orageuse, et, prenant sa lyre, il l'offre en souriant à Eurydice mille fois émue. Avant de quitter la barque rompue par la violence des vagues, il veut mériter le don de l'hospitalité.

Eurydice, qui avait passé par toutes les anxiétés de l'inquiétude, et qui était à peine rassurée, laisse tomber un doux regard sur le hardi navigateur, tout éclatant de jeunesse et de beauté. Lui, sans autre émotion que l'inspiration poétique qui gonfle sa poitrine généreuse, qui enflamme tous ses sens, qui est son ame et sa vie, il promène avec rapidité ses doigts sur sa lyre divine, et en fait sortir des sons ravissants, des flots d'harmonie. Il semble, en quelque sorte, ajouter à la tranquillité des vagues, qui viennent d'être rendues au calme.

Puissance infinie qui gouvernes le monde, chante le vainqueur de la tempête, amour qui fécondas le chaos des éléments, amour qui fécondes le chaos de l'humanité, recevez, avant tout, ma prière! Les sept cordes primitives de la lyre sont pour les hymnes de la reconnaissance envers les dieux immortels; deux cordes ajoutées sont pour les lois des sociétés humaines, lois qui doivent être consonnantes aux accords des sphères célestes. Que toutes soient ébranlées à-la-fois! Salut, rivage hospitalier! Salut, vieillard auguste qui m'as sauvé d'un naufrage certain! car mes forces étaient épuisées, et j'allais périr sans le chêne embrasé qui m'a montré un asile. Salut, vierge merveilleuse, qui m'es apparue comme une divinité dans un nuage de feu, comme une divinité bienfaisante qui veillait sur moi! Mais, ô vieillard auguste, et vous, vierge merveilleuse, savez-vous celui que vous venez d'arracher à la mort? Je suis un malheureux, sans demeure et sans patrie. Je ne puis cueillir les fruits d'aucun arbre, et dire: Ces fruits sont à moi. Je ne puis enclore le plus petit espace de terre, et dire : Ce champ m'appartient; c'est là que sera mon tombeau. Je suis comme les animaux sauvages; je n'ai d'autre jardin que les forêts inhabitées; la solitude est mon domaine, le ciel est mon pavillon. Encore, des hommes, mes semblables, ont-ils voulu m'arracher la vie? N'y avait-il pas assez de place, pour eux et pour moi, sous le soleil? Mon seul refuge a donc été la mer orageuse. Ma route, tracée dans le firmament, tout-à-coup s'est obscurcie; et la tempête m'a secouru. On me nomme Orphée; je n'ai connu jamais ni le père qui m'engendra, ni la mère qui me donna le jour. Si je puis en croire les songes qui se rapportent à mon enfance, j'ai été trouvé dans les bocages sacrés de Rhéa. Les abeilles de la Piérie me nourrirent de leur miel, qu'elles venaient déposer sur mes lèvres. Plus tard, d'autres songes m'ont révélé que j'étais né dans les déserts de la Scythie. Non, je ne sais rien sur ma naissance; je ne sais si c'est le sang d'un Scythe barbare ou d'une glorieuse divinité, qui coule dans mes veines. Quoi qu'il en soit, cette lyre fut mon seul héritage, et c'est la lyre qui civilise les hommes. J'ai cru à l'instinct qui était en moi, j'ai cru à la puissance fatidique de ma lyre, et j'ai été également trompé par mon génie et par ma lyre. Jusqu'à présent, je n'ai trouvé que des hommes entraînés par une puissance ennemie à refuser les bienfaits de la civilisation, des hommes qui, dédaignant l'harmonie, préfèrent la nourriture grossière du chêne au blé, aliment nouveau que je venais leur offrir. Ils ne veulent ni de la religion des tombeaux, ni de la sainteté des mariages. Vieillard auguste, j'en dirais davantage, sans la vierge innocente qui est à vos côtés. Ces hommes indomptables sont sortis de leurs forêts pour briser ma lyre, pour m'immoler sur l'autel de divinités sans nom. Et je dois marcher désarmé au milieu des hommes, puisque mon père m'est inconnu. Puissance infinie, qui gouvernes le monde, amour qui fécondas le chaos des éléments, amour qui fécondes le chaos de l'huma-

nité, recevez avant tout ma prière! Les sept
cordes primitives sont pour les hymnes de la reconnaissance envers les dieux immortels; deux
cordes ajoutées sont pour les lois des sociétés humaines, lois qui doivent être consonnantes aux
accords des sphères célestes. Que toutes soient
ébranlées à-la-fois!

Ainsi chanta Orphée; et le vieillard, qui fut un
Titan, toujours appuyé sur Eurydice, encouragea
d'un signe le chantre mélodieux. Aussitôt, tenant
sa lyre dans ses mains, il sauta légèrement sur le
rivage. Talaon et sa fille le conduisirent dans leur
demeure, où il fut accueilli avec une douce cor-
dialité par Vola, belle et irréprochable épouse.

Vénérable Évandre, ne soyez point étonné si
les coutumes ordinaires de l'hospitalité n'ont pas
été exactement accomplies dans cette circonstance.
Une aventure d'un genre tout-à-fait merveilleux
pouvait-elle être soumise aux lois qui règlent
toutes les communications des hommes entre
eux? Ce sont ici des apparitions, et non des
voyages et des rencontres. Les Muses seules sauraient bien raconter de telles histoires; seules
elles sauraient les bien entendre: il faudrait donc
être également inspiré par elles, et pour écouter,
et pour dire.

Orphée demeurait inconnu à ses hôtes. Il aimait à errer au loin dans la solitude, et rarement

il se trouvait avec le vieillard. Talaon, assouplis-
sant sa voix austère, lui disait : Noble étranger,
serais-tu donc soumis à la loi du silence? non,
répondait Orphée, je ne suis point soumis à la loi
du silence; mais je n'ai que des pensées confuses
auxquelles je puis difficilement donner de la réalité, et sur-tout la réalité de la parole. Je ne sais
d'ailleurs, père auguste, si vous et moi sommes
nés dans la même sphère d'idées et de sentiments ;
et ma bouche se refuse à tout langage qui n'est
pas le vêtement même de la pensée. Vieillard, si
je vous disais ce qui se passe en moi, vous me re-
garderiez peut-être comme un insensé. Toutefois, j'ai conçu un dessein que je dois exécuter
avant toutes choses. Le génie des ancêtres habite
le promontoire de Leucade. Celui qui ignore à
quel père il doit le jour, et qui est animé du
vif desir de le connaître, afin de pouvoir transmettre des facultés transmissible elles-mêmes, celui qui veut avoir à-la-fois des ancêtres, un tombeau, une postérité, celui-là, après avoir observé
les cérémonies prescrites, se précipite du haut du
promontoire dans la mer. Ou son ame éphémère
s'éteint dans les flots, ou le père immortel, qui vit
en lui, sauve une race impérissable, en révélant
le nom de l'auteur primitif. Un simple mortel ne
doit pas craindre d'affronter une telle épreuve,
puisqu'il est des dieux, dit-on, qui n'ont pas dé-

daigné de la subir. C'est ainsi que plusieurs ont conquis une place dans le ciel, et je ne veux en conquérir une que sur la terre.

Ton ame, dit Talaon, n'est point de celles qui s'éteignent dans l'eau; car elle n'est pas de ces ames vulgaires qui, semblables au sel, sont destinées seulement à garantir de la dissolution le corps dont elles sont la vie incomplète; ton ame est une flamme éthérée descendue de Sphaïros, et qui ne peut mourir. Je t'ai entendu te plaindre aussi de ce que tu n'as point une portion de terre identifiée avec toi. Apprends, Orphée, que la lyre est le signe incommunicable de la propriété aux confins célestes, type et gage de la propriété aux confins terrestres. Ainsi tu es doué de la propriété éminente, sans laquelle l'autre n'existerait pas. C'est donc l'ame d'un Ops qui vit en toi. De Titan je suis devenu héros; toi, tu ne veux pas de héros devenir plébéien?

Y aurait-il donc deux sortes de vies, disait Orphée, y aurait-il donc deux sortes de vies pour la race extérieurement semblable des hommes; l'une passagère et périssable comme toutes les productions de la nature, l'autre immortelle comme le feu de Vesta?

Oui, répondait Talaon, et même ı y a deux sortes de vies parmi les quadrupèdes et parmi les oiseaux: c'est sur cette différence qu'est fondée toute la science des sacrifices et de l'augurat.

Des paroles si extraordinaires excitaient profondément l'attention d'Orphée, qui, sans doute, les trouvait peu d'accord avec ses propres inspirations. Dès-lors il fut porté à rechercher moins curieusement quel fut son père. Il voulut rester un héros, mais un héros initiateur, revêtu d'un sacerdoce miséricordieux et progressif.

Cependant le réfugié des tempêtes ne pouvait s'empêcher de trouver bien longues les paisibles journées qu'il passait dans cet asile solitaire. Le temps pesait de toute sa durée sur chacune de ses pensées, qu'il n'osait dévoiler à son hôte, personnage si mystérieux lui-même; le temps pesait de toute sa durée sur chacune, car toutes n'avaient d'autre limite que l'infini; et sa lyre, symbole et gage de la propriété aux confins célestes, sa lyre fatidique, devenue impuissante à prophétiser, pendait inutile sur sa large poitrine, ou demeurait muette dans ses mains oisives. Il s'accoutumait néanmoins peu à peu à goûter la société du vieillard et de son incomparable épouse; et ses regards distraits commençaient à s'arrêter avec quelque émotion sur Eurydice : plus souvent elle lui apparaissait comme un beau songe impossible à saisir. Mais il éprouvait toute l'inquiétude d'une existence qui semblait flotter sur un abyme. Les dieux avaient placé dans son cœur généreux la

magnanime ambition de faire du bien à tous ses
semblables, et il avait peine à reconnaître deux
natures humaines, de répandre chez les peuples
barbares les bienfaits de la civilisation; et le mot
barbare ne renfermait point, pour lui, une idée
de mépris ou de dédain. Il savait bien qu'une
telle expression désigne aussi les origines insaisissables et sacrées. Portant, avec un chagrin superbe, le long ennui d'être sans famille, de n'a-
voir point de patrie connue, il voulait se créer
une famille adoptive, et faire sortir de sa propre
intelligence une patrie. Il se croyait né avec toute
l'autorité d'un législateur, cette force de volonté
qui finit par maîtriser les volontés les plus rebel-
les, l'influence qui agit inévitablement sur tous,
l'heureuse fascination qui s'approprie et réunit les
forces isolées. Enfin il se croyait appelé à créer les
irrésistibles harmonies qui groupent les hommes,
qui font d'un grand nombre une seule unité morale. Quelquefois son ame était partagée entre
de hautes théories et le sentiment confus du bonheur, qui se mêle toujours, plus ou moins, dans
le cœur des mortels les plus sublimes. Il se demandait s'il ne pouvait pas, sans erreur, chercher à être
heureux, en rendant heureuse une aimable compagne de ses destinées obscures. Il se demandait
encore si cette faculté expansive, qui le portait
ainsi à vivre dans les autres, ne pouvait pas se

concentrer sur un seul objet. Il en venait bientôt
à se persuader que le besoin de bien mériter des
hommes n'était peut-être en lui autre chose que
l'instinct égaré de l'amour.

Il ne faut point vous étonner, sage Évandre,
de cette incertitude dans les pensées qui agitent
l'ame d'Orphée. C'est un homme nouveau, qui ne
peut dire le nom de son père; c'est un héros plébéien. Bientôt il voudra s'élever plus haut, pour
découvrir, dans le ciel, le dieu qui doit succéder
à Jupiter. Jupiter, dieu opique, a remplacé Saturne, dieu des Titans; Bacchus, brillant Phanès
du principe actif rendu accessible à tous, dieu inconnu de l'émancipation plébéienne, viendra, à
son tour, détrôner les redoutables patriciats à qui,
selon les lois immuables du progrès, a été livré
l'empire pacifié des Titans.

Se retirant au fond des forêts, ou sur les bords
de la mer, pour ne pas succomber à de si vastes
méditations, le poëte pieux essayait sur sa lyre
créatrice et plaintive de plus puissants accords;
et son ame rêveuse se perdait sans fruit dans
l'immensité du spectacle de la nature. Seul, il
cherchait les rapports des êtres entre eux, les lois
de la Providence, les types de la beauté, le secret
de l'homme. Ainsi la pensée incertaine qui s'était,
à son insu, reposée sur Eurydice, devenait déja
pour lui le lien harmonieux de toutes ses pen-

sées. Lorsqu'il le comprit, ce fut comme une révélation positive de tout ce qu'il n'avait jusqu'alors senti que confusément. Toutefois il craignait de s'abandonner à une illusion dangereuse, et le devoir qu'il s'était fait à lui-même poussait, au fond de sa conscience, un cri austère. Hélas! disait-il non sans douleur, qu'ai-je à offrir à la fille de Talaon? une vie vulgaire et l'exil. Ah! soyons seul malheureux.

Cependant il s'était aperçu qu'Eurydice avait deviné un secret qu'il s'efforçait de cacher dans son sein: tant il était impossible de se soustraire à ces attraits d'une sympathie en quelque sorte idéale, charme indicible de l'imagination et du cœur, devenue la forme enchanteresse dont veulent se couvrir les destinées nouvelles de l'humanité. Lorsque avec sa lyre Orphée accompagnait la douce voix de la vierge innocente, les chants d'Eurydice prenaient une expression divine, et l'ame de l'un et de l'autre, ne faisant qu'une ame, s'égarait éperdue comme dans une région fantastique, toute peuplée de contemplations délicieuses. Il disait alors à la prophétesse, qui s'ignorait elle-même : Vois ces nuages sur l'azur du ciel; telles sont les pensées incertaines de l'homme. Vois ton image si belle, souriant dans le cristal des fontaines; les espérances de l'homme sont aussi aimables, mais elles n'ont pas plus de réalité. Eurydice lui répondait en soupirant : N'es-tu donc plus sensible à la lumière d'un beau jour, à la clarté de la lune se reposant sur le feuillage des arbres? Ton oreille ne sait donc plus connaître les heures successives de la journée à l'impression différente produite par les sons qui s'échappent de la solitude? Les parfums de l'air ne te font-ils aucun plaisir, et les aliments que tu trouves avec nous, sur notre table frugale, ont-ils perdu toute leur saveur? Que parles-tu d'espérances vaines et trompeuses à l'égal de l'image réfléchie dans l'eau des fontaines, de pensées aussi fugitives que les nuages errants sur nos têtes? Tu te trompes, Orphée; tout se passe au fond de notre cœur; et c'est notre cœur seul qui donne à tout l'existence et la réalité. Et l'avenir! disait-il avec une inquiétude pleine d'amour et de tristesse, l'avenir est-il aussi en nous? Oui, répliquait, en hésitant, la vierge inspirée, éblouie de mille clartés confuses, oui, puisqu'à tous les instants de notre vie nous sommes mus par une ame immortelle. Puis ils restaient plongés l'un et l'autre dans le silence.

Éclairé par de tels entretiens, Orphée comprit qu'il devait quitter la maison de Talaon. Ne pouvant offrir à Eurydice tout ce qu'un époux desire offrir à l'épouse de son choix, il voulut partir malgré les dangers dont ce départ devait encore l'environner. Ce n'est point pour tenter l'épreuve de

Leucade : il s'est intimément associé à la classe immense de ceux pour qui n'existe pas encore la capacité du bien et du mal, des mortels qu'il faut élever au rang des hommes; mais son cœur généreux se refuse, en même temps, à faire partager une telle destinée à Eurydice. Il parle ainsi au sage Titan qui l'a si favorablement accueilli, et dont il ne voudrait pas trahir les plus chers intérêts : Noble vieillard, les dieux auraient-ils placé vainement dans mon ame un desir immense d'arracher des hordes sauvages à la barbarie où je les vois enfoncées comme dans un limon? Pallas armée, moitié serpent, est le symbole admirable de l'humanité naissante. Elle est accompagnée des Dioscures, enfants de Jupiter, et elle joue de la flûte. Lorsque le développement de l'humanité sera plus avancé, alors cette moitié de serpent, qui rampe à 'présent sur la terre féconde, marchera dans sa dignité et son indépendance. C'est en vain que des Titans jaloux ont voulu arracher le cœur de la forte poitrine de Bacchus; et le cœur est le siège de l'ame civile. Je n'ai recueilli, il est vrai, aucun fruit de mes premières tentatives; mais à quoi servirait le courage, si l'on n'avait à agir que dans la voie facile du succès? Je veux aller dans la savante Égypte : là j'apprendrai toutes les hautes merveilles de la morale et de la poésie; là j'apprendrai la nature différente des ames, si toute-

fois il y a une nature différente des ames; et je
me ferai initier aux mystères d'Isis, saints mystères où la pensée humaine cherche à s'unir avec la
pensée divine. C'est là, dans cette terre heureuse,
qu'habite le génie religieux de la civilisation.

Tu es bien jeune encore, dit le vieillard, pour
de si hardis desseins. Néanmoins, je ne puis te
blâmer; je le sais, les dieux mettent en nous la
connaissance anticipée des choses que nous devons accomplir, ou qu'ils veulent accomplir par
nous. Mais la saison est peu favorable, les tristes
hyades régnent dans le ciel; attends que la lune
ait renouvelé deux fois son croissant. Non, répond
le poëte, je partirai demain. Je t'ai compris, reprend Talaon: cette portion de l'ame universelle, qu'on nomme l'amour, à tes yeux, fait briller Eurydice d'un doux éclat, et tu veux fuir pour
ne pas jeter le trouble dans le cœur de la vierge
innocente. Mais, si je ne me trompe, déja elle
aime autant qu'elle peut aimer. Ainsi, demeure
avec nous jusqu'à ce que la saison des orages
soit passée. Pourquoi voudrais-tu bannir l'amour
de ton cœur? Hélas! dit Orphée, je n'ai rien à offrir à Eurydice, sinon toutes les peines de l'exil,
et peut-être les vains pressentiments de je ne
sais quelle gloire, dont je crains qu'elle-même ne
soit séduite. Et, après la saison des orages, comme
à présent, je n'aurai rien à offrir à Eurydice.

Ne t'inquiète point, répond le vieillard; va, ce
n'est pas Talaon qui te conseillera une vie oi-
sive, quand les dieux ont mis en toi de généreux
desseins. Eurydice, si tu le veux, sera ton épouse,
et te suivra par-tout où tu porteras tes pas errants.
Elle habitera avec toi la solitude; elle marchera
avec toi sous le soleil; le ciel sera votre pavillon à
tous les deux. Mais attends que la saison des orages
soit passée. Dieux! s'écrie Orphée, qui peut croire
à peine ce qu'il entend, dieux! et votre Eurydice,
où reposera-t-elle sa tête? Sur ton sein, dit le magnanime vieillard.

Orphée mit son front dans ses mains, et des
larmes abondantes coulaient le long de ses joues:
il sentit en même temps une joie inexprimable et
une anxiété terrible. Pour la première fois, il
connut la faiblesse; et, caressant avec respect le
menton et la barbe de Talaon, il lui demandait
grace pour sa fille bien-aimée; il le conjurait de
prendre pitié de son unique enfant, de ne pas livrer aux aquilons une fleur si tendre et si belle.
Le vieillard attendri presse avec bonté, contre sa
poitrine, le fils de la lyre, et lui dit: Tu ne connais donc pas la puissance de l'amour sur un cœur
innocent et pur? Lorsque, enveloppée de sa chaste
ignorance, la vierge a conçu la grande pensée
d'aimer, elle ne peut plus se séparer de cette pensée, devenue la seule, devenue celle qui absorbe

toutes les autres. Désormais la vie d'Eurydice est
ta propre vie; tes projets seront ses projets, tes
vertus seront ses vertus, tes dangers, noble héros,
seront ses dangers. Et sa mère? dit, à voix basse,
Orphée suffoqué de sanglots. Sa mère! reprend
Talaon; éclairée par le sentiment maternel et par
l'expérience des choses du cœur, elle vous a, sans
doute, connus l'un et l'autre avant que vous vous
connussiez vous-mêmes; elle préférera le bonheur de sa fille au sien; le bonheur de sa fille, car
il ne peut se trouver qu'avec toi.

Après un moment de silence, le vieillard, prêtre et prophète d'une religion inconnue, ajouta
ces mots: Orphée, nous avons été assez faibles,
relevons nos courages. J'aurais à te peindre, à
présent, la noblesse et la rigueur des destinées
humaines; j'aurais à te parler de cette lutte sans
fin que nous sommes obligés de soutenir, tantôt
contre les éléments, tantôt contre nos semblables,
tantôt contre nous-mêmes. Orphée, ce n'est point
un travail doux et facile que celui de réunir les
mortels épars, pour en faire des hommes par la
société, que de leur imposer le joug salutaire de
l'ordre et des lois. J'aurais à te dire les traditions
cosmogoniques sur lesquelles reposent le mariage
et la propriété. J'aurais à te signaler, en même
temps, la puissance paternelle, origine et symbole
de toute puissance. Et sur-tout, j'aurais à t'expli-

quer ce qu'est Eurydice pour Orphée. Il nous
reste si peu de jours; que ces jours ne soient
point perdus!

Orphée, s'inclinant avec respect, dit seulement:
Vieillard auguste, je me confie en votre sagesse
et en votre prudence; je le sais, vous connaissez
des oracles que j'ignore.

Vous commencez, sans doute, à comprendre,
fils de la Thyade devenue vira magnanime, vous
commencez à comprendre combien la Providence
des dieux s'occupe des personnages qu'elle destine
à une grande mission. Vous-même, vénérable
Évandre, n'en êtes-vous pas une preuve certaine?
Ce sont, par-dessus tout, les facultés de sympathie qui sont développées dans ces êtres de
choix; car c'est par l'assentiment qu'ils doivent
gouverner les esprits. Vous le savez, Évandre,
nul ne peut être élevé dans l'initiation malgré lui;
et la loi de l'asile, tout exigeante, toute rigoureuse qu'elle pourrait être, n'impose aucune con-
trainte à celui qui en réclame le bienfait. Enfin,
nul ne peut s'élever dans les hiérarchies sociales
s'il ne l'a d'abord demandé, et ensuite mérité.
Cette loi est celle des races, des castes, des classes.

Dès que Vola eut connu l'entretien de Talaon
et d'Orphée, elle versa des larmes amères. Elle
s'étonna de ce que son époux, qui fut un austère
Titan, avait si vite oublié ce que l'on doit au génie

des races; de ce qu'il livrait sa fille à un mortel qui ne pouvait nommer son père, ni parmi les dieux ni parmi les hommes. Elle interrogea, pour la dernière fois, les oracles des religions terribles, mais ces oracles se turent. Dès-lors elle résolut de n'apporter aucun obstacle à la volonté de son époux. Elle ne considérait plus sa fille qu'avec douleur, et Eurydice elle-même ne jouissait qu'avec trouble des embrassements de sa mère, de ces embrassements devenus de douloureuses étreintes, parcequ'ils semblaient toujours devoir être les derniers.

Le courage élevé du vieillard ne le mettait pas à l'abri de toute inquiétude. Son front calme déguisait des soucis cuisants. Sans doute une raison, qui est restée mystérieuse, dirigeait sa conduite. Lorsqu'il était seul avec Orphée, il cherchait à pénétrer dans les profondeurs de cette ame formée pour de si grandes choses; il cherchait à y pénétrer par les analogies de ses propres pensées, par l'identité de ses propres sentiments. Orphée, lui disait-il un jour, je ne sais quel secret est dans ton nom; c'est comme un secret de mort. Tu as appris à me connaître, poëte inspiré, et tu dois savoir que je ne suis point de ces mortels pusillanimes qui reculent devant le malheur; mais je suis père, et j'ai besoin de m'éclairer sur l'avenir de ma fille. Dis-moi tout ce que tu sais de ton origine; peut-être parviendrons-nous à expliquer ce qu'il y a d'obscur dans tes destinées. J'ai cru lire sur ton front le sacré caractère dont les dieux marquent ceux qui sont nés pour commander aux hommes, pour leur donner des lois, pour fonder parmi eux des institutions durables. La lyre est la propriété aux confins célestes; les cordes de la lyre sont les lois religieuses et civiles; le serment par la corde de la lyre lie les hommes entre eux, et les lie à la divinité. Les traits de ton visage portent tous l'empreinte d'une race divine.

O mon père, dit Orphée, car je n'ai point d'autre père que vous, je vous l'ai déja fait connaître; j'ignore entièrement ce que vous me demandez; je ne sais pas même le lieu de ma naissance; et ce n'est pas sans une vive douleur que j'en fais l'aveu; l'homme aime à se glorifier de ses ancêtres. J'ai renoncé volontairement, vous le savez, à consulter la voix de Leucade; je n'ai pas voulu me séparer de la grande famille qui est encore sans aïeux, et à qui je viens promettre une postérité. Prométhée souffrit d'immenses douleurs pour avoir donné aux mortels la capacité du bien et du mal. Quoique je ne sois pas un Titan, j'ose braver ce danger. Le sang qui coule dans mes veines est-il la cause inconnue de ce courage, ou bien est-ce le génie tout seul de la poésie qui trouble tous mes sens? Enfin j'ai remarqué comme vous, il-

lustre vieillard, ce mystère d'abandon et de délaissement qui repose dans mon nom, dans ce nom
que j'ai entendu résonner autour de moi sitôt que
j'ai pu entendre, et qui ne m'a été imposé ni par
un père chéri ni par une mère adorée. Cette
signification privative n'est peut-être due qu'au
dénuement de mon enfance; mais peut-être aussi
est-elle une triste prophétie du peu qu'il me sera
donné d'accomplir. Je crains souvent, je l'avoue,
que ma destinée tout entière ne puisse se développer, et que ce ne soit là le triste mystère que
nous cherchons mal-à-propos à pénétrer. Mais, s'il
faut vous dire ma pensée, ô mon père, le nom
d'Eurydice doit nous rassurer tous les deux. Eurydice sera sans doute, pour Orphée, la vision
merveilleuse qui désormais éclairera toute ma
vie. Sans elle, ce qui doit me distinguer des autres hommes n'eût jamais pu être réalisé.

Le vieillard sourit à un tel présage, qui aurait
été bien loin de satisfaire à sa prudence, si, d'ailleurs, il n'eût pas eu d'autres inspirations; puis il
parla, en ces mots, au poëte divin :

Les dieux ne nous doivent aucun compte des
présages qu'ils nous envoient, ou qu'ils font naître
en nous. Qu'Eurydice soit donc pour le délaissé
la fille de la vision, le songe vivant de Jupiter.
Sans elle, je le veux, tu ne serais qu'un flambeau
éteint; eh bien! avec elle, puisses-tu être un flambeau éclatant pour le monde! Par toi, tu as la pro-

priété aux confins célestes; par elle, tu auras un
père, puisqu'elle en a un. Ton nom désormais si-
gnifiera aussi lumière et guérison; et le sien voudra dire justice, mais justice dans un sens étendu,
dans le sens opposé au droit qui s'explique seulement par la force; car le Jupiter qui opprima
Prométhée n'est autre chose que la force. Ainsi
vous ferez pénétrer dans le monde d'abord l'isopolitie et ensuite l'isonomie. Orphée, souffre encore
une question de ma part. En écoutant la voix
intime qui te porte à faire du bien aux hommes,
as-tu mûri les conseils secrets de ce dieu qui est
en toi?

Non, dit Orphée, je n'ai point mûri par la réflexion les conseils secrets de ce dieu qui repose
en moi; car ces conseils ressemblent à des ordres,
et il ne me reste qu'à agir. Écoute, à ton tour, ô
mon père, écoute le récit de ma première inspiration. La lyre a toujours réveillé dans mon ame
mille idées confuses, que, dans mon enfance merveilleuse, je n'avais point la force de saisir et d'embrasser. N'y a-t-il pas une voix dans les choses?
Ces nuages errants sur nos têtes, lorsqu'ils nous
cachent la vue des astres, nous les représentent
encore par leurs vives couleurs. Nos langues sont-
elles un reflet de la pensée humaine? La pensée
humaine est-elle un reflet de la pensée divine? ou
plutôt, la parole, qui est l'homme même, n'est-

elle pas l'inspiration toujours subsistante de Dieu?
Les objets de la nature, les arbres, les fleurs, les
nuages, les parfums, la lumière, les vents, sont-
ils des emblèmes dont l'homme cherche l'explication après l'avoir perdue? Et cette explication ne
doit-il pas la trouver dans la parole, révélation
qui ne finit point, chaîne éternelle, dont tous les
anneaux, attachés entre eux, sont d'indestructibles traditions? Les bruits confus de la vallée, de
la forêt, des eaux, le bourdonnement des insectes, les cris et les chants de tous les êtres
vivants, ont-ils un sens unanime de prière et de
gémissement? Y a-t-il une harmonie universelle dont l'homme puisse sentir tous les accords, deviner toutes les lois? Les instincts de ma
lyre, comme les blanches ailes de la colombe, me
soulevaient de dessus la terre, et me tenaient suspendu dans les hautes régions que le corps ne
peut habiter. Mais mon ame, un instant éperdue,
retombait bientôt dans sa prison terrestre. Un
jour, durant mon voyage dans les hautes régions
de l'esprit, il me sembla voir une grande lumière
qui enveloppait la nature immense, et éclairait
profondément toutes choses. Ma vue n'était point
assez rapide, ni ma pensée assez active pour être
par-tout à-la-fois dans un instant indivisible. J'eus
néanmoins un sentiment réel mais obscur et indéfinissable de l'essence et de l'ensemble de tout

ce qui existe. J'entendis alors un son, mais un son intellectuel, et ce son me parut être la parole de la lumière. J'interrogeais en moi, et la parole, en même temps, répondait en moi. Je ne puis dire la suite et la forme d'un tel entretien; mais tout est resté dans le fond de mon ame, comme le feu demeure caché dans les veines d'un caillou jusqu'au moment où un choc l'en fera jaillir. Chaque fois que j'aurai besoin de consulter l'oracle, j'en suis certain, je le retrouverai; il ne refusera pas de me répondre, il ne me trompera point.

Je ne suis point né du chêne, dit Talaon, je ne suis point né du rocher, mon corps fut un airain embrasé; trois fois en un jour je pouvais faire le tour entier de l'île de Crète. Je fus ainsi autrefois. Alors je n'aurais pas eu l'intelligence de tes discours. Mais pour échapper à la destinée qui me menaçait, puisque ma vie était toute contenue par un clou fatal qui pouvait m'être enlevé, j'ai reconnu l'empire de Jupiter, et j'ai changé de nature. Maintenant, il m'est donné de te comprendre. Tu te confies en l'inspiration même de la parole: cette belle et inconcevable doctrine, qui t'est venue comme le souffle de la vie, comme la lumière par laquelle tes yeux voient, parcequ'en effet ton origine est céleste; cette belle et inconcevable doctrine, je l'ai apprise déja parmi les sages de l'Inde. Qu'elle soit, quelques instants, le sujet, non plus de nos méditations solitaires, mais de nos méditations communiquées. Ainsi que toi, je suis un homme vivant des fruits de la terre, et les pensées des hommes sont faites pour se féconder mutuellement. Toutefois, avant tout, je veux te dire une seule chose : Tu te confies en la parole ; refuse la parole à ceux qui ne doivent pas l'avoir. Enveloppe la loi de mystère, pour la rendre inscrutable aux profanes.

Ainsi Talaon et Orphée s'entretenaient ensemble, et trompaient, par de tels entretiens, l'approche d'une séparation qui devait être si douloureuse pour tous. Celui qui pourrait savoir les discours qu'ils tenaient entre eux serait bien avancé dans les secrets dont le temps a épaissi les voiles. Il saurait ce qu'ont cru les sages des temps primitifs sur l'insondable unité de Dieu, sur la création, sur la matière, sur l'origine du mal, sur les différents ordres d'intelligences émanées de l'intelligence suprême, sur les immortelles destinées de l'homme. Il saurait ce qu'il nous est permis de savoir sur les causes de l'univers. Ce serait assister, en quelque sorte, aux entretiens du passé et de l'avenir.

Quelquefois le vieillard disait à Orphée : Mon fils, tu devrais aller avec Eurydice sur des rochers inaccessibles, et dans le fond des forêts,

car il faut qu'elle s'accoutume à supporter les travaux qui te seront imposés, comme il faut que sa
mère s'accoutume à chercher autour d'elle sa fille
chérie, sans la trouver. Nous avons dû l'abandonner à ses propres inspirations; nous savions
qu'elle ne nous appartenait pas. Le poëte inspiré
obéissait volontiers aux conseils de Talaon.

Lorsque Orphée et Eurydice étaient seuls, ils
s'entretenaient de la vertu et de la poésie. Orphée
parlait de la beauté, qui est elle-même une poésie
tout entière. Eurydice disait le bonheur, pour
un être faible, de s'appuyer sur un être revêtu
de force et de bonté. Elle demandait au fils de la
lyre le récit de ses aventures, qui étaient de véritables symboles, et elle les lui faisait raconter de
nouveau, quand il avait fini. Les siennes, à elle,
n'étaient ni longues ni variées. Elles s'étaient toujours passées autour d'un rosier, ou sur les bords
d'une fontaine. Tous les événements de sa vie
étaient la naissance d'une fleur, ou le chant d'un
oiseau, ou les gracieuses allures de sa biche fa-
vorite. Il aimait à l'entendre parler de ses rêveries, et du jour, où, pour la première fois, il parut
devant elle, au sein de la tempête. Il souriait toujours de nouveau, en apprenant combien une
telle apparition avait ému le cœur de la nymphe
charmante, combien elle avait desiré se trouver
à ses côtés, car elle ne croyait pas qu'un être si

calme et si beau dût périr; et cependant l'inquiétude la troublait dans tout son être. Il l'écoutait
avec ravissement, et lorsqu'elle avait fini de parler,
il lui disait : ô ma bien aimée, tu as un père, tu as
une mère; ces jeunes plantes qui sont si belles,
mais qui sont moins belles que toi, tu les as vues
naître; cette terre seule a reçu l'empreinte de tes
pas légers; tu n'as connu jamais d'autre ciel que
celui qui couvre notre tête; et, pour moi, qui
t'étais naguère si inconnu, tu vas quitter ton père
vénérable, la mère qui t'a nourrie de son lait, les
jeunes plantes que tu as vues croître, la terre qui
seule a reçu l'empreinte de tes pas, le ciel qui a vu
les jeux de ton enfance. O ma bien-aimée, bientôt
je serai seul pour toi. Je ne sais si je pourrai t'offrir, au moins de temps en temps, quelque ombrage frais, ou le repos auprès d'une claire fontaine. Il faut que je sois tout pour toi. Trop souvent, peut-être encore, la tempête qui m'a amené
sur tes rivages, sera tout l'asile que j'offrirai à
mon épouse chérie, à celle qui n'aura que moi
sur la terre. Eurydice alors versait quelques larmes, mais ces larmes étaient pour ses parents
augustes, et non point pour elle-même; la douce
sérénité de son regard exprimait toute sa confiance.

Cependant la saison des orages était passée; le
roi des tempêtes ne régnait plus dans le ciel. Ta-

laon prépare la tendre Vola au départ de sa fille.
Et, quand le jour du départ est arrivé, l'auguste
vieillard ordonna à Orphée et à Eurydice de s'asseoir à ses pieds; puis, étendant sur leurs têtes
ses mains vénérables, il prononça les paroles ini-
tiatives, sans toutefois prononcer les paroles épop-
tiques, car les jours consacrés à la pudeur ne doivent point finir pour eux: ils resteront néophytes.
Redoutables mystères de la vie et de la mort, vous
ne pouviez leur être complétement révélés; le
génie des ancêtres était demeuré voilé dans le
ciel.

Allez ensemble dans le même exil, dit Talaon;
le monde est ouvert devant vous, votre destinée
est entre vos mains. Souvenez-vous que les dieux
immortels couvrent de leurs regards l'homme
voyageur, comme le ciel inonde la nature de sa
bienfaisante lumière. Voici des grains précieux
qui doivent tant améliorer la race malheureuse
des mortels. Ils les ont refusés jusqu'à présent,
mais, sans doute, les temps n'étaient pas venus.
Ainsi, la terre deviendra leur héritage; ainsi,
ils apprendront le travail et la prévoyance. Ces
grains, emblèmes de tant de biens, gages de tant
d'espérances, vous les réserverez pour en faire
présent aux hommes qui les méconnaissent encore, car le blé doit devenir également la nourriture de toutes les familles humaines, toutes appe-

lées aux mêmes progrès par les mêmes labeurs.
Vous, bannis volontaires, vous, librement voués
à toutes les indigences, vous mangerez les fruits
des forêts et les racines sauvages. Orphée, tu
pourras enseigner à-la-fois, et la religion des funérailles et la religion des mariages, qui sont
une seule et même chose. La société ne peut se
créer qu'en formant le lien domestique; la propriété, sorte d'identification de l'homme avec la
terre par la culture, devient sacrée par les tombeaux; et c'est ainsi que le genre humain tout
entier peut parvenir, un jour, à n'offrir qu'une
seule et grande famille. Mais le joug des lois,
pour être salutaire, doit être librement accepté.
Allez, mes enfants, bientôt orphelins délaissés,
allez, mais vivez l'un et l'autre comme un
frère et une sœur, jusqu'à ce que vous ayez trouvé un lieu où vous puissiez fixer votre demeure.
Imitez les oiseaux voyageurs, qui s'abstiennent
de l'amour tant qu'ils ne sont pas arrivés dans
une contrée où les dieux les instruisent à
construire un nid pour leur postérité future. Orphée, je te confie la pudeur d'Eurydice; que la
certitude de l'avoir pour épouse te suffise. Les
hommes que tu formeras auront des ancêtres par
la foi des tombeaux; ils auront des descendants,
par la sainteté des mariages; toi, tu ne peux point
avoir d'ancêtres; et qui sait s'il te sera jamais

donné d'avoir des enfants? Que Jupiter et Métis
te tiennent lieu d'ancêtres; que la race améliorée
des hommes soit ta noble postérité! Orphée, Eurydice, couple divin, consentez à être misérables
pour diminuer la misère du genre humain; faites
comprendre aux autres la sainteté du lien conjugal, avant de le former pour vous-mêmes. Satis-
faites à la Némésis des noces solennelles! Écoutez
ceci, c'est une parole des anciens oracles, c'est
une parole d'en haut. L'homme est un être incomplet, destiné à se compléter successivement
par sa propre intelligence, par sa propre volonté;
il ne peut rien pour l'avancement et la perfection
de sa nature, tant qu'il est dépourvu du sentiment religieux ou du sentiment social, c'est-à-dire
du sentiment qui le met en rapport avec Dieu, et
de celui qui le met en sympathie avec ses semblables. Ceux par qui la Providence veut créer de
tels sentiments, doivent être d'une merveilleuse
pureté. Orphée, toutes les fois que j'invoque la
puissance suprême, j'emploie une expression vague qui n'affirme rien sur le sexe; les mystères
de la Samothrace ou de l'Égypte t'apprendront-ils
les sexes des dieux?

Vola versait des larmes abondantes. Pourquoi
pleures-tu, lui dit le vieillard, aimable clarté du
soir de ma vie, pourquoi pleures-tu? que man-
quera-t-il à nos enfants? Ne jouiront-ils pas com-

me nous de la protection des dieux? Déja ils ont
ce que l'abondance et le repos ne donnent point :
ils ont cette affection réciproque qui a fait notre
bonheur, et qui rend tout aisé. Ils s'aimeront
mieux dans la solitude, la détresse, les privations,
et même le malheur. Puisse néanmoins le ciel
l'éloigner de leurs têtes! Alors, il bénit de nouveau Orphée et Eurydice, qui se relevèrent pour
s'asseoir aux pieds de Vola. Vola les bénit, à son
tour, en sanglotant. Ensuite elle tira de son sein
un voile qu'elle remit à Orphée, pour être un jour
le pudique voile nuptial d'Eurydice. Sur ce tissu,
ouvrage de l'épouse d'un Titan, se voyaient re-
tracés les confins célestes dont la lyre du poëte
était l'harmonieux symbole. Elle remit en même
temps à la nymphe éplorée une pomme de grenade, cueillie dans le jardin des Hespérides : cette
pomme de Koré, gardienne jalouse de la légalité
des mariages, ne pouvait être ouverte, pour en savourer les fruits, que lorsque le voile serait dé-
ployé. Talaon gémit en lui-même; il sait trop que
ces derniers présents de l'amour maternel doivent
être inutiles, puisqu'il ne peut y joindre la glèbe,
emblème du sol, gage de la propriété aux confins
terrestres. Toutefois les augures avaient été favo-
rables.

Les deux exilés sortirent de la maison paternelle, qu'ils ne devaient plus revoir. La biche,

douce compagne de la nymphe, voulut en vain la suivre; elle fut retenue par Vola, qui lui destinait les caresses de l'absence. Aucune route n'était tracée aux deux exilés, et ils se mirent à marcher sur la terre comme l'homme égaré dans le sein d'une vaste forêt. Eurydice s'appuyait sur le bras d'Orphée, et soupirait en silence. De temps en temps, elle se retournait pour jeter encore un coup d'œil sur le lieu où s'écoulèrent si paisiblement les jours fugitifs de son enfance fortunée; puis elle ne se retourna plus, et elle pleura.

Lorsque les magnanimes orphelins furent partis, Talaon ne contraignit plus ses larmes; et les deux époux, délaissés à leur tour, et restés seuls, pleuraient ensemble, pour se consoler dans leur affliction mutuelle. Ils pleuraient en caressant la biche, qui, elle-même, versait des larmes. Pendant qu'ils pleuraient ainsi, un envoyé céleste vint leur annoncer, dit-on, que, dès ce moment, Orphée et Eurydice pouvaient prétendre au rang des demi-dieux. Les poëtes ont raconté de mille manières ce voyage, qui fut une suite de prodiges. Le couple initiateur n'avait que la lyre pour vaincre tous les obstacles, pour surmonter tous les dangers, pour conjurer toutes les terreurs. Initiation sublime, tu étais bien digne d'être chantée par les poëtes!

Tel fut le premier récit de Thamyris. Il ajouta

en le terminant : Roi de la colline quarrée, l'histoire de Talaon et de Vola n'est entièrement inconnue avant et après les circonstances que je viens de vous retracer; on ne sait ni leur origine, ni les autres évènements de leur vie, ni les détails de leur mort. Toutefois rien n'est plus célèbre dans la Crète que l'homme au corps d'airain enflammé, qui, dans une journée, faisait trois fois le tour de l'île. Rien n'est plus célèbre que les combats livrés par lui aux étrangers. Rien n'est plus célèbre que le clou fatal qui, arrache à son talon, devait laisser échapper sa vie avec son sang. Rien n'est plus célèbre et plus inexplicable. Quant à Vola, prêtresse des religions cruelles, qu'il lui fut défendu de communiquer à sa fille, quant à Vola, son nom même doit périr.

Je vais continuer de vous instruire, vénérable Évandre, de ce que je sais d'Orphée et d'Eurydice.

FIN DU LIVRE DEUXIÈME.

ORPHÉE.

LIVRE TROISIÈME.

THALIE.

LA SAMOTHRACE.

Le poëte et sa généreuse compagne, perdus au sein d'un monde barbare, parmi des solitudes terribles, avaient besoin de tout leur courage. Providence des dieux, tu fus leur seul appui.

Sur les côtes de la Thrace, vis-à-vis l'embouchure de l'Hèbre, s'élève une île qui était sans renommée lorsque vous quittâtes la Grèce, vénérable Évandre, mais qui, depuis, a exercé une grande influence sur les peuples. De cette île alors inculte, et peuplée seulement par quelques hommes sauvages, sans gouvernement et sans loi, la vue s'étend au loin sur les archipels de la Grèce. C'est la haute Samos de Thrace, à qui je donnerai désormais le nom de Samothrace. Lorsque je la visitai, elle sortait à peine de la barbarie, et déja elle commençait à s'illustrer par un collège de prêtres, pères puissants, où j'ai appris l'histoire que je vous raconte, et dont vous allez entendre la suite.

Orphée, croyant avec raison qu'une telle position géographique, à l'entrée d'un autre monde, pourrait être favorable à ses desseins, avait tourné ses regards prophétiques sur cette île destinée à une si grande célébrité. Il voyait, par la pensée, s'avancer graduellement, de rivage en rivage, depuis les montagnes acrocéroniennes de l'Hémus jusque dans la Crète, les doctrines harmonieuses qui réunissent les hommes en corps de société. Il vous serait impossible de comprendre, roi pasteur, l'état de misère et d'abrutissement où serait plongée l'espèce humaine, si elle n'était soumise au joug salutaire de la religion et des lois. Les morts, restés sans sépulture, deviendraient la proie des oiseaux du ciel, et des animaux qui peuplent les forêts impénétrables. Non seulement on ne contracterait point de saints mariages, mais même l'union éphémère des sexes serait fort rare, et ne serait due qu'à des rencontres fortuites. Telle n'est point la condition naturelle de l'homme; si quelquefois il est descendu à cet état de dégradation, c'est toujours par la suite d'une catastrophe qui a fait périr ses institutions primitives. Néanmoins les traditions les plus anciennes, conservées dans les vieux sanctuaires, assignent toutes ce commencement aux destinées humaines:

c'est qu'en effet il semble que sans cesse l'homme serait menacé d'y revenir, s'il ne luttait pas sans cesse, si la tutéle sévère des sacerdoces et des patriciats lui était retirée. De ce que l'homme est obligé de combattre contre lui-même pour ne pas retomber dans la barbarie, de ce qu'il a besoin d'être puissamment aidé pour ne pas succomber dans ces combats de tous les jours, il était facile d'arriver à la pensée qu'il obéit à ses vrais instincts, qu'il est dominé par les souvenirs de son berceau, lorsqu'il oppose une résistance opiniâtre aux enseignements. Il fallait donc lui peindre ce berceau comme peu digne de ses regrets, ces instincts comme devant être réformés. Les initiés savent que les histoires mystagogiques sont des leçons, des emblèmes, des mystères, pour faire mieux comprendre la loi du progrès à la condition du labeur, loi primordiale et sacrée. Les hiérophantes savent, de plus, ce que sont les différentes tutéles imposées à l'enfance de l'homme social. Mais, Évandre, ce n'est point ici le lieu de nous entretenir de la science du bien et du mal, de chercher à surprendre les secrets de cette sagesse qui réside dans les sanctuaires.

Long-temps Orphée et Eurydice avaient erré au sein de contrées désertes, perdus dans de vastes forêts, domaine antique des bêtes féroces, séjour des épouvantes et des fantômes de la nuit.

On ignore et la durée de ce voyage aventureux, et les dangers qu'ils coururent, et les obstacles qu'ils surmontèrent. Enfin ils arrivent sur les rochers qui bordent la mer orageuse de Thrace. Lorsque la tempête brise un navire, quelquefois de hardis matelots se font de leur mât, rompu par l'effort des vagues, une dernière ressource pour sauver leur vie. Cette dernière ressource des naufragés fut le moyen qu'Orphée imagina pour traverser le détroit. Un vieux chêne, que l'orage avait déraciné, que la foudre avait creusé et dépouillé de ses branches, devint le grossier et fragile vaisseau où il ne craignit pas de faire asseoir à ses côtés la douce fille de Talaon. Poussés par un vent favorable, ils viennent échouer sur les arides plages de la Samothrace. Aux hommes épars, qui errent sur la surface de cette île, sans demeure et sans loi, il faut, dit Orphée, un nom collectif qui les fasse être un peuple, et qui ensuite les distingue des autres peuples, lorsqu'ils seront réunis par le même lien social, par le même lien religieux. Qu'ils soient, dès à présent, les Pélasges ! race puissante et civilisatrice, dont l'unité forte et typique se transmettra bientôt à des nations nombreuses, toutes semblables entre elles ! Ce nom de Pélasges, roi pasteur, est déja un nom illustre pour vous. Les Pélasges n'ont-ils pas laissé d'ineffaçables empreintes sur le Palatin où nous

sommes à présent? N'ont-ils pas habité l'Arcadie,
votre ancienne demeure? Ainsi leurs brillants es-
saims, dès l'origine, semblent se confondre avec
l'origine des choses. On dirait qu'ils sont un peuple cosmogonique comme les Titans.

Orphée voulut commencer sa paisible conquête
par les doux accents de la musique. Aussitôt donc
il prit sa lyre, et se mit à en tirer les accords les
plus propres à émouvoir. Eurydice y joignit les
sons de sa voix ravissante. Elle chantait les bienfaits des dieux immortels, l'ordre naissant du
chaos, l'harmonie des cieux et de la terre, l'homme destiné à sentir et à reproduire cette harmonie,
le charme des affections domestiques, des sympathies sociales. Les Pélasges, rassemblés sur une
grève tumultueuse, étaient groupés autour d'Orphée et d'Eurydice. Ils écoutèrent d'abord avec
un étonnement stupide; un instant après, ils furent entraînés par la force magnétique, intime,
irrésistible de la musique. Cette puissance inconnue réveillait leurs facultés assoupies, et faisait pénétrer la pensée dans leur ame encore
brute. Ils ne pouvaient comprendre les paroles mélodieuses de la vierge magnanime, mais
ils éprouvaient mille sentiments nouveaux. Un
monde entier semblait se dessiner, pour eux, derrière un nuage. Ils croyaient que ces deux créatures merveilleuses étaient des génies bienfai-

sants, des êtres d'une nature plus élevée, et ils se
prosternaient pour les adorer. Eurydice sur-tout
leur offrait tous les traits d'une divinité compatis-
sante. Je ne sais quel pressentiment les avertissait
qu'ils allaient enfin sortir de cette vie dure et sans
avenir, à laquelle ils avaient été condamnés jusqu'alors. Enfin leurs cœurs commençaient à être
susceptibles de recevoir toutes les émotions pro-
gressives et généreuses. Je comprends bien, à
présent, disait Orphée en lui-même, pourquoi je
n'ai point réussi dans mes premières tentatives.
Sans doute il fallait que je fusse avec la fille de la
vision. L'autorité vient non seulement du génie,
elle vient aussi de la grace. La force et le courage
ne suffisent point pour dompter les hommes; et
les secrets de la poésie ne sont pas tous dans les
hautes pensées.

Ici, Évandre, je ne puis m'abstenir de m'arrêter encore, pour vous communiquer une obser-
vation importante. Plusieurs peuples se disent nés
du sol qu'ils habitent. Il n'en est point ainsi. La
race humaine est une; elle est par-tout la même.
Les muses antiques de la Piérie en racontent l'origine. Mais avant d'avoir des lois, ne peut-on pas
se représenter l'homme semblable à cette belle
statue d'argile que façonna Prométhée? L'homme
né du sol n'est donc autre chose que l'homme avant
la société. Toutefois, sage Évandre, ne nous lais-

sons pas éblouir par de tels récits, et cherchons
toujours la vérité qu'ils contiennent. J'insiste sur
ces choses, en ce moment, parceque souvent elles
doivent être présentes à notre esprit. Les Pélasges
donc n'étaient pas nés du sol; les chants d'Orphée
et d'Eurydice évoquèrent l'ame des ancêtres
ignorés de ces peuples: la race exista pour eux.

Alors ils s'empressèrent d'offrir à leurs hôtes
des fruits et des racines. Orphée leur donna, en
échange, une poignée de ce grain, le far fécond,
qui est destiné par les dieux à être la nourriture
de l'homme, bienfait pour lequel ces peuples re-
connaissants ne tardèrent pas d'instituer les mystères de Cérès et de sa fille Perséphone. Le don du
blé, comme vous le savez, roi pasteur, et comme
l'avait dit le puissant Talaon, c'est le don même
de la prévoyance, c'est le don de cette faculté qui
porte la pensée dans l'avenir, car il faut ensemencer dans une année, et recueillir dans l'autre.
L'homme apprend aussi, par le retour périodique
des moissons, à mesurer le temps, à compter les
saisons, à distinguer les météores, à connaître
ainsi la succession de la vie. Chez vous, illustres
Latins, Saturne est à-la-fois le dieu du temps et
le dieu de l'agriculture. Sans doute que les phénomènes du ciel et les phénomènes de la terre ont
été unis ensemble dès le commencement. Les prérogatives de la propriété ont été transportées du

ciel sur la terre; la propriété a eu des confins dans
le ciel avant d'avoir des limites sur la terre. Le
droit se forme dans le ciel avant d'apparaître sur
la terre. Telle est la raison des attributs éminents
de la lyre.

C'est, je crois, le moment, modeste Évandre,
de vous dire une aventure d'Orphée, qui sera
pleine, pour vous, d'une instruction infinie.

Un jour, à l'heure du soir, le poëte divin errait avec Eurydice sur les bords de cette mer agitée, qui n'était célèbre encore par aucun naufrage. Le temps était calme, la mer entrait dans
le majestueux repos de la force indomptable, repos plein de charme et de puissance. Le poëte et
sa noble compagne s'assirent sur un rocher que
les vagues venaient caresser en murmurant; quelquefois l'écume blanche s'élevait jusqu'à eux comme en se jouant, et venait légèrement mouiller
leurs pieds. Le soleil avait disparu dans les abymes
resplendissants de la mer, une nuit transparente
s'avançait en silence sur les flots. Orphée, ému
par la solennité d'un tel spectacle, prit sa lyre et
chanta. Eurydice, toute occupée des chants inspirés de son glorieux époux, ne vit pas d'abord une
apparition qui se montrait, non loin de là, sur
une cime la plus escarpée et la plus sauvage de
l'île. C'était une femme d'une taille toute divine.
Une longue robe blanche, serrée au-dessous du

sein par une ceinture bleue que fermait une
agrafe d'or, dessinait les contours nobles et gra-
cieux de cette taille surhumaine. Ses cheveux
flottaient sur ses épaules, une couronne de chêne
entourait son front. Un air mâle, sévère et profondément triste, respirait dans tous ses traits. Il
eût été impossible d'assigner son âge; car le temps
n'avait fait aucun outrage à sa figure imposante,
et cependant il était facile de voir que les heures
de la jeunesse avaient cessé de verser sur elle leur
doux éclat; ou plutôt elle donnait l'idée d'une
beauté immortelle, étrangère à la succession des
années. Et pourtant je ne sais quelle douleur immense, qui tempérait, sans l'éteindre, le feu de
ses regards, disait trop qu'elle appartenait, par
quelques liens, à l'humanité. Elle était debout,
immobile, un de ses coudes appuyé sur le rocher,
et sa tête inclinée reposait sur sa main gauche.
Dans cette attitude, elle paraissait respirer de
loin les chants d'Orphée, comme on respire un
parfum enivrant.

Orphée s'arrête, et Eurydice voyant qu'une
méditation nouvelle agite l'ame du poëte, en
cherche la cause autour d'elle; la nymphe ne cherche pas long-temps. Étonnée, elle interroge
son époux. Je ne sais, dit-il, ce qui se passe en
moi. Cette femme, sans doute, n'est point une
femme de l'île; ce n'est point non plus une divi-

nité. Je ne puis contenir mon envie de savoir quel
est cet être mystérieux, d'apprendre pourquoi il me
domine par la puissance inconnue de son attention toute fascinatrice. Il faut que j'aille auprès de
cette femme, si toutefois c'est une mortelle; Eurydice, retire-toi, pendant que j'essaierai de la
vaincre par mes chants, car, je le sens bien, d'é-
tranges pensées sont en elle. Eurydice, qui ne
savait qu'obéir, se retira, non sans une vive inquiétude, parcequ'elle craignait quelque maléfice. Elle avait souvent entendu parler de magi-
ciennes, qui, par la force de leurs enchantements,
triomphent des plus fiers courages.

Orphée s'élance de rocher en rocher; il marche
au milieu d'un chaos de ruines entassées. L'apparition s'éloigne à mesure qu'il avance. Enfin elle
se glisse au travers des ombres, comme si elle eût
été elle-même une ombre, et disparaît dans une
grotte profonde. Orphée s'y précipite après elle,
et se perd dans les détours d'un vaste et silencieux souterrain, où il n'entend plus d'autre bruit
que le retentissement de ses pas. Il est entouré
d'épaisses ténèbres, il ne sait comment il retrou-
vera sa route; enfin il se met à jouer de sa lyre,
et à chanter. Lorsqu'il s'arrête, une voix part des
profondeurs de la grotte, et murmure le long des
voûtes du souterrain : cette voix était pleine de
douceur et de tristesse, comme seraient les der-

niers accents de la fille la plus belle d'un héros, qui, toute pleine encore de vie et de jeunesse, lutterait en vain contre une mort lente et douloureuse; ou plutôt comme serait l'hymne funèbre d'une vierge résignée, douce et tendre victime, dont le sang innocent va, tout-à-l'heure, arroser un autel funeste.

Poëte divin, disait-elle, que veux-tu de moi? Laisse, laisse en repos une sibylle inspirée comme toi, mais à qui tu viens ravir sa puissance. Ah! ne crois point que je sois un être malfaisant. J'avais reçu le don de l'avenir, mais c'est dans un ordre de choses qui finit, et le don de l'avenir se retire de moi. Plus d'une fois les Titans, dont le règne alors paraissait devoir être immuable, m'ont menacée de me revêtir d'une tunique de pierres, parceque, par mes oracles, je les troublais dans leur force. Je prédisais le siècle nouveau qui me tue. Orphée, il faut que je te le dise, j'ai résisté, autant que j'ai pu, à ton ascendant; c'est moi qui ai rendu vaines tes premières tentatives: tel était mon destin. Je suis vaincue par toi et par la fille de l'homme d'airain. Je n'ai aucun ressentiment contre vous; je veux te le redire, je ne suis point un être malfaisant. Écoute, poëte divin, écoute le peu de paroles qu'il m'est donné de prononcer encore, et qui sont les dernières; tu peux les écouter sans crainte, car maintenant mes

paroles sont sans puissance. Écoute donc, j'ai vu
un monde périr, et ce spectacle ne peut sortir de
ma pensée. Des races florissantes existaient où
sont à présent les abymes des mers. La grotte où
tu m'as suivie, et dont tu ne peux voir les tristes
merveilles, est un mélange confus de débris de
rochers, de fortes citadelles, de grands tombeaux.
Tout a été confusément entassé par le génie de la
mort. C'est au sein d'un si lamentable chaos que
j'ai fixé ma demeure, comme les oiseaux de sinistre
augure qui bâtissent leurs nids parmi les ruines.
Les pères de la race humaine actuelle ont vu
détruire les monuments qu'ils avaient élevés pour
égaler la durée des siècles; ils les ont vu détruire
avec autant de facilité que seraient effacés par une
esclave diligente les faibles réseaux d'un vil in-
secte. Les enfants dégénérés vaincront-ils le destin qui a vaincu leurs pères, géants si long-temps
indomptés? Les dieux m'avaient donné une double vue; elle devient confuse, mais elle suffit
pour entrevoir des calamités sans nombre. Pourquoi, malheureux humains, pourquoi donneriez-
vous sans cesse de nouvelles proies à la mort?
Pourquoi vous donneriez-vous des enfants qui
dégénèreront comme vous avez dégénéré de vos
pères? Pourquoi voudriez-vous ensevelir ceux à
qui vous devez une cruelle et fragile existence? Vos demeures, les tombeaux de vos pères,

les travaux de votre intelligence, tout doit subir le même sort. La destruction est le grand dieu de ce monde, où la vie n'est produite que par la mort. N'ayez aucun avenir. Traînez, comme vous pourrez, votre misérable vie, jusqu'au moment où un trépas non prévu viendra vous saisir. Du moins vous n'aurez pas les vains tourments de l'inquiétude qui attend d'inévitables douleurs. Voyez tout ce qu'a fait l'homme pour désarmer d'inflexibles divinités! Ce n'est pas assez de sacrifices d'animaux innocents, il a voulu supplier par son propre sang, par le sang de ses enfants! Et peut-être encore a-t-il été trop économe de ces sacrifices barbares! Et peut-être la rançon a-t-elle été trouvée trop chétive! Les fléaux sous lesquels vous avez été broyés ne sont-ils pas, en effet, un signe de colère? Toutefois, je ne suis point prêtresse, mes mains sont pures; elles resteront pures! Je le sais, de nouvelles destinées commencent, et je ne puis y lire. Jupiter, le jeune destin, vient de naître dans la Crète. Saturne, l'ancien destin, le vieillard qui se nourrit de ses propres enfants, vient d'être détrôné dans le ciel. Je le sais, mais je ne puis prédire; et les terreurs continuent d'habiter mon sein. Tu veux abolir les sacrifices de victimes humaines! Je t'admire, poëte divin, mais où trouveras-tu une autre rançon, puisque celle-ci n'a pas même été jugée suffisante? Crois-moi, tu ne fais que hâter la fin de cette race éphémère que tu crois secourir! Oui, tu dois la secourir, puisque tu la livres sans défense à l'ennemi implacable qui veut sa mort. Lorsqu'elle n'existera plus, elle ne souffrira plus. Sans doute, ce n'est point là ce que tu croyais. Orphée, tu voudras aller en Crète visiter le berceau du jeune Jupiter; ce qui, ailleurs, est la science mystérieuse, en Crète, est la science vulgaire: n'est-ce point une science méprisable celle qui est ainsi abandonnée à tous? Le jeune Jupiter, tu l'espères, sera un dieu plus clément. Je ne veux pas te retenir. L'avenir t'est promis. Quant à moi, mon règne est fini. D'autres sibylles, en sympathie avec les cycles nouveaux, vont s'emparer des croyances humaines, et gouverner les peuples par des superstitions moins sinistres que les miennes. Une d'elles, la Phémonoé de Riéti, vient d'établir son prophétique trépied dans le Latium, d'où elle gouvernera les peuples auxoniens. Une autre erre déja sur les bords de lacs symboliques, qui furent autrefois des bouches de volcans, contrée où la nature couvre d'anciens ravages par d'admirables beautés; lorsqu'elle aura choisi un lieu, elle sera connue, dans tout l'univers, sous le nom de sibylle de Cumes. Une autre va s'emparer de Delphes, séjour consacré à Apollon, et qui deviendra la ville sacrée d'un peuple tout poétique.

Une autre encore, sous le nom de sibylle d'Éry-
trée, portera par-tout la puissance du trépied fatidique. Elles le croient ainsi, elles croient entendre les voix du nouvel avenir. Heureuses si
elles ne se trompent point, heureuses de pouvoir
être les amies des hommes! Je les aimais aussi,
moi qui vais mourir! Oui, je vais mourir, ainsi
que mes compagnes du vieux monde. Tu seras à
peine hors de cette grotte, que tout sera fini pour
moi, infortunée! Telle est la loi de notre nature
prophétique, consacrée par la plus inviolable
virginité, de périr sitôt que le sentiment de l'a-
venir cesse d'habiter en nous. C'est là le souffle de
notre vie : notre ame s'éteint lorsqu'elle est dans les
ténèbres de la vision pour les choses futures. Ma
mort sera ignorée, nul ne me pleurera, je n'ai
point de famille, je suis seule sur la terre. Cependant quelques Pélasges indomptés, restes malheureux qui échapperont à tes lois harmonieuses,
viendront encore ici quand ils ne me verront plus
parmi eux; ils viendront consulter l'oracle muet;
ils y viendront avec des flambeaux, qui, allumés
aux autels élevés par toi, m'éblouiraient sans m'é-
clairer; ils voudront, du moins, donner une sépulture honorable à la vierge intacte dont ils rediront
les oracles anciens; mais je veux moi-même auparavant me soustraire à la sépulture que je leur ai si
souvent interdite. Je veux que ma cendre soit,

tout de suite, confondue avec les éléments. Je cacherai ma dépouille mortelle, de manière à ce que nul ne pourra la retrouver. Adieu; mon règne est fini, et ma vie finit en même temps. Étrange destinée! le nouvel ordre de choses que j'ai annoncé, mais auquel je n'ai point été initiée, auquel je n'ai initié nul être, ce nouvel ordre de choses me tue; il te tuera, Orphée, par cette loi qui ordonne à l'initiateur de recevoir la mort des mains même de l'initié. Quels sont ces cris inarticulés dont tu auras voulu en vain faire une langue? Ce sont les cris des Ménades. Leur sera-t-il permis de déchirer ton corps, de dépecer tes membres sanglants; et verra-t-on ta tête glorieuse rouler dans les ondes glacées de l'Hèbre? Du moins, d'après une loi immuable et sacrée, l'initié est tenu de tuer l'initiateur; sans cela, l'initiation reste incomplète. Cruel emblème! C'est la mort qui produit la vie.

Toutefois, avant de te retirer, sache encore une vérité, la seule qui m'apparaisse à mon heure suprême. Eurydice ne pourra savourer les grains de la pomme de grenade que lorsqu'elle sera parvenue dans les sombres régions du Tartare. Les êtres comme elle, comme toi, comme j'étais, ne doivent point connaître chez les vivants le mystère de la transmission des ames. Comment invoquerais-tu le génie impérissable de la famille, l'auteur auguste

de la race, le lare que tu ne peux nommer?
Adieu; garde le souvenir de la sibylle de l'ancien
monde, qui ne fut point un être malfaisant.

Le silence le plus profond suivit des paroles si
extraordinaires. Orphée interrogea encore plusieurs fois, et nulle voix ne répondit. Il joua encore de la lyre, et tout resta muet autour de lui.
Il entendit seulement un léger bruit, comme est
sans doute celui du serpent rajeuni, qui laisse parmi les feuilles desséchées de la forêt l'enveloppe
dont il vient de se dépouiller. Le poëte chercha
son chemin, et ce ne fut pas sans peine qu'il parvint à sortir de l'antre. Héros pieux, il disait en lui-
même : Est-ce à moi d'envisager la destinée qui
m'attend? Qui suis-je, pour m'opposer à l'ordre
immuable des choses? Que je sache ou que j'ignore
l'avenir, n'ai-je pas la même conduite à tenir?
L'homme ne doit-il pas accepter l'épreuve, sous
quelque forme qu'elle se présente? Ne faut-il pas
qu'il l'accepte pour qu'elle lui soit profitable?
L'esprit accablé de mille pensées amères, il retourna auprès d'Eurydice, mais il tut la fin de sa
vision.

Dès ce jour, cependant, Orphée croit avoir accompli le devoir dont les dieux avaient caché le
projet dans son sein. L'entretien de la sibylle,
tout en lui causant une tristesse infinie, qui subsistera toujours, lui inspire une sorte de confiance,

et le décide à porter ailleurs les trésors dont il est
dépositaire. Il construit donc une nacelle semblable à l'esquif qui l'avait déja porté une fois sur
la mer des orages; mais lorsqu'il voulut s'embar-
quer avec Eurydice, les Pélasges, comprenant
leur dessein, brisèrent la chétive nacelle, et en
dispersèrent les débris sur les flots; ensuite, pour
témoigner le desir qu'ils avaient de conserver les
deux époux au milieu d'eux, ils leur fermèrent
l'issue du rivage par des danses. A cette vue, le
visage d'Eurydice fut inondé de larmes. Orphée
lui dit avec tendresse: Fille de Talaon, pourquoi
pleures-tu ainsi? Ne t'ai-je pas promis la destinée
la moins paisible? Nous avons abordé cette île par
la volonté des dieux. Les peuples qui l'habitent ne
veulent pas nous laisser partir, mais c'est parceque déja ils nous aiment; et les dieux leur ont inspiré cet amour, commencement et présage de
toutes les sympathies qui forment l'unité sociale.
Achevons notre ouvrage en prolongeant notre séjour parmi eux. Je voulais revenir pour leur apprendre à recueillir la moisson; eh bien, attendons ici que la moisson ait couvert les verdoyantes
novales, et notre temps ne sera point inutilement
employé. Bientôt nous pourrons converser avec
nos hôtes, eux-mêmes nous fourniront le moyen
de recommencer notre pénible navigation; car,
tu le sais, nos jours ne doivent pas se perdre dans

une molle oisiveté. Tel fut son discours, mais il souffrait toutes les peines de l'ame. Son courage domptait à-la-fois ses sentiments et ses inquiétudes.

Orphée, après avoir enseigné aux Pélasges de la Samothrace à semer le blé, leur enseigna l'art de la parole organisée en langage régulier; puis il leur apprit à répéter les chants inspirés par Mnémosyne. Les langues sont le lien des intelligences humaines, et créent à leur tour l'intelligence dans l'homme. La musique ébranle toutes les facultés pour leur donner la vie, et leur imprimer le mouvement. Ne croyez pas néanmoins, roi pasteur, que les Samiens fussent entièrement dépourvus de langage; ils avaient conservé, avec une langue sacrée toute mystérieuse, toute composée de formules inconnues à eux-mêmes, puissantes et terribles, quelques restes informes d'une langue primitive, qui avait péri, et dont Orphée retrouva les éléments; car, ainsi que vous venez de l'apprendre par l'entretien de la sibylle, à une époque fort reculée dans la nuit des âges, la Samothrace avait éprouvé d'horribles catastrophes, dont le souvenir encore vivant dans de sombres traditions, était la seule trace de culte que l'on pût reconnaître. Sur notre malheureuse terre, l'homme est souvent obligé de recommencer le travail de son avancement; souvent il croit apprendre pour la première fois, et il ne fait que se souvenir. Mais le bienfait des instituteurs des peuples est toujours aussi grand. Toujours ils en sont récompensés par l'apothéose; et les dieux, dont ils furent inspirés, confirment les suffrages des peuples.

Lorsque le blé fut parvenu à la maturité, Orphée montra aux Pélasges l'art de le recueillir, de le réduire en poudre, de le pétrir, d'en faire le pain, aliment nouveau qu'ils savouraient avec délices. Il dirigea ensuite leurs travaux pour augmenter la fertilité de la terre. Par lui, ces peuples surent bientôt construire des charrues semblables à celle de Triptolème. Il leur fit façonner des coutres armés d'un fer aigu, en employant le feu que Prométhée avait donné aux hommes. Le bœuf, utile compagnon du laboureur, fut dompté et soumis au joug, et la précieuse semence fut jetée dans de profonds sillons, pour produire au centuple. Dans des hymnes sublimes, qui alors commencèrent à retentir parmi les campagnes agrestes, et qui, plus tard, feront résonner la voûte des temples magnifiques, le poëte divin disait l'influence des signes célestes, la succession des saisons, les préceptes de l'agriculture, les œuvres et les jours. Les oreilles, naguère si ignorantes, de ces peuples étaient devenues dociles à une telle harmonie. Ne vous étonnez point, Évandre, de

progrès obtenus en si peu de temps; et vous-
même, vous l'avez vu, car lorsque vous avez
quitté l'Arcadie, l'art de Triptolème y était à
peine connu; et cet art venait, à ce qu'on m'a
dit, de la Samos de Thrace. Dans le premier
âge des sociétés humaines, il est des années qui
valent des siècles, ainsi que dans l'enfance de
l'homme, il est des jours qui valent des années:
tant les limites de notre intelligence sont rapidement atteintes. D'ailleurs, vous le savez, roi
pasteur, nos facultés existent toujours en nous;
les circonstances et les enseignements ne les
créent point, ils ne font que les manifester. L'homme, avant d'avoir reçu tous ses développements,
montre d'avance ses instincts sublimes, et prédit
sa gloire future. Ainsi le jeune taureau, dont le
front n'est point armé de puissantes défenses, s'essaie déja aux combats qu'il livrera un jour, déja
il menace de ses cornes qu'il n'a pas encore. Tel est
l'homme, tels sont les peuples, tels furent les Pélasges. N'oublions pas sur-tout qu'Orphée était
inspiré des dieux, et que les temps étaient arrivés.

Alors le lien mystérieux de la société fut réellement tissu; alors la terre, rendue, par la culture, identique à celui qui la cultive, produisit
la propriété, base et origine de tous les droits;
alors furent tracées les limites des champs, cor-

respondantes aux limites de la propriété céleste, don de la lyre; alors fut placée la pierre irréfragable du témoignage; alors fut connue la sainteté de l'union conjugale; alors furent instituées les cérémonies funèbres; alors l'homme eut une famille dans le passé et dans l'avenir, et le dogme de l'immortalité naquit en même temps que le sentiment de l'humanité; alors la justice et la morale eurent des organes, et l'autorité descendit du ciel; alors la vie fut un bienfait, et la reconnaissance pour l'auteur de la vie se manifesta sous la forme d'un culte. Traditions primitives du genre humain, vous reparûtes sur la terre, vous sortîtes des débris épars de l'ancien monde. Génie des peuples, vous renouvelâtes votre pacte éternel avec la pensée divine, religion impérissable du genre humain. Tous ces prodiges furent opérés en un instant, car le cœur de l'homme ne refuse jamais de répondre à l'instant même, lorsqu'il est interrogé par la voix toute puissante de la vérité, lorsque toutes ses facultés sont interrogées à-la-fois. Les passions seules, ou de funestes préjugés, peuvent nous arrêter dans l'ignorance, ou nous retarder dans les voies du perfectionnement, et les Pélasges étaient des hommes simples.

Que pourrais-je vous dire, sage Évandre, des institutions diverses qui furent créées par le poëte divin, ou dont il puisa la science dans les traditions primordiales? Soit le souvenir de ses entretiens secrets avec Talaon, soit les instructions inconnues qu'il puisa dans les grottes cosmogoniques de la Samothrace, île sacrée dès l'origine des choses, soit le brillant Phanès qu'il consultait dans la solitude : tels furent les éléments de cette merveilleuse législation sacerdotale dont il ne m'a point été donné d'étudier les profondeurs. Par elle, une noce et une sépulture furent environnées des mêmes mystères redoutables, des mêmes cérémonies tristes et sévères; et Eurydice, la douce fille de la vision, en avait l'ame éperdue et épouvantée. Vous le savez, Évandre, et c'est ainsi dans le vieux Latium, dans l'antique contrée religieuse, l'invocation des ancêtres, qui habitent au sein des hautes sphères, les prérogatives de la propriété céleste unies à celles de la propriété sur la terre, la naissance et la mort, la stabilité du mariage, toutes ces choses augustes se confondent dans une seule grande pensée, donnent lieu à des initiations semblables, à des épreuves également terribles, à force d'être imposantes et solennelles.

Ces peuples, afin de retenir plus long-temps des hôtes qui les ont comblés de tant d'inappréciables bienfaits, et leur faire chérir une demeure fixe, avaient construit aux deux époux une cabane ornée de feuillages. Les sublimes orphelins n'habiteront point la cabane hospitalière qui leur est destinée, car ils ne peuvent y placer la glèbe, gage et symbole du pouvoir domestique; et le numèn des manifestations successives, la Victoire Thalamopolos n'y a point profondément enraciné, dans le sol, le lit immuable, la couche féconde et sainte qu'aiment à visiter les ancêtres. Orphée considérait un aigle planant dans les airs : C'est peut-être, disait-il, l'ame de mon père, qui veut finir mon opprobre en m'éclairant sur mon origine. Auteur inconnu de ma vie passagère, disait-il encore, viens-tu verser sur moi les génies de ta race immortelle? Ah! si j'ai refusé d'aller te consulter à l'oracle de Leucade, pardonne-moi; tu sais ce qui m'a détourné de ce dessein. Mais l'aigle augural s'enfuyait, et allait se perdre dans le vague azuré du ciel. Eurydice, à ce moment douloureux, était pleine d'une tristesse infinie.

Toutefois, lorsque Orphée et Eurydice étaient retirés, ils passaient dans d'aimables entretiens les heures de l'exil. Ils parlaient du puissant Talaon et de la charmante Vola. Ils se rappelaient les graves leçons de l'un, les douloureuses inquiétudes de l'autre. Ils ne savaient s'ils devaient continuer de vivre ensemble comme un frère et une sœur, ou s'ils pouvaient entrer dans la société conjugale, après y avoir fait entrer les habitants de l'île. Hélas! leurs courses n'étaient point finies, et ils ressemblaient toujours aux oiseaux voya-

geurs. Cette incertitude de l'avenir, qui existait
pour eux seuls, mêlée aux douces alarmes de
l'amour, faisait que leur vie mystérieuse ne s'é-
coulait pas sans de vives agitations au fond du
cœur. Cette tristesse intime incessamment s'aug-
mentait pour Eurydice : c'était une belle plante
dévorée par le soleil du midi. Elle n'avait d'autres pensées que celles dont Orphée était l'objet;
et elle s'épanouissait en sa présence; mais sitôt
qu'il s'éloignait, ou pour se livrer à d'utiles travaux, ou pour instruire les peuples, elle lan-
guissait à l'égal de la fleur du lotos, lorsqu'elle
cesse d'être baignée par la rosée du matin, ou
par l'eau de la fontaine. Elle s'étonnait de ce
que la musique, qui peut civiliser les hommes, ne
connaît aucun prestige pour tromper les ennuis
du cœur. Lorsque Orphée était auprès d'elle, c'é-
tait comme une joie douloureuse qui lui donnait
une sorte d'effroi tout semblable au malheur de
l'absence. La lyre elle-même n'avait plus, pour
la fille de la vision, qu'un charme difficile à soutenir. Elle demandait l'air de la tempête; mais
l'orage était dans son cœur. Elle demandait les
baisers de l'amitié fraternelle; mais il n'était plus
au pouvoir d'Orphée de lui donner les baisers de
l'amitié fraternelle. Dieux! rendez-lui les anciennes rêveries du premier âge! Faites-lui retrouver
les images fantastiques qui naguère se jouaient

de sa jeune imagination, et qui, du moins, ne la troublaient qu'à son insu.

Orphée, tout occupé de mille grandes pensées, était cependant loin d'être insensible à l'état où il voyait Eurydice. Ma bien-aimée, lui disait-il, je me reproche maintenant de t'avoir arrachée à ton sol natal. Tu croissais parmi les plantes embaumées de ton héritage, et ta vie silencieuse s'écoulait dans une douce innocence. Pour toute nourriture, avec moi, tu n'as, le plus souvent, que des fruits sauvages; j'abreuve ton ame de tristes souvenirs, et je te laisse en proie aux fantômes de la nuit. Être aérien, mystérieux, sacré, qui es toute une poésie, nymphe charmante, en quelque sorte délaissée, ne fais-tu point de plainte contre moi? Non, répondait Eurydice, non, je ne me plains point d'Orphée. Mais, puissant héros, tu es ma vie même; et moi, je suis loin de te suffire. J'envie et les travaux que tu accomplis, et le bonheur que tu dispenses à ces peuples; j'envie les accords de cette lyre, qui peuvent changer en hommes les animaux des forêts, et qui ne peuvent qu'agiter en vain le cœur de la pauvre jeune fille. Oui, je voudrais être seule avec toi, être tout pour toi, être l'objet de toutes tes pensées, être ton unique avenir. Je ne puis me le dissimuler, Orphée, il me semble que je ne suis point assez toi-même. Ah! je ne suis plus la nymphe simplement asso-

ciée à tes hauts desseins, je suis une mortelle infortunée, perdue dans mille délires nouveaux et
inconnus. L'initiation de mon père Talaon pèse
sur moi. Une soif dévorante me consume; les
grains raffraîchissants qui sont enfermés dans la
grenade généreuse de Koré pourraient peut-
être étancher ma soif.

Ainsi parlait Eurydice, en rougissant avec les
charmes les plus touchants de l'amour et de l'innocence : dans son regard étaient toutes les inquiétudes et toutes les félicités de la vie, toutes les
craintes et toutes les espérances qu'il nous est
donné de concevoir. Ainsi parlait Eurydice, et je
ne sais quelle terreur secrète, je ne sais quel besoin d'une transformation d'elle-même anéantis-
saient le repos de son cœur, détruisaient l'harmonie de ses facultés. Les fêtes riantes et sérieuses de l'hymen enchantaient à-la-fois et attristaient
son imagination. Orphée, qui venait de les instituer, atteint à son tour par cette fascination invincible, et sur-tout ému par les discours d'Eurydice, lui répondait : Ame de ma vie, sois-en assu-
rée, tu es tout pour moi. Non seulement tu es
ma sœur chérie, tu es encore mon épouse bien-
aimée. Si les dieux m'ont inspiré de hauts desseins, ce n'est point une telle pensée qui peut
me séparer de toi. Ah! s'il le faut, finissons ici
nos courses aventureuses. Je vais chercher sur

ma lyre les accords qui peignent l'amour, car
ils y sont aussi bien que ceux de l'inspiration
sociale : et la société conjugale n'est-elle pas la
première de toutes les sociétés humaines? Je
vais donc faire entendre à Eurydice le chant
nuptial. Ma vie néanmoins ne s'écoulera pas dans
l'oisiveté. Vois ces rivages immenses qui se dé-
ploient devant nous; vois ces îles nombreuses qui
s'élèvent du sein des mers; ces rivages et ces îles
seront encore ma conquête. Le blé de Cérès, la
charrue de Triptolème, l'art de façonner les métaux avec le feu ravi au ciel par Prométhée, toutes ces choses ne tarderont pas d'être, de proche
en proche, le patrimoine de tant de nations naissantes. Les Pélasges, instruits par moi, feront luire
par-tout le flambeau de la parole; et la Samothrace
sera comme un phare brillant qui éclairera au loin
les îles et les mers. Oui, bornons ici nos voyages;
et que la fille de la vision devienne enfin l'épouse
véritable de l'orphelin, du délaissé, du naufragé
échappé par elle aux tempêtes.

A ces mots, un rayon d'une joie pure vint environner le front d'Eurydice; mais, hélas! ce rayon
trompeur était le bandeau de la victime, et non
le bandeau de l'épouse. Un grand sacrifice était
réclamé par la Providence, dispensatrice des biens
et des maux; et l'antique Némésis, cette divinité
jalouse, gardienne sévère des plus secrètes pen-

sées, des mouvements les plus involontaires du
cœur, Némésis venait de se réveiller. Le mystère
de mort qui reposait dans le nom d'Orphée étend
ses noires ailes sur la fille merveilleuse de la vision, vision véritable, qui ne parut qu'un instant
sur la terre.

D'une main tremblante, celle qui veut être
initiée reçoit des mains du poëte le voile tissu
par l'épouse d'un Titan : ce voile, emblème d'une
science cosmogonique, descend à longs plis sur
le visage de la vierge; et ses yeux ont peine encore
à soutenir la clarté du jour. Elle ouvre en frémissant
la pomme de grenade; les grains vermeils qu'elle
renferme brillent à ses yeux d'un doux éclat.

Orphée, l'ame oppressée à-la-fois par de funestes pressentiments et par une incomparable
tendresse, Orphée, prenant sa lyre, se mit à chanter l'Amour vainqueur du chaos, le lien conjugal,
premier lien de toutes les associations humaines,
et ces chants disaient avec une sorte de tristesse
pleine de charme : Nous sommes étrangers au milieu de ces peuples naguère obscurs. Eurydice
n'a point de nobles compagnes qui aient partagé les jeux de son enfance, qui s'empressent
autour d'elle, qui aillent, pour la vierge pure,
cueillir des fleurs dans la prairie. Aucune fille
de son âge ne viendra, en folâtrant, tresser des
guirlandes et des couronnes pour parer la nou-

velle épouse. Nulle femme vénérable, instruite dans l'austère palingénésie de l'hymen, n'est, à ses côtés, pour la révéler à la jeune fille innocente, pour y préparer l'épouse pudique. Les fêtes dont il est si doux d'envelopper les soucis d'un changement de destinée, ces fêtes ne sauraient exister pour nous. Noces où les parques absentes sont remplacées par les Muses, pour clore le passé, pour inaugurer l'avenir, noces solitaires de deux exilés, soyez notre joie et notre espérance. Ma lyre, qui sut vaincre la barbarie, ma lyre, qui put adoucir les mœurs sauvages des hommes sans loi, ma lyre toute seule suffira pour enseigner ce que les mères vénérables auraient enseigné; elle suffira pour célébrer et pour voiler les ravissantes merveilles de l'amour, de la beauté, de la pudeur; et les airs qui exhaleront leurs mille parfums, et les voix harmonieuses des sphères étoilées qui veillent sur nous seront toute notre pompe nuptiale. Rosées fécondes du ciel, tombez sur les jeunes guérets; et vous, trésors de l'immortalité, soyez confiés au chaste sein de la nouvelle épouse. Hélas! hélas! les félicités sont-elles faites pour l'homme? La douleur ne sort-elle pas de la source même des plaisirs? Quel trouble vient obscurcir de trop enivrantes espérances? Le bonheur accablerait-il donc aussi le cœur de l'homme? Pourquoi ce moment est-il, à-la-fois, si plein de

délices et si plein d'amertume? Eurydice, nous
serions-nous trompés? Hélas! hélas! j'avais oublié
les funestes paroles de la sibylle! et voilà qu'elles
se représentent à ma mémoire! Repose-toi, ma
lyre, puisque tu ne veux plus que répéter les paroles de la sibylle mourante!

Et pendant qu'Orphée chantait, égaré encore
dans les régions de l'enthousiasme, pendant que
sa lyre, à son insu, prophétisait les larmes, un
nuage funeste commençait à peser sur les yeux
d'Eurydice; la pâleur de la mort s'avançait graduellement sur le visage touchant de la vierge étonnée,
et peu à peu l'incarnat de la pudeur s'enfuyait.
D'abord, elle crut que les mystères de l'amour
devaient, sans doute, avoir quelque ressemblance
avec les mystères de la mort: tant elle avait déja
compris ce qu'il y a de terrible dans les destinées
humaines! Mais bientôt elle fut plus éclairée sur
les causes de cette anxiété croissante qui s'emparait de tout son être; elle sentit que la vie se re-
tirait d'elle, que sa belle existence s'évanouissait
comme le songe d'une radieuse aurore de printemps. Elle essaya de porter à sa bouche altérée
quelques grains de la pomme de grenade; mais ils
touchèrent à peine ses lèvres décolorées. Alors elle
écarta de sa tête le voile mystique de l'initiation.
Orphée, dit-elle d'une voix affaiblie, j'ai voulu te
distraire de tes grandes pensées, au lieu de me bor-

ner à les embellir, et à leur donner du charme; et
voilà que les dieux m'en punissent. Le châtiment
n'a pas tardé de suivre la faute; et la faute peut-
être était bien pardonnable. Continue d'obéir à tes
hautes destinées, que je voulais concentrer sur
moi seule; marche à ton noble but, sans te dé-
tourner ni à droite ni à gauche, et que la douleur
ne fasse pas ce qu'allaient faire les condescendances de l'amour. Pour moi, infortunée, pour
moi qui fus trop jalouse de tes affections, la mort
est dans mon sein; j'ai été soudainement pénétrée
de son trait fatal; et déja je ne suis plus ton Eurydice, je ne suis plus ni ta sœur chérie, ni ton
épouse sacrée. Hâte-toi, mon bien-aimé, de donner le dernier baiser du frère, le premier et dernier baiser de l'époux à la vierge qui ne pouvait
savoir de toi les secrets divins de l'épouse. Eurydice finit de parler, et ses derniers mots n'é-
taient plus qu'un harmonieux murmure, et elle
mourut en recevant le baiser fraternel sur son
front virginal, le baiser de l'époux sur ses lèvres
intactes. Tel fut, sur les bords d'un fleuve enchanté, un cygne tout éclatant de blancheur;
telle est la mort mélodieuse de l'oiseau sans
tache, parmi les herbes embaumées du rivage.

Orphée reste muet d'étonnement et de douleur;
son esprit s'abyme dans les profondeurs de ce funeste prodige, et son ame interroge avec une im-

mense tristesse les cieux qui n'ont rien changé
à leur immortelle splendeur.

Ainsi les chants de l'hymen devinrent, à l'instant même, des chants de deuil. Le lit nuptial
de la vierge fut un tombeau. Les Pélasges assistè-
rent, en pleurant, aux funérailles d'Eurydice;
mais Orphée, qui voulut chercher sur sa lyre inspirée, les sons d'un vain désespoir, n'y trouva
que les sons extatiques de l'immortalité et de l'a-
pothéose.

Ouvrez-vous, barrières éternelles, ouvrez-vous
devant celle que la mort a frappée en vain! Une
créature qui aima, dont la pensée subsiste après
elle, une telle créature peut-elle cesser d'être?
Cette vie de ma vie pourrait-elle être éteinte, et
moi continuer d'exister? Intelligences, ses sœurs,
préparez un trône de gloire à votre compagne
immortelle, qui apparut un instant sur la terre,
qui apparut sous une forme périssable, devenue par elle une forme divine! Elle est restée
pure comme l'une de vous! Qu'elle entre de suite,
avec vous, dans les chœurs des danses célestes!
Elle est sans tache, et le beau vêtement qu'elle
vient de quitter est sans tache comme elle! Les
hommes ont entendu sa voix, mais sa voix seulement, cette voix qui savait leur faire comprendre
une autre patrie, la patrie d'où cette divine étrangère était venue, et où elle devait sitôt retourner!

Ah! plus que les autres hommes, j'ai connu la divine étrangère, et son regard n'a daigné tomber que sur moi! Ne pleurez pas! c'est à moi seul de pleurer, encore comme on pleure une absence qui doit finir, comme on se plaint d'un exil qui touche à son terme, comme on regrette un hôte ami qui est venu nous consoler dans notre exil, et que nous devons retrouver! Lumière du soleil, lumière des astres de la nuit, vous voulez encore éclairer mes pas comme vous avez éclairé les siens! D'autres astres versent une autre lumière pour éclairer maintenant ses pas, pour éclairer bientôt les miens! Astres inconnus, je vous salue d'avance! Hôtes passagers, qu'étions-nous avant d'être ici-bas? Que serons-nous après? Pensée de l'homme, qu'étais-tu avant d'être la pensée de l'homme? N'étais-tu pas déja une pensée éternelle? La mort est-elle autre chose qu'une initiation douloureuse? Et la vie elle-même n'est-elle pas une initiation? Eurydice! Eurydice! tu es toujours la fille de la vision, mais de la vision éternelle! Tu es l'inspiration de la justice! Pompe nuptiale! emblème cher et cruel d'une union éphémère, qui devait précéder l'union sans fin, voilà donc ce que tu voulais me révéler! Oh! que je me presse d'aller où elle est allée! Dieux! daignez me dire comment je puis me hâter pour accomplir plus tôt ce que vous exigez de moi, et, libre, arriver enfin à

elle, arriver à l'union sans trouble et sans fin !
Quand un autre pourra-t-il chanter pour moi :
Barrières éternelles, ouvrez-vous devant celui qui
ne peut cesser d'être, devant celui qui est at-
tendu ! Aigle un instant captif, tes chaînes sont
tombées, étends tes puissantes ailes, et envole-
toi dans les plaines du ciel, va te désaltérer dans
la coupe du souverain des dieux ! Et toi, qui fus la
vision du temps, quand seras-tu pour moi la vision éternelle ?

Telles étaient les paroles sans suite, contenues
dans les chants inspirés du poëte ; elles se mariaient
lentement aux sons entrecoupés de sa lyre fatidique, et plongeaient son ame dans d'inexprimables et douloureuses extases. L'enfantement de
l'ame immortelle ne se fait pas sans de cruelles
angoisses. Pour la première fois, Orphée comprit
ce qu'était son épouse mystérieuse ; pour la première fois aussi, les Pélasges eurent, quoique
d'une manière confuse, le sentiment de la vie à
venir. Le deuil de l'orphelin désolé était destiné
par les dieux à adoucir l'amertume de tous les autres deuils. A mesure que l'homme s'élève dans la
sphère de l'intelligence, il augmente en lui les
facultés de la douleur ; mais il lui est donné de
rallumer au flambeau d'une existence sans fin le
flambeau d'une existence passagère tout près de
lui échapper. Dès qu'il s'élève à l'appréciation du

temps, dès que son esprit conçoit l'avenir, il entrerait dans le désespoir, si l'immortalité ne lui était pas révélée en même temps. Charmante image de la nymphe malheureuse, vous sortirez quelquefois des bosquets de l'Élysée, pour visiter votre époux dans ses songes, pour lui être une vision lorsqu'il méditera dans la solitude, une vision éternelle.

Cependant le poëte inconsolable passait ses jours à pleurer et à gémir, ses nuits à pleurer et à gémir encore. Il disait : Qu'ai-je fait aux dieux, pour qu'ils m'envoient de si cruelles souffrances? En quoi ai-je mérité de rester seul sur la terre? Il disait : Être charmant, fait pour l'amour, et que l'amour a détruit, vis toujours dans mon ame : que nulle autre femme ne règne sur mon cœur! Demeure mon épouse sacrée! Je n'aurai plus ni joie ni espérance. Ma vie tout entière sera consacrée désormais à réaliser la pensée qui, sans l'apparition d'Eurydice, eût reposé inutile dans mon sein. La douleur sera le second génie qui m'expliquera les destinées humaines.

Les Pélasges ne retinrent plus Orphée; ils lui construisirent une autre barque, sur laquelle il courut, au travers de nouveaux orages, conquérir une nouvelle contrée; il n'emporta, pour tout trésor, qu'une poignée de ce grain précieux qu'il avait fait croître dans les sillons de l'île.

La barque, qui vient de recevoir Orphée, est une barque grossière, ouvrage informe d'un peuple sans art; elle n'est ni peinte, ni ornée de sculptures; aucun simulacre ne la protège, ne la décore; elle ne présentera point aux vents une voile tissue de lin ou de soie; ses ais ne sont pas réunis ensemble par une poutre prophétesse : le poëte porte en lui toute sa destinée, toutes ses inspirations. Orages et tempêtes, respectez, cette fois, l'espérance d'un si grand avenir; le héros magnanime ne pourrait plus être sauvé par la fille merveilleuse de la vision.

Long-temps les Pélasges restèrent immobiles et en silence sur le bord de la mer, à considérer le lieu où ils avaient vu, spectacle merveilleux! la fragile nacelle d'Orphée d'abord fendre les flots comme une navette qui court le long de la trame du tisserand, ensuite se perdre au sein des vapeurs resplendissantes de l'horizon. Alors ils jetèrent de grands cris, et versèrent des larmes abondantes.

Le récit que vous venez d'entendre, roi de la colline carrée, je le tiens, comme je vous l'ai dit, des prêtres de la Samothrace. On ne s'explique point sur l'institution des mystères cabiriques; ils sont austères et sérieux; ils retracent les créations d'une civilisation antérieure, qui précéda, dit-on, les désastres de cette contrée, alors qu'elle

fut séparée du continent par la violence des eaux,
alors que le Pont-Euxin, brisant de puissantes
digues, s'ouvrit le passage de la mer nommée depuis Hellespont, pour verser une partie de ses eaux
dans la Méditerranée. Ces créations d'une civilisation antérieure sont-elles une histoire vraie tirée
d'anciennes traditions, ou sont-elles une savante
allégorie pour exprimer, par de belles images, le
noble but des sociétés humaines? La sibylle dont
je vous ai dit la mort ne faisait que des récits de
désolation, qu'elle a emportés avec elle dans les
ténèbres, où elle a enfoui ses derniers instants.
Si nous avions, noble Évandre, à nous occuper
de la plus noble science des temps primitifs, j'aurais à vous entretenir de certaines doctrines des
sanctuaires cabiriques; selon eux, le monde des
essences a précédé le monde des substances, et
ce fut là le commencement des choses. Quoi qu'il
en soit, ces prêtres disaient beaucoup, et savaient
plus encore qu'ils ne disaient. Dardanus, assure-
t-on, subit l'expiation des mystères cabiriques; et
c'est à ce prix que sa race n'a pas été abolie. Orphée adoucit la rigueur des épreuves, ou peut-
être les institua, car toujours les voiles s'épaississent sur les origines. On se réfugie à l'ombre d'un
grand chêne, et nul n'a vu le gland ignoré qui l'a
produit: quelquefois un orage déracine le chêne
altier, quelquefois il grandit plus lentement que

les institutions humaines, et il leur survit. Roi de
la colline carrée, je ne puis rien affirmer; je n'ai
assisté qu'à une sorte de théophanie, où sont rap-
pelées les tristes aventures de Perséphone et celles
d'Eurydice, traduites en langage symbolique.
Moissons dorées, n'êtes-vous pas l'emblème de la
vie à venir? Dans ce lieu, tout rappelle la douleur et les bienfaits d'Orphée.

Toutefois, il est permis de penser que s'il eût
pu rendre la science vulgaire, comme on croit
qu'elle l'est en Crète, le héros magnanime n'aurait point hésité à promulguer les mêmes lois pour
tous. Une haute prévision lui avait appris que
l'humanité, la poésie, la philosophie, les arts,
ainsi que la gloire, noble prix du génie, sont
choses plébéiennes : cette prévision, Évandre, est
fondée sur la connaissance de la nature intime de
notre être, sur la contemplation de l'ordre et de
l'enchaînement des destinées de ce monde sublunaire.

Les prêtres de la Samothrace me firent aussi
part de leurs conjectures sur l'origine inconnue
d'Orphée. Les uns le disent fils de la muse Calliope;
d'autres le font naître d'un fils d'Atlas. Quelques
uns le croient né dans la Scythie, région de l'exil
et du silence, et pensent que son berceau fut mer-
veilleusement apporté à Lébethra, dans la Thrace,
où il devait instruire les hommes. On dit aussi que

le père de Vola ne peut être autre qu'Olen de Lycie, Olen chantre célèbre des calamités de l'ancien monde; et la Lycie est la région de la lumière. Orphée ne parla jamais de sa vie, ni d'aucun des siens; il laissa toujours la renommée raconter à son gré.

Après avoir su des prêtres de la Samothrace tout ce qu'il m'était donné de savoir, je les quittai pour aller dans la Thrace, chercher de nouvelles lumières. Fils de la Thyade, ce sera le sujet d'un autre entretien.

FIN DU LIVRE TROISIÈME.

ORPHÉE.

LIVRE QUATRIÈME.

MELPOMÈNE.

LA THRACE.

Œagrius, roi des Odrysiens, m'accueillit avec bonté dans sa cour barbare, et composée de guerriers, ses égaux, dont il était le chef redouté. La pensée du poëte divin que je m'étais imposé la tâche de suivre, en quelque sorte, sur la trace de ses pas, cette pensée fut le lien qui nous réunit dès le moment où je fus admis à son foyer hospitalier. Je racontai à ce roi sans sceptre héréditaire, sans souveraineté sur le sol, je lui racontai l'histoire des premières années, des premiers travaux, des premières douleurs d'Orphée, telle que je l'avais apprise des prêtres de la Samothrace, et telle que je viens de vous la dire, vénérable Évandre. Ce récit fut pour Œagrius une source d'étonnement et d'instruction; il ne savait que les prodiges dont il avait été témoin, les bienfaits qu'il avait reçus. Jamais, me disait-il, jamais

dans ses entretiens les plus intimes, le poëte inspiré ne m'a rien appris sur lui-même; je n'ai
point cherché non plus à pénétrer les secrets de
son ame sublime. Je le sentais trop élevé au-
dessus de moi, pour que je me crusse permis de
l'interroger sur les choses qu'il croyait devoir me
taire. J'ai aperçu en lui une tristesse profonde,
mais j'en ai toujours ignoré la cause, et je ne l'at-
tribuais qu'à son génie sérieux, ou plutôt, il était
un demi-dieu pour moi. Je ne lui ai point entendu
prononcer le nom d'Eurydice; sans doute, ce nom
sacré ne venait sur ses lèvres que lorsqu'il se réfu-
giait dans la solitude, soit pour se livrer à de
graves méditations, soit pour s'abandonner en liberté à sa douleur. Vous avez pu voir, Thamyris,
me disait-il encore, vous avez pu voir combien
est florissant l'empire étroit que les dieux m'ont
donné à gouverner. Cette contrée aride et mon-
tagneuse, en un instant, a changé d'aspect. Tout
est dû à Orphée. C'est lui qui a civilisé mes peuples, qui a courbé leurs fronts sous le joug des
lois. Auparavant, je n'avais d'autre empire sur
eux que celui de la force et du courage. Mon ascendant était dans mon bras, dans mon dédain
pour tous les obstacles, dans mon regard inflexible. Ma voix les faisait trembler; ils m'obéissaient, parceque je les surpassais en mœurs farouches et féroces; ils me suivaient au sein des

dangers, parceque je m'y précipitais aveuglément le premier; dans la guerre, si toutefois on peut appeler guerre de tels combats, ils reconnaissaient leur chef à ses fureurs et à la sûreté de ses coups. D'ailleurs, vous le savez, et je l'ai compris à mesure que mes facultés se développaient, il y a, dans les hommes, une disposition à l'ordre social, un goût inné d'harmonie, qui les fait se soumettre au pouvoir, dès que le pouvoir se présente avec la confiance en lui-même, et cette confiance vient des dieux. L'autorité est une inspiration. Ainsi les peuples m'obéissaient, mais ils m'obéissaient en frémissant. Le fait n'était point sanctionné par le droit, ni l'obéissance par l'assentiment; le lien qui unit les peuples et leurs chefs n'était point formé, et les chefs, aussi bien que les peuples, en ignoraient le mystérieux tissu. Du moins, c'est ainsi qu'Orphée m'a, depuis, expliqué la nature de mon empire. Je n'étais donc point roi; le pouvoir que j'exerçais était un pouvoir sans nom, sans signe, sans limite, sans durée. J'ai été fait roi par Orphée, en même temps que les Odrysiens sont devenus réellement un peuple, car le pouvoir et l'obéissance ont une même origine. C'est la contrée la plus âpre qui a produit tous les enchantements de la musique; c'est la langue barbare qui est la langue religieuse.

Apprenez maintenant, ô Thamyris, comment

les choses se sont passées. Vous m'avez dit que le
poëte divin était apparu à Eurydice, du sein de
la tempête; à moi, c'est au sein de la bataille,
orage bien plus terrible, et la bataille n'avait d'autre motif que celui de nous disputer la terre, où
nous étions trop pressés. Nous étions tous enga-
gés dans la forêt de Dodone. Les arbres prophétiques poussaient de sinistres gémissements. Les
dieux du silence et de l'effroi semblaient proférer
de menaçantes imprécations. Le fer nous était inconnu; les rochers et les troncs des arbres étaient
toutes nos armes, et nous n'avions d'autres vêtements que les peaux des bêtes tuées par nous.
Des nuées de vautours étendaient leurs noires
ailes sur nos têtes nues. Des troupes de loups af-
famés nous entouraient. Vous eussiez dit le combat des géants, ébauches grandes et informes de
l'homme, et nés spontanément de la terre. Mais
voici un autre spectacle, spectacle épouvantable,
dont vous ne pouvez vous faire aucune idée. Un
instinct féroce nous porte à nous servir du feu qui
venait de nous être révélé. Était-ce pour un tel
usage que le sage Titan l'avait donné à la race mortelle? Mais aussi n'était-ce pas déja un acte de l'intelligence humaine, encore si grossière? Des bran-
dons jetés par nous au milieu de l'antique forêt
allument tout-à-coup un vaste incendie. Les loups
se retirent en hurlant, les vautours épouvantés

s'enfuient dans leurs aires. Nous restons seuls avec notre rage, et lorsque la nuit descendit sur la terre, nous continuâmes de nous écraser à la lueur des flammes. Nos femmes, nos enfants, les femmes, les enfants de ceux contre qui nous combattions, chassés de leurs retraites par le feu dévorateur, cherchent un refuge au milieu de cette scène de désolation, et se précipitent pêle-mêle sous les pieds des combattants. Je sentais une terreur intime et profonde, je craignais que cette race, âpre comme la contrée, et issue de cette race forte qui avait dompté les éléments, ne fût destinée à périr. L'homme n'aurait donc fait que paraître sur la terre, et il n'aurait paru que pour s'exterminer! non, disais-je en moi-même, une si cruelle destinée ne s'accomplira pas! Dieux qui avez fait l'homme, sauvez-le de ses propres aveuglements!

Il est impossible de prévoir ce qu'eût été l'issue de cette horrible bataille, si le carnage aveugle n'eût été subitement suspendu par un prodige. Des sons d'une harmonie irrésistible vinrent se mêler aux cris inarticulés de la fureur, aux hurlements du désespoir, et les calmèrent comme par enchantement. On eût dit que les nuées ouvraient leurs rideaux d'azur pour verser sur nous la paix des cieux. Notre oreille, à peine façonnée, n'avait jamais entendu de tels sons; nous n'étions

que des animaux sans frein, mais l'homme futur
était en nous. Nous levons les yeux vers la colline
escarpée d'où partait le concert, vers la colline où
la paix des cieux s'était abaissée. Nous apercevons
un dieu revêtu d'une longue robe de lin, il tenait
une lyre d'or dans ses mains inspirées. Une couronne de laurier entourait le front de l'immortel.

A ce moment, une femme sort du milieu de la
foule, et fait entendre quelques syllabes d'une
harmonie étrange. On avait cru d'abord la voir
surgir de la terre, comme une de ces émanations
insaisissables qui, quelquefois le soir, se traînent
sur les rivages des fleuves; puis se condenser et
prendre la forme humaine. C'est une femme
d'une haute stature, une femme inconnue à tous.
Ses cheveux flottent en désordre sur sa tête singulièrement belle, la dépouille d'une panthère
couvre ses épaules admirables, ses yeux brillent
d'un éclat extraordinaire. Toutefois elle conserve
quelque chose de fantastique, et ses traits ne paraissent pas avoir été complétement réalisés. Ses
discours, peu à peu, deviennent compréhensibles.
L'ouïe, chez nous, s'éveille en même temps que se
développent en elle la forme et la parole. Écoutez,
s'écria-t-elle, écoutez une femme à qui la musique
a donné toute une existence, la vie même. Écoutez la Voluspa des contrées du Nord, la sibylle
du siècle nouveau! Je sais toutes choses. Les si-

bylles du siècle qui vient de finir, je les ai connues. Elles disaient : Comment les hommes pourraient-ils espérer de durer, lorsque les Titans ont passé? Elles ont dit en vain! Il ne s'agit plus de combats contre les éléments, contre les forces cosmogoniques, contre le chaos. Voilà que la lutte est entre les hommes. Celui qui vous apparaît là-haut, semblable à un dieu, c'est celui que les destins ont promis. Il a un nom dans les sphères célestes, et un autre nom sur la terre. Il est Orphée pour nous. Il nous apporte la guérison, c'est-à-dire qu'il vient relever les natures infimes, les rendre égales aux natures fortes. Que l'homme succède au Titan! son tour est venu. Celui-là, Orphée, l'envoyé des Dieux, nous dira les paroles sacrées qui font la famille. A ces mots, elle s'élance pour gravir la colline ; mais à mesure qu'elle s'élève, il semble qu'en elle la forme humaine va s'évanouissant, et elle finit par se perdre dans les flots de lumière dont le sommet de la colline est couronné.

On ignorait d'où elle était venue; on n'a point appris depuis où elle était allée; elle ne fut pas même aperçue du plus grand nombre. Il ne resta donc plus qu'Orphée. Nous nous approchons tous, confondus les uns avec les autres, sans songer à nous attaquer, ni à nous défendre. Je ne sais quel lien de confraternité nous tenait enchaî-

nés au pied de la colline des merveilles. Les hommes étaient stupides d'étonnement; les femmes et
les enfants manifestaient les signes de l'enthousiasme et de l'exaltation, par l'enivrement de leurs
regards et l'adoration de leurs attitudes. Un dieu!
un dieu! criait cette multitude confuse. Des facultés nouvelles étaient créées dans tous. Orphée
avait suspendu ses concerts, et nous écoutions
encore. Nous attendions, et le silence le plus profond régnait : ce silence n'était interrompu que
par le bruissement de la forêt que les flammes
continuaient de dévorer, et par les terribles rugissements des bêtes féroces, chassées de leurs tanières. Une lueur affreuse éclairait nos visages
tout-à-l'heure si menaçants, et projettait en haut,
sur le poëte divin, une lumière éclatante, mais
adoucie; arrivée à lui, elle ne paraissait être que
la lumière même de sa gloire. Bientôt il recommença ses chants, et nous continuâmes de l'écouter avec ravissement, jusqu'au moment où le soleil
parut sur l'horizon. Tout le calme qui avait pénétré nos ames ne peut s'exprimer; nous restions
immobiles de surprise et d'admiration. Telle fut,
pour nous, l'aurore de l'humanité.

Moi, plus hardi que tous, ou peut-être plus
doué des desirs féconds de l'intelligence, je voulus monter sur la colline, pour m'approcher de la
divinité qui avait eu la puissance de suspendre

nos fureurs, et qui avait empêché deux multitudes destinées à devenir deux peuples de s'exterminer brutalement. Je restai la plus grande partie du jour avec Orphée. Il m'enseigna les hautes doctrines sociales, les fondements des lois sur lesquelles reposent les institutions humaines. Il m'apprit que le premier moyen de civiliser les hommes était de placer leur vie dans l'avenir, de leur faire goûter les charmes de l'espérance. Ils sont misérables, me disait-il, tant qu'ils n'ont pas conçu la pensée du lendemain, celle de l'année suivante, puis enfin celle de la postérité, car toutes les pensées d'avenir se tiennent; pour croire à la vie qui doit suivre celle-ci, il faut commencer par croire à cette vie elle-même, à cette vie passagère. Les races n'existent qu'à ce prix, et les races sont une forme de l'éternité; l'éternité, c'est le temps non mesurable. Ceux qu'à présent vous appelez Odrysiens, et qui naguère étaient sans noms, désormais se distingueront les uns des autres par la diversité des noms. Ils égorgent les animaux, pour en dévorer la chair, pour en boire le sang. Ils ne savent qu'arracher les racines de la terre, et dépouiller de leurs fruits sauvages les arbres des forêts. Sitôt que leur faim est apaisée, ils se livrent au repos. Leur intelligence ne peut se développer. Ainsi le premier moyen de civiliser les hommes est de leur enseigner à semer le blé.

Ils sont alors obligés de prévoir et d'attendre. Toute la société est dans ces rudiments grossiers ; car, seulement alors, il peut y avoir de saints mariages, fondement de toutes les associations : la culture du blé, cette lutte pénible contre la réalité de chaque jour qui passe, conduit à la propriété, autre lien moral des hommes, second fondement de la société. Il m'apprit aussi que la terre n'était pas au premier occupant, qu'elle était le prix du travail, qu'elle était une chose divine ; que, par la culture, elle devient portion de l'humanité, que l'homme et le sol s'identifient, et que la culture est une religion. Les défrichements sont donc le culte des dieux de l'humanité, et c'est par ce culte qu'il faut tout commencer. Œagrius, sois le pontife de ce culte initiateur ! Les formidables travaux des Titans ont préparé la demeure de l'homme ; avec des travaux plus faciles, l'homme doit s'assujétir la terre. Parmi cette multitude confuse, née fortuitement d'une honteuse promiscuité, toi seul, Œagrius, as connu celui qui fut ton père. Tharops a quitté la vie, mais je t'apprendrai où gît sa dépouille mortelle. Bacchus, dont il lui a été donné de connaître quelques révélations, Bacchus a pris soin de le faire ensevelir par ses Ménades. Avant toutes choses, tu élèveras un tombeau solennel à celui par qui tu jouis de la lumière du jour. Toutefois, ajoutait-il, ce n'est pas le bonheur que j'apporte aux hommes, c'est la puissance du progrès. Au reste, qu'importe que l'homme soit heureux, pourvu qu'il soit grand!

Fils vaillant de Tharops, je dois te l'apprendre pour ton instruction, j'ai voyagé dans les royaumes de la solitude, dans les lieux où l'homme, avant moi, n'avait jamais imprimé ses pas. J'ai traversé des forêts immenses dont les animaux sont en pleine possession, sans doute depuis l'origine du monde. Oui, la terre, il est permis de le croire d'après d'irrécusables témoignages, la terre, durant bien des siècles, fut tout entière habitée par les animaux: alors c'était vraiment une vaste solitude, puisque l'homme n'y était pas; c'est sur les animaux muets que l'homme, doué de la parole, a dû conquérir son domaine.

Ainsi, Œagrius, j'ai voulu savoir ce qu'était la terre lorsque l'homme ne l'habitait pas encore, lorsqu'il ne l'avait pas encore façonnée ses besoins.

Sitôt que l'homme, à peine sorti de la pensée de Dieu, a voulu visiter l'empire qui lui a été donné, sitôt qu'il a voulu faire pénétrer la lumière du jour dans une forêt, asile de l'antique obscurité, tous les génies de l'air, du sol, de l'eau, des éléments, se sont conjurés pour résister à l'audace de l'homme naissant.

Mais le décret divin était rendu.

Crois-tu, OEagrius, que l'homme ait été placé debout sur la terre, seulement pour faire fuir les animaux devant lui, pour essarter péniblement les vastes forêts? Non, c'est pour qu'il y eût un contemplateur des merveilles de la nature, c'est pour qu'il y eût une intelligence qui comprît ces merveilles. Enfin si Dieu a fait sortir l'homme de sa pensée, c'est pour avoir un adorateur.

Il faut donc que l'homme adore les dieux, s'il veut accomplir sa destinée.

Les bienfaits des dieux à l'égard de l'homme sont donc au prix de ses sueurs et de sa reconnaissance.

Achevons notre conquête sur la solitude; mais tous les animaux ne doivent pas fuir la présence de l'homme; quelques uns d'entre eux sont destinés à devenir ses serviteurs, et presque ses compagnons.

Fils de Tharops, tu as bien des choses à apprendre.

En parlant ainsi, Orphée me donna quelques grains de cette semence précieuse dont il venait de me vanter les innombrables bienfaits, et, pour mieux graver dans ma mémoire l'art d'ensemencer la terre, il chanta les préceptes de cet art si nouveau et si utile. Il chanta les siècles à venir, l'ame immortelle, Dieu créateur de l'homme. Je

sentais le prodige de la transformation s'opérer
en moi ; mon intelligence entrevoyait déja un horizon sans bornes.

Il me dit encore ces mots que j'ai peine à comprendre : Les peuples qui refuseront le bienfait
du blé seront dits les mangeurs de tortue, pour
exprimer qu'ils se nourrissent seulement de chair.
Ils se nommeront amazones, c'est-à-dire privés du
pain. Ces peuples d'amazones, sans passé, sans
avenir, sans terre identifiée à eux par la culture,
ces peuples éphémères, qui auront repoussé le
principe actif et progressif, seront considérés
comme des peuples de femmes, par ceux qui auront acquis le blé; et le pain, qui est la force de
l'homme, recevra, par la suite, des formes différentes, selon la nature différente de l'homme à
qui il sera destiné. Le pain sera donc une nourriture, et la forme qu'il recevra, un symbole.

Après avoir demeuré une partie du jour sur la
colline des merveilles, écoutant alternativement
les préceptes et les chants des muses, je descen-
dis tenant Orphée par la main. Les peuples se
prosternèrent à nos pieds. Lui, le héros pacifique,
fit entendre quelques accords harmonieux ; puis,
détachant le léger et riche tissu de soie et d'or qui
flottait autour de la lyre civilisatrice, il en fit le
bandeau royal dont il ceignit ma tête, dont il
entoura mon front. Il me salua roi des Odrysiens,

et les peuples, à leur tour, me saluèrent de leurs acclamations.

Cependant l'incendie continuait ses ravages dans la forêt. Mille cris confus, mille gémissements plaintifs en sortaient à-la-fois. Ne vous inquiétez point, disait avec calme le divin Orphée. Parmi tous ces cris, parmi tous ces gémissements, nous ne distinguons aucune voix humaine. J'en jure la puissance qui m'est donnée, nul de nos semblables n'est dans la détresse en ce moment. Qu'importe donc que les bêtes féroces soient sans tanières? Il faut que le domaine de l'homme s'agrandisse. Cette terre, ravagée par le feu, sera plus facilement défrichée; de verdoyantes novales, des moissons jaunissantes, des prairies embaumées remplaceront ces tristes forêts, ces bois terribles que l'incendie dévore. Les dieux de la superstition et de la peur fuiront aussi ces retraites profondes, restées jusqu'à présent inaccessibles aux regards du jour. Les dieux sans noms doivent être remplacés par des divinités qui auront un nom. La sombre horreur, l'obscurité immense n'auront plus d'asile.

Ainsi me parlait Orphée, et la multitude inquiète se pressait autour de nous, en poussant de plaintives clameurs. Elle ne put être, encore une fois, calmée que par la lyre divine. Nous marchons quelques instants au milieu d'elle, et nous

ne la quittons que pour lui laisser le soin de chercher sa subsistance ordinaire, nourriture misérable dont elle se contentera jusqu'à l'accomplissement des promesses.

Ensuite Orphée m'entraîna de nouveau sur la
colline. J'y demeurai trois jours livré à ses doctes
entretiens, à ses sublimes instructions. De temps
en temps, d'harmonieux concerts calmaient l'agitation des peuples, en leur apprenant que nous
ne les avions pas délaissés.

Orphée prolongea son séjour parmi nous une
année toute entière; et cette année ne fut qu'une
suite non interrompue de prodiges. Il nous apprit
successivement l'art de se vêtir, celui de se mettre
à l'abri contre l'intempérie des saisons, celui enfin d'apprivoiser les animaux domestiques. Puis
il nous enseigna peu à peu cette langue des Hellènes qui devait remplacer le langage grossier et
inarticulé des Pélasges, reste imparfait d'une
langue antérieure qui ne pouvait plus suffire à
nos nouveaux besoins, aux libres développements
de l'intelligence.

Il fonda les institutions qui nous régissent. Il
marqua les signes dans le ciel, et leurs rapports
avec nos travaux sur la terre. Il nous raconta
l'histoire des anciens jours. Il nous donna, en
même temps, la religion des tombeaux, la religion des mariages, la famille, le passé et l'avenir.

Ici, vénérable Évandre, OEagrius ne craignit pas d'entrer avec moi dans tous les détails d'une législation rude et restreinte, qui ne pourrait vous offrir aucun enseignement profitable; je m'abstiendrai de vous les faire connaître. On vous a dit, sans doute, qu'Orphée avait apporté, dans cette contrée, le culte de Bacchus, c'est-à-dire le culte du principe actif de l'univers, comme Cérès en est le principe passif. Bacchus est le dieu de l'émancipation plébéienne; dans ses courses civilisatrices, il allait, promettant à tous l'isopolitie et l'isonomie. Je pourrais vous dire plus, Évandre, si OEagrius, qui s'est expliqué sans réserve avec moi sur toutes les choses de la société civile, n'avait mis une défiance extrême dans la communication des choses de la société religieuse; il m'a montré le faisceau, mais il m'a caché le lien sacré qui fait le faisceau. Il craignait de trahir les mystères des barbares, mystères si profonds et si primitifs. Je ne puis donc que former des conjectures à cet égard. Je crois qu'Orphée fonda seulement un culte secret, pour dispenser avec mesure l'instruction des peuples. Il avait cru peut-être que la pensée de Dieu avait besoin d'être divisée pour être comprise; et d'ailleurs, la pensée de l'homme étant successive, la pensée de Dieu, pour s'assimiler à la pensée de l'homme, devint successive elle-même: Dieu fut dispersé dans ses attributs. Le culte secret fut le gardien de la pensée première, l'insondable unité. Le culte public ensuite s'est enté lui-même sur le culte secret; bientôt se sont formées les orgies sacrées; des ménades vinrent d'Argos pour ajouter, par la grace et la vivacité de leurs danses légères, à la pompe des cérémonies; et Orphée lui-même, qui, plus tard, a vu des changements si rapides, a porté tous ses soins à conserver la pureté du culte secret, et à tempérer les accroissements du culte public. Et cependant remarquons, pour notre instruction, que les peuples de la Thrace, sortis tout-à-coup de leur abrutissement, ne furent point partagés en plusieurs classes : chez eux le dépôt des dogmes et des doctrines fut confié à des prêtres, et non à un patriciat sévère. D'autres trouveront une telle initiation incomplète; et je crains qu'un développement trop rapide ne puisse porter tous ses fruits. N'en accusons point Orphée; il ne pouvait établir des limites et des grades au sein d'une multitude égale dans ses ignorances, ou plutôt il ne le voulut pas. Quoi qu'il en soit, il ne faut pas croire que tout fût à créer autour de lui; nulle race n'est, sur la terre, dans un dénûment absolu de traditions. Pour les peuples, ainsi que pour les hommes, imprimer un mouvement à l'intelligence, c'est ébranler la mémoire. Revenons maintenant, sage Évandre, aux discours que me tenait Œagrius.

Mon grand âge, me disait le roi des Odrysiens, la barbe blanche qui couvrait ma forte poitrine, me défendaient de donner le nom de père à Orphée, tout brillant de jeunesse, et ce nom de père, sans doute, il l'avait bien mérité; j'osai donc l'appeler mon fils. Un jour que je lui adressais des actions de graces pour la paix profonde où nous vivions, il me dit: Roi d'un peuple nouveau, je dois vous apprendre que la guerre est une des plaies inévitables de l'humanité. Ces combats affreux, où je vous ai surpris, étaient-ils autre chose qu'une première secousse donnée à vos facultés jusqu'alors ignorées de vous-mêmes? Vous ne tarderez pas de savoir que le commerce et la guerre sont des voies de civilisation. L'état social manifestant les besoins de l'homme, et partageant les moyens de les satisfaire entre ceux qui sont réunis dans l'association, il en résulte un échange nécessaire pour répartir les fruits des travaux divers dans la même contrée. De là le commerce dans l'intérieur d'un pays. Cette cause, et celle qui résulte de la variété des productions qu'offrent les différents climats de la terre, formeront bientôt le commerce extérieur. L'Asie et l'Europe commencent à se mêler. Il viendra un temps où nul climat ne sera étranger l'un à l'autre, où toutes les mers se communiqueront entre elles. La guerre elle-même, qui semble être le résultat de la bar-

barie d'où vous sortez, est quelquefois un effet
terrible de la civilisation, et sert à ses progrès. Elle
produit des circonstances qui obligent l'homme à
connaître, à déployer des sentiments d'un autre
ordre, à braver les dangers, à faire le généreux
sacrifice de sa vie, non par dédain pour l'existence,
mais par vertu. La guerre aussi est un échange de
facultés et de sentiments. Mais il sortira de la
guerre une autre sorte de justice; elle sera soumise à des règles; les dieux seront pris à témoin
avant de la commencer; elle se déclarera par des
hérauts inviolables; la paix qui la suivra sera ci-
mentée par des alliances, par la foi jurée; l'humanité triomphera d'un courage brutal; le vaincu ne
sera point misérablement égorgé; enfin il y aura
un droit de paix et de guerre, un droit qui régira
les peuples entre eux, comme, dans chaque peuple, il y aura un droit qui régira les rapports des
hommes d'une même association; et cette association sera la patrie. La propriété, la famille, la
patrie, le pouvoir, l'obéissance, sont créés en même temps; et toutes ces choses contiennent à-la-
fois mille douceurs et mille amertumes, sont des
gages tour-à-tour d'agitation et de tranquillité.
Ceci, je vous le dis dès à présent, pour ne pas vous
laisser ignorer que le calme dont vous vous ré-
jouissez avec raison ne peut être durable. L'état
social n'est point un état de repos; c'est le plus

souvent un état d'orage et de grande souffrance; c'est un moyen employé par la providence des dieux pour perfectionner l'homme. Le bonheur n'est pas le but de la race humaine.

Pendant que le poëte prophéte me dévoilait de telles destinées, il ne me semblait point qu'il me racontât des choses nouvelles, mais bien plut/*t qu'il réveillât en moi des souvenirs profonds qui étaient la portion la plus intime de mon être. La puissance de dynastie fut ma vertu humaine. Toutefois, je dois le dire, avec le sentiment modeste de mon infériorité, je n'ai point deviné l'énigme du Sphinx, qui est le secret perpétuel des races royales; elle m'a été apprise. Le sceptre, symbole éclatant, fut remis en mes mains; mais il m'a été confié, et, quoique je connaisse le nom de mon père, ma race commence à moi.

Lorsque Orphée se retira du milieu de nous, il ne nous abandonna pas entièrement. Il allait visiter tantôt sa chère Samos, dont vous m'avez dit les poétiques créations, tantôt les sages de Pergame, tantôt ceux de la Crète; tantôt il allait étudier les phénomènes de l'île, naguère flottante, de Délos; ensuite il revenait sur nos rivages, pour surveiller, diriger, encourager les progrès de l'état social, et pour envoyer des colonies de civilisateurs dans le reste de l'archipel. On croit qu'un de ces voyages fut consacré, dans les souterrains de l'Égypte, à approfondir les sciences les plus relevées qu'il soit donné à l'homme de comprendre. Durant son dernier séjour dans la Thrace, il a, sans l'avoir prévu, jeté dans le cœur d'une jeune et belle ménade le funeste poison d'un amour qui doit la conduire au tombeau. Elle ne peut manquer de paraître devant vos yeux cette vierge malheureuse, qui fut trop éprise des prodiges opérés par Orphée, et qui compta trop sur le pouvoir de la beauté. Enfin le poëte divin a disparu tout-à-fait pour nous; il ne nous a laissé que sa lyre, dont personne encore, après lui, n'a osé tirer des sons. Sans doute que, depuis, il a continué ses voyages qui doivent avoir une si grande influence dans le monde; et j'ignore, à présent, la suite de ses aventures. Peut-être le reverrons-nous un jour.

Tel fut le récit du roi de Thrace, de ce roi nouvellement investi de la puissance du sceptre, nouvellement éclairé sur le sens de l'énigme du Sphinx; vous comprendrez facilement, ô Évandre, à quel point ce récit agitait toutes mes pensées. Et vous, roi pasteur, je vois par l'attention que vous prêtez à mon discours que je puis continuer ces entretiens.

Vous ne devez point douter, poëte illustre, dit Évandre, du charme que j'éprouve à vous entendre. Ceux qui ont prétendu que votre lyre avait été brisée, sans doute, ont été trompés par des

bruits mensongers. Mais souffrez, Thamyris, que
je vous témoigne mon étonnement. La religion,
les langues, les plus augustes mystères viennent
des barbares; c'est ainsi, du moins, que j'en ai
toujours entendu raconter l'origine inscrutable;
nous leur devons les expressions voilées, les mots
qui ont un sens inconnu, les formules puissantes
et irrésistibles; nous leur devons enfin tout ce qui
annonce les communications de l'homme avec la
Divinité, tout ce qui mérite le respect ou commande la terreur. Ma curiosité sur des sujets si
importants est loin d'être satisfaite par tout ce
que vous me dites de la Thrace.

Vous avez raison, irréprochable Évandre, reprend Thamyris, de trouver insuffisantes les choses qu'OEagrius a consenti à me dévoiler. Toutefois, n'ayez point trop d'impatience; plus tard
vous recevrez la lumière que vous desirez. Qu'il
me suffise, quant à présent, de vous répéter que
nul coin de terre ne fut jamais sans tradition, et
qu'éveiller l'intelligence, c'est réveiller la mémoire. D'ailleurs Orphée n'avait point vu les pyramides lorsqu'il institua la Thrace. Je vais donc
continuer mon récit.

Pendant que j'étais chez OEagrius, un peuple
voisin se jeta sur les moissons, et les ravagea;
c'était comme un peuple de bêtes féroces. Il dé-
vorait encore la chair crue, et se nourrissait de

gland. Il venait des forêts de la Chaonie. Les Thraces désolés d'une calamité si cruelle, qui menaçait
d'anéantir les fruits de leurs travaux, la longue
attente d'une année, se réunirent autour de leur
roi, en poussant des cris de vengeance et d'exter-
mination. Traitons-les, disaient-ils, à l'égal des
animaux dont ils ont conservé toutes les mœurs
farouches. Sans doute, répondit Œagrius, il faut
mettre un terme à de telles calamités; sans doute
il faut que les sueurs du travail n'arrosent pas
inutilement la terre : c'est bien assez de l'incertitude des saisons. Orphée m'a enseigné la nécessité
de la guerre, mais il m'a enseigné, en même temps,
l'humanité. Souvenez-vous donc, souvenez-vous
que naguère vous ressembliez à ces hommes :
comme eux, vous déchiriez la chair crue; comme
eux, vous tiriez votre nourriture du fruit du
chêne. Vous aussi, vous avez été amazones, et
vous n'êtes encore qu'arimaspes, puisque vous ne
savez voir qu'avec un œil : veuillent les dieux que
vous deveniez un peuple complet, un peuple
doué de tous ses organes. Souvenez-vous enfin depuis combien peu d'années vous avez recueilli votre première moisson. Souvenez-vous encore d'un
événement bien plus récent. Les fléaux du ciel,
les débordements des fleuves n'ont-ils pas anéanti,
l'année dernière, la moisson qui faisait votre espoir? On eût dit que les éléments conjurés vou-

laient reconquérir leur ancien empire, et les Titans n'existaient plus pour de tels combats. Les
bornes si récentes de vos héritages furent déplacées
par la violence des eaux. Vous ignoriez que les véritables confins de la propriété ont dans le ciel des
bornes qui ne peuvent se déplacer. Alors, veuillez
vous en souvenir, rien n'égala votre fureur. Vous
demandiez à retourner à vos forêts; vous maudissiez la sainteté des mariages, qui vous donnait
des enfants à nourrir; vous maudissiez la religion
des tombeaux, qui vous faisait une terre natale. Il
ne s'agit donc point d'exterminer ces malheureux
qui sont ce que vous avez été avant que vous vous
connussiez, ce que vous vouliez être lorsque vous
vous êtes connus. Il faut les vaincre, les soumettre
au joug des lois, et leur faire aimer l'ordre social
que nous leur imposerons. Pourquoi n'auraient-ils
pas à leur tour la connaissance d'eux-mêmes, la
capacité du bien et du mal? Les dieux nous les
envoient pour qu'ils entrent, avec nous, dans les
voies de l'avancement progressif. Ils ont voulu que
la guerre fût aussi un moyen de civilisation et de
sympathie, car tout est souffrance dans la condition humaine. Ces mortels sont comme des animaux; soufflons sur eux le souffle créateur qui
fait les hommes. Si Orphée était au milieu de nous,
peut-être il les vaincrait par le seul charme de
l'harmonie; et, vous ne pouvez en avoir perdu la

mémoire, c'est ainsi que nous avons été subjugués. Nous avons été plus favorablement traités par les dieux.

Œagrius parlait avec calme et autorité, mais ses peuples, dépouillés, depuis si peu de temps, de leur barbarie, l'écoutaient à peine. Aveuglés par la rage, ils étaient tout près encore de revenir à leur instinct féroce. C'est ainsi que la passion ramène souvent l'homme à sa brutalité primitive. Sommes-nous donc réduits, criaient-ils de toutes parts, à laisser ravager nos moissons, égorger nos troupeaux? Que nous servira de nous être façonnés à des arts nouveaux, propres seulement à affaiblir le courage? Ah! retournons à l'indépendance des forêts. Du moins, nous ne craindrons pas de nous voir ravir notre subsistance. Nous serons en sûreté, car nous veillerons toujours. Nous ne nous reposerons plus sur les haies de nos champs, sur les seuils inviolables de nos maisons. Nous ne serons plus obligés d'attendre que la terre nous donne, à force de sueurs, des moissons incertaines; nous savons à présent qu'elles peuvent être détruites par tous les fléaux du ciel, et par les déprédations de nos voisins. Le chêne jamais ne refuse son fruit; et si la foudre le frappe, la forêt n'est pas frappée tout entière. Malheur! malheur à qui a voulu armer de la hache fatale nos mains téméraires! Bois vénérables de l'Hé-

mus et du Rhodope, que ne subsistez-vous encore! Vous n'avez pu être garantis par le respect
et la terreur qui habitaient dans vos retraites jusqu'alors inaccessibles. Ah! ces gémissements que
nous entendions, et qui semblaient des plaintes
funèbres, n'auraient-ils pas dû être, pour nous,
un avertissement salutaire? Les dieux de l'obscurité et du silence nous punissent, et nous mou-
rons de faim dans nos sillons impies.

OEagrius leur laissa exhaler leur fureur; puis
me donnant la lyre d'Orphée, il me conjura d'en
tirer quelques uns des sons que m'avaient enseignés les Muses. J'obéis, et le souvenir seul du
poëte divin, réveillé par mes chants, fut comme
une vive apparition pour cette multitude. Toutes
les facultés de l'imagination furent ébranlées à-la-
fois par la lyre aux confins célestes; les murmures
confus se perdirent dans l'harmonie civilisatrice.

Cependant le roi fit comme des dispositions mi-
litaires. Il réunit les hommes, il choisit les plus
jeunes et les plus forts; il n'avait pas besoin de
tous. Pour la première fois, on vit une armée.

Le vénérable OEagrius monta sur un char traîné
par de puissants taureaux, qui n'étaient point encore accoutumés au joug, emblèmes vivants de
ces peuples. Il me fait placer à côté de lui sur ce
char informe, dont le fer presque brut faisait
toute la solidité. Le roi avait une longue lance,

armée d'un fer aigu. Une peau d'ours couvrait ses
larges épaules, et enveloppait ses reins vigoureux.
Sa longue barbe descendait rudement sur sa poitrine velue, siège de la force; sa chevelure terrible
flottait au gré des vents; ses yeux lançaient des
éclairs, son sourcil faisait trembler. J'étais assis à
ses côtés, et je tenais la lyre d'Orphée. Je n'étais
point aveugle, je n'étais point cassé par la vieillesse, mon âge était celui d'une sève ardente et
généreuse, et mes yeux, comme ceux de l'aigle,
s'abreuvant avec joie des rayons du soleil, voyaient
jusqu'au bout de l'horizon. De jeunes hommes,
forts et nerveux, armés de javelots longs et durcis
au feu, tenaient de leurs mains imployables les
cornes recourbées des taureaux qui obéissaient
avec révolte. Tantôt ils les piquaient de leurs javelots, pour les faire avancer; tantôt ils les saisis-
saient par leurs naseaux fumants, pour les contenir.

D'autres hommes étaient montés sur des chevaux sauvages, car les Centaures venaient de parvenir à dompter ce noble animal, qui, jusqu'alors,
avait vécu libre au fond des forêts. Les cavaliers
étaient en petit nombre, parceque l'art était nouveau; et Œagrius, trop vieux pour l'apprendre,
avait été obligé de se contenter du char grossier
que je viens de décrire. Les cavaliers avaient des
piques brutes; leurs têtes n'étaient point proté-

gées par des casques. Les armes défensives n'é-
taient point connues, et ces peuples ne songeaient
qu'à donner la mort, sans s'occuper du soin de
ménager leur propre vie. Après cette petite troupe
de cavaliers, marchait sans ordre la multitude des
fantassins avec d'énormes massues, de lourdes
haches et les flèches légères, qui n'avaient encore
servi que pour percer les oiseaux dans les airs. Je
parvins cependant à régulariser les mouvements
de cette troupe confuse, par les sons mesurés que
je tirais de ma lyre. Plus tard l'hymne fraternel
conduira aux combats meurtriers les différents
peuples de la Grèce, et leur fera également affronter la fureur des flots.

La bataille innommée à laquelle j'assistai en
frémissant, et qui est restée inconnue aux Muses,
cette bataille présentait quelque chose de fantastique et d'affreux. D'un côté, un peuple revêtu
d'armes à peine façonnées, agitant des espèces de
flèches et de javelots; de l'autre côté, des hommes
demi-nus, les épaules simplement couvertes de
peaux de bêtes, sans armes, lançant des blocs de
rochers et des arbres déracinés. Je croyais voir
une apparition de ces géants farouches, dont la
mémoire s'est conservée dans les traditions mythiques. La rencontre des deux armées fut comme
la rencontre de deux phénomènes épouvantables,
de deux trombes inanimées. Le désordre des élé-

ments vint ajouter à l'illusion terrible d'un tel souvenir. La tempête parcourait l'horizon sur son char de feu. Mille tonnerres retentissaient au loin sur le Rhodope et sur l'Hémus. Des nuages noirs d'épouvante semblaient ramper le long de l'Hèbre. Mille fantômes sortaient des vallées silencieuses. Des voix couraient en gémissant; on ne savait si c'étaient les voix des dieux de la peur, ou celles des bêtes affamées. Les cris des barbares dominaient tous ces bruits effroyables. Jamais on ne vit un tel dédain de la vie. La vie, en effet, ne pouvait avoir rien que d'odieux pour des peuples sans avenir, sans espérance, sans lien social. Après la première mêlée, lorsque les Thraces eurent épuisé leurs flèches, ou brisé leurs lances et leurs javelots, et que le combat devint un combat corps à corps, l'infériorité se déclara pour le peuple qui apprenait à estimer la vie, car il n'y avait encore rien de généreux et d'élevé dans des hommes si nouvellement appelés à l'état social. Le sentiment de l'amour de la patrie, le sentiment de la gloire, noble compensation du danger, ne seront développés que dans l'âge suivant. Dans l'âge suivant, pour la première fois, les poètes tresseront des couronnes immortelles, mais il faut auparavant que les hommes et les lieux aient des noms; car, quelque doive être votre étonnement, sage Évandre, je ne puis vous le taire, Œagrius

était encore le seul qui eût un nom, le seul dont
le père eût un tombeau. Les Titans n'avaient
laissé de noms que là où était marquée l'empreinte
de leurs pas puissants.

Le roi barbare vit le désavantage de ses troupes.
C'en est fait, me dit-il, si nous ne parvenons à
rendre le courage à nos Thraces, amollis déjà
par de si rudes ébauches de société, amollis sans
être domptés. Si nos brutes ennemis savaient ce
qu'est la victoire, la victoire serait à eux, et la société naissante serait étouffée dans son grossier
berceau. Heureusement pour nous, ils n'ont pas
des yeux pour voir, des oreilles pour entendre.
Cherchez, Thamyris, sur la lyre d'Orphée, les
nombres qui raniment le courage des hommes; ce
n'est pas le moment d'inspirer de pacifiques émotions. Faites triompher la force intelligente sur la
force aveugle. OEagrius ignorait que même Hercule enfant ne peut être dévoré par des couleu-
vres; il ignorait que la victoire, qu'elle se fût trouvée du côté de la force intelligente ou du côté de
la force aveugle, toujours eût créé un peuple.
Toutefois j'obéis au roi barbare. Ces sons merveilleux, quoique produits à l'insu de ma faible
science, opèrent un double prodige. Les Thraces
prirent une attitude menaçante, en même temps
que leurs ennemis sentaient un ascendant qui les
dominait. Les éléments se calment, l'obscurité

immense se replie comme un voile, la lumière
du soleil vient éclairer le triomphe de la civilisation. Dès-lors le combat ne fut pas long à se
décider. OEagrius, réprimant la sauvage fureur
de ses arimaspes, fit cesser le carnage. Il laissa les
victimes échapper par une fuite en désordre. Il
se contenta d'emmener quelques captifs, dont il
protégea la vie avec mille peines. Il agissait ainsi
par les conseils d'Orphée. Il soigna l'esprit grossier de ces captifs pour leur faire comprendre un
peu la dignité humaine. Je secondai les soins du
vainqueur bienfaisant, à l'égard de mortels destinés à devenir des hommes. Ils virent travailler
la terre, ils virent de touchantes funérailles, ils
furent présents à de saints mariages. Ils reçurent
une nourriture qui flattait leur goût. Ceux qui,
par la suite, voulurent retourner au milieu des
leurs, en eurent la liberté. Il leur fut recom-
mandé, pour toute rançon, de raconter les prodiges et les bienfaits de la vie sociale. Il n'y avait
point de pacte à faire, car le droit des gens n'existait pas en fait, il reposait dans un sentiment
confus de l'humanité. L'éducation providentielle
des hordes indomptées commença par le retour
des captifs. Ces peuples étonnés trouvèrent d'a-
bord indigne de l'homme de ne pas tout attendre
de la force. La nourriture, disaient-ils, ne nous
manque point dans les forêts; les animaux finis-

sent toujours par succomber sous nos bras. Ils ne
sentaient pas que déja c'était un progrès que de
contester les avantages d'une vie nouvelle. Du
moins, leur répondait-on, acceptez les flèches,
qui assurent la victoire sur les animaux. Ils
commencèrent par recevoir les flèches; puis ils
consentirent à dompter les taureaux, à labourer
la terre, à faire des meules pour broyer le blé, à
manger du pain rendu savoureux par le levain
et la cuisson, à se servir encore du feu pour
façonner les métaux, et pour préparer quelques
uns de leurs aliments. Bientôt ces peuples, que
nous appelions sauvages, par opposition avec
les Thraces, ces peuples sans noms, et qui habitaient des lieux sans noms, se confondirent avec
les Odrysiens eux-mêmes; leurs montagnes, leurs
collines, leurs forêts, leurs rivières, et leurs fontaines, reçurent des noms, en même temps qu'ils
reconnurent Dieu, sous divers noms. Les hommes
aussi eurent chacun leur nom, pour se distinguer
les uns des autres. Ce n'est qu'avec un nom que
l'homme peut espérer de vivre dans la mémoire
des hommes; ce n'est que par un nom qu'il peut
avoir un père et des enfants: le nom du patron
devient celui du client, qui brille d'un éclat emprunté; le nom du maître devient celui de l'esclave, qui est une chose et non une personne. Il
faut des noms aux chants des poëtes.

Les Telchines avaient découvert le fer et l'airain, qu'ils tiraient des entrailles de la terre. Les Cyclopes de Lemnos ne tardèrent pas de fournir des armes plus perfectionnées aux différents peuples de la Thrace, réunis sous les mêmes lois, soumis au même pouvoir. D'abord on n'avait connu que des glaives aigus, des dards acérés; mais bientôt ils firent de fortes cuirasses, des casques brillants, de larges boucliers. Les arts de la guerre et les arts du labourage faisaient des progrès égaux, car tout marche en même temps; et le monde est civilisé également par l'agriculture et par la guerre. Le commerce, à son tour, selon les promesses d'Orphée, contribuera aussi à étendre toutes les conquêtes de l'intelligence humaine; et l'industrie achèvera de propager et de perfectionner les arts de la paix. Orphée, vous le savez, Évandre, monta le navire Argo : l'expédition de Colchos ouvrit un nouveau monde. Mais je ne vous entretiendrai point, roi pasteur, de cette expédition aventureuse, dont Jason fut le chef, et qui tient à un autre ordre de choses. D'ailleurs, plus d'un récit en est parvenu jusqu'à vous.

Maintenant, Évandre, je dois vous faire une remarque importante. D'après tout ce que je viens de vous dire, vous comprenez que, dans la Thrace, il n'y a point de ces hommes nommés héros par les peuples; et, vous le savez, ceux que nous appe-

lons héros sont ceux qu'ici vous appelez opés ou
viri. C'est ainsi, fils prudent de la thyade, que les
Grecs et les Latins n'emploient pas les mêmes mots
pour exprimer des choses semblables, et c'est ce
qui doit faire quelquefois, pour vous, la confusion de mes discours. Orphée donc ne voulut point
établir la distinction des ames esclaves, des ames
hostés, des ames opés. Quoiqu'il eût appris, sans
doute, de Talaon, que, dans l'Inde, les classes et
même les sexes sont séparés par la différence des
langues, il donnait à tous le privilège de la naissance, c'est-à-dire il établissait pour tous la sainteté des mariages. La guerre fait les esclaves; l'a-
sile fait les serfs. Orphée n'établit point d'asile, et
jamais il ne considéra la guerre que comme un
moyen de civilisation. Il voulait que l'éclatante
lumière de Phanès éclairât tous les hommes. Les
noms qui désignaient quelques régions de l'âpre
sol de la Thrace étaient des noms imposés par les
Titans, durant leur règne cosmogonique; les lieux
qui n'avaient pas été foulés par les pieds des Titans étaient restés innommés. L'union conjugale
donna un nom humain aux personnes et aux
lieux. Par-tout ailleurs l'imposition des noms a
commencé par les espaces du ciel, qui eurent des
limites avant les contrées de la terre. Cette cho-
régraphie sacrée, qui unit la terre au ciel, manque
également à la Thrace. Ainsi donc Orphée, qui

n'avait point reçu de Talaon la glèbe, mais seulement la semence, ne put fixer la propriété sur une base immuable; il ne put faire des Odrysiens un peuple-fundùs. Ainsi donc encore, il n'institua point la fête de la naissance, cette fête, qui est celle de l'ortùs, si célèbre parmi les nations latines, et qui suppose les classes, la propriété incommunicable, en faveur de quelques uns, le lit nuptial identique avec la propriété. Orphée ne croyait qu'à une seule essence humaine. Tout ceci, je le vois, excite en vous un étonnement profond; mais, je dois vous le dire, c'est la cause à laquelle on a attribué le peu de progrès des Odrysiens dans la société; ils ne sortiront pas, dit-on, d'un état de demi-barbarie. Ils pourront avoir des villes, mais on croit qu'ils n'auront jamais de cités. L'outre de l'éternité leur manque. Ils ne connaissent point les rites du sulcùs primigeniùs. Sans ortùs, sans droit de famille, ils seront toujours hostiques, et leur religion sera une religion toute plébéienne. Enfin, ils n'ont pas passé par l'initiation de Saturne et de Rhéa; ils sont arrivés, de suite, à celle de Bacchus et de Cérès. Le cruel Arès, redoutable arbitre des combats, celui que vous nommez Mars; telle est, telle sera la grande divinité des peuples divers de la Thrace; et leurs banquets seront encore de funestes images de la guerre. Mais leurs batailles ne

seront plus un aveugle carnage, sans renommée,
d'hommes sans noms, proie obscure de vils animaux.

Roi de la colline carrée, qui m'avez accueilli
dans votre cour, vous connaissez maintenant les
choses que j'avais à vous faire remarquer sur cette
partie de mon récit. Sans doute, le peu de bien que
j'ai pu faire en Thrace, sur les pas d'Orphée, et
avec le secours de sa lyre fatidique, a été cause
que je ne vous ai point été complétement étranger,
lorsque les dieux m'ont conduit devant vous. C'est
aussi ce qui vous a fait croire que j'étais né dans
la Thrace. Enfin, c'est la même raison encore pour
laquelle j'ai pu être considéré comme un disciple
d'Orphée lui-même. Ma naissance, au reste, est
peu importante, et je ne suis rien par moi. Ma
destinée est dans mon nom, qui signifie voix harmonieuse. Mes inspirations ne sont pas puisées au
fond de ma pensée; les dieux ne m'ont pas accordé un don si magnifique, et je ne suis qu'un
reflet de la lumière.

Musée vous en apprendrait davantage; Musée
vous réciterait les chants d'Orphée; mais il ne
subsiste de lui que son nom.

Évandre remerciait son hôte illustre des beaux
récits dont il enrichissait sa mémoire; il lui demandait des explications nouvelles que Thamyris
s'empressait de lui donner toutes les fois que sa

propre science n'était pas en défaut, car il n'avait pas l'intention de rien céler au roi pasteur. C'est pourquoi il crut devoir revenir sur une circonstance extraordinaire qui avait signalé la première bataille des Thraces, le peuple de Mars. Évandre eût voulu savoir si la Voluspa, qui s'éleva du milieu de cette bataille, et qui, pour ces nouveaux guerriers encore à l'état d'Arimaspes, fut comme une apparition fantastique, était ou une mimallone soudainement illuminée par l'inspiration de la lyre, et transformée, à l'instant même, en sibylle, ou l'une des suivantes de Bacchus, déja, depuis long-temps, sortie des rangs des profanes par quelque initiation antérieure, ou enfin si les Barbares avaient été trompés par une illusion. Œagrius n'avait pu dire plus qu'il n'avait dit, et Thamyris se trouvait dans la nécessité de ne donner aucune explication à ce sujet; seulement il priait Évandre de remarquer que la Providence, et non la sagesse humaine, préside aux commencements des peuples. Les Barbares, ajoutait-il, ont toujours quelque chose de sacré et d'obscur dans leurs traditions, dans les premiers événements de leur histoire, et d'ailleurs, soyez-en certain, les merveilles et les prodiges ne manquent jamais pour l'accomplissement d'un décret divin.

Le poëte ne pouvait pas parler sans cesse d'Orphée; le roi l'interrogeait aussi sur Hercule, autre

bienfaiteur du monde. Hercule, répondait Thamyris, n'avait point reçu des dieux le pouvoir de façonner l'homme; il dut attaquer par la force intelligente les forces non intelligentes de la nature,
pour les rendre plus dociles à la volonté et aux
travaux de celui qui était appelé à recueillir l'héritage des Titans détrônés. Les serpents et les
lions furent des jouets pour les robustes mains
d'Hercule enfant. Il luttait corps à corps contre
les fleuves, pour les obliger à répandre la fécondité et non les ravages sur leurs bords. Les cent
têtes de l'hydre furent abattues par lui; c'est-à-
dire qu'il livra à la culture les marais de Lerne,
d'où s'échappaient des vapeurs pestilentielles, et
que le laboureur n'aurait pu remuer sans mourir. Il vainquit Antée et les brigands. Vous ap-
prendrez plus tard, par moi, sage Évandre, que
l'homme est condamné à faire la terre où il veut
habiter, à faire l'air et le climat. Ce Vélabre, roi
modeste, marais stagnant qui baigne vos collines, sera de même un jour comblé; car, vous le
savez, il en sort quelquefois de funestes émanations. Les troupeaux et les pasteurs périssent; et
ce sol, si admirablement riche et beau, ne peut
être habité sans danger. Évandre, les dieux n'ont
pas livré gratuitement la terre à son noble pos-
sesseur. Oui, c'est avec raison, excellent prince,
que vous avez élevé des autels à Hercule, puis-

qu'il a enseigné à l'homme que sa vie est une vie de combat, de combat sans relâche. Le géant Antée ne peut être étouffé qu'en le soulevant de dessus le sol, toujours rebelle à la culture. Hercule a traversé l'immense forêt de la terre inculte, riche d'une sauvage fécondité, et a ouvert partout un large sillon de défrichements. Allons donc au grand autel d'Hercule; allons aussi à l'autel non moins sacré de Féronia, déesse généreuse de ceux qui, guéris de leur infériorité originelle, deviennent des hommes libres, après avoir acquis la capacité du bien et du mal, de ceux qui sont parvenus à la dignité humaine, et dont les enfants seront ingénus.

Je vous ai dit, Évandre, que les jaloux patriciats avaient succédé à l'empire des Titans. Les travaux imposés par Eurysthée à Hercule sont l'emblème admirable de cette initiation sévère. Eurysthée est le grand patricien du monde civil qui commence; Hercule en est le grand plébéien, et ce plébéien illustre a fini par conquérir le ciel. Ainsi donc la terre est le prix du travail avant que le ciel en soit la récompense.

Tels étaient les entretiens de Thamyris, qu'on a dit fils du fameux chanteur Philamon et de la nymphe Agriope, avec Évandre, roi pasteur, qu'on disait fils de Mercure et de la nymphe Carmenta, la première muse latine. On racontait

qu'en venant d'Œchalie, où il était allé visiter le
roi Eurytus, Thamyris rencontra les muses, et
qu'ayant eu la témérité de disputer avec elles le
prix du chant, il fut frappé de cécité. Il passe pour
avoir célébré en beaux vers la création du monde
et la guerre des Titans; mais il ne nous appartient
pas de dire ce que nous ignorons.

Bornons-nous à continuer de prêter l'oreille
aux récits que faisait le poëte, sous le toit hospitalier d'Évandre, au sein des collines qui, un jour,
seront à-la-fois Valentia, la cité patricienne,
Rome, la ville plébéienne, maîtresse des peuples
et des rois.

FIN DU LIVRE QUATRIÈME.

ORPHÉE.

LIVRE CINQUIÈME.

TERPSICHORE.

ÉRIGONE.

Durant mon séjour auprès d'Œagrius, les peuples qui gardent les portes de la Grèce envoyèrent une députation à ce roi. Elle était conduite par Tirésias, prêtre de Thèbes, et par un prêtre de Delphes, dont le nom n'a point été prononcé. Tirésias parla en ces mots au roi de Thrace : Œagrius, fils vaillant de Tharops, les peuples chargés par les dieux de défendre une contrée qui leur est chère vous font une ambassade solennelle pour apprendre de vous la destinée de ce héros pacifique, généreux, savant, qui vous a fait sortir de vos muettes et ténébreuses forêts; car le monde, en ce moment, paraît se soulever tout entier pour aller au-devant d'un glorieux avenir. C'est la voix puissante d'Orphée qui a fait tomber autour de vous les barrières dont vous étiez par-tout environnés. C'est lui qui a créé votre intelligence.

Nous aussi, nous avons vu les murs sacrés de
l'Ogygie cadméenne s'élever au son de la lyre
d'Amphion. Dites-nous, roi d'une nation naguère
barbare, dites-nous si Orphée jouit encore de la
clarté des cieux, ou s'il est allé, dans les demeures heureuses, rejoindre les dieux qui l'envoyèrent aux hommes. Nous voudrions consulter ce
génie inspiré, ce magnanime vainqueur du chaos
de l'humanité. Nous voudrions l'interroger sur
le fondement des lois sociales, sur l'origine du
pouvoir, sur l'importance de cette philosophie
admirable que les hommes appellent la musique.
Nous voudrions enfin qu'il nous communiquât
les secrets de ses hautes doctrines sur Dieu, sur
l'ame, sur les êtres. Que s'il a été ravi à l'amour
des hommes, roi d'une nation naguère barbare,
racontez-nous les prodiges qu'il a opérés dans la
Thrace. Dites-nous et sa naissance, et sa vie, et
sa mort, afin que nous rendions un culte à sa
mémoire. Le fort Thésée, le grand Laïus vous
en conjurent par notre voix. Nous le savons, les
races ingénieuses qui nous envoient vers vous
sont entraînées par leur imagination. Elles veulent une religion qui parle à leurs sens. La vérité a besoin de mille voiles pour se monter à
elles; mais enfin il faut que les chefs des peuples
connaissent la vérité dépouillée de ces mille voiles. Orphée seul peut nous expliquer ce qu'il est

bon de dire, ce qu'il est bon de taire. OEagrius, nous sommes prêts à courir sur les traces d'Orphée, pour apprendre de lui-même ce que nous desirons savoir. Dites-nous donc, si vous en êtes instruit, la contrée que maintenant il éclaire, ou la retraite qu'il a choisie pour y méditer en silence.

OEagrius répondit avec une noble simplicité : Illustres députés de plusieurs nations déja savantes, la renommée ne vous a point trompés lorsqu'elle vous a raconté qu'Orphée avait opéré de si grandes merveilles dans la Thrace; toutefois le peuple des Odrysiens est encore le seul qui ait été conquis par la lyre. Mais, roi de ce peuple à peine sorti de la barbarie, et naguère barbare moi-même, j'ai, comme lui, subi l'influence du poëte divin, sans entrer dans les secrets de sa puissance, ou dans les mystères de sa mission parmi les hommes. Il ne m'a pas jugé digne, sans doute, de contempler à nu son ame sublime. Je lui obéissais comme à un dieu; pour moi, ses paroles étaient des commandements dont je ne cherchais pas même à comprendre le sens. J'ignore donc ce qu'il faut dire, ce qu'il faut taire. Il n'y a point ici deux peuples dans un seul; je fais partie de la multitude. Un citoyen d'Héliopolis vient de nous apprendre qu'Orphée est maintenant dans une contrée où la science est ancienne. Je ne puis savoir ce que la sagesse de l'Égypte doit ajouter à la sagesse du héros. Et même, s'il faut vous le dire, je ne suis assuré ni qu'Orphée existe encore, ni qu'il ait pu pénétrer dans les souterrains où toute loi-principe est enseignée; car le citoyen d'Héliopolis ne vient point directement des bords du Nil, et ne raconte qu'une chose dont il a vaguement entendu parler. Le nom d'Orphée est déja si répandu, que, même en Egypte, il peut courir de faux bruits sur lui comme dans la Grèce brillante et dans la Thrace obscure. Le monde est plein de son nom, et ce nom commence à se mêler dans les fables, à disparaître dans la nuit des traditions: les siècles se hâtent pour de telles renommées. Quant à l'histoire des premiers temps de sa vie, je l'ai apprise seulement de Thamyris, qui la tient des prêtres de la Samothrace, île sacrée, nommée, chez vous, Dardania ou Leucosie. Puis, s'adressant à moi: Thamyris, me dit-il, faites part à cès envoyés illustres de ce que vous m'avez dévoilé à moi-même.

Alors, fils de la Thyade, je dis les premières années d'Orphée; Œagrius, à son tour, raconta les prodiges de la Thrace; Tirésias ensuite nous instruisit des aventures du grand Hercule, de sa mort sur l'Œta, de son apothéose dans le ciel. Toutefois il parlait comme un initié devant des profanes.

Les députés, hiérophantes savants, ne pouvaient partir sans assister au saint banquet de l'hospitalité. Ils y gardèrent une sorte de silence superbe à l'égard du roi barbare, dont ils dédaignaient, au fond de leur ame, les lumières imparfaites; mais ils respectèrent en moi l'héritier de la lyre, et ils ne craignirent pas de me permettre d'avoir avec eux un entretien. Bientôt ils comprirent que le langage des muses était mon propre langage, et ils me parlèrent avec quelque confiance. C'est dans cet entretien, sage Évandre, que j'appris, pour la première fois, les cérémonies par lesquelles les murailles des villes sont inviolables et religieuses; j'appris encore le mystère profond des choses fatales, auxquelles tient la durée de l'institution, et dont la plus importante est le palladium, arche vénérée, où sont renfermés les os du fondateur; j'appris ainsi ce qui fait la différence de la cité mystique, qui est Ogygie, et de la ville profane, qui est Thèbes. J'appris enfin, dans toute son étendue, la doctrine immense des asiles. Le mythe si considérable de Cadmus serpent, et de son épouse Harmonie, me fut révélé par Tirésias, ainsi que le mythe terrible des dents du dragon produisant une moisson de guerriers. Il me révéla, en même temps, la fameuse énigme du mont Phicéus, qui est à-la-fois l'énigme de la nature humaine et l'énigme des races royales.

Si, pour monter sur le trône, me disait le devin, OEagrius eût été obligé de deviner cette énigme, je n'en doute point, il eût été dévoré par le Sphinx. Orphée, je le vois, n'a donné à ce roi barbare qu'une initiation incomplète. Tirésias me fit aussi, durant notre entretien, une peinture des danses orgiques du Cythéron. Ensuite les ambassadeurs prirent congé du roi, et se retirèrent. Vous avez su, Évandre, tous les évènements de la Cadmée, qui ont suivi. Le devin illustre les prévoyait; il était facile de le voir à la tristesse de tous ses discours. Il connaissait trop bien la rigueur des destinées mortelles; il connaissait trop bien ce que renferme de douloureux l'identification d'une dynastie avec le sol, et avec le peuple. C'est pourquoi, du moins telle est ma pensée, c'est pourquoi il eût desiré recevoir d'Orphée des instructions et des conseils, peut-être même des ordres puissants.

Alors peut-être, en effet, eût été épargné au monde le spectacle déplorable des plus funestes infortunes qui puissent affliger la nature humaine; car il est permis de croire que si l'initiation à laquelle fut soumise la Thrace fut rendue trop facile par Orphée, celle qu'Amphion voulut imposer aux peuples de l'Aonie a été trop rigide, entourée de trop redoutables épreuves. OEdipe, nom à jamais marqué d'une célébrité malheureuse,

tu seras, pour les profanes, l'éternel emblème de
nos misères; mais, pour les sages et les poëtes, tu
seras, de plus, le vivant symbole de cette vio-
lente prise de possession du pouvoir royal saisis-
sant à-la-fois les lieux, les hommes, et les choses.

Quoi qu'il en soit, l'histoire de la semence des
dents du dragon me fit comprendre les combats
civilisateurs des Thraces.

Maintenant, vénérable Évandre, il me serait
plus facile de résoudre vos doutes sur les diffé-
rences qui résultent des diverses formes sociales
primitives. Tirésias, ainsi que je viens de vous
l'expliquer, a bien voulu m'instruire de ce que
j'ignorais; et, à mon tour, roi pasteur, je vais
vous dévoiler une partie des mystères de la cité.
Amphion, qui fut le fondateur de Thèbes, étendit
les doctrines de la lyre, et les exprima par un
rituel harmonieux mais sévère. Il fut auteur,
dans le sens le plus rigoureux de ce mot; aussi
fut-il dit étymologue et nomenclateur: c'est à lui
que sont dus les noms de la contrée. Sa ville re-
traça les images variées de l'Olympe. Elle fut une
île qui devait représenter la terre, et la terre
elle-même est considérée comme une île entourée du vaste Océan. Le sillon sacré qui fixe l'enceinte de la ville fut donc l'Océan obscur, borne
inviolable. En dedans du sillon sacré est la ville,
image de la terre; en dehors est le Tartare. La

ville a sept portes, nombre des planètes qui gouvernent les destinées de la terre. La capacité du
bien et du mal est l'attribut de ceux sur qui repose le droit; ceux-là seuls composent la cité mystique. Les autres, d'une nature infime, étrangers
aux dons de Prométhée, sont les habitants de la
ville profane, et aucun droit ne peut leur être
communiqué. Les uns et les autres sont dans l'intérieur de la ville, mais ils ne se confondent point.
Voilà donc connue la distinction des opés et des
inopés. Les opés, comme vous devez le comprendre, participent tous à la chose sacrée; les inopés
en sont exclus. Mais si les inopés ne participent
point à la chose sacrée, ils ont une religion hors
du sillon qui figure l'Océan, dans le Tartare, lieu
livré à Saturne, dieu des Titans. La ville exoté-
rique reçut le nom de la célèbre Thèbes d'É-
gypte. Ogygie, nom d'une île mystérieuse, fut le
nom secret de la cité esotérique. La propriété et
le mariage, choses identiques, furent le partage
exclusif des opés, et il ne pouvait en être autrement. Les inopés, sans noms, sans familles, sans
propriétés, sans droits, eurent les noms, les familles, les propriétés, les droits des opés. Ils sont
restés étrangers, et ils ne peuvent briller que
d'un éclat emprunté. Ainsi Amphion constitua
en même temps les patriciats et les asiles, c'est-
à-dire qu'il procéda par la voie lente et cyclique

de l'initiation évolutive, appliquée à ce peuple; il a voulu que l'émancipation fût progressivement mûrie par une tutèle graduée. A présent, Évandre, vous savez pourquoi Tirésias, ami des hommes, eût si bien desiré connaître une législation spontanée, égale pour tous, telle que fut celle d'Orphée.

Quant à moi, Évandre, de ce que Tirésias, savant dans la science d'évoquer les morts, était venu chercher Orphée en Thrace, je crus ne pas pouvoir douter qu'il ne fût encore sur la terre des vivants; et les paroles du citoyen d'Héliopolis, toutes incertaines qu'elles étaient, me décidèrent à aller en Égypte. Je formai le projet, si je n'y trouvais pas Orphée, de m'y instruire d'une autre manière, en tâchant d'obtenir les bienfaits de l'initiation. Il me semblait que tout ce qui m'arrivait en était comme une préparation.

Mais avant de vous faire connaître mon voyage dans les royaumes de la sagesse, je veux, ô roi pasteur, vous dire les malheurs d'Érigone, jeune et belle ménade, dont un amour sans égal causa la fin lamentable. Comme tout est symbolique dans l'existence des hommes signalés par les dieux, je ne puis m'abstenir de vous raconter une aventure qui, sans doute, contient un sens profond, sous un emblème de tristesse et de malheur.

Cette vierge, qui a reçu le nom d'Érigone, occupée aux danses religieuses de Bacchus, courait
quelquefois avec ses folâtres compagnes, la tête
couronnée de pampres verts. Plus souvent on la
voyait errer seule, le front chargé d'ennuis, les
paupières doucement abaissées sur ses yeux immenses. Il était facile de connaître qu'un feu secret la consumait. Souvent aussi elle apparaissait
tout-à-coup, échevelée, le sein nu, le tyrse à la
main, poussant de plaintives clameurs; de loin,
sa chatoyante nébride, flottant sur ses belles épaules, la faisait ressembler à un faon effarouché qui
fuit les chasseurs. Elle allait dans les forêts et sur
les montagnes accuser l'implacable destinée. Ni
les danses, ni les chants, ni les jeux des orgies sacrées, ne pouvaient tempérer le sentiment de ses
maux. Qu'y a-t-il en moi, disait-elle, qui me rend
rêveuse et insensée? Je me plonge en vain dans
l'eau des torrents; en vain je fais couler sur moi
l'onde glacée des fontaines. Je me livre à mille
emportements; je fais retentir l'air de mes cris,
je déchire mes pieds délicats en courant parmi
les forêts les plus sauvages, et sur les âpres pointes des rochers. Puis soudainement je retombe
affaissée sur moi-même. Nulle divinité ne vien-
dra-t-elle à mon secours? Culte insensé es-tu fait
pour une vierge? La vue des jeunes hommes
alarmait sa farouche pudeur, et néanmoins elle

voulait être remarquée par eux. Les hommages
lui plaisaient. Lorsqu'elle traversait la foule, et
que, par-tout sur son passage, elle entendait vanter sa beauté, elle était enivrée de ces louanges.
Mais, rentrée dans la solitude, les louanges n'é-
taient, pour elle, qu'un vain bruit. Ces acclamations, qui la sortaient d'elle-même, ne vivaient
plus en elle. Que lui importaient les louanges des
jeunes hommes? Ah! vierge malheureuse, il te
fallait un autre culte et un autre amour. Ton
cœur enfante de plus grandes pensées et de plus
nobles sentiments. Cérémonies extérieures de
Bromius, vous ne pouviez lui voiler entièrement
la lumière mystérieuse de Phanès!

Cependant les prodiges opérés autour d'elle par
Orphée éveillent les facultés endormies de son
ame: voilà peut-être, dit-elle alors, voilà celui
qui doit mettre de l'harmonie en moi. Il apai-
sera mes troubles comme il a su apaiser les passions discordantes de la barbarie. Il lui sera plus
facile, sans doute, de dompter les sens tumultueux
d'une faible femme, d'une bacchante obscure, que
d'apprivoiser les tigres et les ours. Mais non, je le
sens bien, il lui faudra toute sa puissance pour
calmer mes esprits, car les tourments qui me dé-
vorent sont plus amers et plus impérieux que les
passions des hommes, que les éléments, que les
influences même des astres.

Enfin elle vit Orphée. Alors d'autres troubles vinrent augmenter ceux qui déja habitaient son sein. Ce ne fut plus le dégoût de son culte, ce ne fut plus le désir d'un autre amour qui vinrent assaillir son ame. Ses facultés nouvelles tendirent vers le héros avec une violence irrésistible. Elle dédaignait naguère les acclamations des jeunes hommes, elle les méprise à présent. C'était une conquête d'un ordre bien différent qu'elle voulait tenter. Une sorte de vanité s'empare de ses esprits, en même temps que l'admiration. Sa chevelure ne flotte plus en désordre. Sa nébride, dépouille éclatante d'un jeune faon, fut retenue, sur ses blanches épaules, par une agrafe d'or. Une molle langueur tempérait le feu de ses regards. Si les yeux du poëte divin pouvaient se reposer sur moi! disait-elle; lui qui se croit au-dessus de l'amour, si je pouvais l'assujettir à l'amour! Ma mère, qui fut la plus belle des mimallones, compagnes de Bacchus, ne m'a-t-elle pas appris que la beauté est une fleur éclatante mais passagère? Parmi les rapides jours de la jeunesse, peut-être en est-il un seul, et, dans ce jour encore, peut-être un seul instant, où le fragile chef-d'œuvre, parvenu à toute sa perfection, ne peut plus que perdre de son fugitif éclat. Ce jour si remarquable entre les jours, cet instant si rapide, brillent-ils sur mon visage? Est-ce à cette heure même que la puissance du charme est invincible?

Ainsi parlait la ménade; et l'infortunée ne s'apercevait pas qu'elle entreprenait une lutte au-dessus de ses forces. Vierge trop ambitieuse, tu ignores sans doute que cet Orphée n'est point un homme vulgaire; nulle autre que la fille de la vision ne peut posséder son cœur, et les grandes destinées qu'il lui est donné d'accomplir sont in-compatibles avec l'humaine faiblesse. Non, elle ne l'ignore point, mais elle a depuis long-temps été avertie qu'il y avait une sphère lumineuse où l'amour finissait par faire pénétrer l'ame la plus obscure; et elle croit qu'elle pourra s'élever ainsi au niveau d'Orphée. Elle essaiera, du moins, ce charme enivrant de fascination qui réside en elle; perdue dans la confusion de ses pensées, elle ne craindra pas d'employer, s'il le faut, le secret des ménades pour enflammer l'imagination des hom-mes. Vains projets! vains calculs d'un esprit égaré! Bientôt elle comprit que l'ascendant d'Orphée était trop pur, et qu'il ne pouvait subsister avec la seule idée, l'idée la plus vague de la science ac-quise par les séductions de la beauté. Elle-même sentait son front se couvrir d'un nuage de pu-deur, et ses yeux versaient des larmes de honte. Elle fut éclairée trop tard; la blessure qu'elle avait reçue était mortelle. Les danses de ses com-pagnes folâtres n'avaient jamais eu le pouvoir de la satisfaire ; néanmoins elle s'y livrait avec plus d'ardeur qu'auparavant. Elle croyait échapper ainsi à son sort. Puis tout-à-coup elle cherche la solitude, pour se dérober également aux recherches ardentes des jeunes hommes, et aux empressements des jeunes filles. Elle veut fuir tous les lieux où Orphée porte ses pas, mais elle est toujours entraînée à se précipiter involontairement avec la foule des peuples, pour entendre les chants du poëte ; elle se dit toujours que c'est pour la dernière fois, et toujours elle y est ramenée par une force qu'elle ne peut vaincre.

Un jour elle ose s'approcher de cet homme merveilleux. Elle n'avait point de couronne sur la tête, et sa main était désarmée du thyrse. Un voile, parure inaccoutumée de la vierge malheureuse, descendait sur son visage charmant. Ce tissu trop léger pour cacher ses traits, pour tempérer la flamme de ses regards enivrés, était à-la-fois un asile pour sa timide pudeur, un attrait de plus pour son incomparable beauté. Poëte divin, lui dit-elle avec égarement, je ne sais quelle ardeur allume tout mon sang, je ne sais quel vertige affaisse ma tête. Mille illusions me tourmentent ; la raison m'abandonne. Mon sommeil est troublé par des songes funestes, et ma veille elle-même est comme un songe douloureux. Sans doute, c'est une maladie sacrée que les dieux m'ont envoyée. Tous me disent que la musique pourrait me guérir, et voilà pourquoi je me mêle à la foule des peuples pour entendre tes chants inspirés; mais ce ne sont point de tels chants qui peuvent me rendre à la santé et à la vie; ils sont faits pour adoucir les hommes nés du chêne ou du rocher; moi, je n'ai point le caractère inflexible des hommes, je suis une jeune fille qu'une femme sans force a nourrie de son lait. Les fantômes de la nuit m'épouvantent, les lassitudes du midi m'accablent, le crépuscule du matin m'attriste, et celui du soir me plonge dans d'inexprimables angoisses. Aucune heure du jour ne me convient, aucune heure de la nuit ne me donne le repos. Je ne trouve un peu de calme ni dans le fond des forêts, ni sur les sommets des montagnes, ni sur les bords des fontaines. Les feux du soleil me brûlent, le souffle du zéphyr ne me rafraîchit point. Attendris pour moi les sons de ta lyre, allons ensemble dans un lieu écarté. Je te raconterai les courses des ménades, leurs danses symboliques sur le Cythéron, leurs combats contre de vaillants guerriers, les fureurs de quelques unes, la gloire de quelques autres, les lieux où plusieurs ont acquis cette renommée réservée aux hommes, et ont obtenu des tombeaux après leur mort. Poëte divin, tu chanteras les paroles qui peuvent guérir une vierge infortunée. On dit que

le dieu de la poésie est aussi le dieu de la méde-
cine. Prends pitié, je t'en conjure, prends pitié
de la vierge qui va mourir, si tu ne viens à son
secours.

Orphée, ému d'une douce compassion, suivit
Érigone; il la suivit dans un lieu écarté de la
foule. Elle, exaltée par l'amour, prodiguait aux arbres et aux fontaines des paroles de joie et de
tendresse, qui attestaient son égarement, et elle
marchait toujours, et elle s'avançait toujours dans
la solitude. Que je suis heureuse! disait-elle; quel
repos est en moi! Orphée était confus et affligé
d'un tel délire. Incertain, il ne savait s'il ne devait point abandonner les traces de la ménade;
mais emporté toujours par la compassion, il continuait de la suivre. Enfin elle s'arrête, et s'adressant au poëte: Poëte divin, lui dit-elle, je te remercie; maintenant que nous sommes dans la
solitude, fais-moi entendre les accents que tu
m'as promis. Orphée se met à chanter, en s'accompagnant de la lyre; il chante les louanges
des dieux immortels, la gloire de ces ames choisies que les dieux ont suscitées pour faire du bien
aux hommes. Érigone écouta quelques instants
avec calme; puis son agitation recommença. Poëte
incomparable, lui dit-elle, ce ne sont point là les
chants que je te demande. Je te l'ai dit, je ne suis
point un homme farouche, je suis une faible

femme qui voudrait se connaître. Le malheur
m'opprime, je succombe sous quelque maléfice,
et tu sais des paroles harmonieuses dont le charme a le pouvoir de vaincre les maléfices. N'as-
tu donc point de chants pour apaiser les souffrances de l'ame? N'en as-tu point pour affermir la
pudeur des vierges? Chante, chante les merveilles
de l'amour! N'est-ce pas l'amour qui a tout créé
dans le monde?

Que me demandes-tu, ménade infortunée?
s'écriait Orphée dans un trouble inexprimable.
Ah! les accents que tu exiges de moi, depuis
long-temps sont endormis sur ma lyre. Je ne pourrais les réveiller sans des peines cruelles; et d'ailleurs je ne suis pas le maître de choisir les modes de mes chants; ma lyre est comme une puissance surnaturelle qui ne rend que des sons inspirés. Mais, crois-moi, c'est bien assez de céder
à l'amour sans chercher à le développer dans les
ames. Voilà qui est parler comme parlerait Mi-
nerve elle-même, ou la chaste Diane, dit la ménade avec un sourire douloureusement railleur.
Orphée, je vous croyais un poëte, et je ne vous
savais pas tant de prudence. Je croyais aussi que
vous étiez susceptible de compatir à toutes les
misères. Eh bien! c'est le besoin d'aimer qui tour-
mente mon cœur. Oui, je veux aimer. Ne crois
pas que ces hommes du chêne ou du rocher, ap-

pelés par toi à des lumières si nouvelles, puissent
me présenter l'époux de mon choix. Il me faut un
dieu, ou un mortel que le génie égale aux dieux.
Écoute, je ne serais pas la première fille de la
terre que les dieux auraient jugée digne d'attirer
leur attention. Je suis belle, et nulle n'est plus
belle que moi. Je sais des danses que les divinités
elles-mêmes envieraient. Les Heures, lorsqu'elles
voltigent autour du char du soleil, en répandant
des roses, n'ont pas plus de grace et de légèreté.
Tu ne m'as pas vue jouant avec les tigres dételés
de Bacchus; ils frémissent sous ma main qui ne
craint point de les caresser; leurs yeux clignotants
s'allument, mais ils replient sous leurs pieds leurs
griffes redoutables, et ils me suivent avec une
merveilleuse docilité. Ils obéissent à la cadence
de mes pas, au son de ma voix, aux signes de ma
main, à la puissance de mon regard. Je suis belle
avec ma nébride tachetée de couleurs ondoyantes,
avec mes cheveux flottants, avec mes attitudes
suaves et variées, et agitant dans les airs un thyrse
orné de feuillage. Mais personne encore n'a connu
le fer acéré que déguisent les rameaux ver-
doyants de mon thyrse; ma lance est restée innocente comme l'ongle aigu de la panthère appri-
voisée de Bacchus. Orphée, tu m'apprendras les
nobles et doux mystères de la lyre, et je ravirai
ton ame par mes chants, après avoir fait le charme

de tes yeux par ma présence. Si tu es égal aux
dieux, fais-moi ton égale. Que ta gloire se repose
sur moi, et qu'ensuite je meure! Nul être n'est
seul sur la terre. Les animaux des forêts ont eux-
mêmes chacun une compagne. Et toi, Orphée,
serais-tu hors de la loi commune? Ah! le tyran,
que tu veux que j'évite, déja me possède tout
entière. Poëte divin, daigne, du moins, me redire
les chants qui te furent inspirés pour fléchir l'inexorable roi des morts. Jeune et belle ménade, dit
Orphée, ton mal me cause une pitié profonde; mais
les chants qui peuvent fléchir le roi des morts peuvent-ils de même fléchir le tyran qui est en toi?
Érigone, élève ton ame vers les régions étoilées
où réside l'éclatant Phanès, où habite la majesté
des dieux. Élève ton ame vers les hautes régions
de la beauté qui ne passe point. Tu me disais tout-
à-l'heure: N'est-ce pas l'amour qui a tout créé
dans le monde? Ah! ménade infortunée, il faut
bien que je te l'apprenne, chaque homme a reçu
des dieux immortels des devoirs à accomplir; et
ces devoirs, une fois connus, font entendre leurs
voix impérieuses dans le fond des cœurs. Elles me
disent à moi qu'il ne m'a pas été donné de créer
par l'amour, mais par la puissance de la parole.
Elles me disent de civiliser les hommes, et non
de régner sur le cœur des femmes. N'as-tu jamais
goûté le miel qui se trouve dans le creux des vieux

chênes? On dit que c'est un présent des dieux, et
qu'il nous a été apporté du ciel avec la rosée du
matin. Non, il n'est point un présent immédiat
des dieux, il ne nous vient pas du ciel comme la
rosée du matin. Une mouche brillante et légère,
douée d'un instinct parfait, le compose avec l'essence des fleurs. Symbole des cités futures, mais
symbole ignoré, le peuple des abeilles est de deux
sortes; les unes produisent une postérité, les autres, restées vierges, enrichissent et augmentent
le trésor commun. La virginité est aussi quelquefois imposée aux hommes.

Érigone, rougissant d'une douce pudeur, laisse
échapper quelques larmes; puis elle dit d'une voix
émue et tremblante: Oserai-je, poëte divin, te
rappeler un souvenir? dis-moi, la renommée a-
t-elle menti, lorsqu'elle nous a parlé d'une femme heureuse entre toutes les femmes? d'une femme.... Ah! reprit Orphée, ne t'accuse point de
réveiller un souvenir cher et sacré; ce souvenir
n'est jamais absent de mon cœur. Mais apprends
ceci, Érigone, nymphe dont le sort devrait tant
exciter l'envie, si le bonheur et la gloire se mesu-
raient sur la beauté, apprends ceci. Eurydice ne
me fut point donnée comme une épouse est donnée à son époux. Elle fut ma sœur et ma compagne mystique. Sitôt que notre pensée se fût
permis d'envisager les plus augustes mystères de

l'initiation nuptiale, alors elle me fut enlevée. Junon pronuba refusa de sourire dans le ciel. Jupiter ombriòs n'avait, dans ses trésors, aucune ame à purifier par notre ministère. La dernière initiation, que nous avions osé desirer, l'initiation douce et redoutable, qui contient à-la-fois les promesses de la vie et les promesses de la mort, cette initiation ne put s'accomplir que dans la moitié funeste de ses promesses. Eh bien ! s'écrie Érigone, que cette moitié funeste s'accomplisse aussi en moi ! Une telle gloire me suffit ; qu'elle me soit accordée, et que la mort vienne ensuite me frapper ! Pourrais-je d'ailleurs soutenir le poids d'une si grande félicité ? Non, non, les facultés du bonheur ont des bornes bien plus étroites que les facultés de la douleur ! Je mourrais donc, mais que je meure ton épouse ! Orphée restait en silence. Érigone était accablée par la multitude de ses pensées et de ses sentiments. Réponds-moi, Orphée, lui dit-elle, veux-tu que je sois ta sœur ? veux-tu que je sois ton épouse mystique ? Veux-tu que je sois ton esclave obéissante, et que je te suive dans tes courses aventureuses, comme les tigres de Bacchus me suivent lorsque je les tiens en laisse ? Tu ne m'enseigneras d'autre science que celle de louer les dieux immortels, ou de tendre les cordes de ta lyre lorsque tu voudras chanter. Je me tiendrai, si tu le veux, en silence devant

toi ; j'obéirai au moindre signe de tes yeux. Pour
toi, oui, je m'en sentirai la force, pour toi, je
ferai taire toutes les voix de la nature. Nul enfant
ne s'asseoira sur mes genoux, et ne m'enchantera
de son innocent sourire. Que te faut-il de plus?
Et cependant comment as-tu été instruit de ce
qui s'est passé dans les profondeurs où se cachent et Junon pronuba, et Jupiter ombriòs,
divinités qui me sont inconnues ? Ta pensée a-
t-elle des ailes qui puissent te porter dans les
sphères célestes?

Orphée, laissant tomber sur la ménade un
triste regard, lui dit: Érigone, un effort qui fut
audessus d'Eurydice, qui vainquit la fille de la
vision, ne saurait être facile pour toi, pour toi
faible mortelle, qui n'es point née d'un Titan. Si
un tel effort fut au-dessus d'Eurydice, reprend
Érigone, sans doute, poëte cruel, ce fut parceque
toi-même n'étais pas insensible à l'égal d'un rocher. A quoi servent tant de détours? Je n'ai pu
t'inspirer aucune pitié, tu méprises une ménade,
tu voudrais que je fusse vouée aux muses, que
j'eusse été élevée dans leur noble culte. Poëte
divin, pourquoi me punirais-tu du crime de ma
mère?

Alors Orphée, s'inclinant sur la ménade, et la
contemplant avec une tendresse toute paternelle:
Ma fille, lui dit-il, ne crois pas que je dédaigne

une ménade vouée au culte de Bromius, ne crois pas que je condamne ta mère pour y avoir consacré la belle nymphe dont je cause involontairement la peine. Mais, je te l'ai dit, une seule femme a pu être à-la-fois et ma sœur vénérée, et mon épouse mystique. Cette femme fut, pour moi, la vision des dieux ; pour les autres, elle fut la guérison des maux. Elle est apparue sur la terre, à-la-fois, pour éprouver et pour purifier. Elle a mis en moi des sentiments que les dieux voulaient sans doute qui y fussent. Elle a donné la vie à mes propres pensées. Quand j'ai été ce que je devais être, elle m'a été ravie : c'était tout ce qu'il lui était donné d'accomplir. Ah! si tu m'étais apparue dans la tempête, comme elle m'est apparue pour la première fois, croirais-tu que tu eusses servi les dieux dans le même dessein. Quoi qu'il en soit, Érigone, toute l'inspiration est en moi ; maintenant nulle créature humaine ne peut rien me révéler. Il faut que je vogue seul sur l'océan du monde. Mon cœur est un sanctuaire d'où le souvenir d'Eurydice ne doit plus sortir pour être remplacé par aucune affection qui puisse m'en distraire.

Érigone, à ces mots, verse un torrent de larmes, et Orphée, ému d'une magnanime compassion, pleure avec la ménade infortunée. Puis, d'une voix entrecoupée de sanglots, elle dit : Oui,

je t'ai compris, je sais ce que fut la fille de la vision; je sais que tu dois en conserver religieusement le souvenir. Laisse-moi dans ma solitude et
dans ma misère. Mais tu ne seras pas remplacé
non plus dans mon cœur. Non, Orphée, nul ne
dormira sur la couche parfumée que je te desti-
nais. Continue, poëte divin, de travailler à la
pénible tâche que tu t'es imposée. Tu ne peux
être arrêté dans ta carrière glorieuse par une
pauvre ménade. Ah! je m'accoutumerai à ma solitude; ton image pourra m'y suivre, puisque aucun obstacle terrestre ne sera entre nous. Une
seule grace, Orphée, fais-moi entendre les chants
qui contiennent les leçons de la sagesse.

Alors Orphée, s'asseyant auprès de la ménade,
entonna un hymne dont voici la grande et noble
pensée: Intelligences humaines, non, vous ne se-
riez pas assez vastes pour concevoir toute la Divinité, pour la concevoir, même dans ce qui vous
est accessible. Une image simple et unique acca-
blerait l'imagination, éblouirait l'esprit, se déro-
berait aux sens. Pendant un temps, les attributs
de la divinité, séparés par la pensée humaine, infirme, deviendront eux-mêmes des divinités que
les mortels adoreront. Les attributs de Dieu seront des dieux, les noms des dieux seront encore
des numéns. Orphée se mit ensuite à chanter les
noms des dieux, les mille noms du grand Être, et,

à chacun de ces noms, il invoquait la Providence
éternelle. Poésie admirable, vos accents durèrent
tant que dura le jour, et vous apaisâtes tous les
tumultes de l'ame. Le poëte et la ménade se retirèrent ensemble. Le soleil venait de disparaître
derrière l'horizon; les parfums et le crépuscule
du soir formaient une heure délicieuse. Ils s'entretenaient en marchant, et leurs entretiens n'a-
vaient rien de pénible ni de contraint.

Les jours qui suivirent s'écoulèrent paisiblement. Enseigne-moi, disait Érigone, enseigne-
moi l'art de tirer des sons de la lyre, afin qu'a-
près ton départ, poëte divin, je puisse chercher
un adoucissement à mes maux, une distraction à
ton absence.

Orphée indécis ne sait s'il doit obtempérer à
ce desir peut-être imprudent; toutefois, craignant de paraître trop sévère, il se décide à essayer ce que pourra la communication de la grande
doctrine contenue dans la musique. Il place donc
la lyre civilisatrice sur les genoux de la belle ménade, et dispose toute l'attitude de la vierge infortunée avec un soin généreux et paternel. Il lui
enseigne comment ses deux mains doivent être
occupées en même temps, l'une à presser molle-
ment les cordes tendues pendant que l'autre en
détacherait les sons. Il lui apprit la mesure et
l'intervalle de chaque son, et la manière dont il

devait se marier avec la voix. Érigone, tout à-la-fois docile et impatiente, arrondissant ses bras charmants avec une grace infinie, semblait caresser l'instrument harmonieux; elle commença par en tirer des sons isolés, puis quelques accords timides qui la ravissaient d'une joie naïve. Mais lorsque ses doigts légers vinrent à vouloir faire vibrer celles des cordes qui disent les lois de la société, aussitôt elles se brisèrent avec un bruit éclatant. Dieux! s'écria Érigone épouvantée comme du plus sinistre présage, quel prodige affreux! Ah! je le sais trop à présent, poëte généreux, c'était pour tromper mes desirs présomptueux que tu m'appelais nymphe; mais je suis une simple mimallone, que ma nature profane exclut de toute initiation. La Parque se hâte bien de me punir d'un effort sans doute téméraire : destin inflexible, à quoi me réserves-tu?

A ces mots son front se couvre d'une pâleur mortelle, et ses yeux laissent échapper des larmes abondantes. Orphée ne tarde pas à comprendre la cause d'un tel malheur. Ne te trouble point, Érigone, s'écrie-t-il à l'instant même; la faute en est à moi, j'ai manqué de prudence. J'aurais dû ôter auparavant ces deux cordes, qui n'étaient point faites pour être interrogées par toi. Il m'était imposé, nymphe charmante, de savoir ce qu'il t'était permis d'ignorer;

il m'était imposé de savoir que tu es privée de la capacité du bien et du mal, faculté puissante, barrière, hélas! insurmontable, qui nous tient séparés l'un de l'autre. Tant que tes doigts n'ont touché qu'aux cordes mélodieuses de la prière, la lyre n'avait rien à te refuser; mais sitôt qu'ils ont voulu ébranler les consonnances sociales, l'instrument fatidique a poussé un cri qui nous a avertis tous les deux de notre imprudence. Érigone, continue avec confiance tes essais sur les cordes qui restent, et qui doivent te suffire.

La ménade confuse et profondément affligée, écoutait à peine ces paroles compatissantes. Elle se sentait comme repoussée à jamais de la haute sphère où elle aurait voulu s'élever avec le poëte divin. Elle vient de recevoir une atteinte mortelle. Cependant elle put reprendre quelque calme; et, se soumettant à sa triste destinée, elle consentit à vaincre sa trop juste douleur. Alors Orphée se mit à lui enseigner les sons religieux qui portent l'ame à la mélancolie, tristesse intime mais non désolée, et qui la font s'élancer dans un autre avenir. Oui, disait-elle, voici les sons qui, sans doute, réjouissent les ombres heureuses; Orphée, lorsque tu ne seras plus parmi nous, lorsque je serai exilée de ta présence comme déja je le suis de tes facultés éminentes, je ne serai qu'une ombre, mais je serai une ombre heureuse. Érigone, docile aux leçons de son maître, et qui avait formé le généreux dessein d'apprendre au moins ce qu'il lui était donné d'apprendre, parvint bientôt à connaître les notes harmonieuses et solennelles de la piété envers les dieux. Orphée crut la ménade guérie, elle-même le croyait; dans leur sublime innocence, ils ignoraient le pouvoir invincible de l'amour, de l'amour qui se plaît à franchir toutes les sortes de hiérarchies, qui finira par confondre les ordres et les classes.

Orphée ne pouvait plus prolonger son séjour dans la Thrace. Il se devait à d'autres travaux. Il ne réunit plus que deux fois la foule des peuples. Érigone allait chercher les jeunes ménades ses compagnes, et les amenait pour leur faire entendre les chants d'Orphée. Ce troupeau de mille couleurs variées, ressemblait à ces troupeaux de tigres et de panthères qui accompagnent Bacchus dans ses courses bienfaisantes, dans ses brillantes excursions, dans ses conquêtes civilisatrices. Le sentiment du bien et du beau pénétra dans la plupart des ménades. Les cordes brisées et rétablies de la lyre, consonnantes aux autres cordes, enseignaient la dignité humaine, fondée sur la conviction d'une essence unique. Toutefois de tels prodiges ne pouvaient être opérés que par la main inspirée du poëte lui-même.

Cependant Orphée partit. Un jour on vit un léger esquif sur la mer orageuse; on entendait de doux accents : c'était Orphée qui, seul, s'abandonnait à la providence des flots. Les peuples réunis sur la plage poussaient des cris d'admiration. Érigone, assise à l'écart, versait des larmes amères. Elle recueillait dans son ame les sons ravissants qui partaient de la barque. Et c'était bien à elle, en effet, plutôt qu'à la foule des peuples, que les chants du poëte étaient adressés; car c'était de ces accents, qui ont le pouvoir d'apaiser les flots, et de tempérer les rigueurs des mânes. Il voulut écarter, un instant, de sa pensée, le souvenir d'Eurydice, pour mieux calmer Érigone, pour mieux conjurer le malheur. Mais la ménade éprouva, encore une fois, que nul chant ne peut suspendre les peines de l'amour. Hélas! l'eptacorde, qui était restée entre ses mains, et qui était un gage si précieux de la tendresse toute paternelle d'Orphée, était, en même temps, pour la vierge malheureuse, un triste témoignage de son infériorité. Long-temps encore, l'éclatant Phanès de l'égalité éblouira les yeux sans les éclairer. L'avancement des destinées humaines est au prix d'initiations lentes, successives, mesurées..

Depuis ce jour, on vit la ménade inconsolable fuir ses compagnes, errer dans la solitude. Quelquefois on l'apercevait tout-à-coup, légère comme une biche, mais comme une biche blessée, disparaissant au fond des forêts; quelquefois suspendue sur des abymes, sautant de rocher en rocher, franchissant les bruyantes cascades; quelquefois encore elle s'arrêtait au milieu des vastes bruyères, pour essayer les chants mélancoliques d'Olen de Lycie, les chants glorieux de Linus, qu'Orphée lui avait enseignés. Elle vantait les charmes et les félicités d'Eurydice. Souvent on l'entendit entonner un hymne à Bacchus, et cet hymne, sur ses lèvres ardentes, devenait un brillant épithalame.

Triomphateur de l'Inde, Bacchus, divinité puissante, viens assister à la noce de ton heureuse prêtresse, car tu n'interdis pas l'hymen aux ménades. Tes prêtresses ne sont pas déshéritées des biens de la vie. Viens consoler celles qui sont délaissées! Viens sur ton char attelé de tigres obéissants; tes tigres connaissent ma voix. Je sais presser sur leurs langues de feu les grappes vermeilles dont le suc les enivre. Viens! Évohé! Évohé! Ah! que je vive assez pour voir le jour de mon bonheur!

Préparez le voile nuptial! continuait-elle, mères augustes, dites les paroles solennelles qui éveillent le génie des races! Jeunes filles, allez dans les prairies, cueillir les fleurs qui doivent couronner la nouvelle épouse! Que l'aurore de l'éternité luise, par moi, sur toutes les mimallones de la

Thrace! Que, par moi, leurs destinées cessent d'être obscures! Mes maux enfin sont finis. Après une nuit douloureuse, oui, j'ai entendu, et je ne puis en douter, j'ai entendu, dans mes songes du matin, une voix qui me disait: Éveille-toi, Érigone, éveille-toi, ô la plus glorieuse et la plus belle, voici que la barque divine trace un sillon de feu sur la mer éblouissante, et te ramène celui que tu aimes, celui qui doit mettre un terme à ton opprobre! Toutes les cordes de la lyre frémiront sous tes doigts désormais inspirés! Éveille-toi!

Puis elle ajoutait avec un sentiment profond de toute espérance déçue: Hélas! hélas! l'instant si fugitif de la beauté passe ainsi qu'une ombre vaine; et déja, ne commence-t-elle pas à s'évanouir? Elle va donc s'éteindre dans la solitude!

Bientôt elle cessa d'éviter la foule des peuples. Elle n'était plus vêtue de la chatoyante nébride, et le pudique péplon cachait en partie sa ravissante figure, dont la douleur n'avait point terni la beauté. Elle se mêlait aux jeunes guerriers et aux agriculteurs. Elle parlait sans cesse du poëte divin. Elle redisait le chant de la tempête. Elle disait aussi les mille noms de la Divinité, enfermés dans des vers harmonieux. C'était un spectacle singulier et sinistre de la voir, l'œil égaré, dire les préceptes de la sagesse, revêtus de tout le

charme de la poésie; et elle avait perdu la raison,
que nul ne s'en doutait. Elle souffrait des maux
inouïs, et elle chantait, en quelque sorte, à son
insu, le plus souvent des paroles qui avaient un
sens très élevé, souvent aussi des paroles harmonieuses dont le sens était indécis. Elle se croyait
un être sacré, parcequ'elle avait été honorée de
l'affection d'un homme tel qu'Orphée. C'est lui
qui m'a tout enseigné, disait-elle, et nul ne peut
comprendre la multitude et la grandeur des choses qu'il m'a enseignées. La foule se pressait autour d'elle, et elle disait encore: Ne me regardez
pas, je suis une vierge sainte; Orphée a pleuré
sur moi. Et tous, obéissant à la ménade, détournaient leurs regards où brillaient à-la-fois l'admiration et la pitié.

Je n'ai vu la ménade qu'une seule fois; c'est
lorsque j'arrivai dans la Thrace. Roi pasteur, je
ne pourrais vous dire la noble compassion que me
fit éprouver l'infortunée. Son visage était pâle. Ses
yeux exprimaient en même temps que l'égarement,
je ne sais quel feu d'amour et de poésie. Elle avait
les cheveux rassemblés avec soin sur sa tête. Ses
vêtements légers et charmants étaient arrangés
avec une grande recherche de décence et de mo-
destie. Un voile, rejeté en arrière, venait, le
plus souvent, cacher sa figure enivrée de douleur. Ce qu'elle évitait par-dessus tout, c'étaient

la parure et les attitudes d'une ménade. Alors elle ne chantait plus les préceptes de la sagesse, mais les charmes fugitifs de la beauté. La souffrance de sa voix touchante annonçait un être en qui la mort habitait déjà. Le nom d'Orphée ne venait que rarement sur ses lèvres décolorées ; et, dans ces courts instants, un éclair de vie traversait son visage. Elle ne gémissait point sur elle-même ; seulement elle plaignait Orphée d'être condamné à la solitude.

Œagrius me dit : Voici la lyre que le poëte m'a laissée : poëte vous-même, essayez si vous ne pourrez pas ranimer la vierge qui va mourir ; c'est la lyre des prodiges. O roi pasteur, je ne voulus pas mériter le reproche de n'avoir pas tenté au moins un dernier remède. Mes doigts se placèrent sur la lyre civilisatrice ; et, accoutumée aux sons produits par Orphée, la lyre dit plus que je n'aurais su lui faire dire moi-même. Dieux ! s'écrie la ménade, est-ce donc que le poëte divin revient parmi nous ? Revient-il vers sa fille, pour ne plus la quitter ? Oui, oui, tu es mon père. Ah ! cette larme que je sens tomber sur mon front n'est-elle pas une larme de la pitié paternelle ?

Cependant Érigone ne put supporter plus longtemps le poids de la vie. Elle succomba. Elle succomba comme la fleur chargée de trop de rosée. Elle fut punie aussi d'avoir voulu changer les

destins d'un homme que les dieux s'étaient réservé. Néanmoins sa mort fut paisible. Elle recouvra tout-à-fait sa raison avant de mourir. Elle
dit: Je vais trouver Eurydice, et j'attendrai auprès d'elle le poëte divin dans les bocages de
l'Élysée. Son ame se détacha doucement de son
enveloppe mortelle, et la nymphe parut s'endor-
mir dans les songes du bonheur. Je me trompe,
Évandre; c'était une expression bien plus sublime, qui s'épanouissait sur la figure incomparable de la vierge. Vous le savez, le sommeil
qui produit les songes a été comparé aux petits
mystères, où l'on n'obtient qu'une initiation incomplète. La mort a été comparée aux grands
mystères, où l'on reçoit la pleine révélation de
l'époptisme. Érigone, qui n'avait pu être qu'é-
blouie par la brillante lumière de Phanès, l'a pu
supporter sans peine sitôt qu'elle a eu franchi
le seuil redouté de la vie. Elle va se mêler aux
chœurs de l'Élysée, et nulle corde de la lyre divine ne se brisera sous ses doigts. Ainsi donc ceux
qui sont entrés dans la route continuent d'y marcher lorsqu'ils ont déposé leur vêtement terrestre;
et les destinées humaines toujours finissent de
s'achever dans une autre vie.

Les ménades menèrent un grand deuil autour
du tombeau de leur belle compagne, morte à la
fleur de ses ans, et frappée d'une blessure incu-

rable, d'une blessure que tous les dictames de la terre ne pouvaient apaiser. Les ménades chantèrent des hymnes, puis, emportées à-la-fois par leur douleur et par la vive expression de leur douleur, elles devinrent furieuses, et formèrent le projet de venger les dédains d'Orphée. Mais il ne leur sera pas donné d'accomplir ce dessein insensé. Elles instituèrent une fête anniversaire pour la mort prématurée de leur compagne malheureuse. Dans cette fête lugubre, maintenant, à ce que j'ai appris depuis, elles poussent de terribles gémissements. Avec leurs thyrses, elles figurent Orphée, Orphée déchiré, et jeté dans l'Hèbre. Malheur alors au téméraire qui viendrait troubler de pareilles cérémonies ! Il subirait le sort d'Orphée. Même on dit que les exemples n'en sont pas rares. Ensuite elles se livrent à d'incroyables lamentations pour déplorer ce meurtre. Elles cherchent la grande et noble victime, pour lui donner une sépulture honorable, et le nom d'Eurydice retentit le long des rives de l'Hèbre. Elles ne s'apaisent que par les hymnes de l'apothéose. Telles sont donc les renommées qui vivent parmi les peuples ! Ainsi la malédiction et la louange s'attachent au même nom, dans le même temps et dans la même contrée. Orphée continue ses brillants travaux comme si sa gloire était insensible à-la-fois à la louange et à la malédiction.

Mais sachez une chose, vénérable Évandre;
sans doute, Orphée eût dû périr par les mains
des ménades, s'il lui eût été donné de les initier
dans tous les mystères de la vie sociale. Vous l'a-
vez vu, un tel pouvoir ne lui fut point accordé.
Ces cris confus d'Évohé, qui retentissent dans
les orgies, je dois vous le dire, sont des cris dépourvus de sens. Ils manifestent une langue imparfaite, expression bruyante et vague d'une société qui est dans sa première enfance. Toutefois la semence féconde est enfouie dans le sillon;
la moisson ne peut se faire attendre.

Roi pasteur, j'ai vu et la mort et les funérailles
d'Érigone, et le tableau de cette touchante ménade est souvent devant mes yeux.

Telle fut donc, Évandre, la différence d'Eurydice et d'Érigone. Eurydice était destinée à opérer la guérison, c'est-à-dire à relever les natures
infimes. Érigone desira s'élever à la connaissance
du bien et du mal, sans en avoir la capacité. L'a-
mour d'Eurydice ressemblait à la pure inspiration
du génie poétique; l'amour d'Érigone était la magie même de la volupté. Orphée, héros et plébéien, ops et inops, ne pouvait être l'époux ni
de la noble nymphe ni de la ménade restée dans
les rangs des mimallones profanes. Les deux vierges ont été ravies par une mort différente et
également merveilleuse; elles on' été consumées

l'une et l'autre par la lumière trop éclatante de Phanès.

Ici l'entretien fut interrompu par le vieux Nau-tès, interprète sacré des oracles divins, non pas seulement poëte, mais aussi prêtre et prophète. Thamyris va continuer ses récits devant le pon-tife vénérable, pour qu'il connaisse les leçons puisées dans l'initiation.

Écoutons la suite des récits de Thamyris.

FIN DU LIVRE CINQUIÈME.

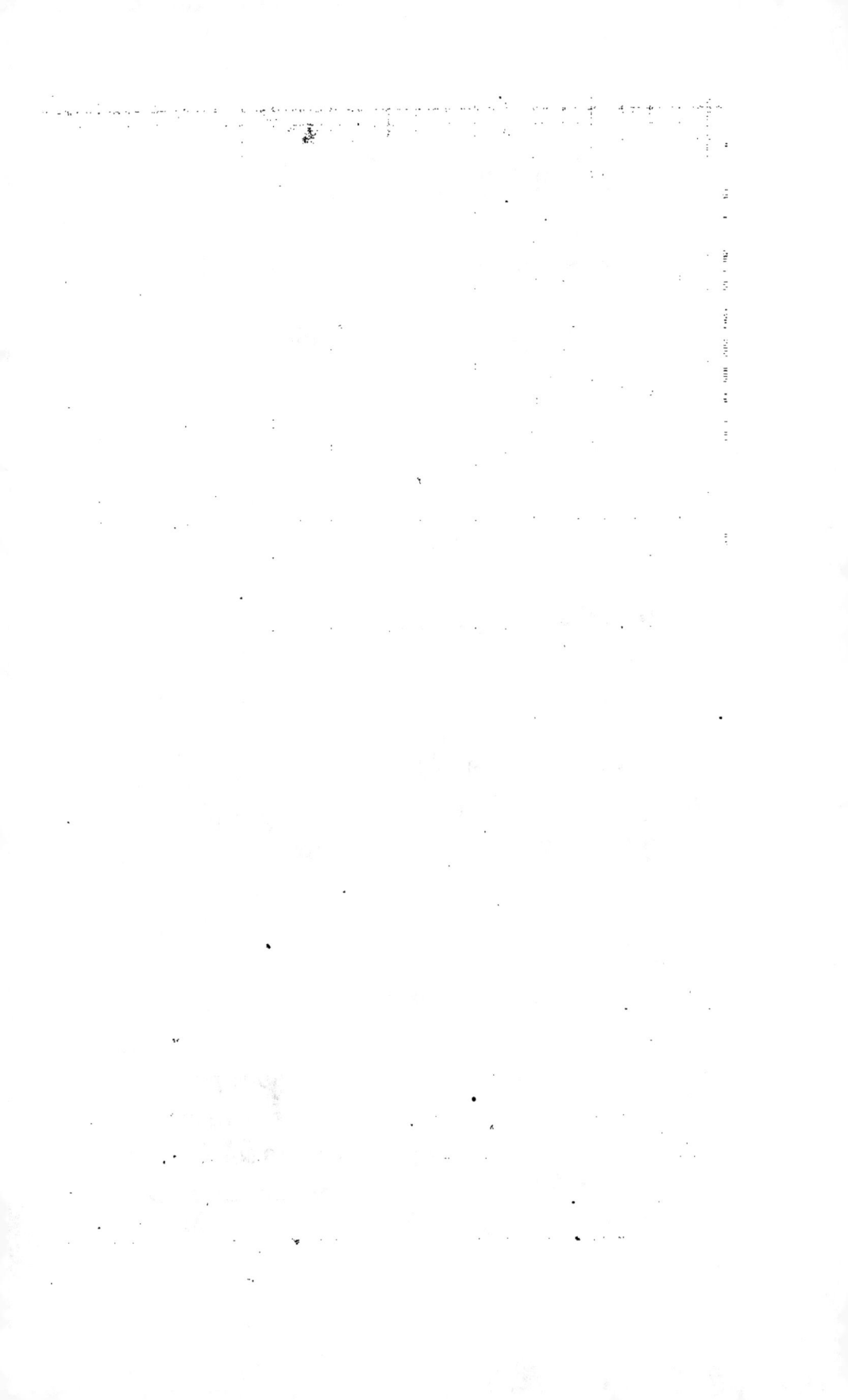

ORPHÉE.

L'ÉGYPTE.

J'arrivai en Égypte, dans le temps de l'inondation du Nil. C'est un spectacle que l'on ne peut concevoir lorsqu'on ne l'a pas vu. Les murs des villes, les maisons des habitants, les édifices publics, les temples des dieux, sont battus par les flots paisibles du fleuve devenu, en quelque sorte, l'Égypte elle-même. Je ne vous dirai point, excellent prince, les travaux inouïs qui ont été exécutés pour parvenir à régulariser les bienfaits de cette inondation merveilleuse, à produire une égale distribution des eaux, à prévenir les inconvénients d'une crue trop rapide ou trop lente, trop abondante ou trop mesurée; enfin pour guider le décroissement du Nil, lorsqu'il veut rentrer dans ses limites, et pour empêcher que le sol fécondé par lui ne devienne un vaste marais insalubre. Il a fallu creuser des canaux, élever des digues,

former de vastes lacs, semblables à des mers contenues par d'indestructibles rivages: travaux incroyables qui confondent l'imagination. Nulle
part, vous le savez, la puissance de l'homme n'a
été manifestée comme en Égypte. Cette terre, conquête savante d'une industrie toute humaine, commença, dit-on, par n'être qu'une ligne étroite de
huttes de roseaux confusément construites pour
servir d'abri à de misérables pêcheurs. Auparavant l'hippopotame régnait en paix; le crocodile,
tyran sans partage d'alluvions immenses, s'endor-
mait avec sécurité, et son réveil seul répandait la
terreur parmi les animaux qui habitaient cette
contrée limoneuse.

Je dis, sage Évandre, une industrie toute humaine, afin de distinguer, à vos yeux, l'Égypte des
contrées faites par les Titans. Les Muses qui m'a-
vaient jadis inspiré ne m'avaient rien appris d'un
tel ordre de travaux et de traditions. Aussi, dès
que j'eus franchi le détroit du phare, je pus me
croire transporté dans un autre univers. Toutes
mes pensées s'étaient évanouies; toute ma science,
ou plutôt ce que je croyais ma science, s'était dis-
sipé à l'égal d'une vaine vapeur. Grottes fatidi-
ques de la Samothrace, réveil civilisateur de la
Thrace, pouvoir de la lyre, tout disparaissait pour
moi dans les profondeurs d'un souvenir en quelque sorte éteint. Il me semblait que j'entrais dans

une vie nouvelle où toutes les conditions de l'existence allaient être changées.

Et vous, Évandre, vous échappé, depuis si peu de temps, aux agrestes retraites du Ménale, vous qui, arrivé dans le Latium, n'avez pas eu assez de puissance pour vous construire un palais assis sur de solides fondements faits par vous-même, et qui avez cru nécessaire de donner pour appui à votre modeste demeure de vieilles murailles phéaciennes; vous qui n'avez pu parvenir encore à dessécher ce Vélabre dont les eaux stagnantes entourent les lieux où nous sommes, comment pourriez-vous espérer de vous représenter l'Égypte? De si prodigieux monuments de tous genres, des travaux dont la pensée seule confond l'imagination, ne sont-ils pas trop au-dessus de tout ce que l'on pourrait accomplir par les efforts réunis des héros grecs et latins, avec chacun la troupe nombreuse de leurs dociles clients? Ce que j'éprouvais, vous l'auriez éprouvé aussi, roi de la colline carrée. Par-tout je n'avais connu que des peuples nouveaux, des hommes récemment sortis du chêne ou du rocher; pour la première fois, je me trouvais au milieu d'un peuple ancien, parmi des hommes qui comptaient de longues générations d'ancêtres. Par-tout j'avais comme assisté à la naissance de la société; ici je l'admirais dans toute la plénitude d'une grandeur affermie par le temps. Par-

tout j'avais rencontré une race humaine touchant
aux origines obscures, berceau mystérieux de toutes choses; ici, c'était une race humaine déja séparée des origines obscures par plusieurs grands
siècles de traditions que l'on dit certaines. Par-
tout l'on m'avait parlé de dynasties qui venaient
de surgir; ici l'on me racontait des dynasties de
dieux, qui avaient précédé les dynasties mortelles.
En un mot, par-tout j'avais vu le commencement
du monde civil, par-tout j'avais vu poindre l'aurore
de l'humanité; ici le monde civil était comme s'il
n'eût jamais commencé, et le soleil de l'humanité
luisait dans toute la splendeur de son midi. Que
devait donc être, pour moi, le souvenir de ces forteresses de héros, bâties sur des rochers, pareilles à
des aires d'aigles, forteresses que nous avons si
souvent désignées sous le nom de cités primitives,
que devait-il être en présence de tant de villes
populeuses, toutes remplies de vastes et magnifiques édifices, soumises à des lois non point antiques, mais éternelles? Et ces lois qui règnent sur
les ordres et les classes, qui gouvernent tous les
esprits, combien elles diffèrent de ces lois-morés,
émanées des pères de familles, et qui sont le vouloir du patron exprimé par les actions du client!

Ainsi, Évandre, il faut oublier même ce que
je vous ai dit de la Cadmée, de ces enceintes sacrées, dont le sulcus primigeniùs forme la limite

inviolable, et qui enferment à-la-fois la Thèbes profane, l'Ogygie mystique. Pour l'Égypte, les Titans n'ont point brisé de rochers, n'ont point éteint de flammes souterraines; il n'a point fallu essarter graduellement de vastes forêts, pour y faire pénétrer le jour; le sol tout entier a dû être créé par l'homme avant qu'il pût s'y établir. Au-delà ne sont pas des bois, séjour de l'antique obscurité, du terrible silence, mais ou les sables du désert, ou les flots des mers orageuses. Roi pasteur, ne soyez donc pas étonné si tout mon être, si toutes mes facultés ont été bouleversés par l'aspect seul de l'Égypte.

Sans doute, vénérable Évandre, lorsque vous êtes arrivé dans ces lieux, vous avez été tout surpris de heurter des débris à chaque pas. Vous vous attendiez peu à ces traces encore subsistantes de générations successives qui vous eussent précédé. L'exilé de la région ante-lunaire ne devait pas croire, en effet, à ces ouvrages des hommes qui, avant lui, avaient succombé dans une lutte inégale contre les ravages des volcans. Je vous ai raconté que j'avais éprouvé le même étonnement dans la Samothrace, lorsque je voulus interroger la sibylle du vieux monde.

Mais ces monuments si chétifs, et qui nous ont paru si considérables à vous et à moi, que seraient-ils comparés à ceux dont l'Égypte est couverte? Ces citadelles phéaciennes, ces nids d'aigles sur les rochers, que seraient-ils devant ces masses imposantes, ces édifices gigantesques qui étalent une telle magnificence à l'intérieur comme à l'extérieur?

Vous avez souvent ouï parler, roi pasteur, des pyramides qui surchargent cette terre limoneuse, devenue la terre des merveilles, contrée soumise à des dynasties de dieux avant d'avoir fléchi sous des dynasties de rois; on vous a parlé de ces temples, de ces obélisques, de ces palais, de tant de prodiges qui ne laissent jamais reposer l'admiration. Mais ce qui étonne le plus, c'est que tout est symbolique, et qu'on a, de suite, un sentiment indéfinissable de ces créations symboliques, marque véritable d'une intelligence peut-être divine, en effet. La langue présente un sens mystérieux et un sens littéral, un sens caché et un sens découvert, un sens profond et un sens superficiel; les monuments sont eux-mêmes toute une langue emblématique. Les apparences voilent toujours des réalités. Le Nil aussi, père nourricier de l'Égypte, par le secret dont il couvre sa source ignorée, paraît être une image rapide et vivante des traditions, qui se perdent dans la nuit des temps. On dirait qu'avec sa vase féconde il roule toutes les lois de l'allégorie. L'étranger qui arrive, pour la première fois, dans une ville d'Égypte,

subit déja une sorte d'initiation par le vertige que
lui fait éprouver un spectacle si nouveau ; il serait
disposé à soupçonner que la multitude qui s'é-
coule autour de lui est chargée de remplir, à son
égard, quelque chose des fonctions de l'hiérophante. Les lignes d'un édifice ne sont jamais
calculées pour produire la beauté, mais pour contenir un enseignement; et néanmoins la réunion
de ces lignes présente un ensemble qui va bien au-
delà du beau, et qui élève l'ame jusqu'à l'idée du
sublime. Ce que vous trouvez dans les édifices
publics, vous le trouvez encore dans les maisons
des plus simples habitants. L'Égyptien, façonné
par ce qu'il voit, par ce qui l'environne, met une
intention allégorique dans tout ce qu'il fait. Les
usages, quelquefois les plus ordinaires et les plus
indifférents, sont déterminés par des lois qui ont
de hautes raisons. L'existence, dans la variété de
ses modes et de ses actes, est transformée tout entière en une allégorie mobile et fugitive, de la
même manière que les hommes sont une allégorie
fixe et stable ; de la même manière encore que le
temps est une image de l'éternité.

Le culte et le gouvernement de ce peuple extraordinaire sont empreints de ce caractère allégorique. Là tous les commandements de l'autorité
sont pressentis plutôt que promulgués. Un ordre
part toujours de derrière un nuage, la loi est

un décret inconnu, et la justice s'explique par le mystère. Toute volonté, qu'elle soit celle du père de famille, ou celle du magistrat, ou celle du prince, ou celle du prêtre, toute volonté ressemble, dans l'expression, à la règle imployable du destin. Les formules sont des axiomes sacrés, qui exigent une obéissance aveugle. Il y a une police vigilante, redoutable et protectrice en même temps, qui épie toutes vos actions, sans troubler, en aucune manière, l'exercice de votre liberté. On dirait qu'une puissance inaccessible aux sens est toujours assise à vos côtés, ou pour vous garantir de quelque piége, ou pour vous retenir sur les bords d'un précipice; elle marche avec vous, et produit une sorte de terreur continue dont vous ne pouvez vous défendre. Nulle part, dans nulle circonstance, vous ne sentez l'action du gouvernement, et néanmoins une muette appréhension vous avertit que vous en êtes enveloppé comme d'un réseau dont il vous serait impossible de vous affranchir. Lorsque vous êtes seul, il vous semble que des yeux invisibles vous suivent en l'absence de tout témoin, et veillent sur vous à votre insu. Vous osez à peine penser, car vous croyez que ces murs mystérieux retiendraient non seulement les paroles que vous profèreriez, mais encore les pensées que vous recelez dans votre sein. Ces défiances si importunes étaient fortifiées en moi par une muette solennité de toutes choses, et par le triste bruissement des eaux.

Dans les villes des autres contrées, du moins c'est ainsi que l'on représente celles de l'Orient, vous trouvez une foule émue, qui va, vient, se presse, s'agite; vous entendez des voix humaines, des cris de bêtes de somme, des roulis de machines, des mouvements de chars. En Égypte, des villes dont vous pourriez à peine concevoir l'étendue, on les traverse au sein d'un vaste silence, ou au milieu d'un retentissement successif et prolongé, comme lorsque l'on entend, du sommet des montagnes, les bruits insaisissables des profondes vallées. Et ce vaste silence n'est interrompu que par les sourds froissements d'une onde captive se balançant sur elle-même, ou flottant contre de hautes murailles noires; par les sons uniformes d'une multitude de nacelles dont les rames frappent à coups égaux la surface du fleuve, et par les cris des nautonniers se dirigeant, s'interpellant, s'évitant les uns les autres. Cet aspect ébranle toutes les pensées, renverse toutes les convictions les plus intimes: on dirait que l'on glisse au travers d'un monde fantastique. Et lorsque l'on pénètre dans l'intérieur de toutes ces villes submergées, lorsque l'on entre dans ces maisons silencieuses, baignées par les eaux; lorsque l'on fréquente les lieux d'assemblées, les tem-

ples magnifiques; lorsque l'on assiste aux cérémonies de la religion, je ne sais quel sentiment
du vague et de l'infini vient vous saisir. Vous allez
faisant des découvertes dans une région créée par
un rêve.

Quelquefois cependant ce royaume de l'immobilité, ce rêve qui est devenu un monde réel,
est animé par les acclamations de la multitude
répandue sur des barques innombrables, les
jours de fête, ou de grandes réunions commer-
ciales; mais ces acclamations mesurées et unanimes
ont quelque chose d'indécis, de grave, de calme,
qui ressemble au plus monotone silence. Ce sont
toujours des cris répétés un nombre déterminé de
fois, ou des chants alternatifs et parallèles entre
eux. Alors un délaissement immense et sans bornes s'emparait de moi tout entier. J'étais ce que
serait un homme exilé sur un rocher perdu au
milieu des vastes mers. Aucun parfum de la terre,
aucun son de la vie n'arriverait jusqu'à lui: il
n'aurait devant ses yeux que le spectacle imposant
des eaux illimitées, et sa vue planerait jusqu'à
l'horizon, sans pouvoir s'arrêter nulle part. L'i-
mage si vive, si animée de la Grèce, toute brillante de jeunesse, de grace, de beauté, se présentait à mon imagination, et troublait mon
cœur. Je regrettais jusqu'à ces âpres rivages de la
Thrace, où les tempêtes elles-mêmes et les orages
ont une voix qui est comprise.

Cette civilisation savante et parfaite, mais fixe
et uniforme, que j'avais sous les yeux, me faisait
apprécier bien mieux tous les charmes de ces civilisations ébauchées, mais diverses et progres-
sives, qui promettaient une si grande variété de
mœurs et de coutumes, plus ou moins sévères,
plus ou moins riantes. Je me trouvais dans un
monde ancien où tout était dit, et j'aurais préféré
un monde nouveau où tout eût été à dire. En un
mot, Évandre, je craignais que, dans les sociétés
vieillies, la science ne remplaçât les grandes et
profondes sympathies qui forment le lien si puissant et si doux des sociétés naissantes.

La vie, en Égypte, ne semble s'appuyer sur
rien; aussi les hommes y cherchent-ils à donner
de la durée à la mort. Toutes les différentes époques de l'existence humaine, comme une suite
de vies et de morts qui naissent les unes des autres, sont célébrées avec des cérémonies funèbres.

Ainsi l'homme ne parvient à sa dernière mort
que par une suite de trépas successifs; et cette
dernière mort n'est, à son tour, que le passage à
une autre vie. Ainsi encore, à mesure qu'il entre
dans un âge nouveau, l'homme prend le deuil de
l'âge précédent; il est donc successivement en
deuil de sa propre existence, de son existence mobile et changeante, comme enfant, lorsqu'il devient jeune homme; comme jeune homme, lors-

qu'il devient homme fait; comme vieillard, lorsqu'il entre dans la décrépitude. Le vêtement
assigné à chaque âge est déposé dans une sorte
de tombeau, image de celui où sera déposé un
jour le corps lui-même, dernier vêtement de
l'homme, que l'on conservera avec un soin infini : ainsi donc enfin, on ne donne de la réalité
qu'à la mort; tout est provisoire jusque-là, et l'on
ne manque jamais de faire assister le spectre
de la mort à tous les repas. Mais lorsque l'homme
n'est plus, non seulement on honore, comme
par-tout ailleurs, sa cendre; non seulement on
prend soin d'embaumer ses restes; bien plus, on
lui construit une demeure stable à laquelle on
s'efforce d'assurer une durée éternelle. On dirait
que c'est la crainte de la mort qui a produit le
sentiment de l'immortalité; toutefois on se trom-
perait étrangement si l'on croyait que l'Égyptien
veut uniquement soustraire son corps et ses ouvrages à la destruction; ce qu'il veut sur-tout,
c'est fixer la mort même, la fixer comme l'emblème et le gage de l'immortalité.

La pensée n'abandonne point l'homme dans
son tombeau, lorsque son corps a subi toutes les
préparations pieuses de l'embaumement, qui doivent lui assurer la durée des siècles. Cette pensée
continue de le suivre dans sa destinée future; elle
accompagne l'ame voyageuse, au sortir de ce

monde sublunaire, parcourant les différentes
sphères étoilées, comparaissant, à chacune de ses
stations, devant une divinité d'un autre ordre,
jusqu'à ce que toute la hiérarchie céleste soit
épuisée, et accomplissant ainsi, dans des existen-
ces successives, la série d'épreuves par lesquelles
il faut qu'elle passe avant de pouvoir être introduite dans son état définitif, dans la gloire de
l'époptisme véritable, dont l'époptisme des initiations n'est qu'une image affaiblie.

Évandre, j'aurais maintenant à vous peindre
avec quelque détail toutes les villes opulentes
que j'ai vues, et qui ressemblent si peu à celles de
la Grèce ou du Latium; j'aurais à vous dire leurs
noms, leurs mœurs, leurs cultes, leurs institutions; mais ce sera le sujet inépuisable des divers
entretiens que nous reprendrons par la suite:
nous ne devons pas espérer ni l'un ni l'autre que
nous puissions vivre assez pour que nous ayons
fini, moi, de raconter tant de choses, vous, de les
entendre et de m'interroger. Quant à présent, je
dois me hâter de satisfaire aux plus justes desirs
de votre curiosité.

Après avoir traversé toute la Basse-Égypte, ce
fut à Saïs, ville de la Haute-Egypte, que je me
déterminai à aller demander les bienfaits de l'initiation. Je n'étais pas sans quelque crainte à cet
égard. Si déjà de simples relations sociales me

donnaient une sorte d'hésitation dont je n'étais pas le maître; si déjà les paroles usuelles du commerce ordinaire de la vie produisaient en moi du trouble, parceque j'étais toujours incertain du sens caché que je leur supposais, quelle ne devait pas être mon anxiété, lorsque, dans l'intérieur du temple, je me trouverais en communication avec les maîtres de toute science! Mais, du moins, la ville de Saïs n'est, en aucun temps, submergée par les eaux.

On se fait, sur les initiations, bien des idées fausses que la suite de mon récit vous apprendra, roi pasteur, à rectifier. On croit, en général, qu'elles sont destinées à dévoiler la vérité, et à l'enseigner. Cela n'est point vrai : la vérité ne s'enseigne pas; elle illumine celui qui en est digne. Les prêtres de l'Égypte n'ôtent jamais le voile qui couvre la statue d'Isis, et jamais eux-mêmes n'ont vu cette statue sans voile. Dans les initiations, il est vrai, on interroge celui qui se présente. Le néophyte répond selon ce qui se passe en lui; et, s'il s'est trompé, on se fait un devoir de ne pas le détromper. C'est un aveugle que l'on laisse aller. On fait plus, on le pousse dans le sens même de son génie; on l'abandonne entièrement à son propre instinct. Si, ensuite, il fait des progrès, il s'aperçoit bien de ses premières erreurs sans qu'on ait besoin de les lui montrer. Alors on est sûr de lui, et l'on ne peut en être sûr que de cette manière; car c'est lui qui a fait sa doctrine et sa science. Trois maximes sont le fondement de l'initiation; et ces maximes, je les connaissais avant de me présenter. Les voici : Nul n'est digne de la vérité, s'il ne la découvre pas lui-même. Nul ne peut parvenir à la vérité, s'il ne parvient à la découvrir lui-même. Enfin, nul n'est en état de comprendre la vérité, s'il n'a pas été en état d'y parvenir de lui-même. Dieu a tout fait en donnant le langage à l'homme: c'est la grande et universelle révélation du genre humain. Les prêtres de l'Égypte n'enseignent donc rien, parcequ'ils croient que tout est dans l'homme; ils ne font qu'écarter les obstacles. Ils vont plus loin, les adeptes qui ne peuvent pas entrer par leur propre impulsion dans la sphère d'idées et de sentiments où l'on veut les introduire sont renvoyés comme des profanes. Les dépositaires de la sagesse croient que la vérité est une chose dangereuse pour l'homme qui ne la trouve pas en soi. Il la saisirait mal, il n'en verrait qu'un côté, il en ferait un usage mauvais, il la prostituerait à sa vanité, il l'altèrerait, et, ainsi altérée, il la répandrait sans choix et sans discernement.

Au reste, il y a plusieurs chemins pour parvenir à la vérité. L'Être éternel se révèle de la manière qui lui convient à lui, et, sans doute aussi, de la manière qui convient à chacun; mais c'est toujours dans l'intimité de la conscience. L'un est éclairé par les lumières d'une haute raison; l'autre est instruit par un tact exquis du sentiment. L'enthousiasme de la poésie emporte les uns sur des ailes de feu, dans les régions où habite la vérité; les autres trouvent mille secrets dans les profondeurs d'une tranquille méditation. Mais ensuite, et remarquez bien ceci, une question résolue de deux manières différentes peut quelquefois être bien résolue et dans la justice et dans la vérité; car la morale a aussi ses mystères. Voilà, fils de la Thyade, tout ce que je soupçonnais des doctrines de l'Égypte; et vous devez comprendre qu'il ne m'était pas permis d'avoir assez de confiance en moi pour être rassuré. Instruit d'avance que la misère de la condition humaine exclut tout principe absolu, je savais bien que je ne pouvais demander aux prêtres de l'Égypte la loi générale, universelle de l'être intelligent et moral. Mes irrésolutions et mes craintes n'étaient que trop fondées.

Je me détermine cependant. Je vais frapper à la porte du temple. On m'ouvre.

Que demandez-vous?

A connaître la vérité.

Qui êtes-vous?

Je suis un Scythe qui passe pour être né

dans la Thrace, et je cherche par-tout Orphée.

Êtes-vous poëte, prince, ou législateur?

Les muses ont daigné m'inspirer.

Comment vous nommez-vous?

J'ignore le nom que j'ai reçu de mes parents, les peuples m'appellent Thamyris.

Votre renommée, Thamyris, est parvenue jusqu'à nous, mais sans éclat. Croyez-vous donc que l'entrée de ce temple soit accessible à tous? Et qui nous dira que vous êtes digne de connaître la vérité, ou même une partie de la vérité?

Je ne refuse pas les épreuves.

Qu'importent les épreuves? O homme! si la vérité n'habite pas déja dans ton cœur, qui pourrait l'y placer? La vérité n'est pas une chose étrangère et hors de nous. Elle a sa demeure dans le cœur de l'homme, et non point dans les grandes pyramides bâties par la main des hommes.

Je sais que la vérité est dans le cœur de l'homme; mais souvent elle y est environnée de ténèbres, et nul n'a plus besoin que moi du flambeau des sages, pour dissiper ces ténèbres.

Eh bien! retire-toi, pour te préparer, par une retraite volontaire, à la faveur d'entrer dans le sanctuaire d'Isis. Pendant quarante jours, tu méditeras seul sur les choses qu'il importe à l'homme de connaître. Ensuite tu viendras demander les épreuves.

Ce délai, dont j'ignorais le motif, était destiné
à ce genre d'épreuves qu'on appelle l'initiation
extérieure. Le futur néophyte reste quarante jours
surveillé, sans qu'il puisse s'en douter. On va
jusqu'à lui tendre des piéges pour s'assurer de ses
mœurs, de sa prudence; pour connaître l'usage
qu'il fera de sa liberté. N'allez pas dire, Évandre,
que de tels moyens ne peuvent réussir à l'égard d'un
homme déja prévenu, et qui doit être sur la réserve. Ah! s'il n'est contenu que par cette sorte de
méfiance sur tout ce qui l'entoure, il ne tardera
pas de succomber. Il y a tant de faiblesse et tant
de misère dans l'homme, qu'il ne faut pas une
grande science de séduction pour l'entraîner à
mal user de sa liberté. Et, croyez-moi, il n'y a
point de piége grossier. Les prêtres de l'Égypte,
au reste, imitent en cela, ou se croient autorisés
à imiter les grandes voies de la Providence à l'é-
gard du genre humain, qui, en effet, est soumis
à des épreuves, et qui ne l'ignore point. L'homme
accomplit le mal, souvent, hélas! sans aucune
utilité même passagère; souvent la vertu n'a pas
besoin de remords pour être vengée. Et le remords lui-même n'est-il pas un témoin qui dépose que nous sommes libres? Je dois ajouter, non
pour la justification des prêtres de l'Égypte, mais
pour faire comprendre leur conduite, je dois
expliquer que, comme ils n'ont pas à leur dispo-

sition les trésors variés et infinis de la Providence, dont ils veulent simuler respectueusement
les lois, s'ils tendent des piéges, ils ne souffrent
jamais qu'on y tombe.

Ainsi, rendu en apparence à la liberté, bientôt les contrés les plus poétiques de la terre,
où j'aurais pu couler de longs jours, vinrent se présenter de nouveau à mon imagination avec tous
leurs charmes. Je commençais à craindre cette aus-
térité des enseignements de la sagesse. Il me semblait que dans cette région, que je considérais à
présent comme la région du silence et de la mort,
je perdrais tant de riantes illusions, et que j'allais anticiper sur la froide vieillesse. Au lieu
d'employer toutes mes forces à lutter contre moi-
même, je les employais à faire de coupables efforts pour vaincre la sagesse qui me livrait de
rudes combats. Un sentiment de lâche découragement, ruse funeste de ma faiblesse, venait
me saisir; je me jetais alors dans toutes les distractions qui se présentaient de tous côtés, et que
je n'avais pas d'abord aperçues. L'Égypte, vous le
savez, est le pays des jongleurs, des magiciens, des
astrologues. Les hommes qui se vouent à l'amu-
sement du public y sont d'une adresse extrême. Il
y a des danseuses d'une grande perfection. Je ne
dédaignais ni les oisifs ni les baladins. Les maîtres de toutes les sciences vaines étaient accueillis

par moi avec un empressement déplorable. Sans
doute j'aurais eu trop à faire à me défendre à-la-
fois et contre mes sens et contre la curiosité de
mon esprit. Je puis l'avouer à présent, prince
pieux, et j'en rougis encore, non il n'y a point
de piége grossier pour l'homme, même pour celui
qui a conçu le desir de la sagesse et l'amour de la
vérité.

Néanmoins, de temps en temps je sentais la
pointe du remords, je me faisais pitié : je me disais
alors : Voilà donc pourquoi je suis venu en Égypte !
Allons, retournons dans la Grèce, et renonçons
au vain projet de suivre la trace si difficile du sage
des sages. Ou plutôt, au lieu d'aller par le monde
chercher les leçons d'Orphée, de mendier par-
tout des oracles qui veulent rester muets pour
moi, courons ensevelir notre honte au sein de la
silencieuse Scythie. Dans tout autre lieu, sans
doute, on me montrerait au doigt. Dans tout autre lieu, on dirait avec une juste dérision : Voyez
celui qui prétendit à sortir des voies communes,
dessein si au-dessus de ses facultés ! On le sait à
présent, il fut séduit mal-à-propos par la haute
renommée d'Orphée. C'est la vanité qui l'a égaré.

Souffrez, Évandre, que je ne tienne pas votre
esprit plus long-temps attentif sur tout l'égarement de mes pensées.

Les quarante jours d'épreuves étaient expirés,

et j'étais, en quelque sorte, décidé à ne point me
présenter devant les prêtres des saints mystères.
Mais le sentiment de honte qui me tourmentait
avait été facilement aperçu, et l'on avait connu ce
qui se passait en moi. Un Égyptien vient m'engager à retourner dans le temple. Je lui dis que je
n'avais rien fait de ce qui m'avait été prescrit, et
que je n'oserais paraître en présence des prêtres
augustes. C'est bien, me répondit-il; toutefois
votre ame est dans le trouble. Vous êtes mécon-
tent de vous, et votre affaissement vous pèse;
un tel état est meilleur que vous ne croyez. Allez
du moins demander des conseils et des consola-
tions.

Je retournai donc au temple, mais plein de
confusion. Je heurte à la porte.

Que demandez-vous?

A me réconcilier avec la sagesse.

Entrez dans le vestibule.

J'entre en tremblant.

Écoutez, Thamyris, vous n'avez été si faible
que parceque vous avez trop présumé de vos forces. Vous avez été déçu; vous aviez cru, dans
votre orgueilleuse présomption, que tous les obstacles allaient s'abaisser devant vos simples desirs,
que vos ennemis n'oseraient se mesurer avec vous,
et vous ne vous êtes point armé pour le combat.
Toujours la victoire s'achète, et quelquefois c'est

à de hauts prix, puisque souvent c'est au prix du repos, du bonheur, de la vie. Ce n'est pas tout : les dieux immortels aiment à humilier les superbes. Nous portons tous au-devant de nous une juste Némésis. Mais vous vous repentez, et vous méritez la réconciliation.

Vous ne m'avez pas reçu avant que j'eusse succombé, et vous me recevez à présent. Vous avez voulu savoir si j'étais fort, et je vous ai appris que j'étais faible. Vous m'avez prescrit de méditer, et j'ai vécu dans la dissipation. Qu'auriez-vous donc fait pour moi, si je n'eusse pas été faible, et si j'eusse été exact à chercher au fond de mon cœur les enseignements qu'il m'avait été ordonné d'y chercher ?

Qui t'a donné le droit d'interroger les prêtres des saints mystères? Nous donnons gratuitement, quand, et à qui nous voulons. Et, pour te le prouver, nous allons t'enseigner plusieurs grands secrets : un, pour faire de l'or; un, pour prolonger la vie; un, pour exalter l'imagination, et lui faire produire des choses qui excitent l'admiration des hommes.

Le secret de faire de l'or, répondis-je, c'est de vivre exempt de besoins; celui de prolonger la vie, c'est de bien employer le temps qui nous est accordé par les dieux immortels; celui d'exciter l'admiration des hommes, c'est de leur donner de bons exemples.

Comment! tu n'es pas tenté, au moins, d'avoir le moyen d'être plus utile aux hommes? avec de l'or, tu pourrais venir au secours de l'indigence, élever des monuments qui feraient la gloire de ta patrie, ou exécuter des travaux qui ajouteraient à sa prospérité.

Orphée a su faire du bien aux hommes, sans le secret de faire de l'or.

Tu pourrais attendre avant de te comparer à Orphée.

Je l'avoue, mais en refusant tout, j'accepte tout; car je sais que c'est un moyen d'obtenir.

Parles-tu ainsi pour te jouer des saints mystères?

Non, je me plains de ce que vous m'éprouvez comme un enfant. Ai-je donc fait naître en vous un si grand mépris? Sans doute, les secrets que vous m'offrez sont la vaine pâture de ceux que vous destinez à rester dans le vestibule du temple.

Le prêtre sourit d'un sourire de pitié, qui me rappela aussitôt l'initiation extérieure, et je sentis une vive rougeur couvrir mon visage.

Tu peux te retirer, dit le prêtre; l'orgueil et la curiosité t'ont conduit ici. Tu es sans force et sans docilité, ce qui est la pire condition.

Je ne puis pas promettre d'être fort, mais je serai docile.

Alors, attends un instant.

J'attendis, et l'on me fit entrer dans une salle tendue de noir, éclairée par une lampe sépulcrale. Une musique lugubre prolonge ses tristes accents sous cette voûte funèbre. Un jeune homme nu est attaché sur une table de fer. Le prêtre s'arme d'un poignard; il m'en donne un, que je saisis en frémissant. Une sueur froide glace mon front. Le prêtre dédaigna mon effroi.

Suis tous mes mouvements. Nous allons immoler cette victime, car ce n'est que par un tel lien que nous pouvons être sûrs de toi. Nous frapperons ensemble.

Je ne veux point tuer l'innocent, et je vois que toi-même tu ne le veux pas.

Ne parle point de moi; dis seulement que tu ne veux pas. Qui t'a appris, au reste, que cet homme fût innocent? Sais-tu s'il n'a point trahi les saints mystères? Sais-tu s'il ne s'est point rendu coupable de quelque grand crime contre la morale? contre la majesté des dieux immortels? de ces crimes pour lesquels la justice des hommes est insuffisante, et que les dieux quelquefois veulent punir sur la terre? Sais-tu même si, victime volontaire, il n'a pas desiré hâter, pour lui, le moment des grandes révélations, celles que l'on ne peut obtenir qu'au prix de la vie? D'ailleurs, n'as-tu pas promis tout-à-l'heure, et de toi-même, d'être docile?

Eh bien! donnez-moi le poignard.

Homme faible et pusillanime, dit le prêtre, crois-tu que je veuille abuser de ta promesse téméraire? La docilité n'affranchit pas de la conviction. L'obéissance suppose toujours l'assentiment de la volonté. Je pourrais te dire plus. As-tu mérité que je me dévoue jusqu'à contracter avec toi l'alliance terrible du sang? Ainsi, je saurai bien tuer la victime sans toi, ou la laisser vivre sans que tu lui fasses grace.

A ces mots, il lève le poignard pour frapper; et, au même instant, la lampe s'éteint et je suis entraîné hors de cette salle mystérieuse. Nul gémissement, nul cri ne s'est fait entendre.

Le même prêtre qui m'avait reçu, qui m'avait conduit près de la victime, et qui peut-être venait de la frapper, s'approche de moi, d'un air parfaitement calme, et me dit que je puis me retirer.

Je sors du temple. C'était l'heure de la chute du jour.

J'errais sans savoir où j'allais. Je rencontrais des gens qui se disaient, en voyant mon air interdit et épouvanté: Celui-là, c'est sans doute un adepte qui n'a pas eu la force de résister aux épreuves. On ne l'a pas renvoyé sans lui recommander de surveiller sa langue.

Je me trouvais donc encore jeté au milieu de la foule des hommes. Tout me paraissait inexplicable dans la conduite que l'on tenait à mon

égard. Je comprenais sans peine en quoi j'avais
mérité quelque rigueur, mais je ne pensais pas
que l'on pût à tel point exiger l'abnégation de
toute volonté, ou plutôt exiger que l'obéissance et
la volonté fussent une même chose. Je me voyais
exclu du temple, je ne doutais pas que ce ne fût
pour toujours; et, mes idées ayant pris une direction invincible, qu'il n'était plus en moi de changer, je ne savais comment je pourrais parvenir à
renouer le fil de ma vie. J'avais déja comme le sentiment de l'exil; le séjour de la science et de la vérité devait seul désormais être ma patrie.

Je passai ainsi plusieurs jours dans une cruelle
perplexité. Une nuit, que j'étais seul dans mon appartement à réfléchir sur ma destinée, j'entends
frapper à ma porte. J'ouvre; on me présente des
signes, que je reconnais. Alors je suis, sans hési-
ter, les messagers silencieux qui me sont envoyés.
Je ne manifestai aucune crainte, quoique, dans
la confusion de mes pensées, il me fût permis peut-
être de prévoir que j'avais trop encouru l'animad-
version des prêtres. On me conduit au temple
d'Isis.

Je suis introduit dans une salle immense qu'une
faible lueur visitait à peine, et seulement pour
montrer toute l'étendue du lieu d'épouvante où
j'avais été entraîné. Lorsque mes yeux furent accoutumés à cette obscurité redoutable, ils aper-

çurent avec un effroi que je ne saurais dire mille
objets de terreur; des bruits menaçants, des voix
suppliantes frappent de toutes parts mes oreilles.
Je me trouve devant trois juges assis sur une es-
trade élevée. Leurs vêtements sont impossibles à
décrire, car ils paraissaient faire partie de l'obscurité immense. Leurs figures étaient augustes, mais
inflexibles. Le renversement de mes idées fut tel
que, dans le premier instant, je me crus un mortel
qui venait de déposer les illusions de la vie, et qui
était en présence des juges des enfers.

Une voix dit ces mots: Tu as bien fait de ne
point apporter ici ta lyre; ta lyre ne te serait pas
d'un grand secours, poëte harmonieux.

Toutefois, répondis-je en tremblant, on raconte qu'elle ne fut point inutile à Orphée.

Thamyris, tu aimes singulièrement à te comparer à Orphée.

Alors je suis chargé de chaînes, et attaché à
une roue. Si la roue tournait, mon corps passerait
sur une herse armée de dents de fer, qui me dé-
chireraient horriblement. Un homme est assis à
côté, l'air impassible, tout prêt à faire mouvoir la
roue au moindre signal.

Dis adieu aux hommes qui vivent sur la terre,
et aux choses qui font l'occupation des hommes.

Je leur dis adieu.

Dis que la douleur du corps n'est rien.

C'est ma pensée.

As-tu mérité de mourir dans les tourments, non selon la justice incomplète des hommes, mais selon la justice parfaite des dieux immortels?

Je ne sais, et comment pourrais-je le savoir? J'ai trop appris à me méfier de moi-même!

Dis plutôt que tu as appris à ne pas savoir comment nous interpréterons tes paroles. Je vais t'enseigner un expédient bien facile : parle avec simplicité, si toutefois la terreur ne glace pas tes esprits. Commence par dévoiler tes mauvaises pensées et tes mauvaises actions. Un juge est là pour te juger comme ta conscience, c'est-à-dire pour te révéler à toi-même les arrêts de ta propre conscience; mais que la peur du supplice ne te fasse pas trahir la vérité. Au reste, nous nous en apercevrions bien

Que le juge m'interroge.

Thamyris, Thamyris, je n'aime point que tu demandes à être interrogé, car il y a en toi une sorte de confiance pour ta cause, ou peut-être je ne sais quelle mauvaise foi dans le secret de ta pensée. Aucun nuage ne doit rester entre toi et nous, et le moindre voile que tu voudrais retenir autour de toi, serait un mur d'airain qui nous séparerait à jamais. Nous ne sommes pas des dieux; nous ne voulons pénétrer que dans les cœurs qui nous sont ouverts; et qu'avons-nous à faire de

chercher à pénétrer dans ceux qu'on veut nous
tenir fermés? Thamyris, nous aurons de la peine
à faire de toi un disciple de la sagesse. Ah! ce
n'est point ainsi qu'Orphée nous apparut. Il ne fut
soumis à aucune épreuve, parcequ'il allait de lui-
même au-devant de la sagesse et de la vérité. Il
avait été illuminé par sa conscience sublime. Dès
le premier moment, il nous raconta sa noble vie.
Le desir de faire le bien, le desir de se conserver
pur et exempt de toute faute, tourmentaient seuls
sa grande ame. Crois-tu qu'à Orphée nous eussions
proposé des secrets merveilleux? Crois-tu que
nous eussions pu lui offrir entre nous et lui le lien
du meurtre et du sang? Crois-tu que nous l'ayons
fait charger de chaînes, et attacher sur cette roue,
image d'une conscience peu sûre d'elle-même? Au
reste, ce n'est point pour te décourager que nous
te citons l'exemple d'Orphée. S'il a été dispensé
par nous des épreuves, c'est que les dieux s'étaient
chargés eux-mêmes de ce soin. Eurydice, Érigone,
la sibylle, les douleurs de l'ame furent les épreuves choisies par les dieux pour l'homme de leur
providentielle préférence. En outre, ils lui étaient
apparus dans les songes de la nuit; ils l'avaient
visité dans les heures de la solitude; pour accomplir d'insondables desseins, ils avaient rendu
son oreille propre à entendre la parole divine.
Ne crois pas cependant que la foule soit aban-

donnée à de méprisables hasards, à une dédai-
gneuse fatalité. Je dois te le dire, les épreuves
sont accordées à tous les hommes, et ce n'est
pas seulement dans le temple d'Isis qu'elles sont
dispensées. Toutes les choses humaines sont de
hautes, d'inexplicables épreuves. Les uns en profitent, les autres en sauront profiter à leur tour.
Des mortels privilégiés s'élèvent au-dessus du niveau général pour hâter un but marqué par la
sagesse des dieux. Quant à nous, nous ne sommes
que les ministres du pouvoir suprême; nous ne
parlons que lorsqu'il se tait, nous n'agissons que
lorsqu'il ne daigne pas agir. Toi, tu ne nous as
été livré que parceque les dieux ne t'ont pas jugé
digne de t'initier eux-mêmes. Telle est notre règle de conduite. Nous n'avons point à te la celer;
et quoique tu la connaisses à présent, nous sommes persuadés encore que tu nous trouves injustes et bizarres à ton égard. Dis la vérité; elle
ne peut nous offenser.

Oui, je dirai la vérité. Je l'avoue donc, j'ai cru
que tant de travaux entrepris par moi pour parvenir à la sagesse auraient dû me mériter un autre
accueil des maîtres de toute sagesse. Mais cette illusion n'a pas duré, et je puis avouer aussi qu'ensuite j'ai trouvé en moi une misère et un délaissement que je ne m'attendais pas à y trouver.

Cette candeur, Thamyris, expie déja beaucoup

de fautes. A présent que tu es mieux instruit, sois certain que nous ne tendons de piéges qu'aux faibles, car nous ne voulons pas décourager les forts. En comprends-tu la raison?

Je commence à la comprendre, mais j'espère, par la suite, la comprendre encore mieux. On m'avait dit que les prêtres des saints mystères exigeaient des initiés qu'ils eussent toujours marché dans la voie de la vertu et du bonheur. C'est dès aujourd'hui seulement que j'entrevois quelque motif dans l'exclusion des infortunés. Vous ne voulez pas sans doute que l'homme vienne ensevelir dans l'ombre du sanctuaire les restes d'une vie condamnée à l'opprobre et à la misère. Vous ne voulez pas qu'ils donnent à la sagesse des jours flétris qu'ils ne peuvent donner aux plaisirs et aux honneurs. Il ne vous appartient pas d'accueillir les rebuts du monde.

Ce motif que tu nous attribues n'est pas, il faut l'avouer, bien difficile à atteindre. Un jour tu sauras mieux pourquoi nous ne voulons pas décourager les forts. Un jour tu sauras mieux pourquoi nous exigeons de l'initié qu'il ait été toujours homme de bien et heureux. A Dieu seul il appartient de voir jusqu'à quel point le repentir a pu effacer une faute. A Dieu seul il appartient d'apprécier les ravages que le malheur a pu faire dans les cœurs les plus honnêtes. Dis-moi, l'épouse

qui a été souillée par la violence, sans qu'il y ait
de sa faute, restera-t-elle agréable à son époux ?
Et celui qui voudrait se choisir une épouse pren-
dra-t-il la vierge dont un ignoble scélérat aurait
flétri la sainte innocence ? Malheur cependant à
celui qui oserait condamner cette épouse et cette
vierge ! Malheur à celui qui ne détournerait pas
d'elles tout regard qui pourrait les faire rougir !
Les dieux qui savent toutes choses, qui nous connaissent avant et après, qui dispensent le malheur et la beauté, l'innocence ou le crime, la dif-
formité et la fortune, les dieux peuvent choisir
les épreuves, nous ne le pouvons pas. Voilà tout
ce que nous avons à te dire, en ce moment, sur
les mystères de la morale. Nous-mêmes, savons-
nous assez la science du bien et du mal, entre-
voyons-nous assez de cette autre science, la science
toute divine de la juste attribution, de la sévère
imputabilité, pour que nous puissions te les raconter ? Par la suite, nous les étudierons avec
toi, et nous verrons si l'initiateur peut avoir quelque chose à apprendre de l'initié. Toutefois,
Thamyris, nous n'avons point oublié que, dans
la Thrace, tu as tenu la lyre d'Orphée, et que, par
elle, tu as opéré des prodiges ; nous ne donnerons
point le signal pour faire mouvoir la roue où tu
es attaché. Tu n'auras point la crainte de voir des
lambeaux de ta chair aux pointes de cette herse.

Qu'il te suffise de savoir que l'homme a besoin d'expier même ses bonnes actions, car le motif seulement peut donner du prix aux œuvres. Sache encore que souvent une mort cruelle peut être un événement heureux, si elle est acceptée comme expiation. Qu'il soit donc détaché de la roue, et délivré de ses fers!

Lorsque je fus rendu à la liberté, on me fit raconter ma vie tout entière. On voulait que je dise le bien et le mal. On m'interrogeait sur les circonstances et les motifs de chacune de mes actions, sur l'origine et la direction de mes pensées les plus intimes. Tout était pesé avec une impartialité rigoureuse. On me faisait remarquer les choses qui s'étaient passées en moi, à mon insu. Je voyais mes meilleures actions dépecées comme l'eût été mon corps s'il eût passé sur la herse. On me permettait de me défendre, et l'on ne poussait l'examen plus avant que lorsque, par un complet assentiment, j'étais obligé d'adopter, de devancer même la pensée sévère du juge. Il s'établissait entre lui et moi je ne sais quelle puissante sympathie, ou plutôt un flambeau brillait entre nous. Modeste Évandre, c'est ainsi que je fus convaincu de vanité, d'amour-propre, de confiance en mes forces dans la recherche de la vérité. La manière dont j'avais conçu l'initiation, et que je vous ai expliquée, quoique fondée sur la réalité, était néanmoins un piége tendu à ce qu'il y avait de vanité et d'orgueil en moi. Telle fut la cause de toutes mes chutes dans les premières épreuves. Je fus convaincu encore d'avoir voulu tirer ma vie hors de la ligne commune, afin d'être distingué, afin de mériter de vivre, long-temps après que je ne serais plus, dans l'estime et dans la mémoire des hommes, que ma gloire fût usurpée ou non. J'avouai que je n'avais point été digne d'échapper, comme Orphée, aux épreuves ordinaires, à celles qui sont le partage des êtres les plus vulgaires, et contre lesquelles je m'étais révolté. Enfin, j'en vins à dire : Oui, j'ai mérité la mort, non selon la justice des hommes, mais selon la justice des dieux immortels. Je n'ai d'autre desir que d'expier par ma mort, s'il le faut, les motifs indignes qui m'ont dirigé jusqu'à présent.

Sans doute, dit le prêtre, tu as mérité la mort, mais nous ne sommes pas chargés par les dieux immortels de te la donner. Il nous suffit de ton aveu. Au reste, mon fils, car dès ce moment tu nous appartiens, et tu ne tarderas pas à revêtir la robe blanche du néophyte : au reste, il faut que tu élèves tes idées plus haut. L'arrêt que tu viens de prononcer contre toi est un arrêt qui enveloppe la race humaine tout entière. Ainsi tous les hommes méritent de mourir, c'est-à-dire de passer par l'épreuve de la destruction du corps, car les dieux

immortels sont justes; et ils n'auraient pas in-
fligé le redoutable châtiment de la mort, si ce
châtiment n'eût été fondé sur la justice, si cette
épreuve n'eût été utile à notre purification. La
mort n'est donc point, comme on le croit, le simple résultat d'une loi nécessaire, la dure loi de la
succession des êtres. Et cette loi elle-même de la
succession des êtres, loi cosmogonique et non fatale, pourrait-elle être autre chose qu'une loi d'a-
mour? Non, la nature intelligente n'est point
livrée à un impitoyable destin; elle n'est point
livrée aux aveugles combinaisons des éléments;
elle n'est point une forme passagère, successive,
plus ou moins éclatante, plus ou moins douloureuse de la matière; les dieux ont trop de respect
pour elle. La vie est une épreuve. Le bonheur et
le malheur sont des épreuves. L'opprobre qui suit
quelquefois le malheur est une épreuve de plus.
La dégradation morale qui, trop souvent, s'at-
tache au malheur, même au malheur non mérité, est encore une épreuve. Les facultés différentes, la privation des facultés, le crime enfin, le
remords qui suit le crime, tout est épreuve. Le mystère profond, auguste, impénétrable de l'attribution et de l'imputabilité est un secret que Dieu
s'est réservé. La mort est une initiation à laquelle
tous les hommes sont appelés. Voilà pourquoi,
dans les saints mystères, il faut que l'initié meure

à lui-même. Mon fils, dans la langue sacrée, initiation veut dire mort.

Je ne t'ai parlé que de la destinée des hommes en général, ceux que l'on nomme bons, comme ceux que l'on nomme méchants; un autre jour on t'apprendra la destinée particulière des méchants; mais, dès aujourd'hui, sois certain qu'il ne faut point en désespérer, ni la mépriser. Nulle barrière n'est insurmontable; la doctrine vaste et consolante des épreuves établit des grades progressifs, et non des classes immobiles. Tu sauras l'unité de l'espèce humaine, grand et magnifique problème qu'Orphée vint nous proposer, et que des traditions inaltérées peuvent seules résoudre. Tu comprendras alors que tous sont appelés à se rendre dignes d'un glorieux époptisme.

Nous ne te ferons point subir les épreuves de l'eau, de l'air, et du feu; tu n'es pas marqué pour défricher la terre, ou pour dompter les monstres. Nous ne lèverons point devant tes yeux le rideau des sciences secrètes; tu n'es pas appelé à être théocrate parmi les peuples. Nous ne te ferons point voyager dans le Tartare et dans l'Élysée; tu n'es revêtu d'aucun sacerdoce.

Toutefois, il ne faut pas que tu ignores la pensée fondamentale de toute société.

Écoute. Le prêtre, c'est l'homme même.

Le poëte, c'est l'homme sympathique.

Le roi, c'est le peuple.

Thamyris, tu n'es pas l'homme, tu n'es pas le poëte, tu n'es pas le peuple, tu n'es qu'un poëte.

Un aliment n'est bon qu'autant qu'il devient notre propre substance, notre chair et notre sang; de même, toute philosophie doit devenir, par l'assimilation, la chair et le sang de notre intelligence.

Vous autres Grecs, vous allez pervertissant le mythe; nous ne t'apprendrons pas à rectifier vos voies, car il faut que tu l'apprennes toi-même; mais nous t'enseignerons à te méfier des couleurs dont l'imagination brillante des Hellènes commence à revêtir le dogme sévère des Pélasges.

Dans le Latium, le mythe a mieux conservé sa pureté. Il est resté presque intact dans les sanctuaires de l'Étrurie.

Étudie les barbares. Chez eux est une doctrine, chez eux sont l'intuition et la synthèse. C'est là qu'il faut chercher les rudiments de la religion, le germe divin des sociétés humaines.

Écoute encore. Le bienfait même a besoin d'être expié par l'auteur du bienfait. Ne dites-vous pas, vous autres Grecs, qu'Apollon fut tenu d'expier le meurtre du serpent Python? Penseriez-vous que ce fût par respect pour l'inviolabilité de la vie?

Tu as pu voir cette inscription sur nos obélisques: Tel roi a achevé de fonder le monde; et chaque nome de l'Égypte cite un de ses rois pour avoir accompli ce travail.

En effet, l'homme doit achever de fonder le monde.

Ailleurs, les Titans ont exécuté cet ouvrage; en Égypte, c'est l'homme : chez nous, la fable n'a pas précédé l'histoire.

Que les limites de la propriété soient placées dans le ciel, que les signes du culte soient également placés dans le ciel; enfin que les fastes civils et les cérémonies religieuses soient écrits dans le ciel : c'est toujours la même idée primitive, née dans l'homme, et non acquise par lui, celle de fixer dans le ciel impérissable l'image des choses périssables de la terre, de faire que la terre, devenue le domaine temporaire de l'homme, participe de la durée du ciel, que l'homme doit conquérir.

L'Égypte est l'abrégé de l'univers. L'Égypte est une représentation du ciel.

Nos cérémonies et nos chants sont un reflet et un retentissement des sphères étoilées.

Les animaux terribles du planisphère sont des hiéroglyphes qui racontent à-la-fois les cycles astronomiques et les cycles sociaux.

Tu sais déjà ce qu'est l'union des sexes, dans l'humanité, lorsque la lutte des éléments est finie, lorsque la parole a fécondé le chaos. L'initiation sur laquelle repose cette union sacrée, principe de tout ordre, gage successif de toute harmonie, est une noble évocation de la première science cosmogonique. C'est pourquoi les cérémonies qui la constituent, qui la sanctifient, sont augustes et redoutables à l'égal des mystères d'Isis.

Le respect pour les morts est un sentiment qui se confond avec une pensée éternelle, la restitution de l'être.

Mais, Thamyris, la pensée de la restitution de l'être, et celle de la perpétuité de l'être, ne sont-elles point identiques l'une à l'autre? Ne témoignent-elles pas l'une et l'autre, par leur identité même, d'un antique brisement de l'être, grand et profond mystère, caché sous mille voiles théogoniques et cosmogoniques?

De plus, Thamyris, l'assimilation de la terre avec l'homme, par les travaux de la culture, assimilation qui est le fondement réel de la propriété, ne raconte-t-elle pas que l'homme, sorti de la terre, est appelé à la transformer?

N'est-ce pas à une telle profondeur qu'il faut chercher la raison des lois sociales, raison identique aussi avec les lois générales de l'univers?

Les choses que je viens de te dire sont des germes que je dépose dans le champ défriché de ton esprit. Il faut que ces germes se développent eux-mêmes.

Maintenant donc nous te livrons à tes propres méditations.

Après cet entretien préparatoire, je me sentais en quelque sorte plus léger. Il me semblait que des lueurs perçaient tant de nuages. Prenais-je mes éblouissements pour des clartés? Quoi qu'il en soit, la partie la plus pénible des épreuves était terminée, mais ce n'était pas la plus difficile; les véritables initiations allaient commencer.

Roi pasteur, permettez que j'interrompe, un instant, mon récit, pour prendre quelque repos.

FIN DU LIVRE SIXIÈME.

ORPHÉE.

INITIATIONS.

Après le terrible entretien que je viens de vous rapporter, vénérable Évandre, on me fit traverser une longue avenue de sphinx gigantesques, sculptés avec un art surnaturel. Couchés et immobiles, on eût dit qu'ils veillaient dans le repos de la force; ils semblaient, gardiens impassibles, respirer le mystère, commander le silence. J'arrive ainsi sous le porche du temple intérieur. Un banquet est annoncé. Les sages sont réunis dans la salle du banquet, et j'y suis introduit.

Je considère avec étonnement des corbeilles remplies du fruit grossier du chêne, et de quelques baies sauvages. On ne voit sur la table ni pain, ni vin, ni viande.

Est-ce la nourriture de l'ame ou celle du corps, que tu demandes? me dit-on.

L'une et l'autre.

Tu auras, en premier lieu, la nourriture du corps. Mais les aliments que tu vois dans ces corbeilles ne sont là que pour présenter un souvenir de la misère symbolique des premiers âges. Remercions ceux des immortels qui ont amélioré, dit-on, la condition primitive des hommes; et que notre reconnaissance s'étende sur les génies sublimes par qui les dieux ont daigné nous communiquer leurs bienfaits. Toutefois ne croyons pas aveuglément les récits divers répandus parmi les différents peuples, comme pour voiler et attester, en même temps, un événement lamentable, reculé dans la profonde nuit des origines; et soyons toujours certains que jamais les dieux n'ont cessé, qu'ils ne cesseront jamais de veiller sur la race humaine. Les multitudes sont portées à confondre souvent les allégories avec les traditions : les sages ne peuvent tomber dans une telle erreur. Cet avertissement ne te sera donné qu'une fois; et toi-même tu sauras, par la suite, distinguer les deux sortes de langage.

On sert alors un repas emblématique. La table est garnie de fleurs et de fruits. Le pain est fait avec du blé cueilli dans le champ qu'Osiris ouvrit en se servant de la première charrue. Le vin est exprimé d'un raisin détaché du cep sacré que planta le Dieu. Il y avait de l'eau dans les urnes, car, ainsi que vous le dites, vous autres Grecs, l'enfance de

Bacchus fut confiée à des naïades, pour nous enseigner la tempérance. Il faut que la nourriture
du corps soit une image de la nourriture de
l'ame. Je fus néanmoins instruit que mes maîtres,
qui s'abstenaient de chair, n'en condamnaient
point l'usage pour les autres.

Lorsque la faim fut satisfaite, un musicien habile chanta les merveilles du ciel et de la terre,
grands et magnifiques spectacles, destinés par
un dieu bienfaisant à la première initiation de
l'homme, être éphémère qui contient un être immortel, voyageur illustre et inconnu, marchant
dans une route obscure où quelques clartés gui-
dent ses pas pour le conduire à la région de la
lumière. C'est, disait le poëte harmonieux, c'est la
représentation de cette pensée divine, qui réside
au fond de nos sanctuaires. Voilà pourquoi les tableaux imposants que nous offrons aux initiés,
comme toutes nos pompes religieuses, sont les
peintures hiéroglyphiques de ce que la Providence
a fait pour l'homme, pour charmer ses sens, pour
étonner ses esprits, pour agrandir son imagination, pour développer son intelligence. L'univers
est un mythe infini que nous osons retracer en
caractères sacrés, dans nos rituels, dans nos ca-
lendriers, dans nos planisphères. Voilà pourquoi
encore nos cycles sociaux sont en même temps des
cycles astronomiques.

Salut, contrée de Misraïm, contrée féconde de toutes les sciences, contrée où sont retracées toutes les merveilles du ciel et de la terre! Contrée de Misraïm, tu nous apprends, par mille prestiges, pourquoi la patrie est si chère à l'homme; c'est que la patrie est une création de l'homme, une manifestation de sa puissance. L'homme fait, en quelque sorte, la terre où il vit, le climat où il habite. L'homme doit lutter sans cesse contre la nature. Il plante des arbres dans un terrain nu, et il attire ainsi les rosées du ciel; il défriche, et dépouille le sol des arbres que le sol a produits de lui-même, et la rosée du ciel refuse de descendre sur la terre aride. La fontaine jaillit d'un rocher ombragé, et le rocher devient stérile si l'ombrage tombe victime d'une hache imprudente, car c'était lui qui exprimait l'eau des nuages. L'homme oppose des digues à la mer; et la mer voit l'orgueil de ses flots se briser contre des rivages faits par l'homme. Il s'avance dans des déserts de sable, il y construit des villes tumultueuses, entourées de champs cultivés, de vergers fleuris; et les déserts étonnés se replient en silence devant les travaux de l'homme. Il dirige les fleuves, et les force à porter leur fécondité là où il veut. Sitôt qu'il cesse de lutter contre la nature, la nature reprend ses droits. A son tour, elle marche derrière lui, à mesure qu'il se retire; à son tour elle dévore l'empreinte de chacun de ses pas. Ainsi la solitude envahit de nouveau le lieu qui fut, un instant, habité par l'homme. Le désert, rendu à son antique énergie, fait des conquêtes bien plus rapides, et l'air imprégné de qualités mortelles, étend le domaine du désert. Les bêtes sauvages reviennent placer leurs tanières dans les sombres retraites d'où elles furent chassées. Des reptiles immondes rampent sur les débris des arts. Des marais remplacent les fontaines jaillissantes, les canaux limpides. Contrée de Misraïm, contrée florissante qui as mille raisons d'être fière de toi-même, contrée de Misraïm, puisses-tu être toujours ce que tu es à présent, la terre des merveilles! Puisses-tu être toujours l'image réfléchie du ciel et de la terre! Puisses-tu être toujours une manifestation de la puissance de l'homme!

Le musicien se taisait. Un des prêtres, prenant la parole, dit : Honneur, sans doute, à l'Égypte, l'aînée des nations dans les arts qui civilisent l'homme! Honneur, sans doute, aux nobles facultés qui résident dans l'homme! Honneur à la pensée de l'homme, qui est un dieu en lui! Honneur à la parole, qui n'est que la pensée devenue sensible à celui qui la forme, et à ceux en qui il veut la créer, lien mystérieux des intelligences humaines! Mais songeons au néophite qui vient s'asseoir parmi nous; et, tout en exaltant les choses propres à enorgueillir l'homme, ne taisons point celles qui sont propres à l'humilier. Faisons connaître ses misères aussi bien que ses grandeurs.

Ah! s'il m'était permis de parler, me hâtai-je de dire, je suis assez instruit sur les misères de l'homme! Vous ne pouvez douter de ma science à cet égard.

Et toutefois, me dit un prêtre, ta science n'est pas grande. Si tu avais pu rencontrer Orphée, s'il t'avait instruit de sa doctrine, lui qui fut appelé à guérir l'infirmité de la nature humaine, il t'aurait appris ce qu'est cette infirmité; il t'aurait enseigné ce qui est à guérir dans la nature humaine. Les sexes, les classes s'expliquent par des dogmes cosmogoniques; l'union conjugale et les lois de la société reposent sur la connaissance de ces dogmes. Tous les hommes, quel que soit le rit de l'union à laquelle ils doivent la naissance, quelle que soit leur place dans le monde de l'humanité, tous les hommes ont un problème à résoudre; et c'est le problème des races, des peuples, de l'espèce. Les Barbares ne t'ont pas dit leur secret : ne t'en étonne point, ils ne pouvaient te le dire; tu le sais à présent mieux qu'ils ne le savent eux-mêmes, parcequ'il est des mystères déposés dans les traditions, à l'insu de ceux qui en sont dépositaires. Talaon représente, pour toi, le barbare savant; Æagrius est le barbare ignorant. Les Thraces sont un peuple barbare et sacré. Quoi qu'il en soit, Thamyris, les plus illustres augures des pères ne dispensent pas les fils de l'expiation; c'est pour tous que l'essence humaine, une, et souillée du même opprobre, qui pèse sur tous, a besoin d'être relevée tout entière. Tout-à-l'heure nous t'en dirons un peu plus.

Mais tu ne dois pa attendre de nous une claire vue, qui nous est refusée à nous-mêmes. Les faits qui sont des causes, sont inscrutables; nous sommes tenus d'en respecter l'immense obscurité, les augustes ténèbres. Derrière le voile que nous avons soulevé avec le plus de peine, nous apercevons toujours un autre voile qui, sans doute, hélas! n'est pas le dernier. Lorsque tu as visité la Samothrace, tu y as trouvé des preuves irrécusables d'une grande catastrophe qui a bouleversé jusqu'aux vestiges d'un monde plus ancien. Cette catastrophe a frappé les facultés extérieures de l'homme; auparavant, ses facultés intérieures avaient été atteintes par une autre catastrophe dont la mémoire est restée enfouie dans la parole. L'intelligence aussi a ses ruines, ruines si tristes et si imposantes.

Néophite, qu'as-tu retenu du chant de notre poëte?

Le poëte dont il m'a été donné d'entendre les vers harmonieux, a voulu justifier le sentiment qui a fait naître les merveilles de la patrie. J'ai vu, dans les contrées que je viens de parcourir, le commencement et le progrès de ces merveilles; l'Égypte m'en a offert l'achèvement et la perfection. Je sais tout ce que l'intelligence humaine doit de déploiement à l'institution de la société.

Et toutefois encore, reprit en souriant le prêtre qui m'avait déja parlé, et toutefois ta science n'est pas grande. C'est quelque chose, en effet, d'avoir remarqué cet état de lutte perpétuelle des forces de la nature contre les créations de l'homme; mais ce n'est point assez. Thamyris, tu es bien loin de connaître toutes les conditions imposées à l'homme pour le développement de ses destinées. A force d'études transmises, accumulées les unes sur les autres, et ajoutées à nos propres études, nous sommes parvenus à connaître quelques unes de ces conditions. Nous te dirons successivement ce que nous savons, selon que nous t'en jugerons digne. Les éclatants spectacles du ciel et de la terre sont, a dit le poëte, une initiation pour la race humaine. L'état social est une initiation de plus, que la Providence divine a crue nécessaire pour hâter le progrès de cette race qu'elle aime; il est aussi un remède à notre infirmité; ou plutôt, par les sympathies générales qu'il perfectionne ou qu'il produit en nous, il témoigne de l'unité primitive qui fut notre partage. Un grand précepte que nous adres-

sons à chaque homme en particulier, à chaque
famille, à chaque peuple, est celui-ci : Connais-
toi toi-même. Le commencement de tout progrès
pour l'homme seul, aussi bien que pour une réunion d'hommes, est de se connaître soi-même.
C'est là que réside le principe de la responsabilité.

Mais pourquoi cette nécessité du perfectionnement, imposée à l'homme? Pourquoi, sur-tout,
cette nécessité ressemble-t-elle tant à une expiation? L'homme aurait-il été créé imparfait, ou
serait-il descendu, par sa faute, du rang où il
aurait été originairement placé? Je dois te le dire,
Thamyris, ton esprit, tout préoccupé par ce que
tu as déja entendu de nous n'est pas assez préparé,
ni le nôtre assez vaste pour comprendre la raison
de l'épreuve et de l'expiation. Le voile brillant de
l'époptisme ne saurait qu'offusquer tes yeux, car
les nôtres en sont toujours éblouis. Et cet époptisme même en cache un autre qui nous est interdit à nous aussi bien qu'aux néophites. Tout ce
que nous pouvons faire, Thamyris, c'est de nous
arrêter avec eux devant l'obscurité immense, de
contempler ensemble les ténèbres augustes.

Un autre prêtre raconta ensuite l'histoire du
phénix, histoire conservée dans les anciennes traditions du temple d'Isis.

L'époque de la mort et de la résurrection du

phénix était arrivée. Les fils d'Uranus sont rassemblés autour de lui par leur père, qui leur
donne ses ordres en ces mots : Vous avez souvent
entendu parler d'un oiseau merveilleux, père et
fils de lui-même. Le jour approche où, sur la montagne sacrée, cet oiseau, unique dans le monde,
construit son tombeau avec des bois odoriférants
pour y être consumé, et renaître, à l'instant même,
de ses cendres immortelles. Ma noble race a le
droit d'assister à ces funérailles sans mort. Mais
un seul d'entre vous peut prétendre à une telle
gloire, car le phénix se retire dans un bocage
gardé par de vénérables prêtres qui n'y laissent
pénétrer qu'après des épreuves. Allez, mes fils,
celui de vous qui aura été jugé digne de voir le
phénix héritera de ma couronne. Ainsi parla Uranus; ses fils, s'inclinant avec respect, partirent
pour se rendre à la montagne sacrée. Ils entrent
dans le sanctuaire; et là, cette énigme leur est
proposée :

Y a-t-il sur la terre un être qui réunisse les
qualités bonnes et mauvaises de tous les animaux,
dont le regard plonge dans le soleil comme celui
de l'aigle, dont la poitrine généreuse méprise le
danger comme fait le lion, qui ait la férocité du
tigre, le dévouement du chien, la ruse du serpent, l'industrie de l'abeille, la prudence de l'élé-
phant, la patience du chameau, l'innocence de

la blanche colombe, la prévoyance de la fourmi ? Y a-t-il un être qui marche tantôt sur quatre pieds, tantôt sur deux, tantôt sur trois, et qui soit d'autant moins assuré dans sa démarche, qu'il semble être mieux appuyé ? Y a-t-il un être qui n'ait qu'une voix, qui ne prononce qu'un cri, et qui se fasse entendre de tous les animaux, qui soit compris en même temps de tous ses semblables, s'il en a ? Un tel être rampe-t-il sur la terre, s'agite-t il au sein des eaux, ou vole-t-il dans les airs ?

Le prêtre s'arrêta pour m'interroger des yeux, et savoir si j'avais saisi le sens de l'énigme qui avait été proposée aux enfants d'Uranus ; puis, me voyant perdu dans la méditation, il continua en ces mots :

Tous les fils d'Uranus restèrent dans le silence. Un seul, ce fut Bélus, prenant la parole, dit :

Le grand-prêtre vient de faire l'histoire de l'homme. Chacun des animaux semble contenir une ébauche de l'homme, dans ses organes extérieurs, comme leurs instincts divers semblent être une ébauche de notre intelligence et de nos sentiments. Le grand-prêtre nous a présenté l'homme, dans son enfance, dans son âge mûr, dans sa vieillesse ; et le phénix nous le présentera aujourd'hui dans sa mort. L'homme n'a qu'une voix ; et cette voix est entendue non seulement par ses semblables, mais encore par les animaux ; et cette voix,

qui n'est, le plus souvent, que celle du gémissement, passe de génération en génération, et retentit dans les siècles. Qui sait s'il ne parviendra
pas à être en rapport avec les intelligences supé-
rieures; et si déja il n'en est pas entendu? Il ne
vole pas dans les airs, il ne descend point dans les
abymes des mers; mais il mesure les cieux, mais
les mers ne sont point un obstacle à ses conquêtes. Son esprit embrasse l'univers.

A ces mots le prêtre qui me faisait le récit que
vous entendez, sage Évandre, s'arrêta encore
pour m'interroger par son regard.

Je vous ai compris, lui dis-je, et je crois comprendre, en même temps, les discours de Tirésias, hiérophante de la Cadmée; j'ai reconnu l'é-
nigme célèbre du mont Phicéus, qui est à-la-fois
le mystère de l'homme et le mystère des races
royales, chargées par les dieux de diriger les destinées des peuples, en s'identifiant à elles; enfin,
je retrouve la doctrine prescrite à tous de se connaître soi-même, pour pouvoir entrer dans la
voie du progrès. Sans doute que Bélus, qui avait
si bien deviné l'énigme de l'homme, ne demanda
point à voir le phénix, sur la montagne sacrée,
car le phénix n'existe point. C'est une allégorie
de l'immortalité promise à l'homme.

Tu as compris, me répondit le prêtre, et toutefois ton intelligence n'est pas grande. Nos sym-

boles n'ont pas un sens aussi restreint que tu paraîs le supposer. On peut considérer, il est vrai, l'instinct des animaux comme une sorte de voile qui enveloppe toute la création, et qui rend plus mystérieux encore les profonds mystères des facultés humaines. La simple vue des caractères sacrés qui couvrent tous nos monuments, a frappé ta pensée, mais c'est une vue vulgaire. Il faudra que tu t'accoutumes, parmi nous, à porter tes regards un peu au-delà de ce qui est autour de toi. L'histoire du phénix contient bien des enseignements que tu parviendras à découvrir. Quand tu auras davantage médité, tu y trouveras peut-être un emblème des révolutions célestes. La science de l'influence des astres, défigurée par les hommes qui ne l'ont pas compris, a produit mille superstitions: tant il est dangereux de répandre la science sans discernement, de la répandre avant d'y avoir préparé les esprits! Sème-t-on le grain dans une terre qui n'a pas été défrichée et labourée? La volonté de l'homme marche dépendante, mais non esclave de l'harmonie universelle, qu'on a appelée destin: elle est une puissance elle-même; et cette puissance fait partie des lois qui gouvernent le monde. Quand tu auras médité plus de temps, médité dans la solitude de ton ame, et par notre secours, tu trouveras peut-être aussi dans cette histoire l'explication hiérographique des révolutions qui arrivent dans les sociétés humaines. Les peuples sont successivement sauvages, nomades, chasseurs, pasteurs, laboureurs, commerçants. Tous ces états différents et successifs demandent des lois différentes et successives, émanées des lois générales qui s'appliquent à tous. Ainsi les sociétés humaines meurent et renaissent comme le phénix. Mais c'est le phénix qui construit son propre bûcher, parcequ'il veut trouver dans les éléments intimes d'un principe devenu stationnaire le germe d'un nouveau principe progressif; c'est lui qui rassemble le cinnamome, le safran, les autres plantes odoriférantes qui doivent l'entourer de parfums, et il attend que les rayons du soleil descendent sur ce bûcher mystérieux, pour l'embraser.

On ne peut assister à cette mort merveilleuse, à cette résurrection plus merveilleuse encore, si l'on n'a d'abord deviné l'énigme de l'homme, qui est, pour les races royales, l'énigme de leur identification avec les destinées futures. Thamyris, nous touchons à cette époque de fin et de renouvellement des sociétés humaines. Le règne des rois divins ici va finir; là, c'est le règne des rois héros; ailleurs c'est celui des rois pasteurs : le monde de l'humanité par-tout commence, ou subit par-tout une immense transformation. Voici que les funérailles immortelles de l'oiseau symbolique vont commencer. Malheur aux princes qui méconnaîtraient la nature même de l'homme, qui seraient sans sympathie pour ses destinées successives; il ne leur sera pas donné d'assister à la mort mystique du phénix. Ils ne verront point sa résurrection glorieuse, ils ne pourront plus régner sur les peuples. Malheur aux hommes trop curieux, ou trop impatients de l'avenir, qui violeront l'entrée du bocage sacré, qui voudront voir ce qui ne leur est pas permis de voir; ce grand acte de la mort et de la résurrection ne pourra s'accomplir dans le silence auguste et religieux dont il doit être accompagné. La vie de l'oiseau palingénésique s'éteint alors dans de cruels tourments; au lieu d'être consumé par un rayon pur du soleil, son bûcher sans parfums est embrasé par un feu tout matériel; et des cendres stériles sont tout ce qui reste du phénix.

Ne vas pas t'étonner, Thamyris, de ce que nos emblèmes ont un sens si étendu; ils doivent être une image imparfaite sans doute, mais une image vraie de la fécondité de la pensée divine. Une seule loi régit la vie de l'homme, la vie des sociétés humaines, si semblable à celle de l'homme; elle régit encore la terre que nous habitons, les corps célestes qui nous environnent, et elle s'étend jusqu'aux dernières limites de l'univers.

Après que cette histoire du phénix eut été ra-

contée, les entretiens se prolongèrent encore long-
temps. Un des prêtres me dit : Néophite, toi que
la renommée met au nombre des plus habiles mu-
siciens, sais-tu l'origine et la source de toute
poésie? Sais-tu dans quelle région, dans quelle
sphère a été allumé, dès le commencement de la
race humaine, ce foyer qui échauffe, ce flambeau
qui éclaire, cette lumière éternelle et inextin-
guible, qui se nourrit de son impérissable substance, qui produit et propage l'inspiration, quelquefois feu obscur, toujours vivant, quelquefois
flamme brillante, toujours active, que les générations, en se succédant, se transmettent, les unes
aux autres, sans l'épuiser?

J'avouai que je n'avais pas élevé mes pensées si
haut. Je suis musicien, il est vrai, répondis-je, et
j'ai vu les peuples attentifs aux accents de ma voix,
aux sons de ma lyre. Mais je suis sans aucune
science. Je chante ce que j'ai ouï chanter, je redis
ce que j'ai entendu dire. Ma parole est l'écho
d'une parole dont j'ignore le mystère et le secret.

C'est bien, reprend le prêtre; ta seule science,
c'est l'ouïe. Tu n'es pas, comme nous, accoutumé
à cette autre sorte de parole extérieure qui se
communique par la vue, sans réveiller l'idée du
son articulé. Nos caractères hiérographiques sont
doués d'une telle énergie, qu'ils arrivent à produire des langues douées elles-mêmes d'un pouvoir

de création. Mais l'étude de ces caractères sacrés te serait inutile. Ainsi, avec toi, notre seule science sera celle qui s'adresse à l'ouïe. Toutefois, nous t'apprendrons ce que tu ne sais pas encore; nous t'apprendrons qu'il existe une source unique, féconde, inépuisable, d'où émane toute science; nous t'apprendrons qu'il y a une génération intellectuelle, dont la génération des êtres est une image imparfaite. C'est là le mystère que nous cherchons à pénétrer respectueusement, le secret que nous essayons de surprendre. Dieu, nous n'en doutons point, Dieu a parlé une fois. Dieu, nous le croyons ainsi, a dit une fois comment le monde idéal était devenu le monde plastique. C'est cette parole de Dieu, émise une fois, qui, venant à se reposer sur les lèvres de l'homme primitif, a été la grande voix, la voix unique et multiforme de toutes les traditions primordiales. Notre poésie, Thamyris, est un symbole, et c'est ce que doit être toute vraie poésie, car la parole de Dieu, lorsqu'elle se tranforme en la parole de l'homme, doit se rendre accessible à nos sens, à nos facultés, s'incarner en nous, devenir nous-mêmes. Elle revêt une teinte obscure parcequ'elle est reflétée par des organes obscurs. Au fond, le symbole est une vérité que la langue de l'homme ne peut pas dire à l'oreille de l'homme, et que l'esprit dit à l'esprit. De plus, le symbole est une condescen-

dance dont nous aimons à reconnaître le bienfait
pour nous et pour ceux à qui nous devons transmettre les enseignements de la sagesse. Notre
poésie a produit plusieurs chefs-d'œuvre : aujour-
d'hui, Thamyris, nous nous bornerons à t'en
faire connaître deux.

Alors le prêtre me récita le poëme de Job et
celui de Prométhée.

Évandre, je n'ai point retenu dans ma mémoire
ces deux poëmes célèbres, pleins d'une science si
féconde, d'une poésie si vaste et si admirable ; je
ne pourrai vous en offrir qu'une bien faible idée.
Commençons par le poëme de Job. On ne sait
pas si cette histoire a été racontée par le grand
législateur des Hébreux aux prêtres de l'Égypte,
ou s'il la tenait d'eux. On est certain seulement
qu'elle est de la plus haute antiquité, et qu'elle
remonte au-delà du temps où Israël, échappé à
la maison de servitude, traversa le désert. Les
poëtes des labyrinthes ont presque tous traité ce
sujet ; ils l'ont regardé comme une des premières
révélations de l'immortalité de l'ame.

Quoi qu'il en soit, les Arabes ont conservé la
mémoire d'un homme qui a connu toutes les douceurs et toutes les misères de la condition humaine. Il était du pays de Hutz, et vivait dans
l'abondance. Mais la prospérité ne peut pas être
durable ; un nuage de maux creva sur le juste.

L'homme ne saurait trouver son contentement dans les biens de la terre, car ces biens sont périssables. Son cœur veut d'autres plaisirs et d'autres joies. Néanmoins, sans les jours d'épreuves, l'homme deviendrait mauvais, et voudrait être indépendant de son créateur. La doctrine de l'immortalité de l'ame sort donc de cette triste hypothèse, l'insuffisance des biens de ce monde, et leur instabilité. Mais il fallait, pour tirer un enseignement de l'histoire de Job, que Job fût resté irréprochable : l'adversité lui devait faire connaître les doutes et les découragements qui tiennent à la fragilité humaine, et non point les remords de la conscience. Ceux qui ont chanté les grandeurs et les misères de Job n'ont pu être étrangers à cette énergie morale dont fut animée toute la vie du patriarche : ils l'ont tous fait passer avec plus ou moins de fruit dans leurs chants inspirés. La différence entre eux n'est que dans l'expression.

Je m'en tiendrai donc au plus ancien de tous. Mais, pour vous faire comprendre le tumulte d'idées que devait produire ce récit en vers harmonieux, il faut que vous sachiez, roi pasteur, une circonstance faite pour émouvoir vivement l'âme d'un néophite. Pendant que le prêtre s'exprimait avec une sorte de mélodie grave et solennelle, un joueur d'instruments soutenait par un son continu, doux, plein de charme, la voix de celui qui parlait. De temps en temps, d'autres joueurs d'instruments se joignaient à ce concert, pour produire des effets extérieurs, tels que le trouble des éléments ou les bruits de la tempête. Enfin, dans les moments de repos, un personnage, qui s'appelait le chœur, intervenait, et exprimait, comme inspiré par une merveilleuse sympathie, les sentiments confus du néophite, transporté dans une région toute poétique.

C'est bien alors, Évandre, que j'ai pu douter d'une tradition adoptée par nous autres Grecs; celle qui attribue l'invention de l'hexamètre à l'enthousiasme dont furent saisis les peuples lorsqu'ils voulurent célébrer la victoire d'Apollon sur le serpent Python.

Les émotions que vont réveiller en moi tous mes souvenirs vous feront seules connaître, fils de la thyade, celles que j'ai dû éprouver; encore ne parviendrai-je à vous en faire connaître qu'une partie.

L'abondance dans laquelle Job passait sa noble vie surpasse tout ce que l'on peut imaginer. Il était simple pasteur, mais l'immensité de ses domaines et de ses troupeaux, mais les prospérités de sa florissante famille le faisaient considérer à l'égal d'un roi: on le nommait roi d'Idumée; et les peuples s'en remettaient à l'équité de ses jugements. Il était simple pasteur, et cependant on croyait que des reines de l'Orient l'avaient nourri de leur lait, l'avaient élevé sur leurs genoux; que des rois savants furent ses pédagogues; qu'il eut des princes pour serviteurs, des princesses pour servantes. Il avait appris la vertu, dans le livre des Justes; la sagesse, dans le livre des Proverbes; le courage, dans le livre des Guerres du Seigneur. Ses amis étaient des dieux de la terre; voici leurs noms : Éliphas, roi des Thémanites; Bildad, roi des Sçuhites; Tsophar, roi des Nahamitites; Élihu, fils de Barachel, Busite, de la famille de Ram, race éclatante parmi les races humaines. Ainsi nul n'eut d'abord des amis plus puissants et plus nombreux, et nul ensuite ne fut plus délaissé.

Les habitants du pays de Hutz le regardaient avec jalousie, et il leur disait : Vous êtes des insensés, car je ne jouis de ces grandes richesses que pour vous en faire part. Je répands l'abondance parmi vous. Les esclaves que j'achète vivent heureux et tranquilles; et vous, quand vos troupeaux périssent, je vous en donne de nouveaux. Si vos moissons ne suffisent pas à votre nourriture, mes greniers vous sont ouverts. Si les Sabéens ou les Chaldéens vous pillent, je vous rends ce qu'ils vous ont pris, lorsque mes serviteurs n'ont pas su vous défendre. Qu'avez-vous donc à demander?

Et mes richesses, que sont-elles? Mes troupeaux ne peuvent-ils pas périr aussi? Le feu du ciel ne peut-il   brûler mes granges et mes greniers? Si les Sabéens et les Chaldéens venaient en troupes plus nombreuses, où trouverais-je des forces pour vous défendre, pour me défendre moi-même? Mes enfants sont sujets à la mort comme les vôtres. Et moi, je suis soumis aux infirmités, à la vieillesse, à la mort, comme le plus indigent d'entre vous. Au reste, qu'importent les biens et les maux! N'y a-t-il pas une autre vie? Accomplissons la justice, selon notre lieu, selon notre capacité. Dites, lorsque je suis assis sur mon tribunal comme un juge ou comme un roi, lorsque je marche au milieu de vous dans mon opulence, avez-vous à vous plaindre de moi? Ai-je chassé le voyageur de mon foyer? Ai-je banni le misérable de ma présence? La prière a-t-elle trouvé mes oreilles insensibles? Mes paroles ont-elles été dures et menaçantes?

Pourquoi, murmuraient les indigents, pourquoi cette inégale dispensation des biens de la terre? Dieu a voulu, répondait Job, que les uns méritassent en donnant, et que les autres méritassent en recevant, mais toujours les bienfaits viennent de lui. Et c'est lui aussi qui rend la justice aux peuples.

Un jour, Job entra dans la maison d'une veuve

qui poussait vers le ciel des cris douloureux. Sa fille venait de mourir. Déja le linceul funèbre était jeté sur le corps de la vierge. Femme, dit le juste, vous poussez des hurlements comme si votre fille n'était plus ! Dieu! s'écrie la veuve, la vie subsisterait-elle encore dans la vierge que j'ai enfantée avec douleur, et que j'ai nourrie de mon lait? Oui, répond Job, mais c'est la vie immortelle. Femme, n'as-tu jamais vu la chenille qui rampe, lorsqu'elle est près de mourir, se construire elle-même un tombeau formé de réseaux de soie? N'as-tu jamais pénétré au travers des légers tissus semblables à un or ductile, pour y voir la momie de la chenille, qui naguère se traînait sur l'herbe, et qui rongeait les feuilles des arbres? N'as-tu jamais vu ensuite cette momie, plongée dans le sommeil de la mort, se débarrasser de ses langes, s'ouvrir son tombeau, revêtir des ailes diaprées, et se jouer sous le soleil? La chenille est un emblème que Dieu nous a envoyé. Naguère elle se traînait sur l'herbe, et rongeait les feuilles des arbres; maintenant elle vole dans l'air, et se nourrit du parfum des fleurs.

A ces mots, il soulève le linceul: Femme, dit-il, ose regarder ce visage, et dis-moi si déja il ne rayonne pas d'immortalité. Regarde si tu ne vois pas un noble sourire sur ces lèvres, et si ces paupières doucement fermées n'annoncent pas une

ame qui s'occupe en silence de hautes pensées.
Oui, ce sont les pensées nouvelles de l'autre vie.
Regarde ce front, et explique-moi ce que veut
dire ce calme solennel. L'ame de ta fille marque
les dernières traces de son passage sur ce beau
marbre blanc qu'elle a vivifié un instant, et elle
s'est envolée vers le séjour éternel. Femme, réjouis-toi. Les habitants du séjour éternel te glo-
rifient, parceque tu leur as donné une céleste
compagne.

La veuve désolée considérait avec étonnement
sa fille; et, en considérant le beau visage de la
vierge, elle conçut la grande pensée de l'immortalité de l'ame. Elle dit à Job : Je te remercie. Je
pleurerai l'absence de ma fille, je soupirerai après
l'instant où je la retrouverai; je ne pleurerai plus
sa mort. Mais, homme de Dieu, dis-tu vrai? L'ame
est-elle immortelle? Femme, s'écrie Job, as-tu vu
la prospérité du méchant? Oui, répond la veuve,
et j'ai accusé la justice de Dieu. L'époux qui m'a
été donné dans la joie m'a été ravi dans la détresse. Ma fille, tendre objet d'amour et de pitié,
n'a point crû sous le soleil de la patrie. Elle n'a jamais vu les fêtes du sol natal. C'est une plante
étrangère, qui s'est épanouie à regret, pour se
flétrir aussitôt. Et cependant notre héritage est
dévoré par des gens qui savourent les fruits de
notre terre, qui font des noces fortunées, et qui

mourront pleins de jours. Eh bien! reprend le juste, sache que l'ame est immortelle; et tout sera expliqué. Ah ! j'en jure les merveilles de la création, j'en jure la grandeur et la bonté de Dieu, j'en jure la pensée humaine, j'en jure les douleurs et les affections de l'homme, l'ame est immortelle.

Pendant qu'il parlait, une lueur divine illuminait ses yeux, la persuasion sortait de ses lèvres; la sunamite pleura de nouveau, et fut de nouveau consolée.

Le patriarche ne se borna point à enseigner à la veuve affligée comment se faisait la restitution de l'être, prodige insondable de la puissance infinie, il ne se borna point à montrer par-tout, dans la nature, le phénix renaissant de ses cendres, et l'intelligence échappant à la corruption qui atteint les corps; il voulut faire connaître à la triste sunamite la destinée des méchants; car, disait-elle avec amertume, si l'intelligence doit échapper à la destruction, l'ame des méchants est immortelle comme celle des bons. Oui, répondait Job, mais sans entrer dans tous les secrets de la justice éternelle, nous en savons assez pour croire à des purifications mesurées selon le besoin des ames. Doctrine des peines et des récompenses, décret immuable pour la réhabilitation de l'essence humaine, vous fûtes expliqués à la pauvre sunamite, qui pleura de nouveau, et fut de nouveau consolée.

Ainsi Job passait sa vie à faire du bien; mais Dieu voulut éprouver le juste. Il voulut avoir des entretiens avec lui, au sein de la douleur et de la misère, parceque d'ordinaire les hommes n'aiment pas à converser avec Dieu lorsqu'ils sont dans l'enivrement de la prospérité. Job ne savait pas les desseins de son créateur; mais il éprouvait qu'une vanité infinie gissait dans l'abondance de tant de biens. Il était effrayé de la fécondité de ses troupeaux, de la fertilité de ses champs. Aurais-je donc offensé le Seigneur, disait-il, puisqu'il refuse de me visiter? Il n'y a point d'affliction en moi, et je sens d'autant plus la fragilité de tant de biens, car ces biens ne peuvent me satisfaire. C'est une grande affliction, la plus grande de toutes, que celle de n'avoir rien à desirer, et cependant de desirer toujours. C'est une immense tristesse qu'une tristesse sans objet. Les vœux de Job furent trop accomplis. Du sein de l'amertume, de la douleur, des plus poignantes adversités, il put parler avec Dieu. Son créateur daigna faire connaître au patriarche, accablé de maux, les voies cachées par lesquelles la Providence marche à l'accomplissement de ses desseins. Vénérable Évandre, cette partie du poëme ne saurait être redite, parcequ'il faudrait peindre en même temps et les spectacles d'épouvante qui accompagnaient les paroles du prêtre, et la musique si désolée qui ébranlait tous les sens, et les accents de détresse qu'exhalait le chœur. Le prêtre restait dans un calme imposant, quoiqu'il fût comme vaincu par cette lutte incomparable de l'ame et de la pensée. Toutes les forces humaines semblaient, en lui, arrivées au point où l'on pouvait croire qu'elles allaient succomber; et cependant elles ne succombaient pas. Je ne sais quelle voix inconnue exprimait la voix de Dieu; et cette voix inconnue, qui planait majestueusement, qui retentissait plutôt qu'elle n'était émise, sans doute était une voix humaine, puisque j'étais parmi des hommes; mais où avait-elle puisé de tels accents, de telles paroles, de telles formes de langage, une telle immensité de sons? Et celui qui osait proférer de tels discours, où avait-il appris les mystères de la vie et de la mort, les lois éternelles de l'univers? Où avait-il appris les secrets de nos facultés, de notre intelligence? Comment secouait-il à-la-fois toutes les énergies de mon ame, pendant que mon corps se sentait, pour ainsi dire, brisé dans ses ressorts les plus intimes? Mes yeux étaient éblouis, mes oreilles pleines de terreur, la sueur inondait mon visage. Les entretiens entre Dieu et Job se passèrent au sein des orages et des tempêtes, et les orages et les tempêtes, soulevés par le

dieu puissant, ne se feignent pas, ne peuvent pas
être reproduits par les organes fragiles de l'homme. Et toutefois je croyais assister à la réalité de
cette initiation sublime où Dieu avait daigné, en
quelque sorte, se justifier. De si redoutables oracles, Évandre, ne peuvent être révélés à l'homme
de bien que par les plus cruelles calamités : la
hauteur de la science se mesure par la rigueur de
l'épreuve. C'est ainsi que Job comprit tout ce qu'il
est donné à l'homme de comprendre des plans du
créateur, de l'ordre, et de la magnificence de ses
œuvres. La gloire de Dieu manifeste la justice
de Dieu, et l'homme apprend ce qu'est l'homme
lui-même dans l'harmonie des mondes.

Je restai abymé dans la contemplation des prodiges dont je venais d'être témoin, des vérités
qu'il m'avait été permis d'entrevoir, des secrets
qui m'étaient dévoilés. Il me semblait que j'eusse
vu le monde sortant du chaos, l'homme, lorsque
sa demeure a été toute préparée, prenant possession de l'air, de la lumière, des météores, des éléments, des plantes, des animaux, et nommant les
lieux, les êtres, les choses.

Après un tel ravage de mes idées, comme serait
une rafale d'automne balayant la terre, le prêtre
voulut me faire assister à la formation du mythe,
autre expression de la poésie : ce fut l'objet du
second poëme qui m'avait été annoncé.

On ne connaît pas l'auteur du chant de Prométhée, parceque les voyants des premiers âges, dociles seulement à l'inspiration, se croyaient interprètes, et non point inventeurs. Quelquefois leurs poëmes sont traduits dans les langues de la terre : alors des inconnus les vont chantant parmi les peuples, et recevant, pour prix de leurs vers immortels, le bain du voyageur, la nourriture de l'étranger. Ils se retirent sans laisser de nom. C'est le poëte, c'est un vieillard aveugle ; pendant sa vie, il demanda l'aumône ; après sa mort, des villes opulentes et célèbres se disputent l'honneur de sa naissance ignorée. Ils ont été comme des apparitions merveilleuses, et leurs récits restent dans la mémoire des vieillards qui les redisent ensuite aux fêtes solennelles.

L'histoire de Prométhée, sage Évandre, est une fiction hardie où la vérité de la tradition primitive est enveloppée d'un voile brillant, qui peut éblouir les yeux du vulgaire, mais qui ne saurait tromper les yeux des sages. La fable est une réalisation de la parole ancienne ; cette parole est entendue et sentie instinctivement par les peuples. La puissance de personnification, qui réside au fond de toute allégorie, naît en silence, et croît inaperçue dans le sein obscur du temps : ainsi serait un nuage qui s'étendrait au loin, qui se condenserait spontanément, qui viendrait récla-

mer, un jour, une forme et un nom. Si les yeux
du vulgaire restent éblouis, les yeux des sages pé-
nétrent jusqu'au point lumineux, le montrent, et
ne l'expliquent pas.

Prométhée, dit le poëte innommé, dérobe aux
dieux le feu du séjour céleste, pour l'apporter aux
hommes qui en étaient privés. Ce larcin a été
cruellement vengé. Dans l'inventeur du feu, reconnaissons, Évandre, le père de tous les arts. Il
a été cloué sur le sommet le plus élevé du Caucase; ses entrailles, sans cesse renaissantes, ont
été livrées à l'insatiable faim d'un vautour immortel; les éléments se sont soulevés contre lui;
Jupiter, le nouveau dieu du ciel, insulte à ses
maux, à sa science vaincue. Mais pourquoi les
dieux voulurent-ils punir l'inventeur des arts con-
solateurs de l'homme, et qui ennoblissent sa vie?
Ne pourrait-on pas accuser le poëte primitif d'a-
voir eu un trop funeste pressentiment des destinées humaines? De nouveaux besoins ont été
créés avec les arts; de nouvelles passions sont
nées. Les goûts purs et simples ont perdu leur
attrait. On a desiré les vaines jouissances du luxe,
les vagues desirs de la gloire. Les odieuses riva-
lités, les haines, les ambitions déçues : voilà, sans
doute, les terribles présents que le devin a voulu
signaler d'avance. Il avait refusé d'y reconnaître
un nouveau déploiement de l'intelligence hu-

maine, l'exercice de nouvelles facultés. Ainsi donc Prométhée aurait été puni pour avoir ôté à l'homme son bonheur et son innocence! Le vautour du Caucase serait le symbole des tourments sans cesse renaissants, qui vont dévorer à jamais le cœur de l'homme perfectionné et entré dans les voies de la science! Le chant lugubre des anciennes douleurs serait une peinture de l'origine du bien et du mal, peinture à jamais lamentable!

Eh quoi! le Maître suprême des destinées est changé en un tyran impitoyable, qui veut fixer la race humaine dans l'abrutissement! Le don de l'intelligence est un don sacrilége! Tout sillon tracé sur la terre est une impiété! Les villes populeuses sont une immense infraction à la loi de l'être, qui est une loi de stupide immobilité! Les cités religieuses sont une infraction plus punissable encore! Mais l'homme se disputera la terre inculte comme il se serait disputé la terre fécondée par ses sueurs! Il se battra pour un abri dans une grotte, aussi bien que pour un empire! Il n'y aura de moins que l'intelligence!

Évandre, je vous fais passer par toutes mes incertitudes, par toutes mes anxiétés; car il faut bien que vous participiez au trouble de l'épreuve qui m'était infligée. Je ne veux cependant pas, roi pasteur, torturer votre ame jusqu'au bout, la livrer aux doutes outrageants pour la Providence,

que faisait naître en moi le récit du prêtre. Je dois
plus de ménagement à vos modestes vertus qu'il
n'en fut accordé à mes présomptueuses ignorances. Je me hâte donc, pour guider votre esprit,
de vous rappeler les travaux qui furent imposés
au grand Hercule par Eurysthée. Dieu ne refuse rien à l'homme; Dieu a voulu, dès le commencement, que l'homme méritât tout.....

Ici l'intelligence de Thamyris s'obscurcit, sa
langue hésite, il sent un voile de plus, car il
ignore les dogmes identiques de la déchéance et
de la réhabilitation.

Cependant il se rassure, et il continue en ces
mots :

Le poëme mythique est divisé en trois parties.
La première présente Prométhée, issu de la race
des Titans, plein de force et de sagesse, habitant
des lieux enchantés, et concevant, comme depuis
l'a conçu Orphée, un grand desir de perfectionner
la race humaine, mais il avait plus de puissance
qu'Orphée. Orphée est de la race mortelle; c'est à
ses semblables qu'il veut faire du bien. Prométhée, par son origine, touche à la nature divine;
par ses facultés et ses affections, il touche à la
nature humaine. Et ce mélange incomplet des
deux natures commence le tourment qui, plus
tard, deviendra sensible par le vautour du Caucase. Mais si Prométhée n'avait pas ravi le feu du

céleste séjour, Orphée, à son tour, n'aurait pas
pu prendre en pitié les destinées obscures de
l'homme vivant des fruits que la terre produit
sans culture! Il fallait donc que Prométhée ouvrît
les portes de l'intelligence à ceux des hommes qui
voudraient, par la suite, être les bienfaiteurs de
leurs semblables. Va donc, Titan glorieux, nous
conquérir la science! Le bonheur ne sera ni pour
toi ni pour nous!

Vous devinez, Évandre, pourquoi Prométhée
est dit avoir façonné l'homme avec une argile
grossière. Les Thraces, dont je vous ai raconté les
combats sans renommée, vous le savez dès à présent, ne sont pas nés du chêne. Enfin si Prométhée appartint à deux natures distinctes, mais
analogues, tout porte à croire qu'Orphée aussi
appartint à deux natures, mais à deux natures
humaines, égales et identiques par leur essence.

L'intelligence de Thamyris s'obscurcit de nouveau; le même mystère inconnu vient le troubler,
pour la seconde fois.

Évandre attend, non sans quelque inquiétude;
sa curiosité sera loin d'être satisfaite.

Les prêtres d'Isis avaient-ils voulu mettre un
sceau à une vérité incommunicable, ou le sceau
existait-il pour eux-mêmes?

Malgré toute son anxiété, Thamyris se décide à
reprendre, en ces mots, la suite de son récit:

Dans la seconde partie du poëme mythique, Prométhée, s'élançant sur le sommet des montagnes, allume son flambeau créateur au char du soleil, et apporte le feu aux hommes. Cette grande conquête, principe de toutes choses, qui seule met une barrière entre nous et les animaux, est célébrée avec enthousiasme par le chantre cosmogonique. Mais on découvre dans l'enivrement de sa poésie quelque chose de funeste et de douloureux. Il peint les métaux façonnés d'abord en charrues et en instruments de labourage, et ensuite en glaives homicides, en machines de guerre, en mille appareils de mort. L'or corrupteur est tiré des entrailles de la terre. La cognée abat le pin altier, qui va se courber en quille de vaisseau, le chêne robuste destiné à soutenir le toit sous lequel dormira l'oisif des villes. Toutes les contrées se répondent l'une à l'autre. Les montagnes sont aplanies, les abymes des mers sont comblés. Le commerce court civiliser les hommes. Mais le vent de la destruction souffle en même temps de toutes parts; et le génie dévorant des conquêtes inonde de sang et de larmes les champs où croissent les fécondes moissons, les monuments des arts qui ornent les opulentes cités. L'homme s'avance dans la gloire, mais il s'avance aussi dans le malheur. Son intelligence le fatiguera, parcequ'il la sollicitera pour des besoins factices qu'elle ne pourra satisfaire. Son imagination deviendra comme une solitude, parcequ'elle s'étendra outre mesure, et qu'il n'aura plus la puissance d'en peupler les contrées fantastiques dont les limites se reculeront chaque jour devant lui. Veuillent les dieux qu'au moins il lui reste l'espérance!

A de tels accents, je vous avoue, Évandre, que je jetai un cri d'effroi. Le chœur avait jeté, en même temps, un cri semblable. A ce cri s'était jointe comme une vaste lamentation qui sortait de toutes parts, de dessous les pavés du temple, de ses murs élevés, de ses voûtes immenses. Les prêtres voulurent me calmer. Du milieu de cette détresse profonde, ils m'adressèrent quelques paroles consolantes. Orphée, ajoutèrent-ils, a entendu les mêmes chants; il ne s'en est point troublé, il s'est enveloppé la tête de son manteau, et a dit: Qu'un tel avenir ne nous effraye point! Que l'homme soit malheureux, mais qu'il soit grand! Thamyris, nous t'engageons à imiter la noble résignation d'Orphée.

Ah! m'écriai-je, Orphée, sans doute, avait pénétré au fond d'un sanctuaire qui demeure fermé pour moi. Veut-on me faire lutter seul contre des forces aveugles, contre une puissance insaisissable? Prêtres des saints mystères, l'inconnu me trouble et m'épouvante. Dites-moi la vérité, ou dites-moi que vous ne la savez pas. Ah! c'est avec

trop de raison que mon esprit éperdu conçoit enfin la pensée de je ne sais quel grand anathème.

Le prêtre continua. Dans la troisième partie,
le poëte a peint la colère de la divinité jalouse, et
Prométhée cloué sur les sommets escarpés du
Caucase. Rien ne saurait donner une idée de la
beauté et de la magnificence du spectacle qui vint
alors s'offrir à mes regards. Prométhée semble
perdu dans les orages et les tempêtes qui entourent
le rocher sur lequel il est attaché. Ce bouleverse-
ment des éléments conjurés contre une créature
vivante, cette solitude d'une grande victime au
milieu de ses tourments, ces voix sortant de l'o-
rage pour accuser le fier Titan, ces douleurs de
l'angoisse, qui seraient la mort pour tout autre,
ces plaintes et ces gémissements du chœur; cette
harmonie sombre et terrible d'une musique hur-
tée, toute semblable aux cris confus du chaos:
un ensemble si plein d'angoisse me sortait de moi-
même. Je croyais que j'allais me briser et rentrer
au sein du néant. Mais peut-être ce qu'il y a de
plus étonnant dans ce mythe sublime, c'est le
calme divin de Prométhée répondant aux voix
sorties de l'orage, et se félicitant, au milieu de
son supplice, d'avoir fait du bien aux hommes.
Ce courage indomptable de l'ame qu'aucune terreur ne peut atteindre, qui ne refuse pas de se
mesurer sans espoir avec une formidable fatalité,

a dû être, entre les choses merveilleuses, la plus merveilleuse de toutes. Mais la nature humaine, tout agrandie qu'elle est dans ses facultés les plus éminentes, est toujours la nature humaine. L'orgueil aussi lutte contre la douleur; et c'est l'orgueil, sans doute, que les dieux veulent punir dans l'émancipateur de la race humaine. Oui, dit Prométhée, j'accepte la douleur pour la gloire. Voilà que maintenant les hommes sont, en quelque sorte, devenus mon ouvrage. Ils ont reçu de moi l'intelligence et la science. Les dieux avaient façonné une argile, j'ai donné une ame à cette argile. L'homme me devra ses travaux futurs. Que les dieux laissent à la nature le pouvoir de résister à l'homme; moi, je lègue à l'homme la puissance de dompter l'aveugle nature. J'ai introduit sur la terre la loi du progrès. Race humaine, désormais c'est à toi de t'aventurer avec courage et constance dans les voies de l'avancement, c'est à toi de marcher de conquête en conquête. Le destin de l'immobilité et du silence est vaincu par moi; par moi, règne sur le monde le destin de la succession et du progrès.

Je sens quelque chose au-delà, m'écriai-je encore; la vérité m'est déniée, et peut-être est-elle déniée à tous.

Le prêtre prononça quelques mots de plus, que le chœur répéta; et ces mots contiennent toute une doctrine, mais une doctrine qui est loin d'expliquer une moitié de la destinée humaine :

Ainsi l'homme a acquis la capacité du bien et du mal; ainsi il a acquis l'imputabilité de ses actions, la responsabilité de sa vie.....

Thamyris, l'esprit toujours offusqué par les lueurs douteuses d'une doctrine trop contenue ou trop insuffisante, et se repliant sur lui-même pour y démêler l'accord de la nature humaine avec les notions indécises qu'il avait reçues, avec les événements dont il avait été témoin, fit ensuite briller, aux yeux d'Évandre, une lumière qui était une conjecture nouvelle, et qui ne pouvait dégager la vérité de son dernier nuage. Voici les paroles qu'il laissa échapper, fruit à-la-fois de son sens intime et de sa science incomplète :

Lorsque l'on compare cette belle tradition de Prométhée à toutes les traditions primitives, on pourrait y trouver la première apparition de l'homme sur la terre; on pourrait y trouver encore l'institution du langage, qui est le don de l'intelligence, figuré par le feu céleste. Cette nature intermédiaire entre la nature divine et la nature humaine n'est peut-être que le dogme d'un réparateur de la nature humaine déchue, dogme enveloppé dans les langes des traditions juives....

Mais arrivé à ce mystère des mystères, reculé si avant dans les profondeurs de la science cosmogonique, et dont Thamyris, sans doute, pouvait à peine entrevoir les fécondes merveilles, l'hôte d'Évandre dut chercher en vain la suite de ses pensées. Le poëte d'un âge chrétien, qui a reçu la véritable initiation, et qui s'est imposé la tâche de répéter ces récits antiques, est-il sûr de ne pas s'être involontairement laissé tromper par sa propre inspiration? Est-il sûr de ne pas confondre, en ce moment, la science devenue celle de tous, avec la science des vieux sanctuaires? N'importe, au risque de m'égarer encore, je vais achever le discours de Thamyris, tel qu'il semble retentir à mon oreille:

Comment dire, en effet, la volonté humaine, devenue une puissance de ce monde, et pervertie à l'instant même où elle se manifeste pour la première fois? Comment dire le secours qui fut nécessaire pour réveiller les facultés endormies de l'homme, le secours qui sera nécessaire encore pour les rehausser, pour les épurer, pour les rendre consonnantes à l'harmonie universelle dont elles tendent trop à se séparer, à s'isoler? Comment dire l'identification que la nature humaine doit recevoir pour qu'elle puisse tirer d'elle-même la force de se connaître, la force de se sentir, la force de se régénérer? Comment dire enfin le dévouement, la plus belle et la plus noble des attributions du cœur humain, le dévouement appli-

qué ici à cette nature intermédiaire du Titan, s'é-
levant un jour jusqu'à être une fonction auguste
de la divinité? car cette pensée si extraordinaire
repose, inconnue du reste de la terre, dans ces
antiques traditions juives, religieusement conservées par un peuple qui, pour le prêtre de l'É-
gypte, était un peuple d'esclaves.

Évandre, continue Thamyris, j'avais peine à
fixer de si éblouissantes clartés. Mais je compris
mieux ce que le prêtre me raconta d'Orphée.

Orphée, selon ce qui m'a été dit, après avoir
entendu le poëme des anciens jours, en fit sortir
un autre enseignement plus accessible à ma faible
intelligence. Il vit l'homme appelé à vaincre con-
stamment les lois de la nécessité, à se perfectionner malgré le destin. Il avait peint, dans le passé
et dans l'avenir, la marche progressive du genre
humain, se faisant lui-même, et la haute mission
des hommes de génie s'avançant les premiers, de-
vançant les autres hommes pour leur frayer la
route. Ils pourraient s'arrêter à contempler leurs
propres pensées, mais il y a en eux une force
d'instinct qui les pousse à accomplir les pensées
immortelles. La fatalité finira-t-elle par succomber sous la volonté de l'homme, et l'homme lut-
tera-t-il jusqu'à ce que cette grande victoire soit
accomplie? Ses forces ne peuvent lui servir qu'autant qu'il les emploie sans cesse, sans repos. Elles

seraient impuissantes s'il suspendait un instant les travaux de son intelligence, le labeur de ses mains.

Vous reconnaissez sans peine, Évandre, dans cette noble théorie de l'humanité, la destinée plébéienne tout entière.

Des entretiens continuèrent sur la poésie, et ces entretiens furent pleins de gravité et d'instruction ; permettez, roi pasteur, que je vous en rende compte sans ordre et sans suite, tels que doivent être des entretiens familiers.

S'il est, dans l'avenir, un homme assez audacieux pour se saisir seul de l'empire de la poésie, ce sera celui qui osera montrer, dans ses tableaux variés, l'homme même, l'homme entre Dieu et la nature. Sa riche et vaste imagination embrassera successivement les mœurs domestiques, les mœurs guerrières, l'homme voyageur. Celui-là créera tout à-la-fois l'épopée et le drame. Mais qu'importe qu'il y ait un homme qui apparaisse pour gouverner seul l'empire de la poésie? Les peuples ne savent-ils pas donner des noms aux traditions? Ne savent-ils pas se chanter eux-mêmes? Les historiens viendront, plus tard, succéder aux poëtes; ils viendront pour raconter les événements tels qu'ils se passent, un à un, dans leur réalisation matérielle. Le poëte, remontant plus haut, les saisit dans leur suite et dans leur ensemble, dit les causes pro-

fondes, les origines cachées. Il s'appelle prophète
et devin. Le poëte est l'expression vivante de Dieu,
des choses, des hommes.

Thot nous a dit que les nombres étaient les
formes accessibles de la pensée éternelle, et que
le signe des nombres était le signe de cette pensée
immuable. La valeur relative des sons pour produire l'harmonie musicale est fondée sur la loi
merveilleuse des nombres ; il nous a enseigné cette
loi ordonnatrice, dépendante de celle qui régit
l'univers, qui gouverne les temps.

Il nous a dit encore que le monde et les choses
du monde étaient la pensée de Dieu écrite. Les
peintures linéaires ou plastiques du monde et des
choses du monde, d'après ce premier des sages,
sont, pour nos sens, une peinture de la pensée
divine, et la pensée humaine est une image de la
pensée divine.

Considère donc nos emblèmes, Thamyris : le
ciel et la terre, l'esprit et la matière, la nature et
la société, y sont traduits en signes. Nos rituels
et nos planisphères sont le type des mythologies,
toutes analogues entre elles, toutes identiques,
comme les langues sont toutes l'onduleuse dra-
perie qui dénonce la même intelligence. Les emblèmes des lois de la Providence et des forces de
la nature, gigantesques, bizarres, naïfs, au-delà
du Caucase, ont été polis et divinisés en-deçà,

et revêtus de formes plus ou moins agréables, plus ou moins sévères, selon les lieux. Les nôtres, restés ce qu'ils sont, mais seulement, il est vrai, dans l'intérieur du labyrinthe, nous garantissent de l'idolâtrie, piége qui vous est tendu, à vous autres Grecs, par votre imagination, et auquel ne put pas toujours échapper ce peuple d'esclaves qui vécut au milieu de nous, avec ses promesses et ses traditions.

Considère aussi nos hiéroglyphes; ils sont des peintures du nom de Dieu, ou des attributs du nom de Dieu. Le nom ineffable ne se prononce point; on prononce seulement le nom du signe qui représente le nom de Dieu, le nom de chacun de ses attributs, et nous évitons ainsi le piége qui est encore tendu à votre brillante fantaisie.

Toutes les sentences de l'antiquité sont gravées ici en peintures hiéroglyphiques : ces peintures ont créé, disait Thot, la plupart des tropes des langues des peuples.

Ne sois pas effarouché, Thamyris, de quelques uns de nos tableaux ou de nos discours. Les images les plus sérieuses, quelquefois, sont obscènes pour les yeux, quelquefois même pour les oreilles.

Il faut que tu en sois prévenu, la représentation du corps nu est la représentation de l'ame accomplissant telle ou telle action. Dans nos peintures, le vêtement, c'est le corps; le corps nu, c'est l'ame. L'homme habillé, c'est l'homme revêtu de son corps mortel, de son corps qu'il doit laisser à la terre.

Nos anciens prêtres n'emploient jamais d'images qui ne soient consacrées par l'adoption dans la langue des dieux. La langue des dieux est celle des songes envoyés par Jupiter, comme disent les successeurs des Pélasges, ou plutôt celle des symboles, comme nous te l'avons déja dit. Thamyris, cultive en toi la vision, la vision de ce qui est réellement, et non la vision des nuages de la fantaisie. Tu trouveras ici une école de voyants, car voir malgré le voile des objets extérieurs, voir au travers de l'illusion des sens, voir par-delà l'horizon des faits actuels, soit dans le passé, soit dans l'avenir, c'est une faculté qui se développe dans l'homme, par l'étude, l'éducation, l'habitude de méditer; elle se développe comme toutes les autres facultés, lorsque d'ailleurs on en est doué. Thamyris, pour voir, il faut sur-tout avoir un cœur droit.

Thamyris, tu as peu profité de ton séjour dans la Samothrace, il sera bon que tu y retournes pour consulter les fils du roi juste.

Les entretiens cessèrent. Évandre, je dois vous l'avouer, ce fracas de discours sans suite, de paroles incohérentes entre elles, de maximes dont

l'enchaînement, les conséquences, le véritable
sens m'échappaient souvent, et que je puis à peine
me rappeler, me plongeaient dans l'indécision de
mille pensées. C'étaient des germes confus jetés,
en quelque sorte, au hasard dans mon esprit, et
cependant je croyais comme à un ordre, mais à un
ordre que je ne pouvais apercevoir. N'est-ce pas
ainsi que sont toutes les clartés dont les yeux de
l'homme sont éblouis sur la terre ? je ne savais donc
si les maîtres de la sagesse adoptaient ou créaient
des traditions; s'ils produisaient, ou s'ils ne faisaient que constater les faits; s'ils donnaient le langage, ou s'ils l'enrichissaient; s'ils avaient des communications directes avec la divinité, ou s'ils se
bornaient à en étudier les manifestations.

Un prêtre, qui comprenait bien tout le boule-
versement de mes idées, puisqu'il était prévu par
lui, crut que j'avais besoin de donner quelque
repos à mon intelligence. Il me dit : Écoute,
Thamyris, c'est assez pour aujourd'hui. Demain
commencera pour toi l'épreuve du silence. Cette
épreuve durera quarante jours, si d'ailleurs tu
te rends digne qu'elle ne soit pas prolongée. Tu
continueras d'écouter les entretiens des sages et
le récit des merveilles anciennes; mais qu'aucune
parole ne sorte de ta bouche. C'est bien le moins
que d'apprendre à mettre un frein à sa langue.

Je m'inclinai en signe d'adhésion. Roi de la col-

line carrée, avant d'aller plus loin, je dois vous
dire encore une chose : ce monde-ci, dans le langage symbolique, s'appelle l'enfer, le monde infé-
rieur. C'est un chemin, un vestibule; c'est, en
un mot, le lieu des épreuves.

Conformément à ce langage, les demeures des
habitants de l'enceinte sacrée sont partagées en
deux parties. L'une est celle de la vie ordinaire,
c'est l'enfer; l'autre est celle de ceux qui ont subi
les épreuves, c'est l'élysée. Un fleuve sépare les
deux contrées.

Souffrez, Évandre, que je suspende mes récits,
je sens mes forces épuisées. Vous-même, roi pasteur, vous devez être fatigué par l'attention que
vous voulez bien m'accorder.

FIN DU LIVRE SEPTIÈME.

ORPHÉE.

LIVRE HUITIÈME.

URANIE.

LOI DU SILENCE.

Roi de la colline carrée, plus j'avance dans mon récit, plus la difficulté de m'exprimer augmente. Trop souvent mon intelligence est restée au-dessous des choses dont j'étais témoin, des discours que j'entendais : les sphères des diverses facultés humaines, celles des différents degrés de civilisation, ayant entre elles et avec les sphères célestes de mystérieuses analogies ; l'univers idéal et l'univers plastique correspondant l'un à l'autre ; la pensée heurtant par-tout contre un centre universel d'où rayonne incessamment une circonférence infinie ; mille notions confuses que j'ai peine à saisir moi-même, sitôt que je veux les retracer dans ma mémoire, pour essayer, Évandre, de vous les transmettre.....

Je ne puis vous dire, roi pasteur, ce que j'ai éprouvé, lorsque, enchaîné par la loi du silence, j'ai été introduit dans l'assemblée des vieillards. Ils étaient assis sur des trônes d'or, dans le fond d'une salle immense. J'étais séparé d'eux par une balustrade qui ne me permettait pas d'approcher. Bientôt une musique d'une mélodie incomparable et continue se fit entendre; les sons en étaient purs, graves, solennels; on eût dit une transformation de l'air que nous respirions. Sur des cassolettes innombrables brûlaient les suaves parfums de l'Arabie. La musique et les parfums semblaient s'être identifiés.

Un des vieillards se lève; et, descendant du trône où il était assis, il fit la moitié du chemin qui le séparait de la balustrade. Il tenait à la main une baguette d'ivoire, sans ressembler toutefois à un magicien qui va faire des évocations. Thamyris, me dit-il, tourne les yeux du côté de ta droite. Je tournai les yeux. Un rideau fut soulevé; alors je vis un tableau qui, pour mes sens exaltés, avait de la profondeur, et était animé par une intelligence supérieure. J'y sentais du mouvement et de la vie, mais un autre mouvement et une autre vie que ceux dont nous avons la constante expérience.

Je ne veux point te tromper, dit le vieillard; ce tableau merveilleux n'est autre chose qu'un ouvrage parfait de nos plus habiles artistes. Le jeu de la lumière fait seul l'apparence de vie des figures qui y sont représentées ; les nuages de parfums, qui remplissent la salle, ajoutent à l'illusion. La musique, que tu viens d'entendre, et dont l'air est encore comme imprégné, cette musique t'a préparé aux émotions vives et profondes. Maintenant considère le tableau ; vois cet homme attaché à une roue, qui n'est point celle de l'épreuve ; car elle tourne sans fin, et le châtiment ne doit point être mesuré par la succession du temps. Vois cet autre coupable qui est plongé dans un fleuve dont il voudrait boire l'eau pour désaltérer sa soif éternelle ; et l'eau fuit éternellement ses lèvres éternellement desséchées. De beaux fruits pendent aux arbres qui bordent le rivage ; mais il ne peut les atteindre pour assouvir sa faim qui ne sera jamais assouvie. Vois ce malheureux qui roule un rocher sur le haut d'une montagne. Le rocher retombe en rebondissant ; le triste jouet d'une destinée railleuse se hâte de descendre pour recommencer son pénible et infructueux labeur. Vois ces femmes infortunées ; elles sont au nombre de cinquante autour d'une cuve qu'il leur est prescrit de remplir avec leurs urnes. L'eau s'échappe de la cuve, dans une mesure égale à celle dont ces femmes s'efforcent de la remplir ; l'éternité tout entière pèse à chaque instant sur leurs bras que la fatigue engourdit, que le désespoir ranime pour soulever de nouveau leurs urnes in-

utiles. Tu le vois, Thamyris, ce sont les peintures
des vaines passions des hommes, de leurs travaux
sans relâche, de leurs calculs trompés, de leurs
tourments toujours renaissants. Si la vie actuelle
n'était pas le passage à une autre vie; si elle était
fixée et rendue immortelle, telle qu'elle est, le
funeste tableau qui est devant tes yeux serait le
tableau même de la vie humaine. La Grèce néanmoins donnera un nom à ces divers emblèmes.
Ce sera Ixion qui aura voulu attenter à la pudeur
de Junon. Ce sera Sisyphe, réputé juste parmi
les siens, et célèbre par ses brigandages chez les
peuples en-deçà de l'isthme: tant les renommées
sont différentes selon les lieux. On croira que Da-
naüs eut cinquante filles, qui, dans une seule
nuit, immolèrent leurs époux. Nous te l'avons
déja dit, Thamyris, l'enfer, c'est le monde, et ce
monde, rendu éternel, serait l'éternité des tourments de l'enfer. Aussi, d'après les traditions, les
illustres instituteurs des peuples sont tous placés,
par une inconcevable Némésis, dans le lieu de la
vengeance divine. Et cependant que l'exemple
de Prométhée ne nous décourage pas !

  Thamyris, la vie actuelle, ainsi que nous te l'a-
vons fait entendre plusieurs fois, la vie actuelle
porte le fardeau d'un anathème inconnu, et cet
anathème est la grande énigme que nous cherchons en vain à résoudre. Il faudrait une manifes-

tation qu'il nous est permis de pressentir, qu'il nous est interdit de deviner; quant à présent, notre partage est de gémir. Tel est donc cet anathème terrible, inscrutable, enveloppé d'un nuage de colère, cet anathème que nous signalons sans oser l'expliquer; l'homme ne peut rien sur son état présent, il ne peut que sur son état futur. Telles sont donc aussi nos épreuves successives, où le néophyte est préparé seulement à une autre épreuve. Telle est donc enfin la raison de ce destin inflexible qui paraît gouverner le monde, qui semble enchaîner l'homme. Mais l'homme doit combattre, pour vaincre dans une vie suivante. Nous venons de sonder la nature du destin, fantôme d'épouvante pour les peuples.

Plusieurs tableaux succédèrent à celui-ci. Dans les uns, on voyait des peintures de l'âge d'or, telles que les poëtes les ont chantées, et qui indiquent un état primitif d'innocence et de bonheur, dont, plus tard, la race humaine aurait été deshéritée. Dans les autres, on voyait l'homme voulant usurper un pouvoir qui ne lui appartient point, et châtié, pour cette usurpation, par mille redoutables fléaux. Un de ces tableaux représentait la désolation de ceux qui, après leur mort, n'avaient pas reçu les honneurs de la sépulture. Mais ce qui m'étonna le plus, ce fut de voir de pauvres enfants qui avaient à peine entrevu la lu-

mière du jour, et qui, sans avoir mérité un si
triste sort, devaient demeurer plongés à jamais
dans de lamentables ténèbres. Dieux immortels!
me disais-je à moi-même, car la parole m'était sé-
vèrement interdite, dieux immortels, où est la
justice de cet arrêt? Le prêtre cependant expliquait tous ces tableaux à mesure qu'ils se succé-
daient, et il jugea à propos de dire, sans l'expliquer, le malheur de ceux qui sont privés de
sépulture, aussi bien que l'état misérable des
enfants ravis aux embrassements de leurs mères,
avant qu'ils aient pu faire usage de leur raison.
Sans doute que de si étranges épreuves ne sont
pas faites pour produire, dans de timides néophytes, un vain étonnement de terreur; mais je fus
obligé de les subir en silence. Puis m'élevant à des
considérations inspirées par tout ce qui avait été
dit, je me mis à penser: Serait-il possible de mieux
marquer l'altération qu'a subie l'essence humaine?
serait-il possible de mieux dénoncer je ne sais
quel crime primitif, qui implore douloureusement une expiation primitive comme lui? N'est-ce
pas là le triste sceau de l'anathème antique? Et
toujours il restait à savoir ce que furent et l'altération, et le crime, et l'anathème. Il restait à savoir dans quels jours cosmogoniques se sont passés les funestes évènements dont par-tout est
empreinte l'austère commémoration, et dont le

récit même symbolique n'est retracé avec quelque clarté nulle part. Alors je me rappelai que le prêtre souvent se croyait réduit à promulguer la doctrine, sans pouvoir la pénétrer.

Tels sont, sage Évandre, les célèbres tableaux du temple d'Isis, connus dans le monde sous le nom de tapisseries égyptiennes, ou tapisseries sacrées, tissus animés par les prestiges des arts, et que l'on montre seulement aux initiés.

Mais, après l'exposition de ces tableaux muets, j'assistai à des tableaux variés, dont les personnages étaient réels. Ils agissaient, ils parlaient, ils accomplissaient des desseins, ils arrivaient à un but. C'était la vie humaine elle-même se manifestant par des actions dignes d'éloge ou de blâme. C'était une loi de la Providence, rendue sensible. C'était la volonté de l'homme luttant avec dignité contre le destin, ou succombant avec courage contre des obstacles invincibles. Des héros surhumains étaient le sujet de ces représentations; des dieux et des génies descendaient du ciel, ou sortaient de la terre, pour se mêler à ces héros des premiers âges. Des faits cosmogoniques étaient évoqués de leurs silencieuses ténèbres. L'illusion, qui a produit le monde actuel, cette grande et noble poésie, l'illusion s'empara de moi tout entier. Je rêvais à-la-fois le temps mobile et l'immobile éternité. Je suivais Isis dans ses courses

gémissantes et civilisatrices, donnant le blé, les
lois, la famille, les tombeaux. Je voyais l'homme
subissant l'épreuve de cette vie, et se préparant
ainsi à l'épreuve de la vie suivante.

Il me fut annoncé, Évandre, que je serais
appelé à remplir les fonctions de myste dans
un de ces drames sacrés qui sont la gloire du
labyrinthe. Mais avant de revêtir ainsi le caractère
et les sentiments d'un personnage symbolique,
je devais être admis à admirer un autre genre de
drame, où le spectacle était l'événement lui-même,
événement d'une haute importance pour l'Égypte,
et dont le nœud allait, en ce moment, se dénouer
en présence des sages.

Le prêtre me l'expliqua en ces mots: Une grande
solennité nous réunit aujourd'hui. Le roi qui gou-
vernait l'Égypte vient de mourir. Celui qui jugea
les hommes sera jugé à son tour. C'est Théoclymène, fils de Protée. Protée fut le dernier roi de
race divine qui ait régné sur nous; car, jusqu'à
lui, nos dynasties royales furent des dynasties divines. Théoclymène ne fut qu'un homme; nous
n'exigerons point de lui les merveilles qui ont
illustré le règne glorieux de son père; nous ne
demandons point à un homme la sagesse d'un
dieu. Thamyris, tu dois porter à l'oreille des rois
de grandes leçons, tu leur raconteras un jugement des prêtres de l'Égypte; c'est la première

fois que nous exerçons ce ministère auguste.

On introduit le roi. Il était déja embaumé, tout couvert de bandelettes imprégnées d'huiles aromatiques, dans l'état enfin où il traversera les siècles. Il était assis sur un trône, comme dans les jours de sa gloire. Il tenait à la main un sceptre d'or. Le bandeau royal décorait son front éteint.

L'ancien des vieillards s'incline devant la majesté royale, les autres juges restent immobiles sur leurs sièges. Ensuite l'ancien des vieillards se mit comme à interroger le roi. Et voici ce qu'il dit:

Cet homme ne peut répondre lui-même, puisque la vie vient d'abandonner ses organes terrestres. Où est l'ami qui soit entré assez avant dans l'intimité de sa conscience pour répondre à sa place?

Un autre vieillard se lève, et dit: Nous avons cherché l'ami que tu demandes. Tous ceux qui furent les amis du roi ancien se sont donnés au nouveau roi, avant même que celui-ci eût rendu le dernier soupir. Nul n'a voulu suivre le mort dans les souterrains. Sa sœur Théonoé a cherché comme nous, et comme nous a cherché en vain.

Sa mémoire n'est donc restée chère à aucun de ses serviteurs? dit l'ancien des vieillards.

Un esclave seul est descendu avec son maître dans les abymes de la mort. Il n'a point été contraint, et ce n'est pas non plus par dévouement. L'indifférence qu'il porte à son propre sort lui a seule fait dédaigner de vouloir prolonger son séjour sur la terre. Le voici.

Eh bien! dit l'ancien des vieillards, le livre des actes va parler; et toi, esclave malheureux, tu nous répondras lorsque nous t'interrogerons. Que l'historien secret de l'Égypte lise le livre des actes.

Alors l'historien parle en ces mots : Théocly-mène est monté sur le trône à l'âge de vingt-un ans. Il a exécuté de grands travaux, il a fait des guerres importantes, il a fondé de belles colonies, il a bâti de grandes villes, il a donné de sages lois, il a religieusement fait observer celles de son glorieux père. Il n'a point été législateur du nouvel ordre de choses; et sa pensée, mais sa pensée seulement, rétrogradait vers les temps où les rois étaient des dieux. Il n'avait pas trente ans lorsque la mort l'a frappé.

C'est bien, dit l'ancien des vieillards; mais a-t-il été lui-même docile aux leçons de la sagesse? a-t-il pratiqué la justice? a-t-il respecté les mœurs?

Le livre des actes dit que le mal a été fait. Théo-clymène prêta trop l'oreille aux discours de la flat-terie, qui avait conservé la plupart des formules des règnes antérieurs.

C'est bien, dit l'ancien des vieillards; et toi,

esclave malheureux, dis-nous depuis combien de temps tu agitais les fers de la servitude au pied du trône de Théoclymène. Dis-nous ce que tu sais de ton prince.

Illustres vieillards, répond l'esclave, j'ai toujours servi le même maître. Je n'ai mangé le pain amer de la servitude que dans les palais de Théoclymène. Son regard n'est jamais tombé sur moi; j'étais perdu dans la foule des esclaves. Je suis Hébreu. Les Hébreux n'ont pas de rois, ils ont des chefs : s'ils avaient des rois, ils ne les jugeraient pas après leur mort; ils leur diraient la vérité durant leur vie éclatante.

Esclave, on ne t'interroge point sur les usages de ton pays; néanmoins je loue la liberté de tes paroles. Mais je ne dédaignerai point de te donner une leçon. Le peuple hébreu a vécu au milieu de nos symboles; ses sages ont pénétré le sens de nos signes sacrés. Vous avez dérobé nos vases d'or et nos mystères. Qu'avez-vous fait de ces choses? Esclave, tu ignores les événements du pays dont tes frères se sont emparés. Israël, ce peuple murmurateur, maintenant veut être gouverné par des rois. Nous verrons comment il supportera le joug des rois; nous verrons s'il saura toujours leur dire la vérité durant leur vie éclatante!

Esclave malheureux, ajoute l'ancien des vieillards, nous ne te demandons pas une action que tu puisses réprouver. Tu éludes les réponses, mais songe que c'est ici le temple de l'éternelle vérité. Dis-nous donc si ton front ne s'est pas quelquefois abaissé avec humiliation dans la poussière, près de la personne de cet homme qui fut roi. Dis-nous si toutes tes larmes ont coulé dans le silence, et si cet homme, qui fut ton maître, eût pu t'en épargner quelqu'une.

Vieillard, il ne faut pas juger d'après moi, car je n'étais pas né dans la servitude; j'étais de condition libre; et, vous le savez, les fers sont d'autant plus lourds qu'on est moins fait pour les porter.

Esclave malheureux, cet homme qui fut roi, qui fut ton maître, savait-il que tu étais né libre?

Oui, il le savait; mais le trône entraîne tant de soins, qu'il a pu fort bien ne point y songer.

Écoute, esclave malheureux, Théoclyméne a étendu la gloire de l'Égypte, il a élevé des monuments qui éterniseront la gloire de son nom, il a fait de sages lois qui régiront son empire après sa mort; mais s'il n'a pas su entendre, une seule fois, un soupir continu qui s'exhalait au pied de son trône, que devons-nous penser de tant de larmes qui se répandaient au loin? Esclave malheureux, tu as conservé, dans la servitude, le cœur d'un sage. Mais celui-ci, ce mort illustre, tout-à-l'heure si entouré, maintenant si délaissé, va être jugé avec sévérité, à cause de toi. Esclave malheureux, je te touche avec cette baguette d'ivoire. Retire-toi, va déposer les vêtements de la servitude, et reviens ensuite parmi nous.

Cependant un prêtre, qui, depuis le moment de la mort du roi, était resté assis à la porte du temple pour recevoir les dépositions de tous ceux qui avaient voulu s'approcher de lui, revint dans l'assemblée des vieillards. Ces dépositions furent examinées avec soin. Le bien et le mal furent dits, et les injustices furent notées, afin que l'on pût les faire réparer par le nouveau roi.

L'esclave, qui s'était retiré pour obéir à l'ordre de l'ancien des vieillards, était rentré quelques instants après, revêtu de ses habits d'homme libre, et s'était placé à côté de moi, pour assister au jugement de celui qui fut son maître. L'infortuné versait des larmes abondantes; car sa vie s'était écoulée dans la servitude, et le bienfait de la liberté venait trop tard pour lui.

Homme libre, dit le vieillard, ta place est dès-à-présent marquée parmi les néophytes. Les jours d'opprobre et de misère que tu as supportés sont des épreuves qui t'ont été infligées par la Providence elle-même, et qui te dispensent de celles que nous aurions à te faire subir. Sèche tes pleurs: ce n'est pas à présent que le courage doit te man-

quer. Si nous t'avons fait homme libre, c'est que
tu l'étais déja. Tu l'étais par toi-même, avant de
l'être par nous. Oui, tu étais plus libre dans les
fers de la servitude que cet homme qui fut ton
maître. Juges équitables, ne croyez-vous pas
tous, ainsi que moi, que les Dieux ont eu pour
agréable la vie obscure de cet homme qui fut
esclave, au-dessus de la vie toute éclatante de cet
autre homme qui fut roi, et qui ne fut pas un
dieu?

Les vieillards se levèrent en signe d'adhésion,
et inclinèrent la tête en silence.

Mais, dit l'ancien des vieillards, la royauté est
une haute magistrature que rien ne peut flétrir;
la royauté est une image et un reflet de la puissance divine. Les Dieux délaissent quelquefois
l'homme qui porte le sceptre, mais ils protègent
toujours le roi dépositaire des traditions sociales,
des destinées humaines, celui qui représente l'ordre et l'unité. Théoclymène fut un grand roi, et
il n'a point déshonoré la mémoire du bienfaisant
Protée, de celui qui connut toutes les sciences
divines et humaines. Que le cercueil de Théoclymène soit donc sous la sauvegarde d'un respect
religieux et filial. Nous publierons que le roi a
accompli les devoirs de la royauté, mais que
l'homme a encouru de trop justes reproches. Nous
procèderons, en même temps, à l'apothéose de

Protée, afin que la gloire de son nom se répande dans tout l'univers, et que sa mémoire soit consacrée par les récits de la renommée, par les fables des peuples.

Après cette austère cérémonie, il fut ordonné à un hérault d'aller proclamer dans toute l'Égypte le jugement porté sur le roi, pour être reçu parmi les nomes sacrés de Misraïm comme l'impartial jugement de la postérité.

Le nom du roi Théoclymène n'est point arrivé jusqu'à vous, Évandre, parceque ce nom ne mérite pas une grande renommée; il n'en a point été ainsi du roi Protée; son nom vous est parvenu entouré de fables, comme l'avait prévu l'ancien des vieillards. C'est que les fables ne sont autre chose que la voix même de la renommée, en rapport avec le génie des temps, des lieux, des langues, des peuples. Protée fut un roi pacifique et législateur. Il connut les grands mystères de la nature et les plus profonds secrets de la science. Il perfectionna la forme grossière des vaisseaux, et ses vaisseaux, bravant les tempêtes et les écueils, couvrirent toutes les mers. Il fut dit magicien et devin, et l'on affirma qu'il était pasteur des troupeaux de Neptune. L'Orient le venait consulter, et nul ne put mettre sa sagesse en défaut. Il répondit à toutes les énigmes qui lui furent proposées. Des piéges furent tendus à sa prudence, et sa prudence ne se démentit jamais. Lorsqu'on voulait lui arracher des oracles, il savait se soustraire à la vaine curiosité de connaître l'avenir. On dit qu'il était tantôt vieillard vénérable, tantôt adolescent plein de charmes; qu'il se changeait au besoin en tigre farouche, en rusé serpent, en aigle audacieux; qu'il s'échappait comme l'onde, qu'il s'élevait en tourbillon de vent ou de flamme, et que les mortels interdits ne pouvaient ni le saisir, ni le retrouver. Mais voici les paroles de l'apothéose, prononcées par l'ancien des vieillards :

Gloire éternelle à Protée! c'est à lui que les peuples de l'Égypte doivent d'inappréciables bienfaits. Il n'a point créé la société, mais il a créé l'homme social. Il a émancipé la volonté humaine. Il a confié aux ordres et aux castes le dépôt des traditions, la loi du progrès, la science et les arts, selon les capacités de tous. Gloire éternelle à Protée! Nous n'avons pu lui donner la sépulture; vous le savez, son corps mortel a disparu du milieu de nous; il nous a été enlevé ou par les génies invisibles, établis par les Dieux pour veiller à la prospérité de cette terre que gouvernèrent des dieux, ou par les dieux eux-mêmes dont il mérita d'être l'égal. Que son fils, cette seule portion de lui qui nous soit restée, que son fils reçoive à sa place les honneurs de la sépulture!

Après ce discours, l'assemblée des vieillards se leva, et suivit en silence le roi Théoclymène dans le champ d'asphodèle destiné aux sépultures royales, champ sacré où domine le vaste tombeau d'un dieu qu'il n'est pas permis de nommer. Lorsque les devoirs funèbres furent accomplis, les vieillards se formèrent de nouveau en assemblée, pour s'entretenir entre eux sur l'ensemble des destinées humaines, dans le lieu même où était marquée leur fin apparente. Ils voulurent que les néophytes assistassent à ces graves entretiens, mais il ne leur fut permis que d'écouter. Les vieillards s'assirent sur les marches d'un obélisque élevé au milieu du champ de deuil. Les néophytes, dispersés autour, à une distance d'où ils pouvaient facilement entendre les discours des vieillards, étaient assis sur des bancs de gazon. Parmi les vieillards était un sage Éthiopien; je crus d'abord voir en lui un témoin étranger venu d'un autre univers, pour connaître la sagesse qui préside à celui-ci. Son visage noir avait quelque chose d'impassible, et même d'immobile comme une image du temps. Ses yeux seuls exprimaient le sentiment de la vie variable et successive.

L'ancien des vieillards dit: Que trois se lèvent à-la-fois; que l'un soit un Hébreu, instruit dans les traditions des patriarches; l'autre, un Scalde destiné à enseigner les instituteurs des nations celtiques; le troisième, un Brachmane de l'Inde.

Les trois vieillards se levèrent, et dirent alternativement une cosmogonie différente.

Un Égyptien lut quelques lignes du livre de Thot; et ces lignes étaient un résumé de ces cosmogonies diverses:

Le monde des essences existait dans la pensée de Dieu. Dieu voulut exprimer sa pensée, et le monde des substances exista. La substance d'abord n'eut point de forme; Dieu dit, et elle subit le joug de la forme. Dieu dit une fois, et, pour Dieu, une fois c'est toujours, et la substance subit toujours le joug de l'organisation, le joug de la vie, le joug de l'intelligence; et l'organisation, la vie à ses divers degrés, l'intelligence, finiront par conquérir toute la matière en la domptant, ou même en l'informant.

Mon esprit, Évandre, s'abaisse devant de telles doctrines.

Après la lecture du livre de Thot, l'ancien des vieillards se lève, et dit: Néophytes, louez Dieu, car c'est Dieu qui a créé l'homme, qui l'a créé avec des facultés perfectibles, avec une intelligence sympathique et susceptible d'avancement. Néophytes, la vérité existe, elle existe forte et invincible. Elle se manifeste selon les facultés de l'homme, et selon son intelligence. Ce qu'il faut que l'homme connaisse de la vérité, selon les temps et les lieux, se révèle toujours selon les temps et les lieux. La vérité nécessaire au genre humain a toujours été et sera toujours dans le genre humain.

Roi pasteur, il ne m'avait pas été donné de comprendre les emblèmes dont chacun des trois vieillards venait de se servir pour expliquer l'origine des choses; et leurs paroles mystérieuses n'ont été pour moi que des paroles pleines d'harmonie, semblables à cette sorte de musique dont les sons ne se lient point au langage articulé : chacun leur applique et ses propres pensées et ses propres impressions. Je me formais moi-même intérieurement un système, mais un système tellement fantastique, qu'il m'échappait lorsque je voulais le considérer avec la vue de mon esprit, et le fixer dans ma mémoire. J'ai su seulement la puissance et la bonté du grand Être qui crée éternellement le monde. C'est ainsi, roi pasteur, que les traditions primitives se modifient et s'altèrent en s'assimilant à l'intelligence humaine. C'est ainsi que chaque homme finit par donner la couleur de sa pensée à la pensée divine. On peut en dire autant de chacune des races, distinctes entre elles, et dont l'ensemble forme la grande famille du genre humain, races si semblables et si diverses. La parole humaine n'est qu'un miroir de la parole divine, et un miroir plus ou moins exact,

plus ou moins fidèle. Mais il subsiste toujours une
image affaiblie, une ombre de la réalité : la pensée divine ne peut être jamais complétement altérée; et, pour les hautes intelligences, elle est
toujours la pensée divine, toutefois devenue accessible. Les formes différentes des différentes intelligences humaines, rendues sensibles par les formes différentes du langage, donnent une idée
des altérations successives que subit la tradition
en se transmettant. Faut-il donc s'étonner si les
génies sublimes, suscités pour diriger les destinées humaines, parlent à chaque peuple la langue de ce même peuple, puisque les dieux eux-
mêmes sont obligés d'employer la parole humaine, lorsqu'ils daignent s'entretenir avec les
hommes?

Les néophytes, condamnés au silence, témoi-
gnaient par l'étonnement et l'incertitude de leurs
regards que leur esprit n'était encore qu'ébloui.

L'ancien des vieillards se leva pour nous offrir
un faible point d'appui, le seul qu'il pût nous présenter. Il ne voulait point concilier les systèmes
qui venaient d'être exposés, il ne voulait point accorder les traditions entre elles : c'était sans doute
au-dessus de son pouvoir. Il se borna donc à expliquer que ces systèmes et ces traditions, tous
venus d'une source commune, tous émanés de
l'éternelle vérité, ne sont que des transformations,

ou plutôt des formes adaptées aux génies divers des
diverses familles humaines.

Le vieillard hébreu se leva pour affirmer de
nouveau son discours; les autres vieillards gardèrent le silence.

Le vieillard hébreu, qui n'avait point été con-
tredit, s'assit sur son siége.

L'ancien des vieillards, qui était resté debout,
s'adressant à l'Hébreu, lui dit : Vieillard, vous
faites votre devoir; mais ces néophytes ne sont pas
chargés de fonder des religions. Puis il ajouta :
Sages des pyramides, vous qui remontez sans repos le fleuve des croyances, levez-vous, et dites-
nous ce que vous ont appris vos méditations sur
la condition de l'être dans l'homme. Levez-vous
deux à-la-fois, insensibles à ce que les discours de
l'un peuvent avoir de contradictoire avec les discours de l'autre. Vous le savez, les opinions des
hommes diffèrent entre elles; et sans doute que
les dieux ont voulu cette diversité, car ce qu'il
faut c'est que l'intelligence humaine se développe. A ces mots, il s'assit.

Alors deux vieillards se levèrent ensemble, et
exposèrent, chacun à son tour, une explication
des choses, l'un par les deux principes, et l'autre
par le système de l'unité dans la cause première.
Ces deux grandes voies de l'intelligence humaine,
livrée à elle-même, ces deux hypothèses, égale-

ment revêtues des charmes de la poésie, semblaient contenir, l'une et l'autre, la vérité.

L'ancien des vieillards se leva, et dit : Chaque homme, borné dans ses facultés, ne peut voir qu'un des côtés à-la-fois des objets. Voilà pourquoi des opinions opposées peuvent être successivement vraies. S'il était donné à l'homme de s'élever assez haut pour les dominer, il saurait le point où des opinions opposées se touchent, lorsqu'en effet elles sont vraies. L'esprit humain ne voit pas toutes les faces; celles qu'il voit, il les voit à mesure qu'elles sont éclairées par le temps. Mais il se souvient; et il dit à chaque homme qui sait l'écouter, et lui-même apprend. Néophytes, le mal existe, nul ne dira l'origine du mal; nul ne pourra concilier l'existence du mal avec la bonté de Dieu. Toutefois louez Dieu, car c'est Dieu qui a créé l'homme, qui l'a créé avec des facultés perfectibles, avec une intelligence sympathique et susceptible d'avancement. Que deux autres vieillards se lèvent. A ces mots, il s'assit.

Deux autres vieillards se levèrent, et dirent alternativement le destin et la liberté. L'un peignit avec tristesse la lutte de la volonté humaine contre la fatalité des choses. La volonté doit résister même à l'obstacle qu'elle juge insurmontable. Elle combat avec la certitude d'être vaincue. L'homme est esclave, mais il n'accepte pas l'esclavage. C'est là le plus bel attribut de l'homme. L'autre vieillard affirma que, sans la liberté, il n'y aurait point de moralité dans l'homme; que ses actions seraient sans attribution de mérite ou de démérite.

L'ancien des vieillards se leva pour dire que la vérité était dans les deux discours, et il ajouta : Néophytes, faites-vous libres, et pratiquez la vertu. Les dieux savent s'affranchir du destin. L'homme, en cela, peut se faire semblable aux dieux. Que deux autres vieillards se lèvent. Il dit, et il s'assied.

Deux autres vieillards se levèrent. L'un exposa dans un langage monotone et sublime le système de la déchéance de l'homme. Misères de l'humanité, cruelle nécessité de la maladie, de la vieillesse et de la mort, continuité de la douleur, fléaux de la nature, de quelles couleurs vous fûtes peints ! Toutes les traditions se rattachent à de funestes catastrophes : les souvenirs de ces catastrophes sont la raison de la terreur intime et profonde qui repose dans les religions; ils sont la cause de terribles superstitions...

Une voix inconnue sortit de l'obélisque, et cria : Nécessité de l'expiation, nécessité du sacrifice, nécessité de la réparation de la nature humaine.

A cette voix, les vieillards restèrent calmes et en silence : tous les troubles de l'ame parurent sur le visage des néophytes.

Le vieillard, qui venait de parler, s'était assis;

l'autre vieillard, resté debout, commença. Ce
n'était point la pensée divine qu'il voulait révéler,
c'était la pensée d'Orphée, pensée qui fut sans
doute inspirée au poëte divin, comme toutes celles
qui entrent dans l'ame des grands poëtes. Il tient,
en s'accompagnant de la lyre, un discours dont il
serait impossible de rendre l'expression.

C'était une admirable exposition du système de
perfectionnement de l'être intelligent et moral. La
vie que nous menons sur la terre, cette vie ren-
fermée entre une naissance apparente et une mort
également apparente, cette vie n'est, dans la réalité, qu'une portion de notre existence, une manifestation de l'homme dans le temps. Chaque
homme, en arrivant dans la vie future, y arrivera
avec les perfectionnements auxquels il aura été
conduit par les épreuves. Il prendra, dans cette
vie nouvelle, son point de départ du point même
où il sera arrivé, s'il a su mettre à profit les épreuves. Le genre humain a des destinées générales
qu'il doit accomplir. Chaque être intelligent et
moral, comme être individuel, a des destinées
différentes, qu'il doit aussi accomplir. Lorsque
les destinées générales seront accomplies, les destinées individuelles, rendues à leur indépendance, continueront de subsister, et finiront toutes par être heureuses et bonnes. La diversité des
esprits, dans le monde actuel, est une image et

une analogie de la diversité qui régnera dans le monde futur. Le genre humain se perfectionne successivement, et perfectionne les individus. L'homme est ainsi destiné à se compléter lui-même par les facultés sympathiques qui sont en lui.

La voix de l'obélisque cria de nouveau, elle ne cria que deux mots : Solidarité! Réversibilité! Ces deux mots firent frémir les néophytes; les vieillards restèrent calmes, comme si aucune parole ne se fût fait entendre.

L'ancien des vieillards se leva, et dit : Que les néophytes travaillent à se rendre meilleurs, plus éclairés, plus complets dans leur nature d'êtres intelligents et moraux. Leurs organes terrestres périront ou seront dispersés dans l'océan de la matière; et leur ame immortelle, une fois indépendante des organes, sera traitée selon qu'elle sera trouvée plus ou moins pure. Toutefois, et ceci est un mystère que nous n'expliquons point, pour aider le genre humain à se délivrer de l'antique anathème, il a été partagé en deux classes identiques, quoique appelées à des fonctions différentes, la classe des initiateurs, et celle des initiables. Que deux vieillards se lèvent, pour s'interroger et se répondre mutuellement.

Deux vieillards se levèrent, et voici le dialogue qu'ils eurent entre eux.

Comment s'est formée la parole de l'homme?

L'homme est né avec la parole, car il a toujours pensé, et il a toujours communiqué sa pensée.

Comment s'est fondée la société?

Celui qui a fait l'homme, l'a fait être social et collectif. C'est pour cela qu'il lui a donné une enfance nécessiteuse et une vieillesse infirme.

Qui a inventé l'agriculture, les premiers instruments du labourage?

Des êtres suscités par les dieux immortels.

Qui a, le premier, apprivoisé les animaux domestiques?

Celui qui a fait l'instinct de tous les animaux, fit celui du tigre pour fuir la présence de l'homme, et celui de l'âne ou du dromadaire pour le servir.

Ici les interlocuteurs changèrent de rôle, et le dialogue recommença.

Les hiérarchies sociales sont-elles dans la nature?

Dieu a voulu que les hommes fussent éprouvés selon leurs facultés.

Y a-t-il plusieurs essences humaines?

Il n'y a que des degrés dans l'initiation.

Quelle est l'origine de l'esclavage?

Malheur à qui croirait que l'esclavage résulte d'un droit!

Et les castes, que sont-elles?

Des degrés de l'initiation.

Les animaux, que sont-ils dans leurs rapports avec l'homme?

Des organes ajoutés à ceux de l'homme.

Quelques uns ne disent-ils pas que l'esclave est la même chose à l'égard de son maître?

Malheur à ceux-là!

Tous les vieillards avaient parlé. Le sage Éthiopien seul avait gardé le silence. Il se leva pour prononcer l'anathème du monde, qui doit finir par une grande conflagration. Il s'assit après avoir prononcé les paroles sinistres de l'anathème.

La voix de l'obélisque se fit encore entendre: ainsi le monde aurait commencé par l'anathème! il finirait par l'anathème!

L'ancien des vieillards se leva une dernière fois, et dit : Qu'importe que le monde matériel périsse! le monde intellectuel ne périra point. Puis il dit comme il avait déjà dit: Louez Dieu, car c'est Dieu qui a créé l'homme, qui l'a créé avec des facultés perfectibles, avec une intelligence sympathique et susceptible d'avancement. Puis il dit encore: Néophytes, il est bon que ceci vous soit enseigné; l'homme a besoin de tout apprendre, et les animaux savent tout ce qu'ils doivent savoir. Voilà pourquoi l'homme se perfectionne, et les hommes ne se perfectionnent point. Les hommes ne font qu'un par le passé et l'avenir. Tous

servent à chacun, et chacun sert à tous. Néophytes, travailler à son propre avancement, c'est travailler à l'avancement du genre humain tout entier. C'est ainsi que nous avons, par nos pères,
vécu dans les temps antérieurs à nous; c'est ainsi
que, par nos enfants, nous vivons dans les temps
qui doivent suivre. La mort et l'immortalité se
trouvent sous chacun de nos pas, à chacune de
nos pensées. Néophytes, l'homme sera certainement, un jour, complet dans sa noble nature
d'être intelligent et moral; il fut, selon d'anciennes traditions, créé complet en soi; il usa mal de
sa liberté, il démérita, il fut condamné à repasser
par toutes ses voies. Néophytes, les êtres intelligents ont tous subi l'épreuve de la liberté, et des
traditions nous disent aussi que l'homme n'est pas
le seul qui ait succombé à cette épreuve. Prenez
donc la vie comme un moyen de retourner au
lieu d'où vous êtes sortis, et louez Dieu. Puis enfin l'ancien des vieillards ajouta encore : Néophytes, vous pouvez vous retirer, mais auparavant
nous devons affirmer devant vous que nous ne
gardons point la vérité, ni une partie de la vérité,
pour nous seuls, et que nous ne voulons rien en
céler. La vérité est dans chacun de nous, comme
un dieu dans un sanctuaire secret. Que chacun
de nous la cherche. La véritable initiation est en
nous-mêmes. Ainsi donc, si nous vous congé-

dions, ce n'est point pour parler plus librement entre nous. La même diversité d'opinions et de sentiments qui est dans le monde est aussi dans les labyrinthes de l'Égypte, et nous souffrons sans peine cette diversité, parceque nous savons que la pleine vue n'est point donnée à l'homme. Il dit et s'assit.

Une musique harmonieuse remplit les airs, et les néophytes se retirèrent en silence, au milieu de ces accents qui prolongeaient l'extase de nos facultés.

J'assistai, les jours suivants, à plusieurs cérémonies dont il serait trop long, Évandre, de vous donner des détails. L'une était une théorie toute composée d'initiés; cette théorie était destinée à représenter l'homme affranchi du lien social, c'est-à-dire dans l'état sauvage ou de troglodyte, ensuite l'homme social, et enfin l'homme progressif; l'autre était une théorie qui figurait tous les cultes de la terre, dans leur ordre traditionnel. Mais la cérémonie qui m'intéressa le plus vivement, ce fut l'expiation d'un grand coupable. Une doctrine toute nouvelle me fut communiquée; et cette doctrine effaroucha d'abord ma raison. Se trouverait-il, en effet, des hommes qu'une impénétrable Providence aurait voulu soumettre à l'épreuve du remords? Pour rendre à celui-ci les droits de l'innocence, il lui fut prescrit d'aller enlever, au péril de sa vie, la statue sacrilége d'une divinité à laquelle on sacrifiait des victimes humaines.

A ces mots, Évandre, soulevant sa tête vénérable, dit : Hercule nous a délivrés de cette cruelle rançon; mais un sentiment intime, universel, d'accord avec toutes les traditions obscures comme avec les traditions lumineuses, d'accord surtout avec les religions terribles, crie, au fond des ames, que nous ne sommes pas affranchis de la dette. Et quelle est cette dette?

Thamyris répondit que la suite de ses entretiens pourrait peut-être lever une partie du voile qui couvre les destinées humaines. Puis, continuant son discours, il raconta comment, après toutes les épreuves par lesquelles il avait été préparé, il fut admis, les jours suivants, à revêtir lui-même, dans des spectacles théogoniques et cosmogoniques, les personnifications les plus infimes et les plus augustes, les plus abjectes et les plus éclatantes. Il dit comment on l'avait fait passer par des palingénésies successives, où, sans perdre l'identité du moi, il avait pu pressentir les facultés départies à chaque ordre, à chaque classe de mortels, et même à chaque sphère d'intelligences. Toutefois, ajoutait-il, je ne pouvais point parvenir à une compléte identification : tantôt l'obstacle était dans mes organes, tantôt il était dans le fond le plus intime de ma nature. Talaon fut alternativement titan et homme; il connut la loi des êtres. Tirésias fut tour-à-tour homme et femme; il connut la loi des castes et des classes. Orphée fut à-la-fois ops et inops; il voulut s'identifier avec tous les hommes. Quant à moi, j'ai connu les diverses formes sociales comme un étranger qui les observe, et non comme un fort qui en fait partie, ou comme un faible qui les convoite. J'ai entrevu tous les modes de l'intelligence, sans me les assimiler; j'étais en dehors des hiérarchies. De plus, il ne m'a point été donné de franchir le seuil le l'humanité. Je n'ai point éprouvé la saveur du lait de Junon; mes lèvres ne se sont point approchées de la coupe du nectar; j'ai ignoré les merveilles de l'apothéose; je me suis seulement abreuvé du vin civil, dénié aux profanes. Je ne suis donc point parvenu, sage Évandre, à l'époptisme des mystères; et encore, il faut bien que vous le sachiez, fils de la thyade, l'époptisme des mystères n'est que l'emblème d'un époptisme inconnu, lequel, sans doute, se manifestera dans une autre vie, ou dans celle-ci, lorsque l'homme sera plus avancé dans la rude voie du progrès.

Un sage raconta sa vie antérieure: Dans la vie qui a précédé celle-ci, disait-il, la seule dont j'aie conservé un souvenir confus, la douleur ne me fut pas épargnée. Je régnais sur un peuple chez

qui n'avaient pénétré ni la bienfaisante Isis, ni
Cérès, ni Triptolème. Je fus tué par ce peuple,
parceque je voulus le dompter, le soumettre au
joug salutaire des lois. Nos vies antérieures, dit
un autre sage, appartiennent à des cycles astronomiques perdus dans l'ample sein des temps antérieurs; il ne nous est pas donné de les discerner
encore. Sans doute l'histoire du monde actuel
est devenue, dans ton esprit, ta propre histoire.

Un sage proposa ce problème: Est-ce une essence distincte qui, passant à l'état de substance,
devient la substance humaine? Cette essence,
avant d'être la substance humaine, doit-elle s'éla-
borer, se perfectionner, subir des transformations successives, jusqu'à ce qu'elle soit arrivée à
l'état où elle est mûre pour la manifestation humaine, c'est-à-dire pour la manifestation première
de l'intelligence? Auparavant l'intelligence était-
elle, mais obscure? En quittant la forme humaine,
continue-t-elle une évolution sans fin?

L'essence humaine est l'essence humaine, répond un autre sage. Elle est le sommet du monde
que nous voyons. L'homme attire-t-il à lui l'ame
végétative des plantes, l'ame organique de certains animaux, en qui aurait déja commencé l'assimilation? Toutes les substances immatérielles
de ce monde seraient-elles donc attirées dans la
sphère humaine? Cependant l'essence humaine

resterait toujours identique. Elle tendrait à s'é-
lever dans une plus haute sphère, mais sans y
être absorbée, sans cesser d'être elle-même.

Ceci n'est point écrit dans nos livres, dit un
des sages. Ce qui est écrit dans d'autres livres,
c'est que, pour la race humaine, extérieurement
semblable et homogène, il y a trois sortes d'ames.
La distinction des ames se retrouve dans les animaux, non point relativement à eux, mais relativement à l'homme.

L'homme a failli, dit un autre sage; la loi de
son être a été troublée; la loi du monde où il domine a été troublée en même temps. Notre intelligence ne peut plus voir que des nuages.

Qu'il me soit permis de raconter un songe, dit
un septième sage. Chaque intelligence est destinée à devenir, après des myriades de siècles, une
intelligence créatrice, toujours sous le gouvernement du Dieu suprême. Ces intelligences font des
mondes analogues au pouvoir qui leur est accordé, selon le mérite de chacune. J'étais sur le
point de saisir moi-même un tel pouvoir, lorsque
mon songe a cessé.

Il est écrit dans des livres, dit un autre sage,
que le monde où a été placé l'homme est l'ouvrage
d'intelligences qui ne sont pas l'intelligence suprême; et c'est ainsi que ces livres expliquent
pour nous l'origine du mal. Mais l'homme ne

participe-t-il pas déja de la fonction de créateur
puisqu'il est appelé à savoir, puisque, dès le commencement, Dieu lui a dit de nommer? L'homme
crée par la pensée; si Dieu lui donnait de la matière et du mouvement, l'homme réaliserait cette
pensée. De plus, il a été dit que tel roi avait achevé
le monde : parole emphatique, non dépourvue de
sens. L'homme, après avoir subi les influences
des éléments, fera-t-il subir aux éléments sa propre influence? L'homme régénéré régénèrera-t-il
la terre?

Les ténèbres s'épaississent autour de nous, dit
un neuvième sage; hâtons-nous de nous reculer,
car notre pied pourrait glisser dans un abyme.

Je fus alors saisi d'une sorte de vertige, je m'é-
chappai de la prison de mes organes, mon ame
plana sur le monde. Il me sembla que, dans une
illusion ravissante, ma pensée assistait au commencement des choses. Qui pourrait dire mon
étonnement?

Les éléments sortaient du chaos avec leurs lois
primitives et leurs propriétés, et ces lois gouvernent les atomes et les sphères célestes; et les sphères célestes agissent les unes sur les autres comme
les atomes s'attirent et se repoussent.

La création fut pour moi l'acte d'un magisme
divin; et cet acte, je sentais intuitivement qu'il
était un acte continu, éternel.

Je vis la terre d'abord peuplée d'êtres, et cependant solitaire, à l'époque où aucun des êtres qui l'habitait ne levait les yeux vers le ciel, ne savait contempler la lumière et l'ombre; et l'homme vint pour apprécier et connaître, pour prendre possession des solitudes inutilement enchantées de la terre, pour prendre possession de lui-même, de ses propres facultés; car, pour l'homme, être réellement c'est se connaître.

Je devins cet homme, par la puissance de sympathie, par la réalisation d'une synthèse primitive; je devins cet homme à qui la création tout entière apparut, une première fois, comme au sein d'un rêve magique. Je prophétisai donc, et je donnai un nom à toutes choses, et ce nom était l'essence de chaque chose.

Je fus, quelques instants, cet homme dont les facultés existaient, mais endormies, puis se réveillèrent, puis participèrent à la création.

Je fus cet homme universel qui, ayant saisi la responsabilité de ses pensées et de ses actes, pécha et fut condamné.

Et le décret qui le condamna fut, en même temps, un décret de condescendance, puisqu'il était le moyen de reconquérir l'être perdu.

Je devins, après un malheur qui me paraissait irréparable, cet homme universel dispersé par la génération; je me sentis successif, de stable et de

permanent que j'aurais dû être; et je compris
comment Prométhée a été dit avoir fait l'homme;
mais je compris, en même temps, qu'il n'avait résolu qu'une moitié du problème, celle de la responsabilité.

Je me sentis renaître à l'espérance, parceque je
ne doutai point que je serais rendu à la perma-
nence et à la stabilité, lorsque je l'aurais mérité.
Je ne doutai point sur-tout qu'un autre viendrait
résoudre l'autre moitié du problème, celle de la
réhabilitation.

Je compris ainsi la raison des épreuves de l'humanité, épreuves dont les mystères d'Isis offrent
une image.

Et je connus les grandes harmonies du monde,
les harmonies entre les éléments, les corps célestes, les individus des trois règnes de la nature,
et l'homme.

J'appris que l'homme était l'abrégé de l'univers,
qu'à lui aboutissaient les influences des astres,
aussi bien que celles des minéraux, des plantes,
des espéces variées des êtres.

Et il me fut dit que la perpétuité de l'homme
étant un mystère cosmogonique, les cérémonies
du mariage ont dû être une commémoration et
un symbole de l'événement cosmogonique.

L'astrologie est une synthèse.

La connaissance des vertus soit médicales soit

magiques des plantes, des métaux, des corps en qui réside plus ou moins la vie, est une synthèse.

Les puissances de l'organisation, à ses divers degrés, sont révélées par une synthèse.

Les agrégations et les affinités des métaux, comme l'ame végétative des plantes, comme toutes les forces assimilatrices, sont également révélées par une synthèse.

Considérez, Évandre, une mare que couvrent des végétaux sans nombre, une multitude d'insectes : ces végétaux et ces insectes, en qui brillent de si éblouissantes couleurs, des formes si belles, si vives, si délicates, la vie, à différents degrés, ne sont-ils pas un riche tissu qui cache la vase immonde? La mare est un abrégé du chaos produisant l'organisation. Le vent qui est venu y faire pénétrer, dans son temps, la fécondité par la fermentation, est un hiéroglyphe grossier de l'esprit créateur répandant la vie sur la surface des eaux primitives.

Nous t'avons expliqué, me disaient les prêtres, que notre initiation successive était l'emblème de l'initiation que l'homme subit par le spectacle de l'univers. Notre élysée est une représentation imparfaite du séjour céleste. Ainsi nous tâchons, par des images sensibles, de donner une idée de la félicité des bons.

Mais tous doivent devenir bons, c'est-à-dire

tous doivent finir par accomplir la loi de leur nature, sous la condition néanmoins de l'imputabilité.

Et c'est là l'époptisme définitif que nous entrevoyons.

Dans ce monde, tel que l'a fait la déchéance de l'être intelligent, tout est destruction et renaissance.

Toute vie repose sur la mort.

Le présent n'existe que sur les ruines du passé; et le passé, qui fut le présent, n'existe que sur les ruines d'un passé antérieur.

La Palingénésie est la loi réparatrice.

Je ne puis vous raconter, Évandre, tout ce que j'appris sur le temps et l'éternité, sur le bien et le mal, sur l'immensité et l'espace.

Je ne puis vous exposer le problème de l'antiquité ou de l'éternité du monde; le problème, plus difficile encore de l'origine du bien et du mal, le problème terrible des religions et des superstitions, le problème enfin de la nature des ames. N'entrevoyez-vous pas déja que les prérogatives de l'état social sont le corollaire connu de ces problèmes inconnus?

Orphée avait lu les colonnes de Seth. Il n'a point eu de nom héroïque parmi les hommes; parmi les sages il fut nommé fils de Seth.

Moi, Thamyris, je n'ai eu que la science du troisième Thot.

Que les règnes de Protée et de Théoclymène te soient un témoignage, me fut-il dit. Dans le nome de Saïs la forme théocratique vient de finir; dans d'autres nomes elle finira plus tard. Dans les uns l'humanité commence; dans les autres elle est établie depuis plus long-temps. L'Égypte, image et type de toutes les initiations locales, comme elle est image et type de l'univers, l'Égypte conserve toute la variété des institutions divines et humaines; elles y sont contemporaines les unes des autres.

Mais autant tu as été étonné, Thamyris, en comparant l'Égypte avec les diverses contrées que tu as parcourues, autant tu serais étonné, et ton étonnement serait bien plus grand encore, si tu pouvais comparer avec cette merveilleuse Égypte la terre mille fois plus merveilleuse où le Gange roule ses eaux divines. L'Égypte, image du monde, ainsi que nous te l'avons expliqué, est une image aussi de l'Inde, mais une image affaiblie. Elle la représente par ses monuments et par ses doctrines. Mais nos conceptions, toutes gigantesques qu'elles te paraissent, sont loin d'avoir le caractère d'illimité et d'infini qui est empreint dans toutes les conceptions de l'Inde. Chez nous commence le règne de la parole et du mouvement; chez nous l'homme est un être qui a de la réalité, qui commande, qui obéit, qui se déter ine, qui résiste, qui se soumet, dont les pensées naissent et se développent, enfin qui use de ses facultés. Dans les royaumes de l'Inde rien ne commence, rien ne finit, rien n'est. La naissance, la vie, la mort sont des apparences également indifférentes. L'espèce humaine n'existe point, car elle est silencieuse, passivement contemplative, sans volonté. Tout est absorbé dans l'être universel, dans l'être absolu, et l'esprit de l'homme n'est qu'une goutte d'eau perdue au sein d'un abyme immense et sans bornes. Dans les royaumes de l'Inde les idées du temps successif sont méconnues; le temps y a des proportions telles, qu'il est, pour ainsi dire, l'éternité elle-même. En un mot, la durée et les formes ne sont que des illusions. Thamyris, là tu n'aurais point pu être initié, car là l'initiation consiste à cesser d'être soi, à être anéanti. Bacchus, on te l'a dit, est allé visiter l'Inde; il est allé porter, sur les bords du Gange, le génie de la responsabilité et de la conscience. A-t-il pu vaincre cette cosmogonie permanente et immobile? Comment l'aurait-il pu? La source d'où tout découle doit rester ce qu'elle est. Ce vaste océan de lumières, de croyances, de forces intelligentes, doit rester un océan éternellement calme, éternellement sans fond et sans rivage, doit rester l'aliment éternel de toutes les lumières, de toutes les croyances, de toutes les forces intelligentes qui gouvernent le monde du mouvement et du temps. Vous annoncez, vous autres Grecs, que l'Océan est le père des dieux et des hommes. L'Inde, cet incommensurable océan de dogmes et de doctrines, mériterait bien mieux une telle désignation. Immuable, il est hors de la loi 'des vicissitudes : il ne peut être agité par nos passions, par nos desirs, par nos projets, par le tumulte de nos pensées et de nos sentiments. Le grand symbole de l'unité infinie avait besoin d'une expression aussi grande que lui. Toutefois le genre humain est dans l'attente d'un époptisme. Le nôtre est de savoir que ce dernier époptisme sera accordé un jour à la race humaine.

Thamyris, l'Égypte, telle que tu l'as vue, est donc sur les confins des deux mondes ; elle les représente tous les deux : voilà pourquoi il serait bon que les hommes du temps et du mouvement accourussent y recevoir l'initiation.

Ce que vous venez de me dire, Thamyris, reprit le vénérable Évandre, fait tomber une taie de mes yeux. A présent je comprends mieux les mystères de la contrée où je suis établi. Thamyris, lorsque vous aurez achevé votre récit, il nous restera à comparer ces mystères avec ceux que vous me révélez ; car moi aussi j'ai des merveilles à vous faire connaître.

C'est bien, dit Thamyris, je vais continuer.

Une lyre m'est présentée, et je suis obligé de la briser moi-même; il faut que je me sépare entièrement de ma science ancienne. Plus tard, hélas! la cécité devra me séparer du spectacle de la terre et des cieux.

Ensuite on me fit étendre et gésir dans l'abandon le plus complet. L'ancien des vieillards vint poser un pied sur ma tête; et j'entendis le discours que je vais tâcher de vous transmettre, sage Évandre.

T'es-tu représenté l'objet qui doit être l'homme, reposant dix lunes au sein des entrailles de la femme, et n'ayant là d'autre vie que la vie même de celle qui sera la mère douloureuse de l'homme? L'enfant, pour voir le jour, fait éprouver de grandes souffrances à la femme, et c'est encore aux mamelles de la femme qu'il doit trouver la première nourriture, comme, sur ses genoux, la première doctrine.

Cette vie en puissance, contenue dans une vie manifestée, ce déchirement des entrailles maternelles pour produire un être, cet enfant suspendu aux mar lles qui lui offrent la première nourriture, aux lèvres qui lui communiquent la première doctrine, aux regards qui font partie de cette doctrine, toutes ces choses ne seraient-elles point l'abrégé des événements de l'incubation cosmogonique? La conception, la gestation, l'enfantement, ne seraient-ils point de vivants emblèmes?

Le globe que nous habitons, en sortant du chaos par la vertu insondable de la parole ordonnatrice, était doué d'une vie universelle; et cette vie universelle, sans cesser d'être la grande vie de tout ce qui a vie, va formant toujours, par un développement continu, des vies individuelles, qui elles-mêmes deviennent des sortes de vies universelles produisant, à leur tour, des races, des familles.

La grande loi du monde réalisé veut que la raison de l'être précède l'être.

C'est ainsi que l'essence humaine est apparue, lorsque la raison de cette essence est sortie de la pensée divine. Elle est apparue avec la faculté de vouloir immédiatement se détacher de la vie universelle pour vivre de sa vie propre.

Les animaux, privés de cette faculté, ont dû exister avant l'homme; ils sont restés d'une organisation antérieure pour être des signes et des témoins de la vie universelle.

Deux opinions existent parmi les dépositaires de la science, l'ancienneté et la nouveauté de la race humaine; pour comprendre comment l'une et l'autre de ces deux opinions sont vraies, il faut savoir qu'une partie de la race humaine n'a pu parvenir à se distinguer de la vie universelle, et qu'une autre a conquis la conscience.

Les statues à gaînes, et les statues qui ont les pieds et les mains libres, sont les emblèmes de ces deux modes d'existence.

C'est l'Orient et l'Occident.

Orphée, l'homme du Septentrion, voulut abolir les statues à gaînes, c'est-à-dire donner à tous les hommes le mouvement et la liberté.

Le moment où l'essence humaine commença à se détacher de la vie universelle pour revêtir les facultés d'une vie qui lui fût propre est un moment cosmogonique, le même que celui de la division des sexes pour l'homme.

La division des sexes, pour l'homme primitif, devait être le type de la division des classes, pour les sociétés humaines primitives.

Vouloir, ne pas vouloir, vouloir à des degrés différents, furent les marques de cette division des classes.

La volonté s'essayant à se rendre indépendante de la vie universelle serait donc la véritable origine du mal. Le lait de la mère, le regard de ses yeux, la parole de ses lèvres, sont les antiques traditions trop tôt oubliées par l'homme. Telle est, du moins autant qu'il est permis de l'entrevoir, l'origine du mal dans la sphère de l'homme; la cause du mal est impénétrable. Orphée nous a enseigné que le mal est conditionnel, que le bien seul est absolu.

Était-il nécessaire que l'homme sortît de l'unité générale pour parvenir à la responsabilité, pour conquérir l'attribution de ses actes, la faculté de mériter ou de démériter? Grande question qui s'agite sans fin parmi les sages des Pyramides!

Dieu est tri-un; l'homme est triple, et doit aspirer à devenir tri-un. Auparavant il faut à l'homme un guérisseur.

Tout ceci est une loi éternelle, incessamment évolutive : voilà pourquoi il est vrai que l'essence humaine non-seulement est tout à-la-fois ancienne et nouvelle, mais, de plus, qu'elle est aussi, en même temps, manifestée et en puissance d'être. Elle est, et pourtant elle-même doit contribuer à sa raison d'être.

C'est à ce point sans doute que l'on découvrirait ce que fut la faute, ce que furent la promesse et le pardon. Toutes les traditions mêlées et confondues forment, sur ce point où elles aboutissent, un nuage que notre intelligence est inhabile à pénétrer; attendons d'autres lumières.

Thamyris, tu ne sais pas encore quel est le génie que tu dois transporter dans le Latium. Sera-ce celui de l'immobilité ou celui du mouvement? Ce n'est pas à toi à décider. On te le dira lorsque tu auras subi une autre épreuve, qui sera la dernière.

Barbaria est le nom sacré de la contrée qui s'appelle Euxonie, lieu de l'hospitalité, Hespérie, lieu du couchant, et que, dès aujourd'hui, nous nommons d'un nom nouveau, Italie.

L'Étrurie imposerait à l'Italie l'immobilité de l'Orient. Le temps n'est-il point venu d'affaiblir le génie stationnaire de l'Étrurie?

Tu as pu le voir, Thamyris, l'immobilité commence à être ébranlée en Égypte...

Oui, s'écrie une voix terrible, mais n'est-ce pas là un grand signe, le commencement de la ruine de l'Égypte? Prêtres des saints mystères, gardez-vous de sanctionner une loi qui est la loi même de la dissolution des empires. Un jour donc ces grands monuments, qui font la gloire de l'Égypte, seront isolés au milieu des sables du désert.

Eh bien! dit le prêtre qui me tenait captif sous ses pieds, avons-nous reçu le pouvoir de nous opposer à une loi immuable et successive? Est-ce à nous à rendre stérile l'incubation de l'Orient? Est-ce à nous à faire avorter la vie naissante de l'Occident?

A ces mots, il ôte ses pieds de dessus mon cou; et, m'ordonnant de me relever, il me dit d'aller recevoir ma dernière épreuve, puis de revenir me soumettre aux ordres qui doivent m'être définitivement donnés.

J'obéis, et je quittai l'Égypte. Je devais y retourner, mais il ne me sera pas donné de la revoir.

FIN DU LIVRE HUITIÈME.

ORPHÉE.

LIVRE NEUVIÈME.

CALLIOPE.

COSMOGONIE ROMAINE.

C'est donc dans le monde, reprit Thamyris, que je dois subir la dernière épreuve; je serai jugé sur l'emploi que j'aurai fait des enseignements dont on m'a donné les rudiments imparfaits. Il faut que je fasse moi-même ma doctrine. Ensuite je retournerai dans les souterrains pour y recevoir les commandements définitifs des civilisateurs, selon ce que je serai devenu, selon ce que je serai jugé propre à exécuter.

Je méditais en silence. Des problèmes m'avaient été présentés, quelquefois avec des solutions différentes et même contradictoires; j'en concluais que si j'eusse pu être élevé à un grade de plus, les contradictions auraient disparu. L'ébranlement donné à l'intelligence est le premier bienfait de l'initiation, qui en cela se borne à imiter la Providence divine. Je m'étais retiré non plus comme la première fois avec un sentiment triste et découragé, mais avec quelque confiance. J'avais acquis des organes pour mieux voir, pour mieux entendre, un nouveau sens intime pour mieux comprendre.

Qu'allais-je devenir loin des maîtres de la sagesse?

Me voici reprenant mes courses aventureuses, et saisi de nouveau par la renommée, mais la renommée incertaine d'Orphée. Toutes les traces du poëte vont déja s'effaçant : son nom et les idées qu'il apporta subsistent; son nom, pour être la proie de l'erreur; ses idées, devenues des institutions, pour commencer à s'altérer. Quant à lui-même, ou il est mort ignoré, ou il a voulu ensevelir ses derniers instants au sein de la retraite la plus obscure. J'apprends que des navigateurs de la Toison d'or se sont retirés en Émathie. J'y accours; j'espère que, du moins, si je rencontre quelques uns de ceux qui montèrent le navire Argo, ils pourront m'apprendre le sort de leur illustre compagnon.

J'arrive; ils sont dispersés ou rentrés dans leurs foyers. J'avais ouï raconter que non-seulement les héros, mais même les rameurs du navire célèbre étaient tous des rois ou des fils de rois; il me fut dit que j'avais été trompé par des récits mensongers, et que toutes les classes avaient été admises dans l'arche astronomique, religieuse et sociale. Le nom glorieux d'Orphée est à peine connu, tant la mémoire des bienfaiteurs des hommes est vite oubliée. Les doctrines harmonieuses avaient disparu de la Thessalie; cette contrée était presque entièrement envahie par les tristes superstitions de la magie. Les sourds et plaintifs mugissements du rhombus profane avaient remplacé les doux chants de la lyre fatidique. Je reconnais cependant, parmi les poésies conservées dans la mémoire des peuples, les débris d'un dithyrambe où le nom d'Eurydice est mêlé. Pour eux la fille de la vision fut une dryade. Un vieillard a enseigné ce dithyrambe aux habitants qui aiment encore à le redire.

Dans des chants alternatifs, les hommes célèbrent le don de la capacité du bien et du mal, les femmes, le don de la pudeur; les uns et les autres, le don de la famille. Un hymne à la beauté, qu'ils ont appris du même vieillard, est terminé par des mots que j'ai pu retenir, et qui méritent votre attention, sage Évandre.

Ce qu'est la beauté pour nos sens tels qu'ils sont faits, sera la vertu, sera la vérité, pour les sens que nous devons acquérir. Oui, la beauté, dans ce monde, est une aimable et brillante messagère qui nous raconte les merveilles d'un monde meilleur.

Sans doute le vieillard dont on parle a visité les grottes cosmogoniques de la Samothrace; et peut-être a-t-il été initié aux mystères de l'île sacrée.

Je veux donc voir le vieillard. Ce noble étranger, me dit-on, ne saurait être environné de plus de vénération, mais il se renferme dans un silence impénétrable. Vous ne pourrez parvenir à savoir rien de lui; il n'a jamais cédé à notre désir d'entendre raconter ses aventures, que l'on suppose graves et sérieuses; il paraît seulement pressé de connaître les secrets de la mort. Sa vie s'est consumée dans de longs ennuis, et il n'aspire plus qu'au repos de la tombe.

De telles réflexions ne me détournent point de mon projet. Je parviens à découvrir la retraite ignorée où le veillard voulait ensevelir ses derniers jours. Je le trouve occupé à méditer. Il appliquait l'hexamètre héroïque à des poëmes sur les éléments, sur les pierres précieuses, sur les métaux, sur quelques effets singuliers de la nature; travail pénible de versification, pour enfermer dans une mesure régulière les procédés techniques des arts nouveaux, l'explication des phénomènes du ciel et de la terre. C'est ainsi qu'il employait aridement ses loisirs. On eût dit qu'il voulait emprisonner une puissante imagination, et retenir, dans son sein, de fécondes pensées.

Si, de temps en temps, le génie poétique se réveillait sur ses lèvres, et jetait quelques faibles
étincelles, c'était pour chanter les combats des
Géants et l'expédition des Argonautes.

Roi de la colline carrée, comment vous pein-
drai-je l'émotion que me fit éprouver l'aspect du
vieillard, lorsque je le vis pour la première fois?
Son visage auguste avait quelque chose de solennel et d'impassible, comme on représente les
juges aux Enfers. Rien n'annonçait qu'il m'eût remarqué. Pour l'aborder, pour m'en faire entendre, pour le distraire de ses méditations, j'ima-
ginai de redire le chant d'Eurydice, la fin de
l'hymne à la beauté. Ma lyre, consultée par mes
doigts, rendit des sons pleins d'harmonie, qui me
transportèrent dans les régions du passé, et qui
ne purent éveiller son attention. Il avait aussi
une lyre à ses côtés; il dédaigna de me répondre
sur sa lyre. Le superbe vieillard cependant laisse
échapper une larme, et détourne la tête pour me
dérober ce commencement d'émotion. La seconde
fois que je montai sur la montagne, il fut plus
accessible. Le vieillard chantait sur sa lyre, et il
continua de chanter en ma présence. Il rappelait
les désastres de l'ancien monde et les calamités du
monde nouveau. Je versai des larmes abondantes;
et, quittant sa lyre, il me tendit la main. Je vis,
à cet instant, briller dans ses regards, au travers

d'un voile de vertige amer, je ne sais quel feu de
génie éteint, tout près de se rallumer. Il m'attirait
à lui par un charme irrésistible; et ce charme fit
ma confiance. Alors je lui témoignai le desir de
connaître son histoire; mais toujours il refusait
de me la raconter; il ne la croyait propre qu'à
satisfaire une vaine curiosité. Il manifestait une
étrange abnégation de la gloire, qui tenait à une
sorte de dédain pour les facultés humaines, pour
ce qu'elles ont d'incomplet et de misérable. Je lui
avais dit mon nom; il me pria de ne pas l'obliger
à me dire le sien.

Les discours et la personne de l'inexplicable
vieillard m'égaraient au sein de mille conjectures.
Tantôt c'était pour moi une créature de l'ordre le
plus élevé, un être supérieur à l'homme; tantôt
c'était un simple mortel dont la vie avait été consumée dans de vastes études et dans d'immenses
chagrins. Est-ce un Titan, pensais-je en moi-
même, qui a survécu à de grandes catastrophes,
et que les Dieux ont voulu punir en le revêtissant
des humaines faiblesses? Est-ce un roi détrôné qui
est venu cacher ici d'éclatants revers? Est-ce un
Cyclope malheureux, chassé par ses clients révoltés? Le chant d'Eurydice était un chant qu'il paraissait avoir appris dans le cours de ses voyages: ce
chant consacrait des faits qui m'étaient inconn-
nus; il supposait aussi la mort d'Orphée. Fille

de la vision, disait-il, réjouis-toi dans les sombres demeures. Ton époux inconsolable t'est rendu. Ce n'est plus l'illusion des songes qui t'offre à lui; c'est la réalité d'une vie illimitée. De telles paroles ne pouvaient être qu'une allégorie des sentiments du vieillard. Dégoûté de la vie présente, il évoquait la vie à venir; et ses propres souvenirs, sans doute, étaient revêtus par lui du nom d'Orphée : croyait-il se séparer de ses propres souffrances, au moyen de cette ruse de la douleur?

Thamyris, me disait-il, que l'expérience des affaires humaines soit inutile à la plupart des hommes, je le conçois; mais à vous, vous est-il permis d'y ajouter quelque pensée de stabilité? Écoutez-moi, je n'ai point été dépourvu de sens. J'ai contemplé les choses, les événements, et les hommes. Tout change, tout disparaît. L'univers interrogé par moi, par vous, Thamyris, par mille autres, l'univers ne s'est-il pas obstiné toujours à garder envers tous un silence terrible? Si la destinée répond quelquefois à l'homme qui la conjure de sortir de derrière son voile funeste, c'est avec une froide et sévère ironie, et comme importunée de cette curiosité inquiète. O inconnu! inconnu! tu me glaces d'une sueur mortelle. Soleil qui fais mûrir les fruits et les poisons, qui donnes aux fleurs et aux nuées leurs riches et éclatantes couleurs, soleil qui brûles et échauffes, dis-moi qui tu es ! Nuages voyageurs qui errez sur ma tête, et portez dans votre sein les fertiles ondées ou les fléaux du ciel, dites-moi qui vous êtes ! Étoiles et planètes qui peuplez les déserts de l'espace, d'où venez-vous, où allez-vous ? Animaux qui partagez avec l'homme sa demeure terrestre, ou qui la lui disputez, sauriez-vous me révéler vos instincts ? Plantes, herbes, et fontaines, qui vous fait croître et couler sans fin ? Ce magnifique vêtement, parure variée et passagère de la substance, depuis trop long-temps fatigue mes regards ! Que sait l'homme ? Que peut-il savoir ? Et toute la science qu'il lui est donné d'acquérir, qu'est-elle ? Tout se montre indifférent à la destinée de l'homme, et l'homme voudrait tout envelopper dans sa destinée. Il croit, orgueil impuissant ! que le soleil, que la lune, que les étoiles, ont été placés dans le firmament ou pour éclairer ses pas, ou pour lui marquer la mesure du temps. Être souffrant, qui donc s'intéresse à ta souffrance ? Lorsque l'homme perd sa compagne chérie, les astres continuent de briller. Lorsque l'homme est dans la solitude, les astres ne savent point de langage pour s'entretenir avec lui. Lorsque lui-même a fini de souffrir, la rosée du ciel, insensible à sa mort, comme elle fut insensible à ses maux, tombe également et sur sa dé-

pouille délaissée, et sur les champs qu'il cultiva
de ses mains, et sur la forêt où se retirent les
bêtes sauvages, et sur les plantes qui servent à
la nourriture de l'homme, et sur celles qui par-
fument et embellissent inutilement des lieux où
l'homme n'a jamais pénétré, et sur les cimes les
plus arides, et sur la mer immense où se jouent
les grands poissons. Et si l'homme n'existait pas,
que manquerait-il à l'harmonie universelle? N'é-
tait-elle pas la même avant qu'il parût sur la terre?
Ne sert-il pas bien plutôt à la troubler? Comment
cette harmonie serait-elle donc faite pour lui?
Comment vient-il à se croire le centre de tant
d'influences diverses? La foudre gronde, et frappe
sans choix ou un être vil, ou un être en qui reposent de nobles sentiments; elle met en cendres
le cèdre et la bruyère. La plainte sort de tous côtés; mais l'homme seul sait faire comprendre ses
gémissements; seul il exprime la douleur; seul il
entend les lamentables voix de la forêt; seul il se
plaint de l'insensibilité de la nature à sa joie comme à sa tristesse. Est-ce pour être l'expression générale de la plainte et de la douleur qu'il a été
créé dans les secrets de l'éternité? Est-ce pour
traduire en langage articulé le gémissement universel que la parole lui a été donnée? Dieu du
ciel, révélez-vous à moi! Puissances, génies qui
gouvernez le monde, dites-moi, si vous les savez,

vos immortelles lois! Tout reste muet! Bien plus,
comment suis-je arrivé du rêve du non-être au
rêve de l'existence? Où ira cet esprit de vie
qui anime cette poussière, devenue un instant
mon corps? s'exhalera-t-il dans les airs comme
le parfum des fleurs? s'évanouira-t-il comme le
son mélodieux qui se détache d'une lyre brisée? Et
les autres êtres! Et la vie qui se montre sous des
formes si différentes, dans l'homme, dans les animaux, peut-être dans les plantes, peut-être aussi
dans les pierres et les métaux; la vie qui par-tout
semble ne se multiplier que pour multiplier la
souffrance! Abyme des abymes! Thamyris, nous
sommes des insensés! Et peut-on nommer autrement ceux qui croient avoir des pensées?

Je gémissais avec cet homme tombé de si haut.
Près de lui je sentais l'horrible frisson d'une parque
inexorable. Jamais la condition humaine n'avait
tant pesé sur moi. Malheureux vieillard, m'écriai-
je, vous avez un compagnon. Vous ne direz plus
que vous êtes seul. Vous ne direz plus que nul être
n'est en sympathie avec vous. Me voici pour ne
faire que verser des larmes stériles. Comme vous,
je renonce à la gloire et à la sagesse. Mon nom,
aussi bien que le vôtre, restera enseveli sur cette
montagne déserte. Comme vous, je mourrai sur
le seuil de cette obscurité désolante dans laquelle s'enveloppent les lois et les causes. Nos

lyres seront ici d'insensibles bétyles, de muets talismans. Nous dirons ensemble les limites à-la-fois étroites et infinies de l'intelligence humaine et les solitudes du cœur.

Tels furent nos premiers entretiens. Bientôt ils prirent un autre cours. J'ai cru long-temps, me disait-il, que l'état social était, pour nous, un moyen de relever plus facilement notre nature déchue.... Dieux! interrompis-je aussitôt, de telles paroles ne décèlent-elles pas un initié? C'est possible, reprit avec calme le vieillard; il ne t'appartient pas de chercher à pénétrer dans le secret de mes douleurs. M'aurais-tu imprudemment fait connaître qu'il t'a été permis d'assister aux spectacles des saints mystères? et ne me serait-il pas permis de croire que ton initiation dût être fort incomplète, tant tu te montres empressé à laisser échapper les lueurs confuses de ton esprit? Si tu as visité les savants des Pyramides, je crains qu'ils ne t'aient pas confié toute leur science; et ils auront agi sagement. Quoi qu'il en soit, j'achèverai. J'ai cru long-temps ce qu'ont cru les législateurs, les fondateurs des sociétés humaines. C'est dans l'état social, en effet, que l'homme peut se perfectionner; mais à quoi lui sert le perfectionnement? il s'énerve, il s'amollit, il se déprave de plus en plus. D'ailleurs, savant ou ignorant, l'homme est toujours malheureux; et plus il est

instruit, plus il sent son infirmité. Il veut lire le
livre roulé et scellé; alors il devient insensé comme moi. Il n'a conquis l'avenir que pour conquérir
de nouveaux tourments. Aussi cet avenir qu'il a
obtenu sur la terre veut-il l'étendre sur les sphères
célestes. L'immortalité lui est devenue nécessaire!
Sans doute, ajoutait-il, il est facile de donner à
l'homme des institutions qui perfectionnent l'intelligence; mais où en trouver qui améliorent
l'être moral? Cette pente au mal, qui l'entraîne,
ne se développe-t-elle pas en même temps que ses
autres facultés?

Évandre, je ne savais que répondre au vieillard.
Je ne voulais pas m'attirer de nouveaux reproches;
et je n'étais pas assez peu avancé dans la science,
pour n'avoir pas toute celle qu'il fallait pour les
repousser.

Puis, revenant aussitôt sur le désordre de ses
discours, il en désavouait ce que le délire de l'angoisse avait pu lui arracher. Il parlait avec un
charme infini de ses espérances immortelles. Oui,
je le crois, continuait-il, et c'est peut-être une autre
loi de notre nature, il est bon que les progrès de
l'intelligence aident au progrès moral. Il compa-
rait ensemble la vie des sociétés humaines et la vie
de l'homme lui-même, toutes les deux, étranges et
mystérieuses, avec des périodes analogues; toutes
les deux finissant par la mort, qui n'est qu'une

transformation. Il s'exprimait avec une vive ardeur sur toutes les législations locales, si insuffisantes, et qui, pour justifier la Providence, doivent faire place un jour à une législation générale, à une législation qui puisse embrasser tous les ordres, toutes les classes, toutes les familles, alors que l'essence humaine commencera son retour vers l'unité. Il indiquait sa mort prochaine, et il laissait échapper quelques notions indécises sur ce qu'il entrevoyait des destinées futures du genre humain, s'appropriant la terre, de ses destinées définitives dans une autre vie.

Bientôt je me persuadai que le vieillard avait pu rencontrer Orphée, avoir des entretiens avec lui; car, même au travers de ses expressions les plus décourageantes, je sentais je ne sais quoi qui me reportait à une inspiration détournée et affaiblie. Je me mis donc à lui en parler, à signaler avec enthousiasme les profondes empreintes dont ce génie élevé a marqué tous ses pas, du grand nom qu'il a laissé dans les Pyramides. Noble étranger, ajoutai-je, vos découragements me paraissent le fruit tardif de bien des espérances trompées, de bien des opinions déçues. Mais ce délaissement des tentatives humaines n'est point intime en vous; néanmoins, s'il se communiquait, il empêcherait tout mouvement vers la perfection. Ainsi ne fut point Orphée; sa confiance était pleine, constante, inébranlable. Jamais le sort de Prométhée ne l'épouvanta.

Le vieillard sourit avec tristesse. Thamyris, me dit-il, tu le vois, je ne cherche point à communiquer les funestes égarements d'un esprit qui s'est brisé contre la borne de l'humanité; je me suis confiné dans la solitude, et c'est toi qui es venu me surprendre l'aveu de mes tourments. J'ai fait comme Prométhée dont tu parles, car la Scythie où il fut exilé est la région du silence. Sans doute, ce que j'éprouve est quelque chose de si pénible, de si douloureux, que je suis trop disposé à aller encore au-delà du sentiment de mes souffrances. Oui, je crois que, pour soi-même et pour les autres, il est des pensées qu'il faut étouffer, qu'il faut éviter de réaliser par la parole. Retiens cette leçon. Si l'homme individuel excite toute ma pitié, si je ne suis point rassuré sur l'homme collectif... Ah! n'outrageons pas davantage la Providence éternelle. Que la mort refroidisse graduellement toutes mes facultés, une puissance vit en moi qui doit renaître, et survivre à ce que je suis, à ce que j'ai été; et cet instinct secret de perpétuité, je l'étends à tout. Le jour, succédant à la nuit, m'annonce l'univers sortant des ténèbres cosmogoniques. La génération continue des êtres me manifeste l'immortalité du principe de la vie. Mon ame ne peut être ni enfouie dans la terre, ni

brûlée par le feu, ni éteinte au sein de l'eau.
L'homme est-il formé d'une manière terrible et
merveilleuse? Qu'importe, s'il ne doit pas rentrer
dans la masse orageuse des éléments? Ainsi donc le
peu de confiance que j'ai à toutes les législations
actuelles, le peu de confiance que j'ai, il faut bien
que je l'avoue, aux trop fragiles créations d'Orphée,
dont tu racontes tant de prodiges, ce peu de confiance ne sera point le génie du mal, pour me for-
cer à blasphémer. Thamyris, l'affaiblissement de
mes organes ferait-il toute l'incertitude de mes
pressentiments? Ah! je suis loin d'avoir oublié combien ils furent fermes, lumineux, assurés. L'âge
et le malheur ont fait d'inexprimables ravages,
mais ils n'ont pas tout détruit.

Il m'adressa ensuite les questions suivantes :

Puisque vous me parlez de la Thrace, puisque
vous me parlez d'Orphée, dites-moi, Thamyris,
celui que vous regardez comme un interprète de
la sagesse divine, n'est-il pas maudit, chaque année, sur les bords du Strymon, par les Ménades
restées indociles au joug social?

Dites-moi, les institutions du sage que vous vé-
nérez n'ont-elles pas été, pour quelques uns, peut-
être même pour des multitudes, le dur enlace-
ment d'une funeste fatalité?

Qui sait si le mauvais principe n'exige pas des
sacrifices humains? Et que produirait l'abolition

de ces sacrifices, si l'on ne parvenait à détrôner le mauvais principe?

Puis, sans attendre ma réponse, le vieillard prétendit que le nom d'Orphée commençait déja à disparaître de la courte mémoire des hommes. Il se mit alors à peindre avec énergie la renommée la plus éclatante, destinée à périr, à son tour, ainsi que toutes les choses humaines. Cette mort nouvelle, qui attend inévitablement l'homme dans cette sorte de seconde vie, lui paraissait un des plus tristes aspects de la condition humaine, et qui prouve le mieux notre misère. Mais ce qui est au-dessus de toutes les gloires, lors même qu'elles seraient durables, c'est de travailler à son propre perfectionnement. Tous les hommes ne sont pas appelés à agir sur les autres; tous sont appelés à agir sur eux-mêmes. Si quelquefois les pensées et les sentiments de quelques uns profitent à tous, sont transmis d'âge en âge, et ajoutent aux trésors du genre humain, il est, le plus souvent, des pensées non moins hautes, des sentiments non moins beaux, qui ne laissent aucune trace après eux; ceux-là subsistent également, car rien de nous ne peut périr. La vie à venir est toujours nécessaire, soit pour expliquer l'homme individuel, soit pour expliquer l'homme collectif dans ses sympathies avec ses semblables.

Le noble vieillard aimait aussi à raconter la

mort de Linus, le premier des poëtes du monde nouveau. Hélas! disait-il, souvent il m'arrive de mêler dans mes chants, aux inspirations de Linus, les tristes inspirations d'Olen de Lycie, le dernier des poëtes du monde ancien. C'est un grand malheur, Thamyris, de se trouver ainsi placé à une époque de fin et de renouvellement.

Hélas! je n'avais pas long-temps à visiter l'étranger merveilleux. Un jour, et ce fut le dernier de nos entretiens, je le trouvai saisi d'un enthousiasme poétique. Ce n'était plus un homme; son visage brillait d'une lumière toute surnaturelle Je le voyais comme un être placé sur les limites de deux mondes; il me semblait que déja un nuage se glissait sous ses pieds pour le soulever de dessus la terre, et l'emporter parmi les régions immortelles de l'apothéose. Sa lyre impatiente hâtait le mouvement de ses mains inspirées; les paroles les plus mélodieuses se précipitaient sur ses lèvres; et voici celles que j'ai pu saisir dans les chants prophétiques du vieillard inconnu :

Rideau brillant des êtres, des éléments, de la nature variée, et infinie dans son admirable variété, tu vas donc enfin te lever devant moi! Révélation de l'univers en présence de l'homme, tu n'as donc plus rien à m'apprendre! Cette révélation incomplète et temporaire servit pourtant à m'annoncer une révélation complète et définitive,

celle que je pressens au-dedans de moi-même.
Toujours et dans tout, la souffrance est produite
par la vie; je me suis demandé pourquoi la souffrance avait été infligée à la vie, pourquoi l'existence a été achetée au prix de la douleur.

L'ordre dans l'univers matériel démontre l'ordre dans l'univers immatériel.

Les esprits ont leurs lois ainsi que les corps.

Il y a eu perturbation dans ces lois, l'harmonie
a été troublée : ce n'est pas la puissance suprême
qui a défailli.

Comment une intelligence libre a-t-elle pu
détraquer le monde? et cette intelligence libre,
comment est-elle passée sous l'empire lamentable
de la fatalité des choses?

L'épreuve et l'expiation rendront graduellement le libre arbitre à cette noble intelligence
déchue.

Siècles, pressez-vous devant moi! Qu'une lueur
lointaine vienne effleurer mon regard mourant!

Que ma lyre dise le cruel enfantement de Sémélé. Le sein qui produit l'émancipateur est une
flamme ardente. Sémélé, tu as été soudainement
consumée par le feu, sans savoir la grande destinée promise à ton fils. Le dieu qui doit conduire
les plébéiens dans la carrière de l'initiation a
échappé au châtiment terrible qui a dévoré sa
mère malheureuse.

Saturne, dieu des Titans, fut détrôné; Jupiter, dieu des Patriciens, sera détrôné à son tour.

Il est né celui qui doit renverser l'empire de Jupiter.

En vain les Géants ont voulu terrasser le jeune dieu; en vain ils ont voulu arracher de sa forte poitrine ce cœur généreux, qui est l'ame de l'avenir.

Le cycle de l'humanité commence : le plébéien c'est l'homme.

La propriété aux confins célestes cessera de marquer les limites de la propriété que fécondent, sur la terre, les sueurs de l'homme.

Lyre d'Orphée, alors tu seras reléguée dans le ciel.

Tous seront admis dans l'ogygie future, où est la chose sacrée.

Tous naîtront avec la capacité du bien et du mal.

Tous jouiront de la solennité des saints mariages.

Tous auront une famille et un tombeau.

Le monde détraqué par une intelligence déchue recouvrera son harmonie primitive par cette même intelligence régénérée.

L'univers un jour ser dépouillé de sa force plastique : en ce jour l'œuvre de la création sera accomplie. En ce jour l'intelligence cessera d'être soumise à l'entrave du corps, épreuve du temps.

Rideau brillant des êtres, des éléments, de la nature variée, et infinie dans son admirable variété, tu vas donc enfin te lever devant moi! Une lueur lointaine effleure déja mon regard mourant.

Tels furent les accents de l'inconnu ; et ces accents parlaient à mon ame beaucoup plus qu'à mes sens. Je devinais, en quelque sorte, plutôt que je n'entendais, tant était devenue intime la communication entre lui et moi. Ce n'est pas tout, Évandre, la nature entière me paraissait éprouver quelque chose de ce que j'éprouvais moi-même. Il me semblait que j'étais confondu et abymé dans le sentiment d'une existence universelle, dont je faisais partie. C'était comme un frémissement d'attente, comme une participation indicible à je ne sais quelle transformation, qui s'opérait par-tout en ce moment. Les oiseaux du ciel, les animaux de la terre, les arbres des forêts, les herbes des champs, les météores légers de l'air, tout s'animait à mes yeux de la même pensée, la pensée d'une immense régénération, d'une vaste palingénésie. Toute la chaîne de l'organisation, depuis la pierre brute jusqu'à la plus haute intelligence, était remuée à-la-fois ; et je me sentais entraîné par cette impulsion irrésistible. Le vieillard, qui était devenu semblable à une jeune

livinité, m'enveloppait de son regard doux et
serein, expression pure d'une substance incor-
porelle. Il me dit: Thamyris, s'il t'était donné
d'aller t'instruire dans le sanctuaire de Lébethra,
tu saurais plus de choses que n'aurait pu t'en apprendre Orphée, pendant que sa vie mortelle
avait besoin de se nourrir encore de l'ame végétative des plantes, de l'ame obscure des animaux.
Je suis parvenu au terme où l'homme affecte son
vol vers les régions éthérées. C'est au moment du
départ que je puis dire: Impuissance et désuétude
à ceux qui veulent retarder l'initiation de la race
mortelle! Ceux-là repasseront par l'austère voie des
épreuves! Adieu, Thamyris! Il ne me reste plus
qu'à accomplir le mystère de ma propre régénération; et il ne doit s'accomplir que dans la solitude.
Ainsi que le phénix, je vais me retirer à l'écart
pour construire mon bûcher de parfums. Nul ne
peut m'aider dans ce dernier travail, dans cet enfantement sublime et douloureux de l'ame immortelle.

Il ajouta, et ce fut le dernier effort de sa voix
affaiblie : Oui, il sera un temps, un législateur
viendra, qui donnera les véritables lois, les lois
indépendantes des temps et des lieux, les lois qui
survivront aux empires. Ce grand législateur ne
courra point le monde avec le van sur son épaule.
La société civile existera; il n'aura à fonder que

la société morale. Ce n'est point une prophétie que tu entends, Thamyris, c'est la contemplation même de l'ordre éternel, qui me fait parler. Je ne prédis pas, je vois... Tous les peuples ne sont plus qu'un peuple.

Oh! combien sont beaux les pieds de l'envoyé céleste s'imprimant sur la vile poussière de notre monde malheureux! Oh! combien sont beaux les pieds du desiré des nations, qui ne dédaigne ni les carrefours des villes, ni les chemins des campagnes! Oh! combien sont beaux les pieds de celui qui apporte la grande rançon! Hommes de toutes les classes, n'en formez qu'une, pour vous presser sur les pas de celui qui est le salut de tous!....

Lyre, beauté, grace, amour, souffle de la vie, ame, éclat et baume des fleurs, mélodie de l'air, ombrage sacré des bois, verdure calme des prairies, murmure charmant des fontaines... Orages et tempêtes... Souffrances, plaintes, et soupirs... Cygne éclatant de blancheur, colombe gémissante... Elle s'enfuit sur une nuée d'opale et d'azur, comme un son détaché de la lyre, comme le parfum qu'exhale une fleur... Nous nous jouerons sur la nuée, dans les plaines du ciel, parmi les collines de l'éternité... Nous tresserons des guirlandes de fleurs, de fleurs immortelles... Molle clarté des nuits, tu n'abaisseras plus ma paupière assoupie... Que j'essaie mes ailes d'argent!... Je veux me baigner dans des

torrents de lumière... Douce extase de la mort...
La vie, ombre flottante, image passagère...Je sais!...
Dieu écarte le voile du temps et des êtres...

Le vieillard, devenu semblable à une jeune divinité, disparut dans un nuage qui couvrit la
montagne. A mesure que j'en descendais, un
grand bruit se faisait entendre comme celui d'une
horrible tempête. Au milieu de toutes les voix de
l'orage, on distinguait seulement quelques sons
du chant d'Eurydice. Puis un tourbillon de feu
vint éclairer rapidement tous les sommets de la
montagne; et, à la lueur du tourbillon, je crus
apercevoir, entouré du chœur céleste des Heures,
celui que je venais de quitter. Alors je me rappelai ce que m'avait raconté Æagrius d'Orphée
apparaissant au sein de la bataille terrible, jeune,
beau, calme, vêtu d'une longue robe blanche, et
tenant sa lyre à la main. Alors mes souvenirs et
l'étonnement où j'étais plongé ne formèrent plus
qu'un songe divin. La tempête s'apaisa tout-à-
coup, les éléments rentrèrent dans le repos, l'obscurité couvrit les sommets de la montagne, et
bientôt l'on n'entendit plus que les gémissements
plaintifs des Oréades. Une multitude était ac-
courue pour être témoin du prodige. Nous sen-
tions une terreur intime; et cette terreur nous
avertissait que la mort venait de frapper une
grande victime. Nous nous hâtons de nous diriger

du côté de l'apparition. Nous trouvons le corps
du noble étranger, que moi seul pouvais reconnaître, puisque seul j'avais vu s'évanouir en lui
toutes les traces de la vieillesse; l'empreinte de
l'immortalité, d'une jeunesse éternelle était sur
ce visage auguste. Ses yeux fermés annonçaient
les longues méditations d'une vie qui ne doit plus
finir; et le calme de ses traits indiquait l'immobilité de ses pensées dépouillées du charme fugitif
de la parole.

Les peuples s'assemblent pour donner la sépulture à l'illustre inconnu, et remplir à son
égard le dernier devoir de l'hospitalité. Je suis
désigné pour mener le deuil, pour veiller aux
soins de la cérémonie funèbre. Mais, arrivés sur
le lieu même, nous n'avons point de deuil à mener, point de cérémonie funèbre à exercer. Nous
trouvons un tombeau magnifique élevé par les
Muses au vieillard mystérieux que l'approche de
la mort avait revêtu de jeunesse, et que la mort
elle-même venait de revêtir d'immortalité. Sur ce
tombeau était gravé le nom de l'inconnu, du délaissé, enfin le nom désormais impérissable d'Orphée. Les chastes filles du ciel ont enfermé dans
le tombeau du poëte divin sa lyre d'or, qu'il avait
reçue, dit-on, de Mercure, et que nul autre ne
pouvait manier. Les chastes filles du ciel ont fait
entendre d'harmonieux concerts; mais aucune

parole n'est sortie du tombeau, et les chants des Muses n'ont point été recueillis.

Telle fut la fin merveilleuse d'Orphée, qui, durant les dernières années de sa vie mortelle, resta complètement ignoré. Si les Muses n'eussent pas voulu honorer sa sépulture, jamais on n'aurait su le lieu où tomba cette grande victime. Les peuples de l'Émathie parleraient peut-être encore d'un étranger mort au sein d'une tempête, sur la montagne de Dia, et ils ignoreraient que cet étranger fut un poëte divin. Moi-même, Évandre, qui vous fais ces récits, moi qui ai pu avoir avec cet envoyé des dieux les entretiens de l'heure suprême, moi-même, homme trop dépourvu d'intelligence, j'ignorerais le nom de celui qui avait laissé tomber sur moi le regard d'un dieu. Et néanmoins, tout ravi d'admiration à de si grands prodiges, je ne pouvais m'empêcher de m'accuser; car enfin il me semblait que j'aurais dû reconnaître Orphée, et l'obliger à me donner ses derniers enseignements.

A ce moment solennel et terrible, je sentis sur mes paupières un poids inaccoutumé, qui n'était point celui du sommeil. Puis il me sembla que d'immenses nuages d'or, incessamment sillonnés de mille lueurs errantes, couvraient la nature devenue tout-à-coup solitaire, et que de grandes figures fantastiques, sans durée et sans forme, habitaient seules ces deserts d'ombres et de feux.

Les ténèbres les plus profondes succédèrent à ces vains éblouissements, et je sentis avec amertume que je ne devais plus jouir de la douce lumière des cieux.

Tout pouvoir avait été retiré à ma lyre, mais elle était toujours pleine de charme, et, sur ses cordes, reposait encore comme un reflet des accents des Muses. Je ne voulus donc pas que ma lyre restât muette, et je chantai devant la multitude émue quelques unes des paroles d'Orphée : Rideau brillant des êtres, des éléments, de la nature variée, et infinie dans son admirable variété, voilà qu'enfin tu t'es levé devant lui ! Voilà que son regard s'abreuve de toutes les splendeurs célestes !

Quant à moi, infortuné, ce rideau brillant n'existe plus pour mes yeux éteints, et cependant je ne suis pas en présence des splendeurs célestes ! Mais je ne me plains point ; assez de clartés pénètrent mon intelligence pour que je puisse me consoler de ne plus voir le soleil, et attendre avec calme la fin de mon obscur voyage sur la terre !

Après quelques jours passés dans les larmes, le cœur serré de tristesse, je me décide à retourner en Égypte, pour faire aux maîtres de la sagesse le récit que vous venez d'entendre, ô vous, le dernier des rois pasteurs.

Une femme daigna guider mes pas jusqu'au

lieu où je devais trouver un navire. Je ne pouvais voir celle qui se dévouait ainsi à conduire un pauvre aveugle; mais le son harmonieux de sa voix m'apprit combien elle était belle. La vive perception que j'eus de sa beauté me transporta dans la région sublime où résident le bien, le beau, la vertu, la vérité. Je sentis la forme extérieure évanouie, et, à sa place, la forme idéale.

Alors, Évandre, j'eus des notions moins confuses sur les objets les plus élevés; alors je conçus le temps faisant partie de l'éternité, identique avec elle. Le temps, en quelque sorte, continu et immobile, rendu appréciable par la succession de nos idées, par les signes que nous attachons aux idées, est indépendant de toutes ces choses. Le cours des astres, les cycles astronomiques imaginés par l'homme, sont la mesure du temps, et ne sont pas le temps. L'éternité sans limite me faisait comprendre l'espace également sans limite. L'éternité est le lieu du temps variable et successif en apparence, comme l'espace est le lieu des corps perpétuellement transmuables et palingénésiques. Les modes du temps et des corps n'ont de réalité que par nos sens fragiles et fugitifs; mais nous-mêmes, nous ne sommes que par nos pensées et nos sentiments. Ainsi ma cécité m'apprenait les merveilles du monde où nous n'avons plus besoin de sens pour connaître. Ainsi je comprenais comment, pour l'intelligence dégagée des sens, le passé, le présent, l'avenir, sont contemporains. Ainsi enfin commençait à se lever devant moi le rideau brillant des êtres, des éléments, de la nature variée, et infinie dans son admirable variété.

Ma cécité devenait donc une véritable initiation. Toutefois je ne pouvais être parvenu à cette lumière intellectuelle qu'après avoir connu celle qui colore tout sur la terre et dans les airs, celle qui fait nos jours et nos nuits. Mais cela même m'expliquait la vie actuelle comme une préparation à la vie future. Toutefois encore, souffle embaumé du zéphyr, tu te jouais toujours dans mes cheveux, autour de mes tempes; sons majestueux des orages, murmures des fontaines, je pouvais toujours vous entendre; clarté des cieux, tu frôlais toujours légèrement les bords de ma paupière. J'étais toujours à moitié dans les songes du temps. Rideau brillant des êtres, des éléments, de la nature variée, et infinie dans son admirable variété, tu n'étais pas entièrement levé devant moi.

C'est au milieu de ces tumultes de mon esprit que j'arrivai en Égypte, où je racontai les prodiges qui ont signalé la fin d'Orphée.

Tu l'as vu, Thamyris, me dit l'hiérophante, Orphée, le grand Orphée a été sur le point de succomber à l'importunité de son ennui. La douleur l'a précipité dans la solitude, et la solitude avait presque éteint en lui le flambeau du sentiment social. Malheur à qui fuit les hommes! Malheur à qui veut être seul! Que l'exemple d'Orphée te profite! Mais à lui, du moins, sa mission était finie. Tout le bien qui devait être accompli par son génie était accompli. Et toi, Thamyris, tu as été sur le point de te laisser aller au découragement, quoique tu sois loin encore d'être quitte envers les dieux et envers les hommes. Nous te l'avons déja dit, les dieux se sont réservé l'initiation d'Orphée. L'état de misère et d'affaissement où tu l'as trouvé, sans doute, était la dernière épreuve qui lui fût réservée sur la terre, et les Dieux ont voulu le secourir, car les forts eux-mêmes ont besoin d'appui, pour ne pas être vaincus dans une lutte aussi terrible. L'historien des actes écrira dans les diptiques des Pyramides la pensée qui fut pour Orphée l'inspiration de sa mort prochaine, parcequ'elle avait été l'inspiration de toute sa généreuse vie, qui survécut à ses autres pensées, parcequ'elle les contenait toutes, la grande et noble pensée d'une législation morale, universelle pour le genre humain. Et maintenant que l'homme divin a subi la dernière, la vraie initiation, celle dont la nôtre n'est qu'une image imparfaite, celle qu'il lui a été donné d'entrevoir, à son moment suprême, l'initiation de la mort, vie véritable, procédons à son apothéose, signe sacré

pour les peuples. Qu'il prenne place dans les rituels égyptiens avec Osiris, Brahma, Triptolème,
l'Hercule thébain, Bacchus, Thot, l'éloquent
Ogmius, Garanus, qui est l'Hercule latin.

Puis, élevant la voix, l'hiérophante ajouta :
Sages de l'Égypte, sages des Pyramides, vous
vous êtes investis du droit de juger vos rois, de
juger les grands hommes; mais vos jugements
sont pour l'instruction des peuples, et vous les
prononcez à la mort seulement de ceux qui en
sont l'objet. La haute sagesse dont vous vous êtes
rendus les organes vous donne bien d'autres
droits encore. Il vous appartient aussi de juger
même les rois étrangers, dont la main vivante ne
s'est pas dessaisie du sceptre, attribut redoutable
du pouvoir. Il vous appartient enfin de juger les
dynasties royales de toutes les contrées de la terre.
Sages des Pyramides, je le dis en présence du
vieillard hébreu, il est assis parmi nous, pour
nous entendre, pour nous communiquer ses lumières, mais, nous le reconnaissons, nous n'avons
aucune direction sur son peuple, qui fut notre
esclave, qui a vécu parmi nos hiéroglyphes; ses
destinées, même dans ce temps, étaient restées
indépendantes de nous. Dieu s'est déclaré le chef
de son peuple, et nous n'avons point à examiner
la conduite d'un tel chef. Lorsque ce peuple aura
voulu être gouverné comme les autres nations,

alors peut-être nous nous reconnaîtrons le droit de juger aussi ses rois. Hérauts de nos jugements, que les dynasties royales soient citées à notre tribunal auguste. Condamnons celles qui ont méconnu l'énigme de l'homme, méconnu les progrès de l'intelligence humaine, méconnu les transformations sociales. Sages des Pyramides, vous le savez, nos sentences idéales restent enfermées dans nos souterrains. Nous ne faisons que voir, nous n'agissons point. Notre arrêt n'est donc qu'une manifestation de ce qui est, la pensée réalisée par la parole. Nous cherchons à voir la pensée avant qu'elle soit devenue un acte; et voilà toute notre science de l'avenir. Nous n'arrachons point le sceptre à des mains trop faibles pour le porter; seulement nous le saisissons au moment où il est près de leur échapper, et nous élisons d'avance celui en qui réside la force, celui qui a le sentiment des destinées nouvelles. Faibles dynasties, nous ne pouvons vous soutenir, nous vous laissons tomber. Qu'un prêtre lise le livre de Thot, où sont contenus les devoirs des rois, où sont expliquées les éminentes prérogatives des dynasties royales.

Un prêtre lut le livre de Thot. A chaque maxime du livre, le prêtre s'arrêtait un instant, et l'ancien des vieillards prononçait l'anathème contre le roi dont la conduite n'était pas conforme à la maxime. Il en fut de même pour les dynasties: à leur égard, les jugements sont de deux sortes. Les uns portent contre les dynasties dont la séve est épuisée comme les vieux chênes de Dodone lorsqu'ils n'ont plus la vigueur fatidique; les autres, contre celles qui ont cessé d'être en harmonie avec leurs peuples, car une dynastie est le principe social lui-même individualisé et personnifié ; dès que le principe social change, il semble que la dynastie doive changer en même temps. C'est à cette source que l'on trouve la raison des apothéoses, ainsi que l'explication de ce précepte mythique: Il faut que l'initié tue l'initiateur. Les derniers jugements ne flétrissent point; ils sont l'expression fatale d'une loi cosmogonique.

Ici, Évandre, me fut dévoilé le secret de cette grande loi.

A chaque révolution de l'univers préside une dynastie divine. A Uranos succéde Chronos, que l'on nomme Saturne; à Saturne, Jupiter. Et les emblèmes de ces révolutions sont des emblèmes de violence. Le régne de Jupiter c'est le régne précurseur du monde civil. Maintenant que la demeure de l'homme a été préparée; maintenant que la terre labourée par les volcans, ou desséchée après de vastes inondations, s'offre à la culture de l'homme, il faut que l'homme gouverne. Le temps des dynasties d'hommes est donc venu.

Mais aux révolutions du globe succèderont les
révolutions des empires; aux révolutions physiques succèderont des révolutions morales. A ces
révolutions aussi présideront des dynasties d'hommes,; il est temps que le cours de l'humanité commence, et qu'elle travaille à sa propre cosmogonie.
Ainsi, Thamyris, continua le prêtre, les révolutions générales du monde sont un emblème, et, en
quelque sorte, une prophétie hiéroglyphique
des révolutions des sociétés humaines. Quant à la
terre d'Égypte, contrée privilégiée entre toutes
les autres contrées, image et type de l'univers;
quant à la terre d'Égypte, nous te l'avons déja
fait remarquer, elle a conservé dans son sein la
variété de toutes les formes sociales. Ce n'est ni
par nécessité, ni par choix, que nous avons admis
une telle diversité d'institutions, qui représentent
chacune un des grades progressifs de l'initiation
humaine: cette diversité, dans son harmonieux
ensemble, est, pour nous, l'ordre même de la
nature. Les hommes qui ne se trouvent pas au
niveau de l'état social où ils sont placés, nous
pouvons les envoyer habiter un nome moins
avancé dans la hiérarchie des formes; ceux, au
contraire, qui s'élèvent au-dessus de ce niveau,
sont admis à faire partie d'un nome plus élevé.
Thamyris, de tels avantages ne peuvent pas appartenir à tous les peuples. Ils sont obligés de

supporter, dans leur propre sein, la division des classes, selon la diversité des facultés humaines ; et encore, pour rétablir une harmonie qu'ils sont sans cesse menacés de perdre, doivent-ils trop souvent avoir recours à la ressource flétrissante des asiles, ou au moyen cruel des printemps sacrés. Thamyris, ces tristes preuves de l'imperfection sociale ne disparaîtront que lorsque le vœu d'Orphée mourant sera accompli. Les dieux seuls savent par combien de guerres et de séditions il faudra passer avant d'arriver à ce que vous appelez l'isonomie. Au reste, le développement, sans doute, n'est qu'à ce prix.

Telles furent, Évandre, les explications que l'on crut pouvoir me donner.

Alors j'assistai à un beau spectacle. Alors furent prononcés les jugements sur l'Assyrie, sur les états de l'Orient, sur Priam : nous sommes arrivés à une époque de rénovation, à une nouvelle ère de l'esprit humain ; et nul ne peut régner s'il n'a reçu le sentiment des destinées futures. Alors me fut donné l'ordre de me rendre auprès de vous, Évandre, vous le plus juste des hommes, vous le dernier des rois pasteurs. Et je suis venu, non pour vous précipiter du trône, mais pour vous annoncer que votre trône ne pouvait plus subsister. Je suis venu enfin pour vous engager à recevoir les débris de Troie.

Quand tous les jugements furent prononcés, l'ancien des vieillards dit : Nous n'envoyons point de hérauts proclamer, parmi les peuples de la terre, de spéculatifs arrêts. Nous les rendons pour signaler une loi de la Providence, et nous laissons à la Providence le soin de faire exécuter une loi fondamentale des sociétés humaines. Toutefois nous sommes attentifs. Lorsqu'une dynastie est dépouillée de ses hautes prérogatives, une autre s'élève en silence, et nous la cherchons. Les dieux ont daigné gouverner eux-mêmes l'Égypte, l'aînée des nations, et ils l'ont gouvernée longtemps; mais lorsqu'ils ont voulu confier la puissance aux mains des races mortelles et douées de responsabilité, ils ont marqué la race choisie à des signes qui nous l'ont fait reconnaître. Le monde, en ce moment, est dans un état de mutation. Le vieux serpent quitte ses anciennes écailles pour se rajeunir. Des sociétés nouvelles se forment, d'autres s'avancent vers un siècle dont il n'est pas facile d'apprécier le génie naissant. Les cosmogonies générales nous montrent des changements de dieux pour les âges critiques du monde; les cosmogonies secondaires nous montrent des changements de dynasties pour les âges critiques des différents peuples : tout manifeste la grande forme de l'identité et de l'analogie. Le chêne d'Assaracus, déraciné en Asie, va refleurir dans le Latium. L'initiation

cabirique a rajeuni une branche détachée de ce
tronc vénérable. Les Héraclides croissent pour
l'avenir de la Grèce. La race des Atlantes n'a fini
qu'avec l'engloutissement des contrées où elle ré-
gna. Une dynastie ne peut tomber sans ébranler
le monde. Nous aussi nous allons changer la
race de nos rois. Les dieux ont frappé de stérilité
celui qui vient de mourir; Théoclymène n'a point
laissé de fils. Mais les prêtres se sont saisis du
sceptre; ils ne le donneront qu'après les épreuves
convenables. C'est ainsi qu'en agissent les Dactyles
de la Crète, les Curètes de la Phrygie.

Pour vous, Thamyris, ajouta l'ancien des vieillards, votre devoir est marqué par tout ce qui
vous a été communiqué, par tout ce que vous
ont appris vos propres progrès; allez annoncer
le sien au roi Évandre.

Mais, auparavant, soyez attentif, une dernière
fois, à un résumé de nos doctrines sur les sociétés
humaines.

C'est dans la lutte de l'immobilité et du mouvement, du principe stationnaire et du principe
progressif, de la fatalité et de la volonté, de la vie
universelle et de la vie ayant la conscience de soi;
c'est dans cette lutte, plus ou moins extérieure,
plus ou moins intime, que les empires s'élèvent
et succombent. Voilà pourquoi des colléges de
prêtres, des castes, des sages tendent à empêcher

cette lutte; voilà pourquoi Prométhée fut confiné dans la Scythie, lieu du silence, pourquoi il fut lié sur les sommets du Caucase. La voix que vous entendîtes naguère parmi nous, voix de sinistre augure, vous ne l'entendez pas aujourd'hui; elle, à son tour, est réduite au silence.

Thamyris, les empires naissent, s'élèvent et succombent; mais quelles que soient les vicissitudes des peuples, des nations, ces vicissitudes ont des lois certaines, et, en même temps, inconnues. La race humaine court, sans s'arrêter, par des voies lumineuses et obscures, à l'accomplissement d'un grand dessein que nous ignorons. Nous savons seulement que nul obstacle ne peut arrêter son développement dans les siècles.

Vous en avez été instruit par nous, Thamyris, tout a une raison d'être avant d'être; l'évolution du développement n'apparaît que lorsqu'elle se dégage de l'enveloppement cosmogonique.

La Providence voulut que la vie d'Orphée fût tissue des deux principes qui désormais doivent faire la vie des sociétés humaines; il faut que celle d'un grand peuple en soit tissue à son tour.

Romula est le nom que nous donnons à la raison d'être de ce peuple futur; et ce peuple hâtera l'évolution des destinées de l'Occident.

Les druïdes, derniers héritiers du principe stationnaire et fatal, seront chassés par lui de la région anté-lunaire : c'est ainsi que nous désignons toute contrée où la hache a respecté les arbres antiques, et où les douces clartés de la lune n'ont pu pénétrer encore la sombre et mystérieuse horreur de forêts terribles.

Mais ce qui est en puissance d'être sera, un jour, en déclin; où commence la vie commence aussi la mort.

Lorsque le temps sera venu, la raison d'un autre principe sera manifestée, qui sera d'abord en puissance d'être, puis en acte. Le monde aura un nouveau maître que les illuminations de l'heure suprême ont montré à Orphée, lorsqu'il voyait tous les peuples n'en faisant qu'un.

Ainsi le mouvement cosmogonique, ainsi l'évolution progressive se transmettent et se perpétuent.

Thamyris, retenez donc bien ce nom de Romula, nom incommunicable et sacré, pour le déposer dans l'oreille du roi Évandre, du roi sorti de la région anté-lunaire.

Les récits fameux du chantre aveugle sont finis. Évandre connaît la dure loi qui lui est imposée; mais, après avoir été exilé de la région anté-lunaire, sera-t-il condamné à transporter dans d'autres contrées ses pénates fugitifs? devra-t-il, sur la fin de sa carrière, tenter une nouvelle initiation de l'humanité? Il y a, dit-il, dans

les traditions de Saturnie une sève toute vivante, destinée à pousser des fruits éternels. La
savante Égypte, ainsi que vous me l'avez expliqué,
Thamyris, renferme en elle toutes les diverses
formes sociales, comme le navire Argo, sous la
conduite de Jason, le roi juste, contenait des
héros appartenant à toutes les classes civiles ; car,
vous le savez, ce navire mystérieux est un noble
emblème des sociétés humaines. Toute terre, dès
qu'elle cesse d'être soumise aux puissances cosmogoniques, dès que l'homme se l'est assimilée par
la culture, ressemble aussi à l'Égypte et au navire
Argo. Dès ce moment, il y a une loi progressive
pour les ordres et pour les classes. Ainsi donc mon
initiation est plus avancée que vous ne l'avez cru ;
et vous-même avez contribué à mon avancement,
au-delà peut-être de ce qui vous était prescrit. Je
n'ai pas seulement assisté aux cérémonies augustes, cachées dans les bocages terribles du
Capitole, j'ai été admis à celles de Riéti, à celles
qui se pratiquent sur les bords du lac de Cutilie.
J'ai étudié avec vous les doctrines profondes de
la foudre et de l'aruspicine. J'ai vu naître Tagès
du sillon. Mais sur-tout, je dois vous le dire, pour
vous faire comprendre à quel point les pensées
émancipatrices d'Orphée sont loin d'être mûres
parmi nous, j'ai conversé avec Mézence, vir bienfaisant dont vous ne connaissez l'histoire que par

les récits calomnieux des Lucumons, rois inexorables de l'Étrurie. Mézence a voulu réunir par
un même lien ceux qui appartiennent à des classes
différentes; il l'a voulu en vain, et il a été accusé
d'avoir attaché ensemble les vivants et les morts.
Sylvain, qui est le Typhon italique, rôde sans cesse
autour de nos habitations, attiré par le vagisse-
ment des nouveau-nés. Pour calmer sa faim dévorante, on lui donne les enfants issus d'unions con-
tractées sans la solennité des augures. Vous m'a-
vez parlé du grand Ulysse, héros plébéien, qui,
en ce moment, subit des épreuves au-dessus de
ses facultés primitives. Il n'y résistera point, puisqu'il n'a pu conserver, dans ses mains, l'outre de
l'éternité, puisque lui-même s'est déclaré client
d'un cyclope. Il est vrai qu'il a tué le cyclope; mais
ce meurtre n'effacera ni la tache de sa naissance
obscure, ni celle dont il a consenti d'être marqué.
Calypso a ébranlé sa force, Circé l'a fait chanceler;
Halé, magicienne d'Étrurie, lui portera le dernier
coup; il mourra sans avoir accompli sa transformation, c'est-à-dire sans pouvoir se dépouiller
de sa nature douteuse. Le lit-fundùs, qu'il croyait
avoir conservé sur le rocher d'Ithaque, est con-
voité par toutes les classes civiles de son aride
royaume; et ces classes, selon qu'elles seront plus
ou moins avancées dans la carrière de l'initiation
sociale, finiront peut-être par vaincre la pudique

résistance de l'épouse délaissée. Des oracles disent que Pan doit naître de la matrone habile dans l'art des tissus. Thamyris, ce nom de Pan, si je pénètre bien le sens de l'oracle, a une signification qui se rapporte à l'ensemble des classes de la cité. Enfin, Thamyris, il aura été peu profitable à Ulysse de s'être emparé, par la ruse, du bouclier d'Ajax, de ce bouclier qui était une genèse. Énée, que vous m'annoncez de la part des prêtres de l'Égypte, Énée sera-t-il plus heureux? lui sera-t-il donné de conquérir légitimement le bouclier de la genèse?

Puis, continuant son discours, Thamyris, dit-il, vous avez pu remarquer sept collines qui s'élèvent sur ce sol prophétique. Elles seront, un jour, réunies dans une même enceinte. Sur une de ces collines se trouvent sept tertres, qui figurent sept petites collines; elles sont le hiéroglyphe des véritables collines, et elles portent chacune l'empreinte sacrée et indestructible d'un ordre de choses différent. Un devin d'Atys-Janus a composé le thème fatal de ces collines hiéroglyphiques, symboles de la ville éternelle. Le prêtre-serf d'Aricie, ce prêtre parvenu au sacerdoce par le meurtre du serf qui desservit, avant lui, les autels de Diane farouche, comme à son tour il périra par les mains d'un autre serf, de celui qui, à ce prix, lui succédera dans le même sacerdoce, le prêtre-serf d'Aricie a assisté aux conjurations que le devin a faites pour établir le thême fatal de la reine future des nations. Me sera-t-il enjoint, Thamyris, d'introduire dans de si nobles secrets cet échappé de l'incendie de Troie, à qui vous m'ordonnez de céder mon trône? Est-ce à lui que je dois révéler le nom incommunicable et sacré de Romula? Et faut-il que je subisse en silence le sort qui est réservé au prêtre-serf d'Aricie?

Thamyris allait répondre, lorsqu'une sibylle voyageuse se présente aux yeux des vieillards. Elle a recueilli dans sa mémoire les préceptes de la loi-mos: c'est au nom de Juno-Moneta, la muse latine, qu'elle demande à les chanter. Qui eût pu refuser d'entendre ce poëme sévère, expression majestueuse et jalouse, faite pour dompter et dominer tous les esprits? Le regard de la sibylle est ardent comme un brasier. D'une main elle agite un rameau de verveine; de l'autre elle arrache le réseau d'or qui retenait ses cheveux, et ses cheveux tombent en longues tresses sur ses belles épaules. Ses paroles font frémir. Paroles de la menace et du châtiment, il faut vous connaître pour savoir sous quel destin vont gémir tant de générations malheureuses! Écoute, commença-t-elle à dire, écoute, nature humaine, plie la tête sous le joug, plie la tête, durant des temps, des siècles, des jours, qui sont comptés, mais dont tu ignores le compte; plie la tête, car l'heure de l'émancipation, promise par Orphée, est loin, bien loin, dans les profondeurs de l'avenir. Les Parques ont écrit la loi-mos, en signes brillants, sur la bande zodiacale; elles l'ont gravée en caractères indestructibles sur la pierre antique du Caucase; elles l'ont inextricablement tissue dans la trame des générations humaines.

Puis elle chanta les préceptes de cette loi, enfermés dans le rhythme heurté et sauvage du chêne et du rocher. Nous reconnaîtrons ici le droit cyclopéen, source du droit opique.

GENÈSE OBSCURE :

LE CHAOS.

GENÈSE LUMINEUSE :

LE MONDE,

L'ÊTRE.

AVANT QU'IL FUT

CETTE COURTINE ÉTINCELANTE

DONT LES RÉSEAUX,

CARRÉS HARMONIQUES,

MARQUENT LES DIVERSES RÉGIONS AUGURALES,

LE CIEL

ÉTAIT L'AMNIOS PRIMITIF.

LES ESSENCES ET LES SUBSTANCES INTELLIGENTES

PRODUISENT SUCCESSIVEMENT

LES DIEUX,

LES DEMI-DIEUX, LES HÉROS,

LES VIRI,

LES INNOCENTS,

LES CRIMINELS.

LES AMES HUMAINES,

LORSQU'ELLES DESCENDENT, LA PREMIÈRE FOIS,

SUR LA TERRE,

VIENNENT DE SPHAÏROS.

JUP.. ΓER,

QUE L'ON NOMME OMBRIOS, PLUVIUS, TELEIOS,

LES PUISE DANS SES TRÉSORS COSMOGONIQUES,

ET LES ENVOIE HABITER LES CORPS.

LES AMES INNOCENTES

ANIMENT ÉTERNELLEMENT LES BRILLANTS OPÈS.

LES AMES CRIMINELLES,

POUR SE PURIFIER,

VONT S'ÉTEIGNANT ET RENAISSANT ,

UN SIÈCLE PLUS OU MOINS LONG,

DANS LES CORPS MORTELS DES OBSCURS INOPÈS.

LE GÉNIUS DE LA FAMILLE

REPOSE SEULEMENT SUR LES OPÈS.

LES INOPÈS

SONT PRIVÉS DU GÉNIUS.

LE SIGNE INCOMMUNICABLE DE L'OPS,

C'EST LA GLÈBE.
L'INOPS
NE PEUT AVOIR DE GLÈBE.

L'OPS A UN NOM,

L'INOPS EST SANS NOM.

L'OPS, EX-LEX OPTIMUS, A LE DON DE LA PAROLE,

COMME LES SYRÈNES;

IL A LE DON DE LA BEAUTÉ,

COMME LES GORGONES.

L'INOPS,

MUET DU MUTISME CIVIL,

DOIT FERMER L'OREILLE

AUX CHANTS MYSTÉRIEUX DES SYRÈNES.

IL EST DIFORMIS:

LA VUE DE LA GORGONE

NE PEUT QUE LE CHANGER EN PIERRE.

L'OPS A LE LIBRE ARBITRE;

L'INOPS EST SANS VOLONTÉ.

L'OPS EST SANUS;

L'INOPS EST INSANUS.

L'OPS A LA RES SACRA:

L'INOPS

SAIT QU'ELLE LUI EST INTERDITE.

L'OPS EST L'INTELLIGENCE,

ORPHÉE.

L'INOPS EST LE CORPS.

QUE L'INTELLIGENCE ET LE CORPS SOIENT UNIS :

DE LA

LE PATRONAGE ET LA CLIENTELLE.

QUE CE LIEN SOIT EXEMPT DE FRAUDE !

LA RÈS SACRA DU PATRON

S'EXPRIME PAR UN RITE EXTÉRIEUR,

QUI EST TOUTE LA RELIGION

DU CLIENT.

LES CÉRÉMONIES

QUI CONSACRENT L'UNION CONJUGALE

SONT UN EMBLÈME COMMÉMORATIF

DES MYSTÈRES COSMOGONIQUES.

L'UNION CONJUGALE, ELLE-MÊME,

EST UN MYSTÈRE COSMOGONIQUE.

MARQUE DU MARIAGE STABLE,

LE LIT NUPTIAL

DE CELUI QUI A LA GLÈBE ET LE NOM

EST ENRACINÉ DANS LE SOL.

L'OPS

EST LOCUPLÈS,

A RAISON DES TOMBEAUX URBIQUES ;

HÉRÈS,

A RAISON DU FILIUS SUUS ;

DIVÈS,

A RAISON DE LA RÈS SACRA DOMESTICA ;

FORTIS,

A RAISON DU SACRIFICE A HORTA,

ACCOMPLI PAR SA MÈRE,

LORSQU'ELLE ÉTAIT SUR LE POINT D'ACCOUCHER :

DUBÉNUS,

A RAISON DE LA COMPROPRIÉTÉ,

D'ABORD AVEC SON PÈRE,

ENSUITE AVEC SON FILS ;

OPULENTUS,

CAR IL RECONNAÎT OPIM, LA MÈRE STABLE,

NUMEN FÉCOND, QUI A UN AUTEL

DANS TOUTE MAISON-OPS.

FRUX

SIGNIFIE FRUIT ET SEMENCE :

L'OPS EST FRUX.

L'INOPS EST FLOS, FLEUR.

LES FRUGI

ONT LA CAPACITÉ DU BIEN ET DU MAL.

LA CAPACITÉ DU BIEN ET DU MAL

EST INGÉNIUM.

LES OPÈS SONT INGÉNI.

LE GÉNIUS,

L'AME DE LA FAMILLE,

SE TRANSMET DANS LES INGÉNI.

LA MAISON-OPS EST ÆDÈS

POUR LE CLIENT :

C'EST LE TEMPLE

DE LA VESTA DOMESTIQUE.

LORSQUE TU ENTRES DANS UN TEMPLE,

ÉVITE D'EN TOUCHER LE SEUIL.

QUE LA NOUVELLE ÉPOUSE

FRANCHISSE, SANS LE TOUCHER,

LE SEUIL DE LA MAISON DE L'OPS.;

CAR, POUR ELLE AUSSI,

CETTE MAISON EST ÆDÈS.

LES NOCES JUSTES

SONT LES NOCES DE L'OPS;

LES NOCES INJUSTES

SONT LES NOCES DE L'INOPS.

QUE L'INOPS,

SANS NOM ET SANS GLÈBE,

S'IL VEUT CONTRACTER LA NOCE INJUSTE,

EMPRUNTE A SON PATRON

UN NOM ET UNE GLÈBE.

QU'IL EMPRUNTE ÉGALEMENT

L'EMBLÈME DE LA VERTU DES INGÉNI.

LE PRÊT DU SIMULACRE,

DU NOM, DE LA GLÈBE,

NE PEUT

COMMUNIQUER LA FÉCONDITÉ CIVILE.

L'AUTORITÉ SUR LA CHOSE

VIENT
DE L'AUTEUR DE LA CHOSE.

LE FONDS EST LA PERSONNE
DE CELUI A QUI APPARTIENT LE FONDS ;
C'EST LA TERRE
ASSIMILÉE A L'HOMME.
LE CLIENT
EST LA PERSONNE DU PATRON.

L'ESCLAVE
EST LA CHOSE DU MAÎTRE.

L'INOPS
EST MATIÈRE AUX SACRIFICES.
L'ESCLAVE NE L'EST PAS.

LES LIMITES DES RÉGIONS AUGURALES
SONT LES LIMITES
DE LA PROPRIÉTÉ CÉLESTE.
NUL N'A DE PROPRIÉTÉ SUR LA TERRE,
S'IL N'A UNE PROPRIÉTÉ DANS LE CIEL.

LE DROIT DU TOMBEAU
RÉSIDE DANS LA PROPRIÉTÉ.
EST EXCLUS DE TOUTE SÉPULTURE
CELUI QUI N'A PAS LA TERRE :
LA TERRE, C'EST L'HUMANITÉ.

L'INOPS,

SANS CAPACITÉ POUR AVOIR;

S'IL N'EST CLIENT,

N'A PAS DE TOMBEAU.

QU'IL SOIT CLIENT,

POUR ÊTRE ENSEVELI

DANS LA SÉPULTURE DU PATRON.

LE PATRON MÈNE A LA GUERRE

SES CLIENTS,

QUI SONT SA PERSONNE.

L'OPS DÉFEND LA CITÉ.

L'INOPS DÉFEND LA VILLE.

L'OPS

CONCOURT AUX MAGISTRATURES JUSTES :

UNE BARRIÈRE ÉTERNELLE

LES FERME A L'INOPS.

L'INOPS,

POUR CONCOURIR AUX MAGISTRATURES INJUSTES,

LES SEULES AUXQUELLES IL PUISSE PRÉTENDRE,

EMPRUNTE A SON PATRON

LES SIGNES DE LA VERTU;

PAR LUI-MÊME IL EST SANS CAPACITÉ.

EST PÈRE DE FAMILLE

CELUI SUR QUI REPOSE LE GÉNIUS

DE LA FAMILLE.

LE PÈRE DE FAMILLE EST ROI.

LA VOLONTÉ DU PÈRE DE FAMILLE

EST LOI.

CHAQUE FAMILLE

A SES LOIS, SES ANNALES, SES TRADITIONS.

LE PATRON DIT LES LOIS

EN VERTU DESQUELLES IL JUGE SES CLIENTS.

LE CLIENT

EST UN DÉBITEUR ÉTERNEL,

CAR IL EST PRIVÉ DE LA CAPACITÉ D'AVOIR.

QUE LE PÈRE

AIT DROIT DE VIE ET DE MORT

SUR L'ENFANT NÉ DE JUSTES NOCES.

L'UNION RÉPROUVÉE,

ENTRE DES NATURES DISCORDANTES,

EST UNE ODIEUSE PROMISCUITÉ.

QU'AU MOMENT MÊME DE SA NAISSANCE,

POUR EFFACER L'OPPROBRE D'UNE FÉCONDITÉ SACRILÉGE,

L'ENFANT, MONSTRE CIVIL, ÊTRE DISHARMONIQUE,

SOIT PRÉCIPITÉ DANS LE TIBRE.

LE VIN CIVIL, NOMMÉ TÉMÉTUM,

EST INTERDIT A CELUI QUI N'EST PAS CITOYEN.

QUE CELUI-LA SOIT MIS A MORT

QUI BOIT INDUMENT LE VIN CIVIL.

L'ASILE

NE DONNE AUCUN DROIT.

QUE L'AUTORITÉ SOIT ÉTERNELLE

CONTRE CELUI QUI N'A AUCUN DROIT.

LE PAIN DE PANDA,

QUI EST LE PAIN DE L'ASILE,

EST LE PAIN PROFANE :

QU'IL SOIT JETÉ A L'INOPS.

MAIS L'OPS BANNI,

S'IL VIENT A L'ASILE,

DOIT RECEVOIR LE MAZA,

QUI EST LE PAIN SACRÉ.

CELUI QUI EST PRIVÉ DU PAIN SACRÉ

EST AMAZONE,

ÉTRANGER A LA CITÉ, HOSTIS.

LES POUVOIRS SE SUCCÈDENT,

ET SONT SÉPARÉS PAR DES INTERRÈGNES.

LES HÉRITAGES

SONT SÉPARÉS PAR DES ESPACES VIDES.

QU'ILS SOIENT SACRÉS

LES ESPACES QUI SÉPARENT LES HÉRITAGES,

LES INTERRÈGNES QUI SÉPARENT LES POUVOIRS.

LA CITÉ

A LE SOUVERAIN DOMAINE.

LE PÈRE DE FAMILLE
A LE DOMAINE ABSOLU ET TRANSMISSIBLE.
L'HOSTIS
A LE DOMAINE TRANSITOIRE ET CONDITIONNEL.

L'IMPUNITÉ
EST UN DROIT QUI NE PEUT ÊTRE DÉFINI.
L'AME DE L'OPS, QUI A PRÉVARIQUÉ,
REVIENT, APRÈS SA MORT,
S'EXPIER AVEC LES AMES CRIMINELLES.
LA FACULTÉ
DE TRANSMETTRE LE GÉNIUS
LUI EST RETIRÉE POUR UN TEMPS.

LA RELIGION
SE MÊLE A TOUS LES ACTES DE LA VIE,
SOIT PUBLIQUE SOIT PRIVÉE;
ELLE S'EXPLIQUE INITIATIVEMENT
PAR LE RITE DES AUGURES.
LES AUGURES
SONT INTERDITS AUX PROFANES.
LE PATRON
PREND LES AUGURES
POUR SES CLIENTS.
AVANT DE PRENDRE LES AUGURES,
POUR LUI, OU POUR SES CLIENTS,
L'OPS

DOIT INTERROGER LES DIEUX.

LA SCIENCE FULGURALE
EST UN MYSTÈRE.

L'HARUSPICINE
EST UNE SCIENCE :
ELLE EST FONDÉE
SUR UNE GRANDE LOI COSMOGONIQUE,
LA DISTINCTION DES AMES.
DISTINCTION DES AMES,
DES DIFFÉRENTES PARTIES DE L'AME,
DES ORGANES
AFFECTÉS AUX DIVERSES AMES
ET AUX DIFFÉRENTES PARTIES DE L'AME,
TOUTES CHOSES
CELÉES AUX PROFANES.

LE CLIENT
QUI ATTENTE AUX JOURS DU PATRON,
OU A SA TERRE,
EST PARRICIDE.

QU'IL SOIT PUNI DE MORT
CELUI QUI FAIT DES MALÉFICES.

QU'IL SUBISSE LA PEINE DU FEU
CELUI QUI INCENDIE LES GERBES DE CÉRÈS.

L'ENSEMBLE D'UNE CITÉ ET D'UNE VILLE

EST L'IMAGE DE L'UNIVERS.

LA CITÉ EST LA VILLE SACRÉE,

LA VILLE EST LA CITÉ PROFANE.

LE NOM PROFANE DE LA VILLE

SE DIT A TOUS :

ANATHÈME ET MORT

A QUI PRONONCE LE NOM SACRÉ DE LA CITÉ.

CHAQUE CITÉ, CHAQUE VILLE,

SELON LES RITES DE SA FONDATION,

JOUIT DE FACULTÉS DIFFÉRENTES;

AINSI L'HOMME,

SELON SA NAISSANCE.

TOUTE CITÉ, TOUTE VILLE,

RECONNAÎT DEUX FONDATEURS:

L'UN DIT LE NOM QUI EST LE FAIT,

L'AUTRE DIT LE NOM QUI EST LE DROIT.

LA LUTTE PRIMITIVE,

ENTRE LE FAIT ET LE DROIT,

S'EXPRIME PAR UN MYTHE TERRIBLE:

C'EST UN FRATRICIDE,

QUI SE PERPÉTUE.

LES OPÈS SEULS FORMENT LE PEUPLE,

POUR LE RITE DES SÉPULTURES,

IL FAUT SAVOIR

QUE L'OR EST LE SYMBOLE DE LA PAROLE,

QUE LES DENTS

SONT LE SYMBOLE DE L'ÉTERNITÉ.

UN TOMBEAU

A DEUX ADYTES SÉPARÉS;

L'UN EST LE CIEL, L'AUTRE EST L'ENFER.

LA GRANDE FONCTION DES CLIENTS

EST D'AJOUTER A LA POMPE DES FUNÉRAILLES

DU PATRON.

PLEBS,

MOT TRISTE ET FUNESTE,

SIGNE D'UNE ANTIQUE DÉCHÉANCE;

IL DIT:

PLEUR, DEUIL, GÉMISSEMENT.

Tels furent les chants de la sibylle voyageuse.

Eh bien! dit Thamyris, croyez-vous, Évandre, que la plebs gémissante doive mener éternellement le deuil? Croyez-vous qu'éternellement elle doive être privée de la responsabilité de ses actions, qu'éternellement elle doive rester inhabile à la vertu? Cette loi-mos, dont nous venons d'entendre les fiers préceptes, cette loi qui paraît indestructible, finira par s'atténuer, et par être abolie. L'inops voudra devenir ops; l'insanùs, sanùs; le flos, frux. Le nexùs de l'auctoritàs se relâchera. L'être déchu redeviendra siremps. L'in-

telligence pénétrera les corps. La lutte du fait et
du droit deviendra la loi du progrès. Prométhée
apporta, sur la terre, la capacité du bien et du
mal; Orphée apporta la guérison de l'infirmité qui
résulta d'un trouble dans les facultés primitives.
Évandre, avant l'arrivée du prince guerrier qui
vient avec les pénates de Troie, nous devons élever un monument à Prométhée; nous devons élever un autre monument à Orphée. Sans doute,
à la même place, un jour, on verra les statues
de ces deux héros de l'humanité.

Toutefois Évandre, plein d'une amère tristesse, ne pouvait s'abstenir de pleurer la courte
destinée de son fils, qui ne régnera jamais sur les
peuples du Latium.

FIN DU LIVRE NEUVIÈME ET DERNIER.

ÉPILOGUE.

C'est ainsi que je cherchais à démêler quelques uns des anneaux qui forment la chaîne des traditions; c'est ainsi que ma pensée s'efforçait de s'identifier avec la pensée primitive, et que j'essayais de m'acclimater dans le passé; c'est ainsi que, voulant pénétrer, tout à-la-fois, le sens intime et la forme extérieure des croyances antiques, suivre leurs transformations successives, réaliser, pour moi, leurs divers modes d'assimilation chez les individus et chez les peuples, mon esprit se plongeait à plaisir dans une palingénésie antérieure; c'est ainsi, enfin, que le sentiment du passé devenait le sentiment de moi-même.

J'ai invoqué toutes les muses; et la muse chrétienne, qui m'a entendu, a compris que c'était à elle à me répondre. Sibylle de la vérité, elle n'a pu ignorer que je cherchais la vérité. Elle a donc daigné me conduire, comme par la main, et, j'oserai dire, presque à mon insu. Elle seule a la clef qui ferme et qui ouvre; et elle n'a pas craint de visiter avec moi les mystères de la gentilité.

Ces mystères, les oracles par lesquels ils furent contraints de s'expliquer, ne sont pour elle, n'ont été pour moi, grace à sa vive lumière, que l'expression voilée d'une loi éternelle, irréfragable, la loi des sociétés humaines.

La division de l'homme universel est marquée dans la Bible, qui, pour nous, est la Genèse du genre humain; et chaque peuple primitif a sa Genèse, qui se rattache à la Genèse primordiale. Il s'agirait ici de comprendre ce que fut l'Énos de la Bible; et nous savons seulement qu'à ce fils de Seth commence une division typique dont l'effet se perpétue : c'est à lui en effet que l'on sent le principe du Médiateur, entrant pour la première fois dans la composition des destinées humaines. Dès-lors le genre humain est partagé en initiables et initiateurs. N'oublions jamais que la déchéance et la réhabilitation toujours sont un même décret divin.

La division de l'homme universel se manifeste d'abord par la division des sexes. Voilà ce qui explique pourquoi, dans la gentilité, la division des sexes fut, assez souvent, un emblème des classes sociales.

De plus, dans toutes les législations antiques, on trouve les hommes classés selon la division des facultés humaines.

De plus, aussi, la propriété, chose morale et sacrée, qui n'est pas le prix de la force, mais un don de Dieu, et ceci est une loi tout-à-fait primitive, la propriété est soumise à la même classification.

De plus, enfin, les mœurs générales, dans chaque temps et dans chaque lieu, lorsqu'elles existent, sont formées sur cette échelle, qui devient, en quelque sorte, une échelle d'organisations distinctes entre elles. Dans cet état, on aperçoit à peine, au bas de l'échelle, des créatures humaines que l'on ne compte pas, parcequ'elles sont absolument en dehors des mœurs générales.

Voilà pourquoi la grande promotion, la promotion successive et graduelle, est la conquête de la responsabilité, de la connaissance de soi-même, de la conscience.

De là l'emblème du miroir, dans les sanctuaires de l'Égypte.

De là encore la célèbre maxime du temple de Delphes : Connais-toi toi-même.

L'introduction dans les mœurs générales de ceux qui en étaient exclus par la loi impitoyable des castes ou des classes finit par produire le droit commun.

Les barrières des castes, des classes, des ordres, s'abaissent, la propriété s'affranchit.

Quoi qu'il en soit, la faute avait fait l'institution des classes ; et la rédemption, qui est contemporaine de la faute, produisit l'initiation des classes, les unes par les autres. C'est là vraiment le christianisme que j'oserais nommer cosmogonique.

L'abolition des classes et l'affranchissement de la propriété sont le résultat du christianisme évolutif.

Le christianisme antérieur a eu ses prophètes dans la gentilité.

Orphée, d'après ma fable, serait ops et inops, initiateur et initiable, c'est-à-dire réunissant les deux natures que la déchéance et la réhabilitation avaient fait séparer dans l'origine.

Lorsque Orphée fut en pleine possession de la responsabilité, il fut sur le point de succomber. Telle est la cause de ses éblouissements sur la montagne de Dia, où il déposa sa dépouille mortelle : le temps était venu, pour lui, d'une autre lumière. Il fut abymé, un instant, au sein de l'universalité des choses : dans les idées des anciens, la folie était sœur de la divination.

Je vais continuer à suivre la chaîne magnétique des traditions; je la suivrai non dans la série des événements extérieurs du genre humain, mais dans la série des événements secrets de l'esprit humain. Ces deux séries sont toujours parallèles l'une à l'autre.

Le fait cosmogonique romain, sans doute, n'a pas été complètement mis en évidence par moi : mais j'ai peut-être montré de loin le nuage mystérieux dont toutes les origines restent enveloppées.

Nous le verrons mieux lorsque nous pourrons

le suivre dans son évolution successive et gigantesque. Les conséquences aperçues aident à deviner les principes inaperçus.

Nous nous sommes approchés de la région idéale où le mythe et l'histoire sont choses identiques. Nous allons faire quelques pas de plus dans cette carrière; et nous verrons, sans nous décourager, l'horizon des origines se reculer devant nous.

Nous pouvons soupçonner, à présent, comment est née cette constitution patricienne, si forte, si énergique, si puissante. Elle n'a point été importée par la conquête, ni imposée par la force. C'est quelque chose de bien plus irrésistible, et en même temps quelque chose de bien majestueux : c'est un décret divin.

Remarquons, pour notre haute instruction, que nous retrouvons ici un témoignage de la déchéance de l'homme, de cette déchéance antique, racontée dans toutes les annales poétiques et historiques. Nous en poursuivrons la preuve dans les replis les plus profonds de l'institution romaine primitive.

Oui, par-tout, l'humanité se présente à nous comme ayant subi, dans son essence même, une grande altération.

Cette altération immense et intime fut considérée, par la croyance unanime des peuples, comme une maladie qui devait avoir un terme, et pour laquelle ils n'ont jamais cessé d'invoquer des guérisseurs.

Orphée fut un de ces guérisseurs ; et, dans les catacombes des premiers chrétiens, Jésus-Christ lui-même fut représenté quelquefois avec les attributs d'Orphée.

Caton écrivait que les lois furent d'abord dites morès.

La loi-mos que la sibylle voyageuse chante devant Thamyris et Évandre est l'aïeule de la loi des XII tables.

Un jour cette loi des XII tables nous fournira des textes analogues. Le mot siremps, expression solennelle, quoique détournée de son sens antique, nous racontera l'espérance, jamais perdue, du retour à la santé, du retour à l'unité d'essence ; la pensée de la restitution de l'être a été cachée sous différents voiles, jusqu'au moment où elle a paru dans sa magnifique réalité.

Prométhée et Orphée, dès les temps les plus reculés, ont eu chacun une statue sur les collines de Rome. On eût dit que les images de ces deux emblèmes de l'émancipation devaient assister aux développements du germe fécond dont ils furent crus dépositaires.

Prométhée, c'est le génie personnifié de l'Occident : le Capitole redeviendra le Caucase.

Parviendrons-nous à voir, plus tard, les destinées du peuple romain, comme celles d'un seul homme, se développer dans une série d'épreuves et d'initiations, n'arriver à un degré qu'après avoir franchi le degré précédent, rétrograder lorsque l'épreuve aura été au-dessus des forces de l'adepte?

Comment Rome a-t-elle été élevée, dès l'origine, au rang de ville éternelle, car ce nom est celui d'un grade? Les villes éternelles, qui étaient les villes sacrées, pouvaient seules avoir un asile.

Ogygie fut le nom sacré de Thèbes, comme Romula ou Valentia fut le nom sacré de Rome.

Remarquons toutefois qu'Ogygie fut un nom générique. Orphée a dit dans ses hymnes : La loi est céleste ; Ogygie est le sceau du juste.

Montesquieu s'étonne du rare bonheur qu'eut Rome d'avoir été gouvernée d'abord par sept rois qui, dit-il, furent tous de grands hommes.

Ils sont bien plus que des grands hommes, puisqu'ils sont des personnifications.

Plusieurs empires anciens eurent également sept personnifications pour premiers rois. Rome, du moins cela me paraît ainsi, Rome est la dernière ville de l'ancien monde civil qui ait revêtu cette forme primitive, si semblable à une loi générale. Aussi, pour elle, ces personnifications sont-elles, en même temps, historiques et mythiques.

Le calendrier contient toujours l'histoire génésiaque d'un peuple; et cette histoire génésiaque finit par être le calendrier lui-même.

La Théséide fut un poëme astronomique.

Toutes les Argonautiques furent des poëmes du même genre.

C'est que les emblèmes religieux et les emblèmes sociaux sont unis dans le ciel.

Le christianisme, loi générale du genre humain, n'a fait que revêtir cette forme générale de l'humanité; le savant Dupuis aurait dû reconnaître, à ce signe, la vérité du christianisme.

Au point où nous sommes parvenus, il est permis de dire que l'institution romaine primitive est, en même temps, le dernier anneau de l'Orient et le premir anneau de l'Occident.

Mais hâtons-nous de voir que, dans cette institution aussi, tout est en puissance d'être avant de se manifester en acte, que tout existe cosmogoniquement avant d'exister historiquement. Nous savons déja que sept tertres hiéroglyphiques ont précédé les sept collines. Nous savons encore que les sept personnifications forment toute l'institution. Cela est si vrai que, parmi ces personnifications, apparaît le fils de la femme esclave, conçu par un prodige du foyer domestique. Et ce fils de la femme esclave, devenu roi, produira le germe puissant de l'évolution plébéienne. Dès ce moment donc, rendons hommage à la mémoire si long-temps outragée du saint roi Servius Tullius.

Un fait existe. Il se perpétue par la tradition. Il devient l'origine inconnue et mystérieuse d'une institution. Lorsqu'arrive le temps de l'histoire, et que l'on veut raconter le fait primitif, il faut, en quelque sorte, l'inventer.

Cette réflexion va bien loin, et atteint bien haut.

L'institution du langage et l'invention des faits primitifs sont des choses complétement analogues.

Tout a des commencements inaperçus. On voit le chêne, on invente le gland qui a produit le chêne. C'est à quoi se réduit toute invention.

J'ai donc été conduit à faire une histoire génésiaque.

Ne perdons pas de vue ce qui a été dit.

La première faute, attestée par toutes les traditions, la faute qui avait produit la déchéance, avait séparé l'espèce humaine en initiateurs et en initiables; du moins c'est sous cette forme que nous apparaît, dans la gentilité, le dogme de la déchéance et celui du Médiateur, dogmes éternellement identiques dans toutes les théogonies, dans toutes les cosmogonies.

Le patriciat romain sera l'immobile Orient; le plébéianisme sera le progressif Occident.

Toutefois, et c'est une manifestation de l'histoire, le patriciat romain, qui fut initiateur à regret, combattit l'émancipation avec une coupable persévérance. Aussi savons-nous que ces opès, sévères à l'excès, inexorables jusqu'à la cruauté, finirent par arriver à une honteuse ignorance. Ils avaient matérialisé le mystère social, et ils le méconnurent. Alors opicùs et indoctùs furent synonymes. Aussi savons-nous encore que les noms les plus éclatants de ces illustres familles consulaires devinrent des noms méprisés, des noms de mimes et de gladiateurs. Juste punition de ceux qui résistent à une mission providentielle!

Deux sortes d'hommes, selon les temps, marchent à la tête des autres hommes.

Les hommes intuitifs et spontanés qui créent à priori, qui sont les instituteurs des peuples.

Les hommes assimilatifs, qui se rendent les représentants d'une idée, d'une époque, d'une opinion, d'un système d'idées et de croyances, qui sont l'expression d'un sentiment général.

Bonaparte s'est trompé: il s'est cru intuitif, comme furent dans les temps anciens les hommes de sa trempe; il devait se borner à être assimilatif, seule condition des hommes de génie dans les temps modernes. Ce qui aurait dû l'éclairer, c'est qu'il savait bien que l'inspiration lui manquait. L'ancien destin avait péri; et la force ne supplée point à l'inspiration.

La loi chrétienne dispense des hommes intuitifs, parcequ'elle a tout prévu.

Ne soyons plus effrayés des changements de dynasties pour les révolutions cosmogoniques et pour les révolutions de l'humanité : ce dogme impitoyable des temps anciens vient d'être complétement aboli par le développement même de la loi qui a tout prévu. Maison de France, la première tu auras su te revêtir du manteau de l'assimilation ; la première tu auras su que tu devais représenter et non faire les destinées nouvelles.

Le christianisme a rétabli l'unité de l'espèce humaine.

Qu'il me soit donc permis de déposer au pied de la croix civilisatrice une preuve nouvelle de la régénération promise à l'homme, le jour même où l'homme succomba ; et cette preuve doit prendre rang parmi les preuves historiques.

Le signe auguste de la rédemption n'est-il pas en même temps le signe de la progression des destinées humaines?

Avant d'aller plus loin, arrêtons-nous, un instant, à considérer le point où nous sommes arrivés.

Nous avons vu, autant que de telles choses peuvent se voir, nous avons vu les premiers efforts qu'a faits le genre humain pour acquérir la responsabilité, l'attribution de ses actes, pour se mett

tre en possession de la conscience. Lorsque la conquête de l'humanité fut près d'être accomplie, on
put croire que le mot de la grande énigme allait
être dit à l'homme par l'homme lui-même; que la
conscience étant la libre propriété de l'homme,
l'homme n'aurait plus qu'à interroger la conscience.
Et Socrate parut. Mais il n'en va pas ainsi. Non, la
conscience ne peut pas tout raconter à l'homme;
et plus l'homme se sépare des traditions, plus il
se trouve seul, face à face, en présence du mystère. Alors il veut sonder le mystère; et le beau génie de Platon vient étonner et charmer le monde.

Maintenant représentons-nous Descartes avec
cette intelligence si vaste qui lui donna la faculté
de vouloir reconstruire la science en dédaignant
tous les monuments de la science; essayons, par
la pensée, de le faire pénétrer dans l'Académie,
dans le Lycée, dans le Portique, même sous les
ombrages des jardins d'Épicure; forçons le Titan
du doute à affronter les sanctuaires de l'Orient
et de l'Égypte; que le Prométhée de la philosophie moderne soit introduit par nous dans ce musée d'Alexandrie où tant d'esprits éminents consa-
crèrent une vie laborieuse à recueillir les débris
de tous les naufrages de la science antique; qu'il
soit amené enfin aux pieds des premiers Pères de
l'Église naissante : Descartes voudra-t-il fermer
l'oreille aux entretiens de ces sages, de ces hié-

rophantes, de ces hommes suscités par la Providence divine? osera-t-il leur conseiller, aux uns et aux autres, de ne plus tenir compte des traditions, de ne plus croire religieusement à une transmission de la parole? osera-t-il proclamer, devant ces maîtres vénérables, consumés de veilles, que chaque homme se suffit, que l'homme n'a rien à apprendre, ni de la race humaine ni de celui qui a fait la race humaine?

Quelque chose existe, quelque chose a existé: un fait primitif, la loi du monde, des êtres, des intelligences, la raison de ce qui est, de ce qui a été, de ce qui doit être, une cause.

L'esprit humain est tenu de chercher toujours, de chercher, même à présent, avec Pythagore, Socrate, Parménide, Timée, Platon, Zénon, Démocrite, Épicure; avec Olympiodore, Salluste, Proclus; avec les Pères et les docteurs; il est tenu d'interroger les siècles, les fables, les traditions. Tout a une voix pour l'instruire, et la terre, et le firmament, et les peuples, et les sages de tous les temps et de tous les lieux, et les emblèmes et les symboles qui furent les voiles divers de la vérité une.

Il est tenu sur-tout d'adorer les traces du christianisme antérieur, qui a fait le monde ancien, la lumière du christianisme réalisé, qui fait les destinées du monde nouveau de l'humanité.

Le Grec qui n'avait pas cru aux mystères d'É-
leusis était condamné à rétrograder. Que cette
croyance soit une leçon pour nous. Ceux qui sont
nés dans le christianisme et qui ne se sont pas as-
similés sa pure doctrine ne seront-ils pas condamnés à rétrograder vers l'état antérieur au christianisme?

En général, n'est-il pas permis d'affirmer que
les hommes demeurés au-dessous d'une épreuve
doivent passer à une épreuve inférieure?

On a vu, du moins, que c'est là toute la pensée
de la ville des expiations, ville de toutes les im-
munités et de tous les asiles, nouvelle cité mystique et éternelle, dont j'espère un jour raconter
les prophétiques merveilles.

FIN DU DEUXIÈME VOLUME.

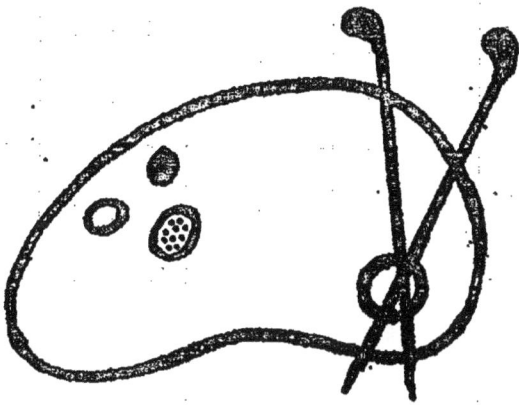

www.ingramcontent.com/pod-product-compliance
Lightning Source LLC
Chambersburg PA
CBHW070624270326
41926CB00011B/1805